A (IN)DIFERENÇA NO DIREITO

— Minorias, Diversidade e Direitos Humanos —

Dados Internacionais de Catalogação na Publicação (CIP)

S237i Santos, André Leonardo Copetti.
A (in)diferença no direito : minorias, diversidade e direitos humanos / André Leonardo Copetti Santos, Doglas Cesar Lucas. 2. ed. rev., atual. e ampl. – Porto Alegre : Livraria do Advogado Advogado, 2019.

287 p.; 23 cm.

Inclui bibliografia.

ISBN 978-85-9590-080-6

1. Direito - Filosofia. 2. Diversidade social. 3. Teoria social. 4. Epistemologia. I. Lucas, Doglas Cesar. II. Título.

CDU 340.12
CDD 340.1

Índice para catálogo sistemático:
1. Direito : Filosofia 340.12

(Bibliotecária responsável: Sabrina Leal Araujo – CRB 8/10213)

André Leonardo Copetti Santos
Doglas Cesar Lucas

A (IN)DIFERENÇA NO DIREITO

— Minorias, Diversidade e Direitos Humanos —

SEGUNDA EDIÇÃO
Revista, atualizada e ampliada

livraria DO ADVOGADO editora

Porto Alegre, 2019

Projeto gráfico e diagramação
Livraria do Advogado Editora

Capa
Evelyne Freistedt
e Visograf Criação Gráfica Ltda.

Revisão
Rosane Marques Borba

Direitos desta edição reservados por
Livraria do Advogado Editora
Rua Riachuelo, 1334 s/105
90010-273 Porto Alegre RS
Fone: (51) 3225-3311
editora@doadvogado.com.br
www.doadvogado.com.br

Impresso no Brasil / Printed in Brazil

Do André,

à Evelyne, por todos os momentos e circunstâncias que fazem a nossa história de amor única e inesquecível;

aos meus filhos, Lucas, Felipe, Arthur e Bernardo, sem qualquer necessidade de justificar o porquê;

ao Pedrinho, meu neto, por todas as possibilidades de amor que trouxe com sua chegada.

Do Doglas,

ao Caetano, meu amado filho, por sua presença. Lembre-se, mesmo adulto, do amor que tenho por ti. Aos meus pais Elenir e Tolentino, por terem me dado a liberdade de escolha no tempo certo.

Premessa

Il libro scritto dai colleghi André Leonardo Copetti Santos e Doglas Cesar Lucas, è un viaggio intellettuale di grande fascino, che tratta il tema della differenza nel mondo contemporaneo in modo analitico e profondo, attraverso i contributi più salienti delle scienze sociali, dal diritto alla filosofia, dalla sociologia all'antropologia, dalla scienza politica all'economia.

E lo fa affrontando di petto la dialettica tra universalità dei diritti, da un lato, e relativismo e specificità culturale, dall'altro, tra eguaglianza e differenza, sullo sfondo dell'epocale mutamento sociale verso una condizione post-moderna o seconda modernità.

In tal senso, "A (In)Diferença no direito" ha il merito di percorrere e rendere intellegibili al lettore gli spazi possibili, nella contemporaneità, di un incontro tra le differenze. Un contributo prezioso, ancor più di fronte a certa retorica dei nostri tempi che, spesso anche dentro le università, intende ridurre la rappresentazione delle identità in qualcosa di immutabile, fisso, negandone così complessità e dinamica (che invece sono i tratti tipici di ogni identità, sia essa intesa in senso individuale, sia essa intesa in senso culturale, di classe, di genere, e così via).

Le varie tesi sullo "scontro di civiltà", infatti, sembrano talvolta ignorare del tutto uno degli insegnamenti più importanti della tradizione sociologica del conflitto di ispirazione weberiana: la società moderna, nelle sue complesse e cangianti stratificazioni, non si caratterizza certo per identità rigide e univoche. Al contrario, si sostanzia di ruoli sociali differenti, con appartenenze molteplici, a volte in contraddizione tra di loro, e i campi del conflitto mutano in relazione al genere, all'età, al credo, alla condizione socio-economica, alla nazionalità, e così via. Questi aspetti dinamici, nelle società contemporanee e mondializzate, si sono oltremodo radicalizzati, per dirla alla Giddens, e l'identità sociale è ancor di più di prima districata nelle sue appartenenze plurime e interconnesse.

E allora, restituire complessità al dibattito sulla diversità, e al modo di gestirla, significa mettere al centro della riflessione la politica, intesa come spazio di partecipazione e immaginazione di percorsi sostenibili per una gestione non violenta dei conflitti.

Le società contemporanee, plurali e multiculturali, sono attraversate, da un lato, dalla crisi dello Stato-Nazione, dall'altro, da una nuova enfasi sulle politiche urbane, sul locale, come luogo privilegiato, a volte immaginato come "comunità", per l'attribuzione di senso degli attori sociali, come scenario concreto dei conflitti generati da dinamiche globali. E i processi di urbanizzazione appaiono andare ben oltre la capacità e la possibilità dei governi locali di gestirli e indirizzarli.

In Europa, ad esempio, la complessità sociale, che ha nella diversità la sua connotazione più evidente, fa fatica ad essere gestita da una politica che – tanto a livello centrale, quanto a livello locale – è attratta, e a sua volta alimenta, le derive populiste, che si traducono spesso in chiusura, in spinte xenofobe, in assenza di immaginazione politica e in scorciatoie inefficaci a fare fronte ai dilemmi della contemporaneità.

Spesso queste tensioni si concentrano nei temi della sicurezza e delle paure urbane, dove facilmente si annidano stereotipi e visioni semplicistiche delle identità e delle differenze. L'insicurezza dei cittadini, infatti, è oggi elemento centrale nelle agende della governabilità urbana, in cui si possono rintracciare molti dei temi affrontati nel libro: differenza e uguaglianza, diritti umani e specificità culturali, conflitti identitari e difesa della "comunità".

Nell'affrontare questi temi, è necessario sempre tenere presente che l'identità culturale non si definisce a partire da un'eredità genetica, ricevuta dai propri avi e immodificabile: le rappresentazioni identitarie sono costruzioni storico-sociali e non dati di fatto. Ciò non significa negarne valore, né capacità di persistenza, ma sottolinearne l'aspetto dinamico, e i margini di libertà per l'autonomia individuale e l'ibridazione, che avvengono di fatto e comunque, pur se negati.

Governare le contraddizioni attraverso la paura, e usare il volto punitivo del diritto come riposta principale alle ansie che derivano dalla diversità, è il vero rischio che corriamo in questa fase storica nel campo dei diritti umani e non solo.

Il dialogo interculturale può, al contrario, essere l'alternativa a questa deriva irriflessiva, attraverso ad esempio il ricorso alla filosofia e alla pratica della mediazione; un modo di trasformare costruttivamente i conflitti delle società plurali entro un quadro di democrazia.

Si tratta di un percorso che scaturisce da una costruzione, faticosa, di ponti, di dialoghi, di attribuzione di senso comune, che non prevede sconti per la partecipazione dei cittadini. Un percorso che risulta particolarmente difficile, oggi, a causa della forte crisi di legittimità che la politica attraversa.

L'approccio interculturale sostenuto dagli autori raccoglie questa sfida, intellettuale e insieme politica, di un lavoro fondato sul dialogo che tenga conto dei diritti "universali" dell'uomo e, insieme, dei diritti alla diversità.

Sapienza, Università di Roma, Italia

Giuseppe Ricotta, sociologo

Nota à segunda edição

Chegamos, com imenso orgulho e regozijo, à segunda edição do nosso livro *A (In)Diferença no Direito*, e chegar a uma segunda edição num campo literário tão restrito como o da Filosofia do Direito é comparável a um disco de jazz que tenha 50.000 exemplares vendidos. No lapso temporal de aproximadamente 1 ano e meio, período em que a primeira edição se esgotou, continuamos nossas investigações acerca da diferença, especialmente em relação às institucionalizações judiciais de decisões que têm garantido, cada vez mais, a concretização da cidadania pelo reconhecimento da diversidade.

A submissão à prova de nosso livro feita junto a colegas, alunos e outros leitores, e as discussões que daí emergiram resultaram em algumas revisões e ampliações do texto original da primeira edição. A principal intervenção deu-se no capítulo referente à institucionalização judicial da diferença, onde ampliamos a análise em relação a recentes posicionamentos do Poder Judiciário relativamente a alguns temas cujo cerne do conteúdo conflitivo refere-se à diferença. Assim, inserimos 4 novos subitens no item 4 do capítulo XI para trazermos ao texto novas reflexões sobre julgados que tratam de temas como cor e racismo, conflitos intergeracionais, diferença dos portadores de necessidades especiais, desejo, amor, corpos inquietos e sexualidade.

Nossa segunda edição, com suas revisões, atualizações e ampliações, é uma tentativa de manutenção de uma linguagem de prontidão, com uma pretensão não apenas de escritura, mas também de ação, consistente na formação de agentes pertencentes a comunidades ativas comprometidas com a desestruturação de estados de poder e dominação – caracterizadores das maiorias – e, consequentemente, com a criação e consolidação de territórios que possibilitem o gozo de uma vida boa por pessoas e grupos cujas determinantes existenciais sejam diferentes das constantes majoritárias.

Nosso livro tem uma pretensão desterritorializante, e essa segunda edição é um enorme ganho em nossas carreiras e em nossas existências simplesmente pelo fato de manter esta pretensão ativa sob o formato de um altaneiro gesto universal como o livro, tão fustigado em nossos tempos por novos modos de publicização de ideias, como as redes sociais.

Por fim, nem só de ganhos nossa segunda edição é marcada. Tivemos uma perda, uma imensa perda em relação à nossa primeira edição. Perdemos nossa amiga, fonte de muitos e muitos debates acerca de vários temas que compõem este texto: a antropóloga e apresentadora da primeira edição Graciela Beatriz Rodríguez, professora da Universidade Nacional de Rosário, Argentina, falecida no começo deste ano de 2018. A ela dedicamos, de forma especial, por suas ideias e seus sorrisos, esta segunda edição.

Os autores, em Ijuí, dezembro de 2018.

Sumário

Presentación

La presentación de un libro es siempre un motivo de celebración. Se celebra la generosidad de los autores, porque más allá de las satisfacciones individuales de quienes lo escriben, un libro es siempre un acto de entrega a un Otro constantemente imaginado y cuya certeza es conmovedora. Por tal motivo, es para mí un gran placer y un honor realizar esta breve presentación y agradezco a los autores, Profesores André Leonardo Copetti Santos y Doglas Cesar Lucas, el permitirme formar parte del festejo.

Este libro A (In) Diferença no Direito constituye, sin dudas, una propuesta muy estimulante para pensar la indiferencia ante la diferencia en las sociedades contemporáneas y, muy particularmente, la (in) diferencia en el Derecho. En efecto, el concepto de diferencia remite al de diversidades, al de particularismos, al de distintos procesos de agregación puestos de manifiesto en múltiples dimensiones: nacionalismos, etnicidades, género, sexualidad, condiciones socio-económicas, discapacidades y un largo etcétera. En tal sentido, el proceso de globalización tiene su contrapunto en la vitalidad de los particularismos, son dos caras de una misma moneda. A su vez, como no es posible la diferencia sin identidad, el libro también reflexiona sobre este carácter relacional de los procesos identitarios.

Como claramente se plantea en esta obra, estructurada a través de doce capítulos, el fenómeno de la diversidad social siempre existió, pero su mayor visibilidad data de los últimos treinta y cuarenta años. Una visibilidad que pone al desnudo, en toda su crudeza, situaciones de dominación y violencia que tienen como respuesta luchas sociales, algunas más expuestas y otras más soterradas. Estas particularidades que permanecían en los bordes, simbólicos o materiales, de los entramados de las sociedades pugnan por el reconocimiento de sus derechos. Se trata de procesos de agregación que disputan por el ámbito de lo público, y con mecanismos de cohesión que obedecen a una multiplicidad de ideales y necesidades. En estas modalidades de resistencia, más o menos flexibles, más o menos organizadas, la marca se constituye a través de la diferencia en sus diversas dimensiones sin reducirla, como bien se señala en la obra, a los aspectos étnico-culturales. Este núcleo de reflexiones conforma, en la sistematización realizada por los autores, la diferencia como Acontecimiento Social.

Asimismo, y con el afán de brindar explicaciones a esta explosión de particularismos, a lo largo de varios capítulos se pone en diálogo y tensión diversas perspectivas desde la teoría social, la filosofía y la epistemología, las cuales procuran dar cuenta de estas realidades, auspiciando un espacio participativo donde tienen cabida múltiples voces. La lectura de estos capítulos nos invita a realizar un intenso y generoso recorrido, desde donde es posible repensar el interjuego entre diferencias e indiferencias a través de una segunda sistematización: la diferencia como Campo Teórico.

A su vez, las problemáticas en torno al Derecho, los Derechos Humanos y las identidades socio-culturales encuentran su desarrollo a partir de una mirada crítica al afán generalizador del derecho a través de la reducción de la contingencia. Los autores, en tal sentido, se asientan en el núcleo de una profunda paradoja: no siempre tenemos el derecho a ser lo que somos ya que las vivencias de nuestra identidad, como derecho, se encuentran subordinadas a la condición de normatividad. Asimismo, el reconocimiento de la diferencia por parte de los Estados nacionales y las consecuentes toma de decisiones políticas, extensamente desarrolladas tanto a partir del fenómeno de la migración y sus distintos modelos teóricos-prácticos como de las políticas públicas de tutela y protección de las diferencias, nos ponen en presencia de una tercera sistematización: la diferencia y su Institucionalización en los espacios de toma de decisiones políticas y normativos.

Estas tres dimensiones en el análisis: los movimientos sociales de lucha y resistencia, las teorizaciones desde la Academia y la institucionalización en los espacios políticos y normativos se presentan en la obra estrechamente intervinculadas, amalgamadas. De este modo, es posible comprender los cambios en las modalidades de lucha de los movimientos sociales a través del paso de las décadas. A las primeras explosiones de las diferencias le sucede, tras el paso del tiempo, una búsqueda de permanencia que sólo el proceso de institucionalización de esas luchas hace posible. En tal sentido, la Academia con sus nuevas teorizaciones no está ajena a las renovadas modalidades de actuación de las fuerzas sociales.

Como se puede apreciar, este libro pone en foco el debate, nunca acabado, entre universalismo/relativismo. Los autores proponen nuevas miradas, donde los reconocimientos de la diferencia no sean sólo formales, sólo retóricos. En el medio de las políticas públicas de los Estados y de las leyes nacionales y los tratados y las convenciones de Derechos

Humanos están los sueños, las pasiones y los deseos de las personas en sus núcleos de pertenencia. En definitiva, la obra nos invita a repensar el derecho a la diferencia, a la alteridad bajo postulados universales desde donde sea posible un "encuentro de dignidades humanas". Este encuentro requiere concretarse en clave polifónica y nadie mejor que los autores para dar cuenta de lo imprescindible de este desafío:

> Cremos que um dos grandes desafios democráticos na contemporaneidade, num mundo em que as diferenças são cada vez mais rutilantes, resida no estabelecimento de um processo deliberativo profundamente polifônico, onde a sintonia e a harmonia das diversas vozes pelo contínuo contraste com o outro e onde uma contínua interação entre diferentes cosmovisões e experiências históricas se constituam como uma nota tônica de resistência a qualquer tendência de absolutizar ou de sacralizar o próprio.

Para finalizar, se le atribuye a un canciller británico expresar que un abogado debe ser ante todo un caballero, después, si sabe Derecho, mejor. Los autores, además de ser caballeros y de saber Derecho, han logrado desbordar el mismo núcleo del Derecho interpelándolo desde una multiplicidad de contextos: sociológicos, filosóficos y epistemológicos. Los lectores y lectoras, sin dudas, lo agradecerán.

Antropóloga *Graciela B. Rodríguez*
Universidad Nacional de Rosario República Argentina

Introdução

A diferença é o diabo e o devir de suas mil facetas minoritárias

Eduardo Galeano, em sua obra *Espelhos. Uma história quase universal*, elenca nove formas de personificação coletiva do Diabo. Para ele, ou melhor, na história, o Diabo é muçulmano, judeu, negro, mulher, pobre, estrangeiro, homossexual, cigano e índio. Tomemos as palavras de Galeano (2008, p. 113-119) e façamo-nas nossas:

> **O Diabo é muçulmano**
>
> Até Dante sabia que Maomé era terrorista. Não foi por acaso que o colocou num dos círculos do Inferno, condenado à pena de formão perpétuo. *Eu o vi rachado,* celebrou o poeta em *A divina comédia, da barba até a parte inferior do ventre...*
>
> Vários papas haviam comprovado que as hordas muçulmanas, que atormentavam a Cristandade, não eram formadas por seres de carne e osso, mas eram um grande exército de demônios que tanto mais crescia quanto mais sofria os golpes das lanças, das espadas e dos arcabuzes.
>
> Lá pelo ano de 1564, o demonólogo Johan Wier tinha contado os Diabos que estavam trabalhando na terra, em tempo integral, pela perdição das almas humanas. Havia 7.409.127 que atuavam divididos em 79 legiões.
>
> Muitas águas ferventes passaram, desde aquele recenseamento, por baixo das pontes do inferno. Quantos são, hoje em dia, os enviados do reino das trevas? As artes do teatro dificultam a contagem. Esses enganadores continuam usando turbantes, para ocultar seus chifres, e longas túnicas cobrem suas caudas de dragão, suas asas de morcego e a bomba que carregam debaixo do braço.
>
> **O Diabo é judeu**
>
> Hitler não inventou nada. Há dois mil anos que os judeus são os imperdoáveis assassinos de Jesus e os culpados de todas as culpas.
>
> Como? Jesus era judeu? E também judeus eram os doze apóstolos e os quatro evangelistas? Como é que é? Não pode. As verdades reveladas estão além de qualquer dúvida: nas sinagogas o Diabo dá aula, e os judeus se dedicam desde sempre a profanar hóstias, a envenenar a água benta, a provocar falências e a semear pestes.

A Inglaterra os expulsou, sem deixar nem um, no ano de 1290, mas isso não impediu que Marlowe e Shakespeare, que talvez nunca tivessem visto um judeu na vida, criassem personagens obedientes à caricatura do parasita sanguessuga e usureiro avarento.

Acusados de servir ao Maligno, esses malditos andaram pelos séculos de expulsão em expulsão e de matança em matança. Depois da Inglaterra, foram sucessivamente expulsos da França, da Áustria, da Espanha, de Portugal, e de numerosas cidades suíças alemãs e italianas. Na Espanha, tinham vivido durante treze séculos. Levaram as chaves de suas casas. Há quem as tenha até hoje.

A colossal carniçaria organizada por Hitler foi o auge de uma longa história.

A caça aos judeus sempre foi um esporte europeu.

Agora os palestinos, que jamais o praticaram, pagam a conta.

O Diabo é negro

Como a noite, como o pecado, o negro é inimigo da luz e da inocência.

Em seu célebre livro de viagens, Marco Polo evocou aos habitantes de Zanzibar: Tinham boca muito grande, lábios muito grossos e nariz de macaco. Andavam nus e eram totalmente negros, de maneira que quem os visse em qualquer região do mundo acreditaria que eram Diabos.

Três séculos depois, na Espanha, Lúcifer, pintado de negro, entrava em seu carro de fogo nos tablados de comédias e nos palcos das quermesses. Santa Teresa jamais conseguiu se livrar dele. Uma vez ficou parado ao seu lado, e era *um negrinho muito abominável*. Em outra ocasião, ela viu que uma grande chama vermelha saía do seu corpo negro, quando se sentou em cima do seu livro de orações e queimou suas rezas.

Na América, que tinha importado milhões de escravos, sabia-se que era Satã quem tocava os tambores nas plantações, convocando para a desobediência, e punha música e remelexos e tremores nos corpos dos seus filhos nascidos para pecar. E até Martin Fierro, gaúcho dos pampas, pobre e castigado, sentia-se bem comparando-se com os negros, que andavam mais fodidos que Ele: – *Esses aí foram feitos pelo Diabo* – dizia – para serem tição do inferno.

O Diabo é mulher

O livro *Malleus Maleficarum*, também chamado *O martelo das bruxas*, recomendava o mais impiedoso exorcismo contra o demônio que tinha tetas e cabelos compridos.

Dois inquisidores alemães, Heinrich Kramer e Jakob Sprenger, escreveram, por encomenda do papa Inocêncio VIII, esse fundamento jurídico e teológico dos tribunais da Santa Inquisição.

Os autores demonstravam que as bruxas, harém de Satã, representavam as mulheres em estado natural, porque *toda bruxaria provém da luxúria carnal, que nas mulheres é insaciável*. E advertiam que esses seres de aspecto belo, contato fétido e mortal companhia encantavam os homens e os atraíam, silvos de serpente, caudas de escorpião, para aniquilá-los.

Esse tratado de criminologia aconselhava a submeter a tormento todas as suspeitas de bruxaria. Se confessavam, mereciam o fogo. Se não confessavam, também, porque só uma bruxa, fortalecida pelo amante, o Diabo, nas festas de feiticeiras, conseguia resistir a semelhante suplício sem abrir a boca.

O papa Honório III havia sentenciado:

- As mulheres não devem falar. Seus lábios carregam o estigma de Eva, que foi a perdição dos homens.

Oito séculos mais tarde, a Igreja Católica continua negando-lhes o púlpito.

O mesmo pânico faz com que os fundamentalistas muçulmanos lhes mutilem o sexo e tapem seus rostos.

E o alívio pelo perigo conjurado move os judeus muito ortodoxos a começar o dia sussurrando:

- Obrigado, Senhor, por não me ter feito mulher.

O Diabo é pobre

Nas cidades do nosso tempo, imensos cárceres que trancam os prisioneiros do medo, as fortalezas dizem ser casas e as armaduras simulam ser ternos.

Estado de sítio. Não se distraia, não baixe a guarda, não confie. Os amos do mundo dão a voz de alarme. Eles que impunemente violam a natureza, sequestram países, roubam salários e assassinam multidões, nos advertem: cuidado. Os perigosos acossam, tocaiados nos subúrbios miseráveis, mordendo invejas, engolindo rancores.

Os perigosos, os pobres: os pobres-Diabos, os mortos das guerras, os presos dos cárceres, os braços disponíveis, os braços descartáveis.

A fome que mata calando, mata os calados. Os especialistas, os pobrólogos, falam por eles. E nos contam em que não trabalham, o que não comem, o quanto não pensam, o quanto não medem, o que não têm, o que não pensam, o que não votam, em que não creem.

Só nos falta saber por que os pobres são pobres. Será porque sua fome nos alimenta e sua nudez nos veste?

O Diabo é estrangeiro

O culpômetro indica que o imigrante vem roubar nosso emprego, e o perigômetro dispara a luz vermelha.

Se é pobre, jovem e não é branco, o intruso, o que veio de longe, está condenado à primeira vista por indigência, inclinação ao caos ou porte de pele. E em qualquer caso, se não é pobre, nem jovem, nem escuro, ainda assim é mal vindo, porque chega disposto a trabalhar o dobro a troco da metade.

O pânico da perda do emprego é um dos medos mais poderosos entre todos os medos que nos governam nestes tempos de medo, e o imigrante está sempre à mão na hora de acusar os responsáveis pelo desemprego, pela queda do salário, pela insegurança pública e por outras desgraças terríveis.

Antes, a Europa derramava sobre o sul do mundo soldados, presos e camponeses mortos de fome. Esses protagonistas das aventuras coloniais passaram à história como agentes viajantes de Deus. Era a Civilização lançada ao resgate da barbárie.

Agora a viagem é feita ao contrário. Os que chegam, ou tentam chegar, do sul para o norte, são protagonistas das desventuras coloniais, que passarão à história como mensageiros do Diabo. É a barbárie lançada ao ataque à Civilização.

O Diabo é homossexual

Na Europa do Renascimento, o fogo era o destino que mereciam os filhos do inferno, que do fogo tinham vindo. A Inglaterra castigava com *morte horrorosa os que houvessem tido relações sexuais com animais, judeus ou pessoas de seu mesmo sexo.*

Exceto no reino dos astecas e dos incas, os homossexuais eram livres na América. O conquistador Vasco Núñez de Balboa jogou aos cães famintos os índios que praticavam essa anormalidade com toda normalidade. Ele acreditava que a homossexualidade era contagiosa. Cinco séculos depois, ouvi o arcebispo de Montevidéu dizer a mesma coisa.

O historiador Richard Nixon sabia que esse vício era fatal para a Civilização:

- Vocês sabem o que aconteceu com os gregos? A homossexualidade os destruiu! Com certeza. Aristóteles era homo. Todos sabemos. E Sócrates também. E vocês sabem o que aconteceu com os romanos? Os últimos seis imperadores eram veados...

O civilizador Adolf Hitler havia adotado medidas drásticas para salvar a Alemanha desse perigo. *Os degenerados culpados de aberrante delito contra a natureza* foram obrigados a usar um triângulo cor-de-rosa. Quantos deles morreram nos campos de concentração? Jamais se soube.

No ano de 2001, o governo alemão resolveu *retificar a exclusão dos homossexuais vítimas do Holocausto.* Levou mais de meio século para corrigir a omissão.

O Diabo é cigano

Hitler achava que a praga cigana era uma ameaça, e não estava sozinho.

Fazia séculos que muitos achavam e continuavam achando que essa raça de origem obscura e escura cor leva o crime no sangue: sempre malditos, vagabundos sem outra casa que o caminho, violadores de donzelas e de fechaduras, mãos bruxas para o baralho e o punhal.

Numa só noite de agosto de 1944, 2.897 ciganos, mulheres, crianças, homens, viraram fumaça nas câmaras de gás de Auschwitz.

Um quarto dos ciganos da Europa foram aniquilados naqueles anos.

Alguém perguntou por eles?

O Diabo é índio

Os conquistadores confirmaram que Satã, expulso da Europa, tinha encontrado refúgio nas ilhas e nas areias do mar do Caribe, beijadas pela sua boca flamejante.

Ali moravam seres bestiais que chamavam de *brincadeira* o pecado carnal e o praticavam sem horário nem contrato, ignoravam os dez mandamentos e os sete sacramentos e os sete pecados capitais, andavam pelados e tinham o costume de comer-se entre si.

A conquista da América foi uma longa e dura tarefa de exorcismo. Tão enraizado estava o Maligno nessas terras, que quando parecia que os índios se ajoelhavam devotamente diante da Virgem, estavam na realidade adorando a serpente que ela esmagava debaixo do pé; e quando beijavam a cruz estavam celebrando o encontro da chuva com a terra.

Os conquistadores cumpriram a missão de devolver a Deus o ouro, a prata e as muitas outras riquezas que o Diabo havia usurpado. Não foi fácil recuperar o butim. Ainda bem que, de vez em quando, recebiam uma ajudinha lá de cima. Quando o dono do Inferno preparou uma emboscada num desfiladeiro, para impedir a passagem dos espanhóis para o Morro Rico e Potosí, um arcanjo desceu das alturas e deu-lhe uma tremenda sova.

Pouquíssimas figuras são tão emblemáticas, ao longo da história, como foi a do Diabo. Mas, afinal, quem é essa figura, colorida em múltiplos tons de cinza e negro por Eduardo Galeano? Em primeiro lugar, não era, segundo os textos sagrados – a Bíblia –, uma entidade de mil facetas, ou um conjunto de valores negativos, como nos conta o escritor uruguaio, mas personificadamente único[1], um anjo chamado Lúcifer que, seduzido narcisisticamente pela própria beleza, entendeu que deveria receber a mesma admiração que Deus, e em razão disso armou uma rebelião com aproximadamente um terço dos anjos que existiam nos céus (BÍBLIA SAGRADA, Ezequiel 28: 12-19, 1988, p. 801). Esta descrição fantástica e sobrenatural do Diabo é própria da tradição judaico-cristã: "Vós tendes por pai ao Diabo, e quereis satisfazer os desejos de vosso Pai; ele foi homicida desde o princípio, e não se firmou na verdade, porque não há verdade nele, quando ele profere mentira, fala do que lhe é próprio, porque é mentiroso e pai da mentira" (BÍBLIA SAGRADA, João 8: 44, 1988, 1ª parte, p. 118).

A descrição oficial, ou melhor, a primeira versão publicada pela Igreja da invenção do Diabo data de depois do Concílio de Toledo, em 447 d.C., sendo ele, solene e burocraticamente descrito e difundido como a encarnação absoluta do mal. Nessas descrições constam a imagem de um ser medonho, muito grande e forte, de aparência escura, com chifres na cabeça, exatamente como o deus-touro Mithra, da qual a Igreja queria impedir a adoração. Nasce, com isso, o demônio na cultura cristã, como a mais radical oposição a um projeto de mundo e de bem, cuja personificação plantou o medo nas pessoas que aderissem aos seus cultos, pois o castigo final seria a morte sem direito à vida eterna, seja em qual modalidade fosse (terrena ou espiritual).

Com outro olhar, podemos compreender o Diabo de uma forma mais terrena, histórica e estratégica, como uma farsa instrumentalmente criada para funcionar como uma ferramenta de repressão, opressão e imposição de certos valores propagados por indivíduos e grupos ligados a posições privilegiadas dentro de sistemas de dominação. A riqueza da descrição de Galeano reside no fato de condensar algumas associações históricas, que foram feitas por detentores do poder, entre a figura do Diabo e parcelas de indivíduos submetidas aos caprichos dos poderosos, e, por isso, perseguidos, presos e mortos por estarem associados a uma figura que personificava o mal. O Diabo, nessa perspectiva, expressa manifestamente as separações e segregações impostas pelos detentores do poder a minorias por eles indesejadas por dificultarem seus projetos de poder.

[1] A versão bíblica do Diabo o revela como uma pessoa real, não apenas o mal no coração de alguém (BÍBLIA SAGRADA, Mateus 4: 1-11, 1988, 2ª parte, p. 5).

Na verdade, essas duas visões e compreensões do Diabo sempre se confundiram, sempre andaram juntas, pois as ações dirigidas aos seres diabólicos que se opunham aos projetos de poder terreno sempre tiveram como justificativa argumentos transcendentais, sobrenaturais, teológicos. Assim foi, por exemplo, com muçulmanos, mulheres, índios, judeus, negros e homossexuais que, de alguma forma, eram figuras que materializavam os pecados capitais que estruturaram fortemente a doutrina cristã da salvação, ou, em sentido contrário, da morte da alma pelo castigo em razão de condutas abomináveis, contrárias aos mandamentos de Deus.

Essas personificações de um Diabo transcendental, de uma figura espiritual do mal, também tiveram uma função histórica ligada à instalação de processos de dominação econômica ou de manutenção de algum modo de produção da riqueza, mediante a submissão ou exploração de alguns povos por outros. Isso aconteceu violentamente com os índios americanos, que foram vítimas de um genocídio sem comparação. A ocupação do território americano, de norte a sul, por colonizadores europeus, teve unicamente fins econômicos, mas em não raros momentos serviu-se de justificativas teológicas para motivar suas ações dominadoras e genocidas. Da mesma forma ocorreu com os negros africanos, os quais foram vítimas de um assalto existencial seguido de morte, em nome de um processo de descobrimento de um novo mundo econômico, cuja principal finalidade era saciar a sede de riqueza de cortes violentas e decadentes que fizeram a sangrenta e não civilizada história medieval europeia. As missões católicas de conversão dos espíritos pagãos dos índios para a cristandade cumpriram, nesse aspecto, um forte papel colonizador, e a figura do Diabo foi icônica neste processo.

A Idade Média, na cultura ocidental, teve em seu centro imaginário e simbólico essa figura de Deus, como um ente pessoalizado, e, paralelamente, do lado oposto, como o próprio nome já sugere, os opositores, o Diabo e seus seguidores, os hereges, as bruxas, os alquimistas, os cientistas que negavam as teorias teocêntricas, os protestantes, em suma, todos os que divergiam de um sistema de verdade – e de poder – oficializado pela Igreja Católica. A fixação dessas imagens diabólicas pelas Inquisições não contou somente com um sistema de comunicação escrita e oral, mas lançou mão de estratégias iconográficas para a produção de imagens que desempenharam papéis importantíssimos, quer na expressão das oposições, quer na fixação hierática das cerimônias encenadas pelo tribunal. Os quadros encomendados pelo "Santo Ofício", que deviam decorar as salas de reuniões dos organismos de controle, formaram um corpus de imagens de Autos de Fé e de figuras a serem combatidas. Assim, o conjunto imagético da Inquisição, composto por quadros, afrescos e gravuras, formas que podem ser relacionadas com uma política da imagem, mas também com os textos da época, apresenta não somente cenas de inquisidores ou de julgamentos, mas também, muito comumente, cenas de condenados "por amar um burro", "por não ter pernas", "por ter nascido em outro lugar", "por falar", "por trazer informações do demônio", ou "por mexer a língua de outra maneira". Representações pictóricas, enfim, de figuras diabólicas (BETHENCOURT, 2000).

Com a Modernidade não foi diferente, apenas trocaram-se as entidades. Substitui-se, parcialmente, o Deus personalizado medieval pela Deusa Razão, pela Deusa Igualdade, pela Deusa Liberdade e, também, foi substituído o Diabo, o ser medonho, muito grande e forte, de aparência escura, com chifres na cabeça, pelos Diabos modernos, o Diabo-Irracionalidade, o Diabo-Outro, o Diabo-Diferente, o Diabo-Minoria, os Diabos de Galeano.

Se o Deus medieval, o ente onipresente e onisciente, sempre deteve as soluções para resolver os problemas do mundo, sempre possuiu as alternativas para um projeto de mundo que já estava predeterminado nas escrituras sagradas, desde a sua criação também, de forma similar, as grandes narrativas modernas, os grandes projetos de desenvolvimento irrefreado e contínuo da humanidade, os deuses modernos do Iluminismo, do liberalismo ou do marxismo, não foram diferentes nesse aspecto. Eles possuíram e ainda possuem seu aspecto divino, determinista, pois se constituem como projetos totalizantes fechados e inevitáveis de mundo. E tudo o que a eles se oponha (Satanás, do latim, o que se opõe, o opositor, o que arma ciladas) deve ser demonizado, reprimido, criminalizado e, se possível, sem que haja um aviltamento muito sério do projeto, eliminado. Nada pode se opor ao livre mercado ou ao controle da economia pelo Estado, à liberdade individual, às homogeneidades igualitárias que jamais saíram de fato dos textos legais, pois, se assim ocorrer, o Diabo tomará o corpo dos que se arvoram a esses sacrilégios aos valores modernos. A luta desencadeada contra a Igreja Católica pelos revolucionários franceses é um bom exemplo dessa substituição dos deuses medievais pelos deuses modernos. A troca do nome de ruas parisienses que levavam nomes de santos, a privação de altares nas igrejas e catedrais francesas, os saques à riqueza clerical, a adoração ao novo Deus Marat, a abolição do calendário cristão, o reinício da contagem dos anos a partir da queda da monarquia, a nomeação dos meses de acordo com as estações do ano, a divisão dos meses em três semanas de dez dias para não haver mais clareza temporal do povo em relação ao domingo, considerado como dia santo na semana. Mas a mais contundente manifestação dessa substituição dos deuses medievais por deuses modernos ocorreu no dia 6 de junho de 1794, quando Maximilian Robespierre declara um novo feriado religioso nacional na França revolucionária: o dia do Festival do Ser Supremo. O líder da Revolução Francesa queira substituir o antigo Deus católico por um novo Deus, a Deusa da Razão.

Nesse aspecto, a ideia de uma vontade majoritária, tributo, em grande medida, da teoria política rousseauniana, constitui-se como uma das mais perniciosas reificações objetivadoras/endeusificadoras da Modernidade. Criou-se uma "teologia" da maioria sobre a qual instituíram-se os mais nocivos e violentos sistemas de repressão que, não raro, autointitularam-se como democráticos.

Rousseau acreditava na capacidade de o povo exprimir uma opinião coletiva. Chamava ele de "vontade geral" a decisão "unânime" que o povo deve tomar a fim de realizar o bem comum. Distinguia a vontade geral da vontade de todos. A primeira representa uma decisão unânime, enquanto a segunda é apenas uma "soma de vontades particulares". Ao redor dessa Deusa chamada "vontade geral", totalizante, homogeneizante e castradora, orbitaram os Diabos modernos e continuam a orbitar Diabos contemporâneos, os Diabos que em suas mil facetas personificam a diferença, a diversidade, o pluralismo.

Dessas construções de Rousseau e de outras que materializaram grandes narrativas sobre o mundo, resultou a criação da Deusa Democracia, em sua versão moderna, cujas principais virtudes e fortalezas residem na igualdade formal e no princípio da maioria, independentemente da possibilidade de existência de distintas visões de mundo acerca do bem comum.

Nos últimos tempos, uma derradeira figura divina moderna desce dos céus à terra para a realização de seus milagres: as Constituições democráticas e sociais de Direito,[2] como a materialização do espírito dos contratos sociais da Modernidade, tais como preconizados por Hobbes, Locke, Rousseau ou Kant.

Dessa ideia moderna de pacto social majoritário constitucionalizado resultaram, pela atuação de sistemas jurídicos e políticos nele fundamentados, terríveis perseguições e segregações de minorias como, por exemplo, índios, crentes de determinadas religiões, homossexuais e negros, além de hipossuficientes, como idosos e crianças, e de maiorias submissas como as mulheres. Assim, em inúmeros momentos históricos, em diferentes locais do planeta, maiorias subjugaram minorias, hipossuficientes e submissos, criando, para isso, sistemas formais/legais de justificação de tais ações. Veja-se o caso das mulheres no Brasil. Até

[2] Ao longo o texto utilizaremos a palavra Direito, com "D" maiúsculo, significando o Direito como fenômeno cultural normativo em um sentido amplo, para diferenciar da palavra direito, com "d" minúsculo, atribuída ao conjunto de potestades, de poderes, que as diferentes entidades (pessoas ou grupos) podem ser titulares. Assim, *e.g.*, falaremos em direito à diferença, em direito individual, mas, em sentido diverso, falaremos em sistemas de Direito, em Direito brasileiro, etc.

a entrada em vigor do atual Código Civil, encontravam-se elas em uma posição inferiorizada na administração da família, uma vez que a legislação atribuía ao homem a função de chefe da família.

Entretanto, em termos de contrato social, nem tudo está perdido, pois hoje percebemos o estabelecimento de acordos sociais entre maioria e minorias, que se traduzem, mais concretamente, na legitimação constitucional da tutela de interesses de grupos minoritários e de grupos que, mesmo não constituindo minorias, encontram-se em situação de vulnerabilidade social. Após assistirmos mais de dois séculos de dominação de minorias e hipossuficientes com base numa legitimação majoritária, feita pelas oligarquias que, via de regra, ocupam o poder – e aqui não podemos deixar de dar razão a Robert Michels com sua Lei Férrea das Oligarquias – estamos, nas últimas cinco décadas, Diabolicamente, afrouxando os limites desta configuração dos campos de poder da Modernidade. Aqui, valem as palavras de Flusser:

> Algo tentava a humanidade, desde os tempos primordiais: quebrar os três limites impostos pela primeira fase da Bíblia, ou, pelo menos, dilatá-los. Algo incitava os homens a querer ver sempre o além do início, a conquistar os céus com os seus instrumentos, ou pelo menos com o seu espírito, e a libertar-se da terra no sentido literal, ou pelo menos figurativo. (...) O Diabo nunca se satisfez com essas três algemas. A nossa imaginação se recusa a nos desenhar a situação hipotética na qual os três limites estariam liquidados pelo esforço humano inspirado no Diabo. Um mundo infinito e um mundo eterno ultrapassam a nossa capacidade imaginativa. O Diabo conseguiu afrouxar seus limites no curso da história do pensamento. Mas o espírito persegue os limites em retrocesso como um gás em expansão, e continua sentindo-se algemado. Aqui é preciso introduzir uma apreciação curiosa. Um mundo infinito e eterno é inimaginável. Mas um mundo finito e passageiro é pelo menos igualmente inimaginável. O mundo infinito coloca o problema da sua limitação, o mundo finito coloca o problema igualmente insolúvel do além dos limites. Os nossos sábios ensinam atualmente um mundo finito. É inimaginável o que ensinam. Os fundadores das nossas religiões ensinaram um mundo infinito. É igualmente inimaginável o seu ensinamento. A nossa tentativa de afrouxar os limites é absurda, e tipicamente diabólica neste sentido (FLUSSER, 2006, p. 31-32).

Há, assim, algo de diabólico nas concepções/funções contramajoritárias das Constituições contemporâneas, pois elas traduzem tentativas de afrouxamento de limites impostos às minorias pelas maiorias. Os textos constitucionais de nosso tempo possuem uma verdadeira potencialidade terapêutica contra possíveis abusos de uma maioria constante endeusificada, seja no que toca às imposições de abstenções discriminatórias, seja em relação às determinações de realização de ações de afirmação da cidadania em seus mais variados aspectos.

Essa concepção contramajoritária das Constituições surge exatamente no mesmo momento em que movimentos sociais passaram a questionar alguns modos-de-ser dominantes que abafaram historicamente percursos morais concretos de determinados grupos sociais. Isso se deu inicialmente nos Estados Unidos com os movimentos de luta pelos direitos civis, mais notadamente com a efetividade da organização do movimento negro americano. Daí, alastrou-se para uma série de outros grupos minoritários, ou não minoritários, mas com alta vulnerabilidade social.

Por outro caminho, também se consolidou no campo da filosofia, da ciência política, da sociologia e da antropologia um conjunto mais sólido de teorizações acerca das temáticas da identidade, da autenticidade, da diferença e do reconhecimento.

Essas duas dinâmicas – pragmático-política e teórica –, ao estabelecerem imbricações e convergências mútuas desde a sexta década do século passado, propiciaram uma projeção mais efetiva, no campo jurídico, de demandas pela tutela desses grupos, seja pelo estabelecimento de barreiras a possíveis violações, seja pelo estímulo de políticas públicas voltadas ao reconhecimento de diferenças e à equalização de disparates históricos perpetrados por maiorias.

O que estamos vendo, com as tentativas de afrouxamento de limites majoritários por minorias, é o arrostamento das maiorias consideradas em seu aspecto de constância, de expressão e de conteúdo. Estamos vendo a corrosão de estados de poder e de dominação, dos limites da própria constante, de um padrão abstrato que se invisibiliza em sua hegemonia e que, como Deus, não aparece em formato histórico algum, sendo, paradoxalmente, alguém por ser Ninguém. Há, nesse sentido, um "fato" majoritário que, segundo Deleuze e Guattari, "é o fato analítico de Ninguém que se opõe ao devir-minoritário de todo o mundo". É por isso que devemos distinguir, alertam-nos os pensadores franceses, o majoritário como sistema homogêneo e constante, das minorias como subsistemas, e o minoritário como devir potencial e criado, criativo. Assim, o problema nunca é o de obter a maioria, mesmo instaurando uma nova constante. Não existe devir majoritário, maioria nunca é um devir. Só existe devir minoritário. As mulheres e os não brancos no Brasil, independentemente do seu número (representam tanto um como o outro, mais de 50% da população), são minorias, pois, em termos de poder e dominação, a constante é branca e masculina.

Este livro, escrito a quatro mãos, é apenas uma tentativa de agenciamentos, a partir de alguns bulbos densificados pela noção de minoria, em suas vontades de poder rizomáticas de estabelecer linhas de segmentação e de fuga, movimentos de desterritorialização e desestratificação em relação a algumas superfícies de registro e produção que caracterizaram uma Modernidade, paradoxalmente, ao mesmo tempo, libertadora e opressora. As noções de minoria e diferença, em suas remissões jurídicas e políticas, em seus estados de etnia, língua e sexo, com suas territorialidades de gueto, são a nota tônica de uma composição policromática em tom menor, fazendo aqui uma remessa musical, campo que também absorve a noção de minoria.

Se alguma pretensão universalista pode existir em nosso texto, é a de estabelecimento de uma figura universal da consciência minoritária, como devir criativo de todo o mundo, em variação contínua, como uma amplitude que não cessa de transpor, por excesso e por falta, o limiar representativo do padrão divino majoritário. Erigindo a figura diabólica de uma consciência minoritária, dirigimo-nos a potências de devir que pertencem a um outro domínio, que não o do Poder e da Dominação por uma constante divinizada, mas a um devir minoritário diabólico, opositor, constituinte da autonomia todos os Diabos de Galeano.

I

Algumas disposições para entender a diferença

Uma das características mais marcantes de uma época que alguns autores chamam de "a era dos extremos" (HOBSBAWN, 1994), ou de a "era da migração" (CASTELLS, HAAS; MULLER, 2013), é a diversidade étnica e cultural das populações de alguns países, havendo investigadores que chegam a falar em "superdiversidade" (VERTOVEC, 2007). Nessa mesma direção, é um acontecimento marcante da contemporaneidade, como bem observa Harvey, que muitos Estados do mundo atual se caracterizam por terem populações multiétnicas, constituídas lenta ou rapidamente (2012). O fato é que o incremento da variedade e da diversidade na composição étnica e cultural de populações de diferentes países no mundo todo é um fenômeno que se agudizou nos dias atuais em função da aceleração dos fluxos causados pelo desenvolvimento tecnológico, especialmente se considerarmos as últimas três ou quatro décadas. Processos de integração e desintegração cultural, utilizando as palavras de Featherstone, que caracterizam o pós-modernismo, ao mesmo tempo como um símbolo e uma poderosa imagem cultural do desvio da conceitualização da cultural global, menos em termos dos alegados processos de homogeneização e mais em termos de diversidade, de variedade e da riqueza dos discursos populares e locais, dos códigos e das práticas que resistem e produzem a sistematização e a ordem (1990, p. 8).

Essa configuração pluriétnica e pluricultural de muitos países e cidades foi tomada, por exemplo, por Vertovec para introduzir o termo "superdiversity", a fim de destacar as mudanças às quais se assistiu recentemente na Inglaterra, especialmente salientes na cidade de Londres. A noção de superdiversidade emprega-se para sintetizar uma série de traços que afetam o modo de viver das pessoas.

Ainda que o termo de Vertovec seja utilizado mais especificamente para descrever e analisar um fenômeno por ele associado aos processos de mobilidade humana, abrangendo não só aspectos ligados à origem ou à etnicidade, mas também outros vinculados à condição legal diferencial dos imigrantes (e os direitos associados a cada condição), mais do que se centrar na ideia de diversidade, em alusão estrita à etnicidade e à procedência de um país determinado, destaca esse autor a existência de múltiplos elementos que produzem esta superdiversidade, concomitantemente à interação de muitos destes eixos de diferenciação (2007, p. 1027-1028).

Partindo dessa percepção de Vertovec, parece ser quase inquestionável o acontecimento de um incremento violentíssimo de diferenças nas sociedades contemporâneas, não só ligadas à origem nacional das pessoas ou à sua etnicidade, mas múltiplos outros fatores têm atuado como elementos propulsores dessa diversidade, tais como o gênero, a sexualidade, as discapacidades, as hipossuficiências socioeconômicas, etc. O problema da diferença não é uma questão própria dos últimos trinta ou quarenta anos. A diferença e sua inclusão em distintas ordens discursivas sempre existiu, ainda que em boa parte da história da humanidade suas mazelas tenham sido invisibilizadas. O que há, nas últimas décadas, em termos de novidade em relação a isso, é um processo de exponencialização da sua visibilidade e o caráter libertador que as narrativas sobre a diferença assumiram.

Paralelamente às lutas sociais de minorias e hipossuficientes sociais, surgiu toda uma teorização libertária calcada sobre a ideia de diferença que assumiu um lugar destacado nos debates contemporâneos: o multiculturalismo. Esse território teórico, num primeiro momento, avocou sob o seu teto temático uma multiplicidade de fenômenos que não guardavam, em sua materialidade, uma aproximação tão grande a ponto de justificar um amálgama conceitual que pudesse dar conta de explicar, de forma tão ampla e uniforme, acontecimentos com fundos causais tão diversos. Assim, passada uma primeira fase de excitação com o novo campo teórico aberto pelo multiculturalismo, uma angústia passou a acompanhar boa parte dos acadêmicos que têm se ocupado com essa temática, especialmente em função de se constituir como tentativa metodológica de sistematização de um conjunto de conhecimentos nominados sob essa designação, a partir de análises de realidades cuja característica principal é o seu alto grau de clivagem, de fragmentação e, portanto, desafiador das possibilidades de aglutinação comum sob um mesmo abrigo conceitual/ordenador.

Tendo esse ponto de partida como referência, o caminho que pretendemos trilhar nesta parte inicial do livro vai no sentido de compreender, sob um triplo aspecto, as reações e respostas a diferentes estados de violência e dominação, reunidas sob a nomeação de multiculturalismo, mas cujo eixo de ligação entre todas elas reside, na verdade, na questão da diferença. Assim, ainda que não desconheçamos a existência do multiculturalismo, seja como fenômeno de lutas sociais, seja como cartografia teórica ou como elemento desencadeador de institucionalização, o centro de nossa análise precede à própria ideia de multiculturalismo, ou pelo menos se situa sobre um dos seus pilares conceituais fundantes: a diferença. Trataremos, assim, de falar da diferença como elemento principal de acontecimentos, teorias e institucionalizações, e nesse conjunto incluiremos o multiculturalismo, ao lado de alguns outros movimentos teóricos que lhe são próximos.

O primeiro aspecto refere-se à diferença como acontecimento social. A partir da noção política de dominação, formulamos uma análise que incide essencialmente sobre as relações de poder, entendendo essas reações e respostas como acontecimentos concretos baseados numa razão prática de liberação de ferrolhos repressivos impostos por culturas/narrativas/formações discursivas hegemônicas invisibilizadoras de singularidades.

No segundo aspecto, buscamos visualizar a diferença como campo teórico. Recorrendo às análises sociológicas, filosóficas e epistemológicas, intentamos demonstrar o processo de problematização acadêmica da igualdade, através do que poderíamos chamar um *turn point* das teorias da Modernidade, que se constituiu através de uma teoria crítica da igualdade e, concomitantemente, pela construção de uma nova "tradição", ou de novas "tradições" de teorização a partir de uma sintaxe da diferença.

A última relação à qual procuramos conectar a diferença diz respeito à sua condição de razão prática política e jurídica. Sobre esses dois planos de institucionalização, concebemos a diferença e a sua projeção em espaços decisórios/normativos garantidores de práticas de liberdade identitária individuais e coletivas, de culturas, de etnias, de grupos comportamentais e de grupos hipossuficientes submetidos socialmente, que se encontram imobilizados, fixos, bloqueados e cristalizados em estados de dominação.

Cremos que a expressão multiculturalismo é extremamente limitada para abarcar a complexidade e a fragmentação dos fenômenos consistentes nessas novas reações e respostas às submissões e violências impostas por esses estados de dominação. As novas mobilizações de grupos sociais, ainda que tenham boa parte de suas lutas centradas ao redor das problemáticas de processos de construção e reconhecimento de identidades culturais, nem sempre giram exclusivamente em torno delas. Muito além disso, gravitam na órbita do reconhecimento político dos direitos de diferentes grupos com interesses completamente distintos, que muitas vezes se distanciam do problema do reconhecimento da identidade cultural. É preciso, nesse aspecto, destacar que no campo teórico, a partir das movimentações sociais próprias dos anos 60 do século passado, uma gama enorme de teorizações foi elaborada e que não pode ser subsumida ao multiculturalismo, como, por exemplo, o materialismo cultural, o pós-colonialismo, o hibridismo pós-estruturalista, os estudos subalternos, os diferentes matizes do feminismo, o ginocriticismo, as teorias queer, o criticismo negro, o criticismo negro feminista, etc.

Sob essas três formas de entender a diferença, correm leitos causais subterrâneos que engendram situações de violência e dominação muitas vezes inconscientes à maioria de nós. Neste sentido, é importante que despertemos para a relevância de diferentes motivos que geraram situações de desarranjos críticos na vida de povos e pessoas, pelo não reconhecimento do "outro", a ponto de gerarem estados de reação e resposta, tanto no campo social, quanto no teórico ou institucional. Há, é preciso reconhecer, uma variedade causal histórica que gerou uma diversidade de réplicas de difícil homogeneização conceitual dentro do que poderíamos chamar uma tradição teórica multiculturalista.

1. Trazendo ao estranhamento os movimentos tectônicos dominadores

Muito distante de querermos apontar uma totalidade de causas dos estados de dominação e violência que se têm perpetuado historicamente, vamos restringir a análise a ser feita a alguns movimentos tectônicos de grande escala, que subjazem à superfície aparente de estados de caos, de desequilíbrio, de onde emergiram e continuam a emergir novos acontecimentos sociais reativos: alguns que se apresentaram e se apresentam ainda hoje, efetivamente, com muito mais gravidade e com um grau de inconsciência ainda mais alto e sofisticado.

Para a elaboração de um olhar crítico inicial sobre as origens de alguns estados de dominação, lançamos mão de alguns elementos teóricos marxistas. Ainda que não concordemos com boa parte das reflexões marxistas, algumas permanecem extremamente válidas e eficazes para o que aqui nos dispomos a trabalhar. Não temos aqui, na estruturação de nossa investigação, uma preocupação de fidelidade a alguma teoria específica, visto que o analista cultural pode escolher ou misturar elementos do vasto catálogo de teorias para reunir modelos sintéticos, independente de qual seja seu objetivo. Com exceção dos mais devotados defensores de movimentos ou tradições teóricas específicas, a maioria dos críticos tende a trabalhar com um leque mais amplo de teorias, selecionando um pouco de uma ou de outra para a construção de uma abordagem personalizada. A simples profusão de teorias, pelas facilidades de acesso proporcionadas pela revolução tecnológica, tem propiciado esse tipo de experimento.

Uma das insistências críticas de Marx dirigiu-se ao que está oculto: a religião, a política, as leis, etc. – o todo cultural que "conduz" nossas vidas – os quais disfarçam e transformam um meio econômico de produção artificial em perfeitamente natural. Há, para Marx, "mecanismos ocultos da sociedade", um inconsciente econômico que permeia todo o tom crítico de sua obra. Tomemos aqui o "oculto" ou o "inconsciente" marxistas, para nos aproximarmos e trazermos à luz alguns estados históricos de violência.

A análise de Žižek (2010) acerca da violência é um bom ponto de partida para compreendermos melhor essa parte da teoria marxista e, por desdobramento e modulação, o objeto de nossa preocupação: os estados de dominação homogeneizadores, contra os quais aconteceram reações e respostas em processos sociais estruturados sobre a ideia de diferença. Para Žižek, os sinais mais evidentes de violência que nos vêm à mente são atos de crime e terror, confrontos civis, conflitos internacionais. Mas, para ele, devemos aprender a dar um passo para trás, a desembaraçar-nos do engodo fascinante dessa violência "subjetiva" diretamente visível, exercida por um agente claramente identificável. Precisamos, alerta o pensador esloveno, ser capazes de perceber os contornos dos cenários que engendram essas explosões. O passo para trás nos permite identificar uma violência que subjaz aos nossos próprios esforços que visam a combater a violência e promover a tolerância. A partir dessa visão crítica, Žižek propõe, além da violência "subjetiva" – a parte mais visível do fenômeno –, uma inclusão de dois outros tipos de violência: a violência "simbólica", encarnada na linguagem e suas formas, e a violência "sistêmica", que consiste nas consequências muitas vezes catastróficas do funcionamento regular de nossos sistemas econômico e político.

Assim, pensarmos diferentes estados de dominação, que geraram reações e respostas sociais, acadêmicas e institucionais, é pensarmos muito além de violências ou dominações manifestas no plano individual ou privado, de mulheres por homens, ou de homossexuais por heterossexuais, de negros por brancos, de estrangeiros por nacionais, etc., mas, num sentido muito mais acurado, reclama-nos pensar violências e dominações que ultrapassam situações de perturbação do estado de coisas "normal". Em sentido diverso e com uma profundeza tectônica, são inerentemente invisíveis a certos estados de "normalidade"; são violências e dominações sistêmicas que de certo modo são como a "matéria escura" que predomina no universo interestelar; invisivelmente normal, mas violenta, silenciosa e hegemonicamente ocupadora e determinante.

Por outro lado, temos que pensar o funcionamento desses sistemas de dominação – usando uma tautologia – sistemicamente. Não são os indivíduos que em sua atomização determinam o funcionamento desses sistemas e a ocorrência de suas violências. Os sistemas sociais são, em primeiro lugar, autorreferenciais, porque são "capazes de operar com base em suas próprias operações constituintes"; em segundo lugar, são autopoiéticos, porque se autorreproduzem ou produzem a si mesmos enquanto unidade sistêmica. A diferenciação entre sistema e entorno, por sua vez, realça que tudo aquilo que não diz respeito ao sistema observado é tido como entorno, até mesmo "os diferentes tipos de sistemas que coexistem em uma mesma dimensão espaço-temporal". Com isso, o sistema social se distingue de tudo o mais, inclusive dos seres humanos. Na medida em que o sistema social e o sistema psíquico operam de forma autopoiética e de forma separada, a sociedade é tida como entorno para o indivíduo: "os seres humanos são o entorno psíquico dos sistemas sociais". Tal perspectiva entra em choque com toda a tradição sociológica que considera a sociedade formada por seres humanos que estabelecem relações entre si e reproduzem o que se chama de sociedade. Ainda assim, isso não significa dizer que a consciência não tenha nenhum papel para os sistemas sociais: "sistemas sociais e consciências estão em estado de interpenetração, ou seja, cada um desses sistemas é condição de possibilidade do outro" (LUHMANN, 1997).

No entanto, o que exatamente se reproduz na autopoiésis? Para Luhmann, o elemento básico de reprodução no sistema social é o processo de comunicação. Os sistemas sociais são entendidos como sistemas comunicativos. Somente a comunicação "é uma operação puramente social porque pressupõe o envolvimento de vários sistemas psíquicos sem que se possa atribuí-la exclusivamente a um ou outro destes sistemas: não pode haver comunicação individual". Dessa forma, não é o ser humano quem comunica, mas o sistema social, daí a ideia de uma comunicação e de uma "sociedade sem seres humanos". Como Luhmann reforça: "a comunicação não morre quando alguém morre e não nasce quando alguém nasce, ela perpassa a existência de qualquer um". Enquanto "o sistema social existe e se reproduz como sistema de comunicação [...] os sistemas psíquicos, as consciências, reproduzem os pensamentos" (1998, p. 31-50; 1997, p. 23-29).

O que precisamos cristalizar a partir um olhar sistêmico sobre os diferentes estados ou sistemas de dominação, para melhor entender o "oculto" ou o "inconsciente" marxistas, ou o "objetivo" de Žižek, é a perpetuação de um processo de comunicação que, ao longo de diferentes épocas, permite a autopoiésis do sistema através de uma série de operações que lhe são próprias em seu fechamento. Assim, temos que pensar o sistema patriarcal dentro de uma lógica de autorreferência que trabalha a partir da binariedade macho-não macho ou hetero-homossexual; ou então o sistema capitalista dentro de uma díade lucro-não lucro. Essas operações são, assim, objetivas e não subjetivas; são comunicações sistêmicas que transcendem o pensamento individual.

2. Patriarcalismo e dominação

Provavelmente, o primeiro grande sistema de dominação tenha se estruturado, a partir de uma relevância extrema dada ao gênero e à sexualidade, sobre uma lógica binária homem-não homem, macho-não macho e heterossexual-homossexual. Temos de considerar que esse conjunto de operações comunicacionais, que historicamente tem se acoplado a diferentes sistemas (político, religioso, etc.), jogou, e continua a jogar, um papel dominador importantíssimo na genealogia formativa de reações e respostas libertárias próprias das últimas décadas do século passado, e com um vigor ainda maior neste começo de século XXI. Há um sistema mundial de comunicação/dominação cujo conteúdo de suas comunicações são fundamentalmente patriarcais e heterossexuais. Notadamente, por uma vontade de poder incontrolável, os homens adultos, via de regra heterossexuais, dominaram a sociedade planetária, ocupando os espaços de poder e submetendo todas as demais parcelas de seres humanos a vulnerabilidades e violações insuportáveis. Tais estados de dominação desequilibraram de tal forma a configuração de convivência entre os seres humanos, que, ao longo do século passado, as reações de mulheres, homossexuais e outros sacrificados por esses dominadores foram circunstancialmente inevitáveis.

Há um inconsciente, agora já nem tão inconsciente assim, patriarcal, masculino e heterossexual, que funciona mediante um sistema de comunicações praticamente silenciosas, mas avassaladoramente eficazes na estruturação e dinâmica dos processos de dominação das mulheres pelos homens e de homossexuais por heterossexuais. Ainda que praticamente estejam erradicadas das democracias ocidentais contemporâneas quaisquer espécies de dispositivos que permitam a legitimação de ações discriminatórias explícitas contra as mulheres; ainda que haja, na superfície, a configuração de um cenário, pelos menos no plano normativo, de uma total igualdade de gênero, essas perspectivas, se não aprofundadas, revelam um olhar absolutamente ingênuo, pois as injustiças e desigualdades permanecem inescrupulosamente presentes em nossas sociedades ocidentais ditas democráticas. Em outras palavras, embora tenhamos evoluído em termos de positivação normativa de uma quantidade significativa de dispositivos voltados à proteção dos dominados e violentados, as comunicações do sistema patriarcal não foram interrompidas, continuando a atuar fortemente nos processos de dominação e violência.

Não há qualquer dúvida em afirmarmos que há placas tectônicas poderosíssimas, cujo movimento é determinado pela diferenciação de gênero, e ainda que na superfície não percebamos, pelo menos no ocidente, terremotos discriminatórios de alta magnitude sismológica, permanece um lento movimento de continentes territoriais, determinados por essas placas patriarcais e heterossexuais que determinam a importância dos papéis e posições segundo preferências de gênero, a partir de uma visão de mundo masculina.

Há um inconsciente patriarcal diluído numa normalidade supostamente igualitária, como bem nos mostra Mackinnon ao dizer que:

> Virtualmente toda qualidade que distingue os homens das mulheres já é afirmativamente compensada nesta sociedade. A fisiologia dos homens define a maioria dos esportes, suas necessidades definem a cobertura dos seguros de automóveis e de saúde, suas biografias projetadas para o social definem as expectativas de local de trabalho e padrões bem-sucedidos de carreira, suas perspectivas e interesses definem a qualidade no trabalho acadêmico, suas expectativas e obsessões definem o mérito, sua objetificação da vida define a arte, seu serviço militar define a cidadania, sua presença define a família, sua incapacidade de se darem bem uns com os outros – suas guerras e governos – definem a história, sua imagem define Deus e seus órgãos genitais definem o sexo. Para cada uma das diferenças ante a mulher, está em vigor o que equivale a um plano de ação afirmativa, conhecido, de outra maneira, como a estrutura e os valores da sociedade americana (1987, p. 36).

Disso, o que se percebe, epidermicamente, é uma neutralidade quanto ao gênero, no sentido de que as mulheres estão numa posição de igualdade em relação aos homens, não estando excluídas em suas buscas por bens sociais valiosos. Entretanto, adensando a análise, é possível visualizar e entender que o que está sendo buscado de maneira neutra quanto ao gênero é totalmente parcializado, direcionado, se tomarmos em conta a preponderância profunda, silenciosa, inconsciente e eficaz dos interesses e valores patriarcais. Fazendo nossas as palavras de Kymlicka, "as mulheres estão em desvantagem não porque os chauvinistas favorecem os homens arbitrariamente na concessão de trabalhos, mas porque a sociedade inteira favorece sistematicamente os homens ao definir trabalhos, méritos, etc." (2006, p. 310).

A consequência disso é um sistema simbólico de identificações culturais no qual a masculinidade é associada com a obtenção de renda e a feminilidade é definida em função de serviços sexuais e domésticos para os homens e para a criação de filhos. Essas situações de dominação não podem ser compreendidas em toda a sua espessura desde aproximações subjetivistas. Elas são amplamente objetivas, pois os homens como grupos exercem um fortíssimo controle sobre as possibilidades existenciais das mulheres.

Nesse quadro de dominação vamos encontrar, na posição de dominadores, tanto homens brancos europeus, quanto homens negros africanos; vamos presenciar não só a dominação patriarcal comum a países árabes, mas também presente no extremo oriente; presenciaremos, no mundo contemporâneo, estados de dominação patriarcal com justificação religiosa não só por cristãos americanos e europeus, mas também por muçulmanos e hindus da metade oriental do planeta.

A gravidade dos estados de dominação impostos pelas comunicações patriarcais-heterossexuais é tão significativa que ainda hoje testemunhamos as mulheres em posição de inferioridade social, econômica e política em praticamente todos os países do mundo. O peso da subjugação masculina é tão grande que mulheres que mantenham relações sexuais fora do contrato matrimonial, ou mesmo após a morte do marido, são condenadas judicialmente por adultério e mortas por apedrejamento em países em que há vinculação entre a religião e o Estado, notadamente islâmicos ortodoxos. A opressão, nesse aspecto, ainda é tão intensa que a homossexualidade permanece sendo considerada crime em um razoável número de países, sendo previstas penas até mesmo de morte.

3. Colonialismo/Imperialismo e dominação

Dois fenômenos quase siameses que podem ser fortemente apontados como causas de estados de dominação que vieram a ser combatidos pelos acontecimentos sociais da década de 60 do século XX e, consequentemente, pelas teorizações e institucionalizações daí emergentes, são o colonialismo e o imperialismo. Seus efeitos ainda se fazem intensamente presentes nas sociedades contemporâneas, especialmente no sul do planeta, apesar de todas as resistências que lhes têm sido opostas.

Dos distintos processos históricos de colonização não podem ser dissociadas as diversas manifestações imperialistas que ocorreram e continuam a ocorrer ainda hoje, mesmo que em suas versões mais recentes, e se revistam de uma sofisticação muito maior, sob os mais variados aspectos. Algo como um poder brando que, na definição de Joseph S. Nye Jr., contrapõe-se ao poder duro[3].

[3] O que quer dizer precisamente poder brando? Tanto o poder militar como o econômico são exemplos do duro poder de comando que se pode empregar a fim de induzir os demais a mudarem de posição. O poder bruto se apoia tanto em induções (a cenoura) quanto em ameaças (o porrete).

As causas e etapas de dominação de um e de outro são praticamente as mesmas. Civilizar, colonizar, irradiar sua cultura, propagar-se, tais são os primeiros impulsos do imperialismo, sendo a colonização, segundo as palavras de Ferro (1996, p. 29), "a força de reprodução" de um povo pelos espaços.

A colonização é associada à ocupação de uma terra estrangeira, à sua exploração agrícola, à instalação de colonos. Assim definido o termo "colônia", o fenômeno data da época grega. Da mesma forma, fala-se de "imperialismo" ateniense, e depois romano. A tradição histórica ocidental, entretanto, data o fato colonial da época dos Grandes Descobrimentos, apesar de antes da colonização europeia ter havido a colonização dos gregos e dos romanos, mas também a dos árabes e dos turcos, que conquistaram as margens do Mediterrâneo, parte da África negra e da Ásia Ocidental, e até a Índia, a qual, por sua vez, no início de nossa era, colonizara o Ceilão, parte da península indochinesa e o arquipélago de Sonda. Sem mencionar os chineses, que exploraram as costas orientais da África, no século XV, e colonizaram o Tibete, e até os japoneses, que conquistaram e colonizaram Yeso, pouco antes de os russos chegarem à Sacalina, e os franceses, ao Canadá (FERRO, 1996).

Recortando os fenômenos da colonização e do imperialismo, em sua inevitável proximidade, para não dizer quase confusão, apenas ao âmbito ocidental, em termos temporais podemos distinguir duas grandes ondas colonialistas/imperialistas. A primeira, nos séculos XV e XVI, patrocinada por uma burguesia mercantilista, dirigiu-se à América e à África, havendo, ainda, possessões portuguesas e espanholas na Ásia, que tiveram como países colonizadores Portugal, Espanha, Holanda, Inglaterra e França; a segunda, na segunda metade do século XIX, auspiciada por capitalistas da indústria e das finanças, teve como foco a África, a Ásia e a Oceania, e foi protagonizada por França, Inglaterra, Holanda, Bélgica, Espanha, Portugal, Itália, Alemanha, Estados Unidos e Japão.

Quanto aos objetivos, a primeira, no aspecto econômico, buscou uma saída para a crise de crescimento da economia e para o enfraquecimento da nobreza, com a descoberta e extração de matérias-primas, exploração de mercadorias tropicais comercializáveis, produtos alimen-

---

Existe, porém, um modo indireto de exercer o poder. Na política mundial, é possível que um país obtenha os resultados que quer porque os outros desejam acompanhá-lo, admirando os seus valores, imitando-lhe o exemplo, aspirando o seu nível de prosperidade e liberdade (...) A este aspecto do poder – levar os outros a querer o que você quer – dou o nome de poder brando. Ele coopta as pessoas em vez de coagi-las. (...) A capacidade de estabelecer as preferências tende a se associar a recursos de poder intangíveis como uma cultura, uma ideologia e instituições atraentes. (...) Por outro lado, o poder brando é mais que persuasão ou que a capacidade de mover as pessoas pela argumentação. É a capacidade de seduzir e atrair. E a atração geralmente leva à aquiescência e à imitação. (...) O poder brando emana em grande parte dos nossos valores. Valores que se expressam na nossa cultura, na política que adotamos internamente e no modo como nos comportamos internacionalmente (NYE JR., 2002, p. 36-37).

tícios e metais preciosos para aliviar a falta de moedas e o alto preço daqueles metais, além do propósito da venda de produtos manufaturados das metrópoles. Já no plano cultural, a difusão dos ensinamentos cristãos, juntamente com o argumento humanitário, que obriga "as raças superiores" a cumprirem seu dever para com as "raças inferiores", ainda afastadas do caminho do progresso, foram grandes fatores mobilizadores dos colonizadores desse primeiro grande movimento colonialista ocidental. A todas essas causas ainda poderíamos agregar o *boom* demográfico como outro motivo das colonizações (FERRO, 1996).

Já a segunda onda, na perspectiva econômica, mirou para fontes de energia e matérias-primas (carvão, ferro, petróleo, produtos agrícolas, etc.) para a indústria, bem como para a conquista de novos mercados para produtos industrializados, além da busca de espaço para investir capitais e, assim, conseguir mais lucros. Por outro lado, também a pressão demográfica, em virtude do crescimento da população europeia, foi um elemento consideravelmente importante, ademais de razões ideológicas, como a "missão civilizadora", já motivadora da primeira onda, de difundir o progresso da ciência e da tecnologia pelo mundo (FERRO, 1996).

Não há dúvidas de que o fenômeno do imperialismo não se arrefeceu em nossos tempos. Hoje podemos tranquilamente indicar a dominação americana, ou anglo-saxônica num sentido mais amplo, nos quatro cantos do planeta, como uma manifestação imperialista, talvez sem precedentes na história da humanidade, pois não se fundamenta apenas no poder duro, mas fundamentalmente no brando, como bem-aponta Nye Jr. (2002).

Aqui nos interessa perguntar, em termos de análise dos diferentes estados de dominação que se constituíram como causas das reações e respostas, cujo elemento sintático central é a diferença, quais as consequências para os povos colonizados e vítimas dos processos imperialistas, pois são essas consequências que se constituíram fatores determinantes dessas oposições que emergiram a partir da década de 60 do século XX. Tentando sistematizar, poderíamos, de forma redutora, afirmar que essas consequências do colonialismo e do imperialismo situam-se nos planos econômico e cultural. Nestes dois campos, durante os últimos cinco séculos, os processos coloniais e imperialistas deixaram um legado, dentre outros menos importantes, de: a) difusão da cultura nórdica (especialmente europeia e estadunidense) e do cristianismo em outros continentes; b) concentração de metais preciosos na Europa ocidental; c) descoberta e apropriação de novas espécies vegetais; d) mudança do eixo da atividade comercial do Mediterrâneo para o Atlântico; e) escravização e extermínio de povos indígenas e africanos; f) destruição de sociedades indígenas e africanas e saque de suas riquezas; g) europeização/americanização do mundo; h) ampliação do mercado para produtos europeus e americanos; i) introdução de novas plantas e expansão da agricultura comercial; j) difusão de epidemias; k) perda da identidade das culturas locais; e l) desenvolvimento do capital financeiro.

Apenas para exemplificar um pouco mais, pelo adensamento do argumento, as graves consequências da dominação colonial/imperialista, vamos nos deter na questão cultural. Uma das grandes consequências do colonialismo/imperialismo em termos de violência e dominação é, utilizando a teorização de Darcy Ribeiro, a assimilação cultural imposta aos colonizados. Os sistemas coloniais, ao longo da história, invadiram o contexto cultural dos povos colonizados, impondo sua visão de mundo, ocorrendo, assim, invasão cultural. A invasão cultural é sempre alienante e violenta, uma forma perversa de heteronomia. Segundo Freire (1983, p. 178), a invasão cultural possui dupla face: é, ao mesmo tempo, dominação e tática de dominação. A invasão já é uma forma de dominar econômica e culturalmente, de dispor, de objetificar o invadido. A invasão cultural, todavia, também promove a alteração nos valores do invadido, fazendo com que ele veja a realidade sob a ótica do invasor, e isso garante a estabilidade do invasor e se torna uma tática de dominação pela consolidação de uma heteronomia.

Ainda, de acordo com Freire, podemos afirmar que, para ter êxito, a invasão cultural precisa convencer os invadidos de que eles são inferiores; assim, passam a ver os invasores como superiores, adquirem seus valores, seus hábitos, sua maneira de vestir, de falar, de produzir, de pensar. Dessa forma, são submetidos a condições concretas de opressão e incapazes de lutar para delas se libertar; são incapazes de perceber a própria heteronomia e a ela se acomodam. Por meio da submissão à opressão, os homens se alienam, pois passam a ser "seres para outros" (1983, p. 188), e, assim, vivem em uma condição de heteronomia, situação fortemente presente em nossa cultura nos mais diversos âmbitos.

O projeto de modernidade europeia foi também um projeto de colonização. A Europa insistiu na visão superior, progressista e desenvolvimentista de sua cultura em contraposição à inferioridade das práticas culturais, econômicas, religiosas, etc., dos países colonizados. A racionalidade europeia chegou ao seu ponto mais alto de homogeneização, e todas as experiências contrárias ao seu modelo civilizatório foram avaliadas como atrasadas, selvagens, bárbaras e inferiores, permitindo invasões e dominações supostamente legítimas. O homem branco, heterossexual, cristão, racional, produtivo, se tornou o modelo de sujeito histórico de civilidade, enquanto as práticas dos povos originários eram vistas e denunciadas como irracionais, selvagens e despossuídas de elementos humanistas.

Num cenário desses, combater o selvagem, estabelecer uma religião adequada, ensinar boas práticas produtivas e culturais, mesmo que com a utilização de mecanismos de violência, era uma condição necessária e considerada legítima para o desenvolvimento moral e material desses povos. Os índios e negros, por exemplo, não foram tomados em sua diferença, mas por uma dada inferioridade natural que marcava as relações de poder e dominação entre colonizador e colonizado. Toda a diferença desafiadora da lógica europeia de dominação devia ser combatida e eliminada, como de fato foi. Etnias inteiras foram mortas, terras ocupadas, religiões indígenas e africanas proibidas, idiomas desapareceram, pessoas foram escravizadas, tudo em nome de uma pretensa superioridade europeia. A diferença que não tivesse a chancela europeia definitivamente, nesse tempo, não tinha lugar e, portanto, devia ser eliminada de alguma forma.

As práticas dominadoras e legitimadoras da colonização encontraram respaldo nas construções teóricas europeias do período. Todas as leituras antropológicas realizadas sobre as comunidades originárias enalteciam a diferença desses povos em termos de desigualdade e inferioridade. E assim foi até pouco tempo atrás. O conceito de raça foi importante para a afirmação das diferenças evolutivas entre os povos no processo de dominação colonial. A ideia de raça como elemento constitutivo de um lugar e de um povo foi fundamental para a consolidação de um padrão de dominação e hierarquização que a conquista exigia. A Europa afirma-se como centro do mundo e constrói, por oposição, a sua periferia (DUSSEL, 1993). Ao definir-se como centro, a Europa define o seu entorno, mas, sobretudo, define uma epistemologia, uma cultura, um saber, uma ideia de desenvolvimento que se contrapõe ao resto atrasado, arcaico, selvagem, pobre. Tem razão Grosfoguel ao afirmar que:

> O patriarcado europeu e as noções européias de sexualidade, epistemologia e espiritualidade foram exportadas para o resto do mundo através da expansão colonial, transformadas assim nos critérios hegemônicos que iriam racializar, classificar e patologizar a restante população mundial de acordo com uma hierarquia de raças superiores e inferiores (2008, p. 124).

A superioridade europeia transforma-se, então, em superioridade epistêmica, de modo que a sua forma de construir o saber, objetivo, científico, é considerado mais adequado e importante do que as formas de saber desenvolvidas de modo tradicional por povos tidos como primitivos. O modelo europeu, portanto, afirma-se negando e desqualificando os modelos considerados periféricos de cultura, os quais devem ser eliminados, alterados, subjugados, inferiorizados. Definitivamente, a periferia e seus modos de ser não têm lugar positivo na racionalidade do mundo moderno europeu.

A modernidade, apesar de ter permitido um novo momento teórico e institucional para tratar da identidade, ocupando-se de elementos positivos da diferença e da alteridade, reproduziu em escalas majoritárias os mecanismos e narrativas homogeneizadoras, colonizadoras e racistas. Já dissemos, em momento anterior, que a ideia de nação e suas variantes identitárias aniquilaram as diferenças das minorias e impediram o prosseguimento de inúmeros projetos de sociabilidade entendidos como bárbaros, inferiores ou estrangeiros. Os negros, índios e imigrantes conheceram de modo traumático esse processo. Foucault (2000) destaca que no Estado moderno o racismo foi um mecanismo fundamental de poder que se inseriu como uma forma de controle sobre os corpos; um controle propriamente biológico da espécie humana capaz de separar os corpos, classificá-los, hierarquizá-los entre superiores e inferiores.

A filosofia de Hegel (1999), por exemplo, apesar de ter reconhecido a diferença e a alteridade como elementos ínsitos da própria condição identitária, substancializando-a, não mediu palavras para defender proposições de tonalidade colonizadora, europeia e racista. Nos índios americanos via apenas mansidão, indiferença e submissão ao homem branco. A inferioridade desses indivíduos, dizia ele, "é fácil de se reconhecer". Pensava o mesmo sobre a condição dos negros: "a principal característica dos negros é que sua consciência ainda não atingiu a intuição de qualquer objetividade fixa, como Deus, como leis, pelas quais o homem se encontraria com a própria vontade, e onde ele teria uma ideia geral de sua essência [...] O negro representa, como já foi dito, o homem natural, selvagem e indomável. Devemos nos livrar de toda reverência, de toda moralidade e de tudo o que chamamos sentimento, para realmente compreendê-lo. Entre os negros, os sentimentos morais são totalmente fracos – ou, para ser mais exato inexistentes." (HEGEL, 1999, p. 83-86). Não é por outra razão que Hegel optou por desconsiderar a África em seus argumentos sobre a história universal, pois, afinal, tal continente "não faz parte da história mundial; não tem nenhum movimento ou desenvolvimento para mostrar" (1999, p. 88).

As teorias dos direitos humanos ocidentais modernas carregaram esta mesma matiz colonizadora que fomentou um único projeto civilizacional para o mundo colonizado. Não é sem razão, portanto, que a igualdade moderna, mais abstrata que concreta, conviveu com a escravidão, racismos, com a desigualdade entre os gêneros, com homofobia, xenofobia e outras formas de segregação, de modo bastante intenso, até períodos bem-recentes.

O eco desse processo modernizador/colonizador continua a reproduzir certos modelos de dominação e inferiorização de determinados grupos sociais. O racismo científico esteve presente nos movimentos políticos eugenistas, com certa evidência, praticamente até a década de 80 e mesmo hoje, conjuntamente com vozes da democracia racial, sustentam leituras revisitadas que mantêm vivos os discursos odiosos de dominação e preconceito de todos os tipos.

O pensamento descolonial, sustentado principalmente por Dussel (1993), Mignolo (2003) e Quijano (2005), denuncia a hegemonia dominadora do eurocentrismo e defende um novo sentido para as experiências e epistemologias outras do sul, capaz de dar importância e permitir a valoração das práticas e dos saberes construídos de modo autêntico pelos próprios povos desses lugares. As nossas diferenças nos constituem, fazem parte do modo do ser de nossas experiências históricas, sejam elas positivas ou negativas. Os saberes e práticas dos povos colonizados não são melhores e nem piores por não refletirem o paradigma europeu, mas são suas; são elas que dão autenticidade a sua presença no mundo.

As ideias desenvolvidas em torno do que se designou de "novo" constitucionalismo latino-americano têm uma relação direta com esse movimento teórico de emancipação da região a partir da elaboração e valorização de sua própria realidade histórica e epistemológica. Valorizar e defender as instituições pensadas e construídas pelo saber local, em particular pelos povos originários que foram invisibilizados e oprimidos no processo colonial, independentemente das amarras jurídico-modernas europeias, é uma forma de resgatar a própria autonomia dessas comunidades e reconhecer a importância da diversidade de modos de ser no mundo. Praticamente inexistente na realidade constitucional brasileira, esse movimento constitucional, consubstanciado nas Constituições venezuelana (1999), equatoriana (2008) e boliviana (2009), sustenta um pluralismo jurídico qualificado, construído de modo participativo pela comunidade e caracterizado por formas múltiplas de produção da juridicidade (WOLKMER, 2015a). Os desafios de um projeto como esse são inúmeros e obviamente substanciais, mas é evidente a tentativa de um rompimento epistemológico que aponta para novas formas de produção do direito e, sobretudo, para novos lugares e conteúdos de juridicidade que deem conta da diversidade e da pluralidade de formas de vida que a modernidade europeia tentou sufocar, homogeneizar e fazer desaparecer.

4. Capitalismo e dominação

Outro sistema causal central, senão o principal, do atual estado mundial de dominação e, por via reversa, como um dos mais importantes, para não dizer o mais importante componente genético dos novos movimentos sociais e de reações e respostas, é o capitalismo industrial.

Não se pode compreender a complexidade da época contemporânea sem recorrermos a uma investigação das profundas modificações ocasionadas, nas sociedades do mundo inteiro, pelo desenvolvimento do capitalismo em suas múltiplas facetas: ao mesmo tempo, econômico, político e ideológico; ao mesmo tempo nacional e multinacional/mundial; ao mesmo tempo, libertador e opressor, criador e destruidor. O que queremos aqui ressaltar é que o capitalismo possui uma extensão cada vez mais complexa de dominação e uma articulação cada vez mais sofisticada na opressão de classes e nações. Entretanto, ao mesmo tempo, suas crises, como as mais recentes, revelam não só seu alto potencial de desarranjo e bloqueio econômicos, sociais e políticos, mas apresentam momentos de possível renovação.

O estado de dominação engendrado a partir do capitalismo industrialista revela a faceta mais perversa de uma cultura ocidental, nórdica, branca e de olhos azuis, que, em seu modo objetivador de racionalidade filosófico-científico-técnica, manifestou possibilidades extremas de domínio cognoscitivo e prático das coisas e dos homens, constituindo um mundo de sistematização total que hoje, na expressão de Dina Picotti (2006), podemos chamar de informático ou infobiônico, tendo-se em conta seu último estágio de desenvolvimento.

Voltando a Marx, a verdadeira questão (dialética) para ele refere-se a "como o capitalismo funciona, se reproduz e se mantém?". A resposta é: por meio de mecanismos camuflados, inconscientes, os quais Marx objetiva expor e trazer à consciência revolucionária. O primeiro mecanismo é o consumismo. A produção de um trabalhador depende de sua reprodução. O segundo mecanismo é a mais-valia, por meio da qual a produção capitalista prospera em explorar mais tempo de trabalho do que o realmente pago. Existe, ainda, uma terceira estrutura oculta que é geral e fundamental para todas as sociedades: o fato de serem constituídas, sempre, de uma base econômica – ou infraestrutura – e uma superestrutura. A superestrutura abrange o todo cultural – religião, política, lei, educação, artes, etc. – que é determinado por uma economia específica (escravista, feudalista, mercantilista, capitalista, etc.). A ideologia, assim, em Marx, é literalmente baseada na infraestrutura econômica – os meios pelas quais ela produz a si mesma, sua riqueza, e quem mais possui tais meios de produção.

Essa é uma análise complexa, da qual precisamos reter apenas o essencial – a natureza oculta, camuflada ou inconsciente do sistema econômico em funcionamento. Aqui, talvez uma piada seja mais esclarecedora que uma complexa elaboração teórica. Um oficial alemão visitou Picasso em seu estúdio em Paris durante a Segunda Guerra Mundial. Impressionado com o "caos" cubista da obra Guernica, perguntou a Picasso: "Foi você que fez isto?". Ao que Picasso replicou, calmamente:

"Não, isto foi feito por vocês!". Poderíamos dizer, cínica e ironicamente, que, paradoxalmente, as reações e respostas à dominação capitalista não são obra dos que a ela reagem, mas do próprio capitalismo.

Do ponto de vista estrito do marxismo, as ideologias da cultura (como, por exemplo, o Direito) são subprodutos determinados pela base econômica. Entretanto, boa parte dos analistas não percebe essas causas subjacentes. Simplesmente relacionar "Guernica" aos pincéis de Picasso não traz ao estranhamento as causas que levaram o pintor a compor a obra. Tal questão tem sido uma fonte considerável de debates nos mais diferentes círculos acadêmicos. Alguns teóricos conjeturam que determinadas atividades na superestrutura – mais notavelmente as artes, ao que podemos agregar o Direito – talvez tenham uma "autonomia relativa" com relação à base. Tais debates, em termos de teoria crítica, são relevantes para a decisão acerca de se podemos simplesmente "ler" ou não os eventos na superestrutura segundo os eventos da estrutura econômica.

Mesmo que não concordemos integralmente com o determinismo econômico marxista, e destacando não sermos marxistas, valemo-nos parcialmente dessa teorização de Marx, por entendermos que, em boa medida, ela explica eficazmente uma parcela considerável dos fenômenos de dominação e violência da contemporaneidade que funcionam como causas dos estados de resposta e reação que constituem o universo dos acontecimentos com base ontológica diferencialista. O capitalismo industrial, em relação aos movimentos de reação contra si, guarda a mesma posição metafórica do nazismo como elemento genético da Guernica de Picasso. E nesse sentido, parece-nos que a categoria da alienação marxista – não como o processo hegeliano de autoconsciência, mas como um processo de estranhamento inconsciente de si mesmo, como processo inconsciente oculto ou estranho, determinado pela condição de classe como falsa consciência (isso precisa ser relativizado nos dias de hoje), ainda abriga uma importância, mais para o desocultamento de um materialismo socioeconômico dominador existente, como substrato causal de possibilidades de construção de reações e respostas "revolucionárias", ruptoras (aqui certamente estamos mais próximos a Lukács do que a Lenin), e menos como base material de uma "inevitável" revolução operária.

Alguns acontecimentos são marcantes em termos de análise da influência do "oculto", do inconsciente econômico capitalista na configuração de estados de violência e dominação. A partir dos êxodos provocados pela dinâmica mercadológica e produtiva do capitalismo, agudizaram-se as situações de vulnerabilidade de uma imensa diversidade de grupos sociais, como jamais ocorreu na história da humanidade. Assim estão os africanos que migram para a Europa, os latinos deslocados para os Estados Unidos, e todos os que saem do hemisfério sul para as potências ricas do norte do planeta. Essas suscetibilidades devidas ao industrialismo pulverizam-se por uma imensidade de grupos. Há, sem dúvida alguma, vulnerabilidades étnicas, a partir das migrações de grandes contingentes de países colonizados e vitimizados pelos processos imperialistas, mas também se encontram vulnerabilizados, em função desse fator, todos aqueles grupos que de uma forma ou de outra não podem integrar-se totalmente aos processos produtivos. Nesse leque estão as mulheres (débeis economicamente pela sua função biológica materna, pelos seus papéis familiares, tanto na criação dos filhos, quanto na estruturação e manutenção do lar), as crianças, os velhos e os deficientes (pelas suas limitações produtivas), os povos originários (pelo seu modo de vida e de relacionamento com o ambiente ou entorno, no qual há um privilégio para a harmonia com o mundo, e não de dominação e exploração desenfreada).

Uma outra face do mesmo cubo consiste no fato de que o problema étnico-cultural está certamente mais ligado ao "ignoto" econômico do que a qualquer outro fator que possa a ele ser atribuído. Cinicamente, são os latinos e africanos que surgem como usurpadores do lugar de trabalho dos americanos e europeus em seus países de origem; são os asiáticos que trabalham por salários irrisórios se comparados com os salários ocidentais; eram os judeus que estavam espoliando os alemães; são os palestinos que estão impedindo a consolidação econômica de Israel por ocuparem territórios que podem ser produtivos por colonos judeus, mas que pela "incompetência" árabe nada produzem; e são os índios que, por relacionarem-se harmoniosamente com a natureza, dela não fazem a exploração massiva da qual depende o desenvolvimento e a qualidade de vida pretendida pelos povos que os colonizaram.

Nesse aspecto, há muita ingenuidade política nos argumentos daqueles que vislumbram apenas um ódio racial, por diferença de cor de pele, nas justificativas xenófobas que marcam os discursos racistas. A maior raiz da questão está mais arraigada no "incógnito" econômico-capitalista do que em qualquer outro, na medida em que os nacionais sentem-se aviltados pelos estrangeiros em sua cadeia produtiva. A solução é a discriminação, a segregação, a perseguição, tudo construído em nome de uma perversa, superficial e normalizada igualdade de direitos.

Dessas situações históricas sistêmicas de dominação (patriarcalismo, colonialismo/imperialismo e capitalismo), invariavelmente inconscientes para a maioria esmagadora dos seres humanos, resultaram, por exemplo, as reações e respostas de negros e índios pelo resgate de suas condições sociais, culturais e econômicas totalmente aviltadas historicamente; também as lutas das mulheres pela ocupação de espaços sociais, políticos e econômicos que historicamente lhes foram negados; ou as movimentações dos homossexuais pela não discriminação em função da sua sexualidade.

O acontecimento dessas situações de dominação, e cujas realidades tiveram maior socialização das informações relativas a elas, por conta do desenvolvimento tecnológico midiático iniciado na centúria passada, serviram como estopim desencadeador do que anteriormente mencionávamos como novos acontecimentos sociais, novas teorizações e novas institucionalizações, com novas motivações e novas estratégias que os diferenciaram dos tradicionais movimentos de levante revolucionário acontecidos na Europa na Época das Luzes.

II

A diferença como acontecimento social

A visão de mundo acerca da estruturação social hegemonizada na Idade Média caracterizou-se fundamentalmente pela compreensão de que a teia social tinha, formalmente, seus lugares marcados, o que evidenciava, nas relações sociais, a predominância principiológica da desigualdade. Esse paradigma tinha como motivo de fundo uma rede de privilégios estabelecidos a partir de articulações estabelecidas no âmbito das relações privadas.

Com o advento das institucionalizações teóricas, políticas e jurídicas que caracterizaram os acontecimentos do liberalismo e do Iluminismo, bem como a sucessão dos eventos revolucionários que marcaram profundamente o século XVIII, o princípio da igualdade, consagrado no plano teórico e projetado nas construções institucionais que possibilitaram a ruptura com o paradigma medieval, tornou-se um elemento fulcral de todo o imaginário ocidental moderno.

Para romper com a lógica privada medieval, sobre a qual se sustentava a institucionalização da desigualdade, a concretização, pelo menos normativa, da ideia de igualdade demandou a criação do espaço público para o desenvolvimento das relações sociais, como forma de eliminação de alguma parte dos privilégios próprios da Idade Média. Nesse sentido, a cidadania moderna só foi possível no âmbito público.

Aproximadamente duzentos anos foram percorridos na história da humanidade, com a hegemonia na cultura filosófico-político-jurídica ocidental da ideia de igualdade, sendo ela um dos principais elementos geradores das instituições políticas e jurídicas que orientaram e normatizaram as ações sociais ao longo desse lapso histórico. Entretanto, tal ideia sempre esteve muito mais vinculada aos cânones filosófico-políticos liberais do que a qualquer outro. Tivemos, assim, ao longo da Modernidade, o predomínio de uma igualdade formal, quando se reconheceu muito mais a necessidade-possibilidade de "todos iguais" – uns mais iguais que outros – participarem igualitariamente da vida política, por meio de sistemas políticos de democracia representativa bastante falhos, do que propriamente um reconhecimento acerca da necessidade de todos sermos considerados iguais apesar de pertencermos a grupos, comunidades ou outras culturas ou nações diversas.

Também a formação dos chamados Estados-nação, a partir das aglutinações absolutistas que precederam os surgimentos dos modelos estatais que constituem o paradigma moderno, reforçou a ideia da necessidade de efetivação definitiva da igualdade formal, tendo como uma de suas consequências o sufocamento de culturas e grupos minoritários que habitavam partes dos territórios sobre os quais se consolidaram os Estados nacionais. Houve, com a formação dos Estados modernos, um movimento geopolítico para evitar a desunião, a divisão e a fragmentação social, de forma a afastar qualquer possibilidade de falta de coesão e unidade de objetivos nacionais. Assim, criaram-se "artificialmente" culturas nacionais homogeneizadoras que desprezaram completamente as diferenças de grupos que muitas vezes estavam e estão presentes na composição de Estados "nacionais".

A importância do Estado-nação no processo de homogeneização moderna manifesta-se fortemente no plano conceitual da própria ideia de nação que lhe subjaz. A nação era concebida, inicialmente, numa perspectiva diferenciadora, e, lentamente, com o avanço das fundações do que viria a ser o Estado nacional, passa a propagar-se num fluxo de homogenia liberal. Hobsbawn (1990 [2013]), ao analisar o significado da palavra nação, mediante investigação dirigida a diversas edições de distintos dicionários (v. g. *Dicionário da Real Academia Espanhola, Enciclopédia Brasileira Mérito, Dutch Dictionary, New English Dictionary*), tanto anteriores, quanto contemporâneos ao surgimento do Estado-nação, demonstra que o uso da terminologia Estado, nação e língua é diferente, se compararmos a pré-Modernidade e a Modernidade. Antes do acontecimento do Estado-nação, com as configurações e funcionalidades modernas, a nação era concebida como "o agregado de habitantes de uma província, país ou reino", mas também "como um grupo estrangeiro", ou como a filologia poderia sugerir, o significado primevo da palavra nação indica origem ou descendência ligada a um corpo de pessoas. Este conceito de nação desenvolveu-se na direção de descrever grupos independentes maiores, como as guildas ou outras corporações que requeriam ser distinguidas de outros grupos com quem eles conviviam, tendo a "nação" como sinônimo de estrangeiro (nações de mercadores estrangeiros, por exemplo) ou as nações de estudantes das velhas universidades. O que fica claro nesse conceito pré-moderno de nação, seja forçando-o tendencialmente para a ideia de lugar ou território de origem, ou, em outro sentido, na direção de grupo de descendência comum, é a ideia de um grupo de pessoas unido por hábitos, costumes e leis, ou seja, diferenciado, por isso, de outros grupos.

Diferente é o conceito moderno de nação, no qual preponderam os elementos do território e do governo central, numa perspectiva homogeneizadora do grupo de pessoas, independentemente de suas origens étnicas e de sua língua. Na linguagem moderna, o significado de nação é deslocado para o campo político, traduzindo a ideia de "um Estado ou corpo político o qual reconhece um centro supremo de governo comum" e também "o território constituído pelo estado e pelos seus habitantes individuais, considerados como uma totalidade". Assim, enquanto o significado pré-moderno direcionava-se ao significado de unidade étnica, cultural e, portanto, à diferença de grupos, mesmo que vivendo sobre um mesmo território ou sob um reino, o uso moderno salientou a noção de "unidade política e independência", "unidade e indivisibilidade" e, consequentemente, a uniformização de diferenças, a equalização das diferenças daqueles que viviam dentro de um mesmo território e sob um mesmo governo.

Por outro lado, não podemos esquecer que os princípios do liberalismo e do Iluminismo, construídos como culturas políticas e jurídicas localizadas, e instrumentalizadas para solucionar problemas locais europeus relativos ao exercício do poder, desprenderam-se de seus microcosmos e universalizaram-se a partir de uma construção mítica de neutralidade. Com isso ocorreram historicamente reduções eurocêntricas de termos fundamentais como cultura, justiça, direito, cidadania e democracia, aparentemente inclusivas, mas que, na verdade, constituiram-se como altamente excludentes, especialmente ao estrangularem e até mesmo liquidarem outras culturas locais.

A cultura e as práticas políticas e jurídicas da Modernidade, fundamentalmente europeias, passaram incólumes em seus desideratos de homogeneização e de universalização por praticamente dois séculos. Para tanto, a ficção igualitária cumpriu seu papel mítico de forma um tanto quanto eficiente. Mas a partir da década de sessenta do século passado, com a agudização de lutas políticas por diferentes grupos que compunham as sociedades multifacetadas de países do norte, passaram a ocorrer reações culturais, comportamentais, políticas e filosóficas voltadas a propor noções mais inclusivas e, simultaneamente, respeitadoras da diversidade de concepções alternativas da dignidade humana que não mais se sustentavam sobre a ideia de igualdade, mas a criticavam a partir de novas visões de mundo, nas quais a diferença passou a ocupar um lugar destacado.

Numa visão geral, a década de 60 representou, no início, a realização de projetos culturais e ideológicos alternativos lançados na década de 50. Este decênio foi marcado por uma crise no moralismo rígido da sociedade, expressão remanescente do "Sonho Americano", que não conseguia mais empolgar a juventude. A segunda metade dos anos 50 já prenunciava os anos 60: a literatura *beat* de Jack Kerouac, o *rock* de garagem à margem dos grandes astros do *rock* e os movimentos de cinema e de teatro de vanguarda, inclusive no Brasil.

A década de 1960, de um modo amplo, pode ser dividida em duas etapas. A primeira, de 1960 a 1965, marcada por um sabor de inocência e até de lirismo nas manifestações socioculturais, e no âmbito da política é evidente o idealismo e o entusiasmo no espírito de luta do povo. A segunda, de 1966 a 1968 (porque 1969 já apresenta o estado de espírito que definiria os anos 70), em um tom mais ácido, revela as experiências com drogas, a perda da inocência, a revolução sexual e os protestos juvenis contra a ameaça de endurecimento dos governos. É ilustrativo que os Beatles, por exemplo, banda que existiu durante toda a década de 60, tenha trocado as doces melodias de seus primeiros discos pela excentricidade psicodélica, incluindo orquestras, letras surreais e guitarras distorcidas. "I want to hold your hand" é o espírito da primeira metade dos anos 60; "A day in the life", o espírito da segunda metade.

Nessa época, teve início uma grande revolução comportamental com o surgimento do feminismo e os movimentos civis em favor dos negros e homossexuais. O Papa João XXIII abre o Concílio Vaticano II e revoluciona a Igreja Católica. Surgem movimentos de comportamento como os *hippies*, com seus protestos contrários à Guerra Fria, à Guerra do Vietnã e ao racionalismo. Esse movimento foi também chamado de contracultura. Ocorre também neste período a Revolução Cubana, levando Fidel Castro ao poder. Tem início igualmente a descolonização da África e do Caribe, com a gradual independência das antigas colônias.

Essa situação é bem compreendida por Hobsbawn, em *The Age of Extremes*, ao localizar, com precisão, as mudanças extraordinárias que se desenvolveram no último terço do século XX. Os anos dourados na Europa e na América do Norte do pós-Segunda Guerra foram um mundo de pleno emprego e afluência regularmente crescente. Testemunharam a incorporação gradual da classe trabalhadora pelo menos nas pompas da plena cidadania, a entrada mais efetiva das mulheres na vida pública e no mercado de trabalho, a tentativa dos Estados Unidos de criar uma igualdade para os afro-americanos. Tratava-se de uma era de inclusão de afluência e de conformidade. Mas, como delineia Hobsbawn, os "anos dourados" foram seguidos pela revolução cultural do final dos anos 1960 e dos anos 1970, com a ascensão do individualismo, da diversidade, de uma desconstrução, em vastíssima escala, dos valores aceitos. Um mundo de certeza aparente deu lugar a um mundo de pluralidade, debate, controvérsia e ambiguidade. Era um mundo em que os comentadores das mais diferentes vertentes políticas referiam-se à "bússola" que não estava funcionando, em que cada certeza aparente da sociedade – a família, o trabalho, a nação e mesmo a própria afluência – era questionada (HOBSBAWN, 1994; YOUNG, 2002).

Assim, é inevitável afirmar que a partir da década de 60, inicialmente, sobretudo, nos Estados Unidos, um conjunto altamente heterogêneo de movimentos contestatórios, com um clímax no mítico "68", empreende o caminho da institucionalização social, acadêmica, política e jurídica. As confluências programáticas desses novos movimentos sociais – afro-americanos, indígenas, "chicanos", feministas, gays e lésbicas, "terceiro-mundistas", etc. –, se deram a conhecer a partir de então sob o ambíguo termo do "multiculturalismo" (DIETZ, 2012). Para reforçar essa ideia, de acordo com Parekh, o multiculturalismo, enquanto processo de reivindicação identitária, iniciou-se por volta dos anos de 1960, quando foi reconhecido pela mídia mundial o movimento popular norte-americano denominado "Panteras Negras". Esse movimento exigia o reconhecimento da situação peculiar das minorias de afrodescendentes nos Estados Unidos da América, dado que a formação da população desse país, embora tendo envolvido a emigração em massa de contingentes oriundos de diversas partes do globo, nunca abandonou a necessidade de respeito a um sentimento maior de "americanismo", largamente reproduzido pelos meios de ensino e comunicação. O movimento apoiou-se nos próprios instrumentos político-democráticos desse Estado, que possibilitam a livre manifestação do pensamento, para exigir o respeito à condição de diferença dos cidadãos dessa etnia que, em sua maioria, não contavam, como acontecia então com a elite europeizada, com instrumentos de acesso equânime a serviços públicos mais avançados, como as universidades. O movimento dos "Panteras Negras" logo foi seguido por outros de equivalente poder de captação, não menos conhecidos mundialmente, como o feminismo ou o movimento homossexual. Os movimentos anti-homogeneização/universalização aumentaram com a queda do muro de Berlim, evento após o qual todas as sociedades do bloco comunista passaram a conviver com reclamações por respeito às diferenças, especialmente étnicas – a questão da Bósnia talvez seja a mais sensível desses casos.

O que todos esses movimentos tinham em comum era a necessidade de reconhecimento de suas diferenças socioculturais. Não desejavam – salvo em casos bem pontuais – que as especificidades de sua própria cultura suplantassem definitivamente o ideal nacional já estabelecido, ou mesmo que seus membros fossem considerados apartados do cenário cultural do Estado-nação. Apenas desejavam ser reconhecidos dentro da nação à qual pertenciam, como portadores de características particulares que os diferenciavam da população ainda adstrita à ideia de cidadania nacional. De fato, quando o Estado identifica todos os indivíduos sob o pálio da cidadania nacional, ignora as diferenças políticas, sociais e econômicas que afetam a manifestação de sua vida material. A igualdade jurídico-política dos cidadãos impede ao Estado considerar os cidadãos de forma especial, como portadores de características diferenciadas, nem piores, nem melhores – ou pior, faz até mesmo esquecer que tais diferenças existem. Essa "nivelação por baixo", fundada na ausência de políticas efetivas de promoção de um espaço público de aceitação e convivência entre as particularidades, faz com que se percam potencialidades individuais e coletivas, agindo justamente em desfavor da necessidade de preservação daquilo que é capaz de produzir a identidade e o sentimento de pertença (SEMPRINI, 1999).

O que é preciso destacar dentro do nosso foco de trabalho, a partir de Hobsbawn, é a emergência de um mundo completamente diferente em sua configuração, já não mais homogêneo, mas com uma ampla fragmentação que emergiu também sob a faceta cultural, tanto no plano territorial das cidades, como dos próprios Estados. Começávamos a sair de uma configuração mundial bipolarizada, homogeneizada, para novas formas de representação muito mais complexas, multifacetadas. Da contestação à homogeneidade emergia a diversidade a partir de um conjunto de movimentos, associações, comunidades e, posteriormente, instituições que confluem na reivindicação do valor da "diferença" étnica ou cultural, assim como na luta pela pluralização das sociedades que acolhem essas comunidades ou movimentos (HABERMAS, 1999; VERTOVEC, 1998).

Se, por um lado, os acontecimentos sociais que marcaram os anos 60 do século passado podem, tranquilamente, ser considerados como movimentos sociais, dentro de uma clássica definição que os restringe conceitualmente como todo aquele ator coletivo que manifesta – com certa permanência no tempo e no espaço – uma capacidade de mobilização que se funda na elaboração de uma identidade própria e em formas de organização muito flexíveis e escassamente especializadas, com o objetivo de impactar no desenvolvimento da sociedade contemporânea e de suas instituições (MURO; CANTO CHAC, 1991), por outro, é preciso considerar a relevância do debate posto pela literatura surgida desde os anos 70, acerca do conceito de "novos movimentos sociais". Refletindo as mencionadas transformações contemporâneas das sociedades ocidentais, esse novo tipo de movimentos de "estilos de vida" (HETHERINGTON, 1998) pretende agrupar movimentos estudantis, urbanos, feministas, ecologistas, pacifistas e pedagógicos multiculturalistas sob um denominador comum que se caracteriza pelas seguintes características (RASCHKE, 1988; ESCOBAR; ALVAREZ, 1992; SLATER, 1994; PRATT, 2003):

a) uma estrutura organizativa altamente flexível, expressada mediante redes escassamente hierarquizadas e um rechaço aberto a lideranças explícitas, produto do legado "antiautoritário" das revoltas estudantis que desencadearam esses movimentos;
b) a insistência na autonomia do movimento específico frente a outros atores políticos, sobretudo frente ao Estado e aos partidos políticos, interpretados como "aliados" ou representantes do velho establishment e dos movimentos sociais de origem novecentista;
c) a carência de uma ideologia de transformação da sociedade em sua totalidade, própria das grandes narrativas, como fora o projeto marxista; o rechaço aos amplos projetos de mudança social será o ponto de partida da confluência entre os movimentos multiculturalistas e os discursos "pós-modernos"; não a política revolucionária, mas a *life politics* (GIDDENS, 1991), a individualizada política vital, se converterá em lema comum;
d) a consequente limitação a temáticas específicas que não abarcam um projeto societal global, mas que somente se articula como *single-issue-movement*; para o caso dos movimentos multiculturalistas, somente sua institucionalização e academização pedagógica posterior implicará a tentativa de transcender essa limitante "monotemática" mediante o estabelecimento de coalizões "interdisciplinares";
e) uma composição social heterogênea, "multiclassista", com um forte componente procedente das classes médias, o qual, para alguns analistas, coloca o problema de como identificar o sujeito histórico (ALONSO, 2988);
f) e, provavelmente, como consequência dessa composição plural, uma constante tematização da identidade e da subjetividade.

Tentando resumir, numa ideia ou num mesmo denominador, em termos materiais, a diversidade dos novos acontecimentos ou movimentos sociais, talvez o grande tema que possa ser comum a todos seja o problema da identidade sociocultural a partir de uma sintaxe da diferença. Este os distingue das problemáticas relativas à economia e ao Estado, a partir de uma sintaxe da igualdade, em torno às quais giravam sem cessar os principais movimentos da burguesia e da classe operária. Assim, os objetivos primordiais dos novos movimentos sociais estão dirigidos para uma reorientação da esfera sociocultural, e não da economia ou do Estado (RASCHKE, 1988, p. 420).

Também, nessa mesma linha de raciocínio, é preciso considerarmos que esses novos movimentos sociais fundados na diferença e na diversidade constituem a marca de sociedades contemporâneas que cada vez mais se revelam como plurais, multifacetadas, multiculturais. Neste aspecto, concordamos com Bhikhu Parekh (2000), para quem as sociedades multiculturais modernas se diferenciam das sociedades multiculturais pré-modernas em quatro aspectos. Primeiro, porque nas sociedades pré-modernas as comunidades minoritárias mantinham-se reclusas nos exatos limites definidos pelos grupos dominantes, aceitando uma posição de subordinação. Nas sociedades modernas – melhor seria se se dissesse "contemporâneas" –, a aproximação entre as culturas, resultado da dinâmica do processo de globalização, é praticamente inevitável, e graças aos ideários democráticos e liberais, mesmo as comunidades culturais ditas inferiores passaram a exigir igual direito de reconhecimento da diferença e da participação política. A segunda distinção mencionada por Parekh é tributada ao melhor entendimento que as sociedades modernas possuem em relação aos males que o dogmatismo moral pode provocar. Para o autor, a importância da cultura na formação do sujeito foi assimilada pela sociedade, que passou a respeitar as diferenças culturais e considerar a cultura como uma categoria política relevante. Como terceiro aspecto, é apresentada a nova conformação mundial no campo econômico, cultural e tecnológico, que tem ampliado o contato entre todas as partes do mundo e acabado por completo com o isolamento das culturas. Por fim, o autor refere como uma característica marcante das sociedades multiculturais contemporâneas as transformações que têm afetado o Estado-nação culturalmente homogeneizador.

Nesse cenário contemporâneo, em que os movimentos sociais cada vez mais revelam uma diversidade que havia sido mascarada por uma ficcional homogeneidade moderna, a questão da diversidade cultural, ao lado da diversidade comportamental, assume um lugar de destaque como jamais ocorrera no passado, e o multiculturalismo, apesar de sua amplitude conceitual, ganha cada vez mais projeção, pois, conforme Semprini (1999), revela os paradoxos da contemporaneidade, especialmente ao exigir que seus postulados de universalidade, de igualdade e de justiça sejam estendidos para todas as formas de manifestação cultural.

A democracia moderna, calcada na ideia de sujeitos universais e na negação das identidades particulares, é desafiada pelo multiculturalismo na medida em que suas reivindicações têm em vista direitos que parecem dificilmente universalizáveis. Do ponto de vista do direito à diferença, conclamado pelo multiculturalismo, os ideais humanos universais seriam uma nova tentativa de homogeneização, tal como já verificado anteriormente com o processo de nacionalização do ente cultural.

O conflito, então, se estabelece entre a necessidade de preservação das culturas dos diferentes povos e o dever de observância aos direitos do homem indistintamente entre esses grupos de indivíduos, enveredando, muitas vezes, para a relativização. Danilo Martuccelli (1996) refere que, com o multiculturalismo, a ideia de igualdade universal, que desconsiderava as diferenças, foi substituída pela concepção de equidade, caracterizada pelo reconhecimento das especificidades culturais dos indivíduos e dos grupos e pela possibilidade de um tratamento diferenciado para os membros dessas mesmas coletividades. Do mesmo modo, continua o autor, com o multiculturalismo surge, da fusão entre liberdade negativa e liberdade positiva, a ideia de diferença como um direito individual de identidade, de autenticidade, de pertença a um grupo.

Por certo que a pluralidade cultural é uma realidade e uma virtude das sociedades democráticas que deve ser estimulada. Por outro lado, o facilitado encontro das diferenças na sociedade global expôs, também, divergências e irritações que não favorecem o diálogo intercultural e que, não raras vezes, demarcam com agressividade o nível das oposições e afastamentos (OLIVÉ, 1999). Por isso, pode-se dizer que as demandas por reconhecimento das identidades socioculturais desafiam duplamente os direitos humanos, pois, ao mesmo tempo em que são requisitados para garantir o direito de cada cultura particular manifestar sua concreta historicidade e desenvolver seus laços identitários, os direitos humanos, por outro lado, são considerados como exigências recíprocas de abrangência universalista, que não condicionam seus fundamentos e sua validade a nenhuma experiência cultural específica. Assim, o fato de diferentes culturas e comportamentos postularem o mesmo direito de exercerem, num mesmo país, as suas diferenças, exige dos direitos humanos uma espécie de mediação entre a igualdade e a diferença que sua universalidade comporta (ALCALÁ, 2005; TORRE, 2000).

III

A teorização da diferença I: do perspectivismo ao pós-modernismo (Nietzsche, Derrida, Foucault e Lyotard)

Para melhor entender a academização que se desenvolveu a partir dos acontecimentos sociais emergidos desde os anos 60 do século passado, tendo como mote central a diferença, é preciso, antes de mais nada, ter em conta que as teorizações da Modernidade, contra as quais se estruturaram as teorias do que poderíamos chamar pós-modernismo, se constituíram como grandes narrativas, grandes tradições de reflexão e pesquisa, como o Iluminismo, o liberalismo ou o marxismo. As "grandes narrativas" ou teorias abrangentes, que caracterizam o viés metodológico moderno, tinham como pretensão fornecer os elementos para análise e elaboração de juízos de valor sobre qualquer fenômeno cultural como a literatura, a arte, a música, sistemas políticos, sistemas jurídicos, esportes, relações raciais, etc. De modo bastante ilegítimo, poderíamos dizer, as grandes narrativas autoproclamam-se como fonte de soluções para todos os problemas sociopolíticos. Culturas inteiras poderiam, e ainda podem, ser vistas sob a lente de uma teoria abrangente, pois elas formam um paradigma, uma cosmovisão. Assim, artefatos culturais são testados em contraste com uma dada projeção do mundo como é, ou como deveria ser, construído. Tomando o Iluminismo como exemplo, veremos que o seu "projeto" de mundo, ao buscar ativamente o progresso material e a libertação sociopolítica ilimitados, constitui-se numa irrefutável amostra de uma "grande narrativa" em ação.

As teorizações que muitos insistem em aglutinar sob a denominação de multiculturalismo, mas que aqui preferimos caracterizar como construções teóricas cujo elemento fundante é a diferença em um sentido amplo, constituíram-se como reações e respostas teóricas a essas grandes narrativas, não se enquadrando no que poderíamos definir como tradição teórica. Na verdade, trataram, fundamentalmente, de afrontar essas grandes narrativas, colocando-as numa situação de crise como jamais ocorrera. Neste aspecto, as "pequenas narrativas" da diferença estão mais próximas a microcosmos teóricos do que propriamente a grandes tradições.

Assim, os acontecimentos/movimentos sociais próprios dos anos 60, o que para alguns inaugura o pós-modernismo, criam as condições concretas do que viria a ser uma espécie de colapso das grandes narrativas, pois a potencialidade teórica analítica das teorias abrangentes da Modernidade estava sucumbindo diante de fatos que escapavam a todos os modelos explicativos até então propostos. Disso decorreu, segundo o sociólogo português Boaventura de Sousa Santos, que as abordagens das ciências humanas e sociais convergiram para o campo transdisciplinar dos estudos culturais para pensar a cultura como um fenômeno associado a repertórios de sentido ou de significado partilhados pelos membros de uma sociedade, mas também associado à diferenciação e à hierarquização, no quadro de sociedades nacionais, de contextos locais ou de espaços transnacionais. A cultura, segundo ele, tornou-se, assim, um conceito estratégico central para a definição de identidades e de alteridades no mundo contemporâneo, um recurso para a afirmação da diferença e da exigência do seu reconhecimento e um campo de lutas e de contradições (2003, p. 28).

Os movimentos "alternativos" dos anos 60 e sua reivindicação de uma nova "política da diferença" encontram um aliado acadêmico bem particular no que se pode chamar "giro pós-moderno", inicialmente denominado de "neoestruturalista", mas majoritariamente "pós-estruturalista", que protagonizou a filosofia francesa dos anos setenta e oitenta (FRANK, 1989).

1. Diferença e pluralismo em Nietzsche e a abertura principiológica da pós-modernidade

Ainda que outros autores tenham se debruçado sobre o tema da diferença, tais como Heidegger, Derrida, Foucault e Deleuze, como veremos alguns deles mais adiante, foi Nietzsche quem inaugurou esse deslocamento crítico do pensamento moderno. Para entendermos a importância da diferença e do pluralismo na sua obra e na modulação efeitual que tal proposta representou no pensamento ocidental, três elementos da sua reflexividade reivindicam uma análise obrigatória: a função crítica da filosofia, as noções de sentido e interpretação e, por fim, a sua perspectiva genealógica de aproximação.

Segundo Nietzsche, a filosofia crítica tem dois movimentos inseparáveis: primeiro, referir valores a algo que seja, em primeiro lugar, como sua origem e que, posteriormente, decida seu valor. É daqui que podemos ver a dupla luta de Nietzsche: contra os que subtraem os valores à crítica, contentando-se com fazer inventário dos valores existentes ou com criticar as coisas em nome dos valores já estabelecidos, luta dirigida contra Kant e Schopenhauer (2009, p. 211). Mas também contra os que criticam, ou respeitam, os valores fazendo-os derivar de simples fatos, de pretendidos fatos objetivos: os utilitaristas, "os sábios" (2009, p. 211, VI parte). Em ambos os casos, a filosofia nada no elemento indiferente do que vale em si ou do que vale para todos.

Nietzsche se lança, ao mesmo tempo, contra a elevada ideia de fundamento, que deixa os valores indiferentes à sua própria origem, e contra a ideia de uma simples derivação causal ou de um simples e plano início que propugna uma origem indiferente aos valores. Contra isso, Nietzsche cria o novo conceito de genealogia. Em sua concepção o filósofo é um geneaólogo, não um juiz de tribunal à maneira de Kant, nem um mecânico ao modo utilitarista. O filósofo é Hesíodo. Ao princípio da universalidade kantiana, assim como ao princípio da semelhança, grato aos utilitaristas, Nietzsche opõe o sentimento de diferença ou de distância (elemento diferencial). Ao analisar a genealogia, a dos valores, a fonte do conceito "bom", assim ele discorre:

> Foram os "bons" mesmos, isto é, os nobres, poderosos, superiores em posição e pensamento, que sentiram e estabeleceram a si e a seus atos como bons, ou seja, de primeira ordem, em oposição a tudo que era baixo, de pensamento baixo, e vulgar e plebeu. Desse *pathos da distância* é que eles tomaram a si o direito de criar valores, cunhar nomes para os valores: que lhes importava a utilidade!
>
> (...)
>
> O pathos da nobreza e da distância, como já disse, o duradouro, o dominante sentimento global de uma elevada estirpe senhorial, em relação com uma estirpe baixa, como um "sob" – eis a origem da oposição "bom" e "ruim" (1987, primeira dissertação, 2, p. 21-22).

Para Nietzsche, genealogia quer dizer, ao mesmo tempo, valor da origem e origem dos valores. A genealogia se opõe tanto ao caráter absoluto dos valores como ao seu caráter relativo ou utilitário. Genealogia significa o elemento diferencial dos valores dos quais se desprende o seu próprio valor. Genealogia quer dizer, pois, origem ou nascimento, mas também diferença ou distância na origem. Genealogia quer dizer nobreza e baixeza, nobreza e vilania, nobreza e decadência na origem. O nobre e o vil, o alto e o baixo, tal é o elemento propriamente genealógico ou crítico. Mas, assim entendida, a crítica é ao mesmo tempo o elemento mais positivo. O elemento diferencial não é a crítica do valor dos valores, sem ser também o elemento positivo de uma criação. Por esse motivo a crítica não foi jamais concebida por Nietzsche como uma reação, mas como uma ação (DELEUZE, 2008).

Dessa construção da genealogia, resulta em Nietzsche uma outra percepção teórica extremamente relevante e profundamente atual, com sérias e graves consequências nos campos político e jurídico, que é a ideia do pensamento filosófico como um pensamento pluralista. Segundo Deleuze, a filosofia de Nietzsche não se compreende enquanto não se tenha em conta seu essencial pluralismo (2008). Em Nietzsche, o pluralismo (também chamado empirismo) e a própria filosofia são a mesma coisa. O pluralismo é o modo de pensar propriamente filosófico, inventado pela filosofia: única garantia da liberdade no espírito concreto, único princípio de um violento ateísmo. Na ideia pluralista de que uma coisa tem vários sentidos, observamos a mais alta conquista da filosofia, a conquista do conceito verdadeiro, sua maturidade, e não sua renúncia nem sua infância, porque a valoração disto ou daquilo, o delicado ato de pesar as coisas e os sentidos de cada uma, a estimação das forças que definem em cada instante os aspectos de uma coisa e suas relações com as demais, tudo aquilo revela a arte mais alta da filosofia, a da interpretação, a da interpretação pluralista (DELEUZE, 2008, p. 11). Nesta perspectiva, uma coisa tem tanto sentido quanto as forças capazes de apoderarem-se dela. Mas a própria coisa não é neutra, e se acha mais ou menos em afinidade com a força que atualmente a possui. Assim, denominar-se-á essência, contrariamente, entre todos os sentidos de uma coisa, àquele que lhe dá a força que apresenta com ela maior afinidade. Disso resulta que, partindo da ideia de que interpretar, e inclusive valorar, é pesar, a noção de essência não se perde nisso, mas adquire uma nova significação, porque todos os sentidos não vêm a ser o mesmo.

Para ele, nunca encontraremos o sentido de algo (fenômeno humano, biológico ou inclusive físico), se não sabemos qual é a força que se apropria da coisa, que a explora, que dela se apodera ou nela se expressa. Um fenômeno não é uma aparência, nem tampouco uma aparição, mas um signo, um sintoma que encontra seu sentido em uma força atual. Toda filosofia é uma sintomatologia. À dualidade metafísica da aparência e da essência, e também à relação científica do efeito e da causa, Nietzsche opõe a correlação fenômeno e sentido. Qualquer força é apropriação, dominação, exploração, de uma parte da realidade. Inclusive a percepção em seus diversos aspectos é a expressão de forças que se apropriam da natureza. Em geral, a história de uma coisa é a sucessão de forças que dela se apoderam, e a coexistência das forças que lutam para consegui-lo. Um mesmo objeto, um mesmo fenômeno muda de sentido de acordo com a força que dele se apropria. Os deuses estão mortos; "mas se morreram de risada ao ouvir dizer a um Deus que ele era único. Não é precisamente isto a divindade, que haja deuses, que não haja um único Deus?" (NIETZSCHE, 2010, III).

A história é a variação dos sentidos, é dizer, a sucessão dos fenômenos de sujeição mais ou menos violentos, mais ou menos independentes uns dos outros (NIETZSCHE, 2003). O sentido é, para Nietzsche, uma noção complexa: sempre há uma pluralidade de sentidos, uma constelação, um conjunto de sucessões, mas também de coexistências, que faz da interpretação uma arte. Para ele, "qualquer subjugação, qualquer dominação equivale a uma nova interpretação". Nas palavras do próprio Nietzsche:

> Todos os fins, todas as utilidades são apenas indícios de que uma vontade de poder se assenhorou de algo menos poderoso e lhe imprimiu o sentido de uma função; e toda história de uma "coisa", um órgão, um uso, pode desse modo ser uma ininterrupta cadeia de signos de sempre novas interpretações e ajustes, cujas causas nem precisam estar relacionadas entre si, antes podendo se suceder e substituir de maneira meramente casual. Logo, o "desenvolvimento" de uma coisa, um uso, um órgão, é tudo, menos o seu *progressus* em direção a uma meta, menos ainda um *progressus* lógico e rápido, obtido com um dispêndio mínimo de forças – mas sim a sucessão de processos de subjugamento que nela ocorrem, mais ou menos profundos, mais ou menos interdependentes, juntamente com as resistências que a cada vez encontram, as metamorfoses tentadas com o fim da defesa e reação, e também os resultados de ações contrárias bem-sucedidas (1987, II, 12).

O sentido, para Nietzsche, é, pois, uma noção complexa: sempre há uma pluralidade de sentidos, uma constelação, um conjunto de sucessões, mas também de coexistências, que faz da interpretação uma arte. Por isso, Nietzsche não acredita nos "grandes acontecimentos" ruidosos, mas na pluralidade silenciosa dos sentidos de cada acontecimento (Zaratustra, II). Não há nenhum acontecimento, nenhum fenômeno, palavra nem pensamento cujo sentido não seja múltiplo. Algo às vezes é isto, às vezes aquilo, às vezes mais complicado, de acordo com as forças (os deuses) que se apoderam dele.

Nietzsche, na sua missão filosófica sempre negou seu tempo ao pensar criticamente. Esteve sempre adiante de seu tempo; pensou em tempos futuros. Todo filósofo é um visionário. Nietzsche adiantou teses de realidade que estão muito mais adequadas aos tempos hodiernos do que propriamente ao seu tempo. A unidade funcional de uma sintaxe que se constituía na diferença está muito mais próxima da complexidade pós-moderna do que das experiências do real político e jurídico acontecidas ao final do século XIX.

2. O pós-estruturalismo e o giro pós-metafísico

O ponto de partida desse giro – a crítica à metafísica universalista das onipresentes "estruturas elementares" que, segundo Lévi-Strauss (1979), operam de forma subjacente em todo tipo de sociedade humana – e sua consequência epistemológica – a ruptura com as noções ocidentais supostamente eurocêntricas e reificadas, de "indivíduo", "sociedade" e "história" –, constituem, por sua vez, um ponto de chegada dos primeiros movimentos multiculturalistas de finais dos anos sessenta.

As diferentes correntes pós-estruturalistas coincidem, em seu afã de desconstruir os grandes relatos hegemônicos, com as narrativas ocidentais "autorizadas" pelos grandes sistemas de dominação que dotam de sentido e, com isso, legitimam os poderes fáticos vigentes nas sociedades contemporâneas (DREYFUS e RABINOW, 1982). Esse afã desconstrutivista, crítico e dissidente do pós-estruturalismo é retomado e aproveitado pelos protagonistas dos movimentos pela diferença, em sua tentativa de demonstrar o caráter subversivo e potencialmente contra-hegemônico do próprio multiculturalismo. Dois conceitos são nucleares ao paradigma discursivo pós-estruturalista: identidade e poder.

A corrente pós-estruturalista retoma a noção "novos movimentos sociais", dando ênfase especial à sua face identitária. A identidade se torna uma preocupação constante dos movimentos. Longe de ser uma simples expressão dos interesses comuns de um grupo, a identidade se converte em "política identitária", em negociação de múltiplas identidades frente a diversos adversários sociais (SLATER, 1994).

No entanto, como as identidades já não são simples expressões fidedignas das posições que ocupam os indivíduos no processo de produção, essas identidades se diluem: já não correspondem a sujeitos identificáveis, mas a meras "posições de sujeito" (LACLAU, 1985, p. 32). Daí que, segundo Slater,

> A subjetividade de um determinado agente social nunca poderá ser definitivamente fixada, posto que se constitui de forma provisória e frequentemente precária na interseção de vários discursos. Este tipo de análise nos oferece a possibilidade de interpretar o espaço do sujeito em termos de uma série de posições que evidentemente geram seu sentido dentro de uma matriz de práticas discursivas (1994, p. 15).

Nessa perspectiva, os "sujeitos sociais" são descentrados e desessencializados. O indivíduo já não é concebível como um "agente completamente coerente, racional, autoconsciente e capaz de aceder diretamente à realidade e à verdade", mas se reduz a "um conjunto de potencialidade e atuais posições de sujeito" (RATTANSI, 1999, p. 78). Por conseguinte, para que um determinado movimento multiculturalista se fixe e sobreviva aos vaivéns de suas manifestações espontâneas e pontuais, necessitará engendrar práticas culturais específicas do grupo ou movimento em questão. Com isso, os movimentos heterogêneos, que desde os anos sessenta começam a articular interesses específicos das minorias subalternas das sociedades contemporâneas, logo adquirem um matiz eminentemente cultural. Vários estudiosos dos novos movimentos contestatórios, tanto norte-americanos, como europeus e latino-americanos, afirmam a necessidade de indagar a respeito da relação entre um determinado movimento social e as práticas culturais de seus membros (ESCOBAR, 1992; NIVÓN BOLÁN, 1993;

DIETZ, 2003; MODOOD, 2007). Assim, sobretudo em contexto de marginalização socioeconômica e política, a cultura pode se converter em pilar básico de uma ação coletiva. Nesse sentido, segundo Eckstein:

> A cultura é um âmbito da vida sobre o qual os grupos subordinados costumam manter algum controle. Precisamente por isso pode oferecer um reduto do qual os grupos subordinados nutrem sua dissidência moral contra a dominação. As expressões culturais de desafio à ordem têm sem dúvida seu maior alcance onde as privações foram sofridas de forma coletiva durante gerações e onde a vida institucional aproxima a gente que passou por situações similares (1989, p. 35).

Recriando práticas culturais locais e adaptando-as a novas situações extralocais, o movimento é "ressignificado", gera sua própria identidade e pode converter-se com isso em uma nova "comunidade" para seus membros (ESCOBAR, 1992a; ALVAREZ; ESCOBAR, 1992). Esse processo, no entanto, encontra-se limitado e condicionado pela influência e vigência exercidas pelo segundo dos conceitos teóricos aportados pelo pós-estruturalismo: a noção basicamente foucaultiana do "poder".

O estruturalismo foi longe demais enquanto forma de análise, enquanto teoria abrangente, aparentemente capaz de explicar toda e qualquer coisa sobre as questões humanas e sobre o mundo à nossa volta. Tudo virou um sistema de signos, e nada poderia escapar de ser parte desse sistema. Cada parte constituinte poderia ser conectada em termos de seu papel dentro de um dado sistema gramático. Havia, neste sentido, uma proposta perfeccionista no estruturalismo; havia uma pretensão de ordenação quase perfeita do mundo na reivindicação estruturalista, o que a tornou, até mesmo, ideologicamente suspeita.

Em reação ao estruturalismo, o pós-estruturalismo surgiu no fim dos anos 60, e cobriu uma ampla gama de posições, todas elas concordando que a vertente de análise estruturalista possui muitas falhas, tais como a supressão de elementos perniciosos aos seus argumentos ou o descarte ou a recodificação de tudo o que não se encaixa no sistema. Para a razão pós-estruturalista, essas operações de purificação sistêmica eram a máxima expressão do autoritarismo em ação. A proposta pós-estruturalista é de introduzir um tom de ceticismo radical na teoria crítica.

O ramo mais influente do pós-estruturalismo e, definitivamente, um dos mais céticos, foi, indiscutivelmente, o da desconstrução, como praticado por seu maior expoente, Jaques Derrida. As primeiras obras de Derrida constituem um ataque contínuo aos fundadores do estruturalismo – Saussure e Lévi-Strauss, em especial. Para ele, o estruturalismo é, tanto autoritário em sua postura, quanto baseado em premissas filosóficas questionáveis. Enquanto o estruturalismo requer que o significado esteja presente nos artefatos, esperando para serem desvelados pelo ato de análise, a teoria pós-estruturalista derridiana do significado o concebe como um fenômeno mais transitório e, com certeza, muito menos estável. Derrida afirma que a concepção convencional de significado no Ocidente depende da pressuposição de uma "metafísica da presença", ou seja, o significado real de uma palavra deve estar "presente" na mente do falante, ou escritor, no momento em que ela é usada. Ele nomeou essa suposição de "logocentrismo".

Essa presença transparente do significado não pode ser alcançada, de acordo com Derrida, por causa da ação da différance (postergar ou diferenciar). Ele criou essa palavra, em francês, para descrever o processo por meio do qual o significado "escorrega" no ato de transmissão. As palavras contêm dentro de si traços de outros sentidos que não os do primário assumido. Seria, provavelmente, melhor falar em um campo de significados em vez de uma correspondência precisa, palavra e sentido frente a frente. Assim, para Derrida, um campo que seja crítico o suficiente nunca pode ser restrito, porque sempre existe um "excedente" de significado em qualquer ponto, o que de certa forma complementa a afirmação de Adorno de que, dada essa amorfia, as totalidades nem podem nem devem se formar.

Na desconstrução, passamos de uma construção de sistema para um desmantelamento do sistema. A maior preocupação de Derrida é dirigir nossa atenção para as muitas lacunas em nossos sistemas de discurso que, por mais que tentemos, nunca conseguirão ser disfarçadas. A desconstrução é uma filosofia que, de modo deliberado, se encaminha para esvaziar as pretensões filosóficas sobre nossa habilidade de ordenar o mundo, tal qual pretenderam as grandes narrativas racionalistas modernas.

Parte da objeção de Derrida ao estruturalismo se dá à sua dependência das oposições binárias. Ele considera o discurso ocidental em geral como fundado em uma série de tais oposições altamente redutoras e opressoras. Um dos termos do binário sempre assume uma prioridade dominante sobre o outro. A oposição homem/mulher seria um exemplo de tal binarismo "opressor". Fazendo frente a isso, a desconstrução tem como objetivo desestabilizar o binarismo e a autoridade ligada ao termo dominante, assim como as alegações feitas sobre as implicações políticas da teoria.

A desconstrução, nesse sentido, opõe-se à ideia de hierarquia, que ainda está profundamente arraigada até mesmo nas sociedades democráticas mais liberais. As feministas certamente concordariam com a noção de que o par binário homem/mulher é distorcido em favor do homem. O patriarcado se resume à manutenção desse *status*. As teorias de sustentação do movimento gay se interessam igualmente por desestabilizar o par binário hetero/homossexual, em que o termo "heterossexual" é considerado o termo dominante.

Michel Foucault é outro pensador francês que reagiu contra a rigidez formal do estruturalismo e sua insistência de que tudo seja classificado impecavelmente em termos de seu papel restrito no sistema. Foucault aprofundou a investigação de Gramsci quanto ao problema da hegemonia, mais especificamente do fator hegemônico do poder na criação e manutenção dos sistemas sociais. Para ele, a criação de tais sistemas implicou a marginalização e exclusão de certos grupos sociais vulneráveis em nome da "ordem". O destino de tais grupos se tornou a questão central das investigações históricas de Foucault: o inconsciente, a agenda oculta que ele estava determinado a trazer à superfície. Ele investigou profundamente o "inconsciente" do poder.

Foucault, em sua proposta de revelar o discurso escondido do poder, descreve suas pesquisas históricas como "arqueologias" ou "genealogias", destinadas a trazer à luz os discursos suprimidos da sociedade ocidental. As exumações genealógicas de Foucault revelam que as culturas são, de fato, fundamentadas no poder "legitimado", e não, como elas em geral gostam de afirmar, em ideais de verdade e justiça. O que estamos estudando em cada caso – conhecimento como classificação, poder como marginalização e ordem como controle sistematizado –, é, segundo Foucault, um discurso em particular que, na sua base, é estruturado em relações de poder.

Para Foucault, não existe algo como uma "essência humana" universal. Comportamento, ética, discurso e sociedade podem – e todos o fazem – mudar no decorrer do tempo. Tampouco há um padrão na história da humanidade, nenhum sentido de que estejamos progredindo – por exemplo, como para algumas utopias marxistas. Na verdade, Foucault considerava a nossa concepção de "homem" – como, de acordo com a visão liberal humanista, indivíduo possuidor de determinados direitos naturais inalienáveis – como uma invenção bem recente. Em sentido diverso, a visão de Foucault da espécie humana enfatizou a diferença em vez dos elementos comuns, servindo seu discurso teórico como base de defesa de grupos sociais marginalizados – homossexuais, prisioneiros, minorias étnicas – algo que ele mesmo fez em sua atividade de militância.

3. O pós-modernismo e a oposição às grandes narrativas

Outra corrente/movimento que merece destaque na teorização da diferença é o pós-modernismo. Aqui, é importante destacar o pensamento de Jean-François Lyotard, que definiu o ponto de vista pós-moderno como caracterizado por uma atitude de "incredulidade acerca das metanarrativas", ou seja, na expressamente aberta descrença na ideologia ou grande narrativa que justificam a Modernidade e o projeto do Iluminismo. A Modernidade tendeu, nesse sentido, a adotar a supressão do que Lyotard chamou de *differends*, ou, em outras palavras, as disputas insolúveis em que nenhum lado pode aceitar os termos de referência do outro (1988). Segundo este autor, a menos que esses *differends* sejam respeitados, nós flutuaremos em direção a uma sociedade autoritária em que muitas vozes são simplesmente silenciadas pela força superior de seus oponentes, como no caso da maioria das comunidades indígenas do "Novo Mundo", que se viram marginalizadas e ignoradas por seus colonizadores, até mesmo no que propõe a "grande narrativa" democrática.

Nesse sentido, A Condição Pós-Moderna: um Informe sobre o Conhecimento, de Lyotard, pode ser considerada a bíblia do pós-modernismo como teoria crítica. Essa obra propeliu Lyotard a um lugar de destaque na academia e influenciou profundamente escritores pós-modernos e filósofos dos anos 80 em diante, como, por exemplo, vários que se ocuparam do tema da diferença em micronarrativas e, também, alguns outros que podem ser rotulados como multiculturalistas. Seu ataque à grande narrativa, e a consequente defesa das "pequenas narrativas" marginalizadas, inspirou toda uma geração de teóricos e contribuiu na criação de uma agenda do movimento pós-moderno em geral.

A definição enganosamente simples de Lyotard acerca do pós-modernismo como uma "incredulidade relativamente às metanarrativas" introduz um novo conceito na discussão da epistemologia pós-modernista – a do papel das metanarrativas, a narrativa que explica as outras narrativas (Deus, liberdade, Estado e assim por diante) – na construção das verdades científicas e sociais. Lyotard foca-se sobre duas das maiores metanarrativas que ele vê como determinantes para a Revolução Iluminista e para a Modernidade: "a libertação da humanidade" via progresso científico e social e a "unidade especulativa do conhecimento" (1979, p. ix).

Para definir o pós-moderno, Lyotard primeiro explicita uma definição de trabalho de Modernismo, que, para ele,

> é um discurso de legitimação com relação ao seu próprio status, um discurso chamado filosófico. Eu usarei o termo *moderno* para designar qualquer ciência que legitime-se a si própria com referência a um metadiscurso ... fazendo um explícito apelo para algumas grandes narrativas, tais como a dialética do Espírito, a hermenêutica do significado, a emancipação do racional ou o tema do trabalho ou da criação da riqueza (1979, p. xxiii).

Nessa definição de Modernismo, Lyotard consegue se distanciar de muitos dos mais importantes filósofos que formularam muitas das grandes histórias (metanarrativas) usadas para explicar a vida social: hegelianismo (dialética do Espírito), fenomenologia (hermenêutica do significado), liberalismo e marxismo (emancipação do racional e o tema do trabalho) e capitalismo (criação da riqueza).

Para Lyotard, a narrativa só se torna problemática quando elaborada de forma "grandiosa", o que exige precedência autoritária, ou até totalitária, sobre a multiplicidade de "pequenas" narrativas (individuais ou de pequenos grupos) que qualquer sociedade contém. Nota-se aqui uma afinidade com a ideia de *differends* de Lyotard e a ênfase de Derrida e Foucault na diferença. Do mesmo modo, sua ideia de "narrativa construída" o alia a Barthes e a outros pós-estruturalistas.

Dada a rejeição de Lyotard das metanarrativas, podemos perguntar o que fazemos sem nossos confortáveis relatos explicativos? Onde penduramos nossos chapéus filosóficos? A resposta que Lyotard dá não é confortante: nós não penduramos em lugar algum. Embora Lyotard anuncie que seu foco é o conhecimento científico, sua definição de condição pós-moderna engloba todas as formas de conhecimento e sistemas de crença. Sua hipótese de trabalho é de que todo conhecimento e as formas sociais que ele afeta resultam de jogos particulares de linguagem, que se estendem para um conceito tão básico e profundo como o "self":

> Um *self* não importa muito, mas o não *self* é uma ilha (cf. John Donne, "No Man is an Island"); cada um existe em uma fábrica de relações que é agora mais complexa e móvel que antes. Jovem ou velho, homem ou mulher, rico ou pobre, uma pessoa está sempre localizada em 'pontos nodais' de circuitos específicos de comunicação, por mais minúsculos que estes possam ser. Ou melhor: alguém está sempre localizado num lugar através do qual vários tipos de mensagens passam (1979, p. 15).

Em sua análise do conhecimento na sociedade pós-moderna, Lyotard não foca sobre tipos de sistemas sociais que são alvos usuais do pensamento estruturalista e pós-estruturalista. Ele não analisa discursos sociais, políticos, semióticos ou literários; antes, ele orienta sua análise em torno da revolução na ciência e, em particular, nos computadores. A Condição Pós-Moderna busca entender "a mudança na natureza do conhecimento" numa crescente sociedade computadorizada. Assim, a questão é se o conhecimento científico constitui outro tipo de jogo de linguagem? E, se é assim, como podemos acreditar na ciência se ela é também um jogo? Como a legitimidade é possível num tal contexto?

Para Lyotard, a legitimidade nunca é possível. A ciência sempre se legitimou por via do discurso científico; quando ela foi impulsionada para se legitimar por outro tipo de discurso, voltou-se para um tipo de discurso que ela implicitamente rejeitou: o discurso narrativo. É importante, para entender essa construção de Lyotard, compreender a diferenciação que ele faz entre discurso científico e discurso narrativo. O discurso científico procede através da denotação: ele diz o que é, tal como em "o núcleo de um átomo é composto de nêutrons, prótons e elétrons". Asserções denotativas não carregam juízos de valor; elas simplesmente afirmam o modo como as coisas são neutramente. Em contraste, o discurso narrativo é muito mais complexo: ele engloba enunciados denotativos, prescritivos e performativos. O discurso narrativo é constitutivo do conhecimento narrativo; diferentemente do conhecimento científico, que é baseado sobre "o que é" – o que é visível, falseável, provável, testável –, o conhecimento narrativo é autorreflexivo – narrativas ou histórias são, tanto o conteúdo, quanto a legitimação do conhecimento, particularmente porque as funções do conhecimento narrativo se dão através do ritual, da repetição e do resultante senso de atemporalidade. Por conta dessa inerente irracionalidade do conhecimento narrativo, o conhecimento científico tenta definir ele mesmo contra isso. Entretanto, quando solicitado a explicar por seus próprios processos de pensamento – por seus próprios processos de legitimação – o conhecimento científico repousa sobre conhecimento narrativo como suporte e faz uso das grandes narrativas que o conhecimento narrativo fornece para isso: o conhecimento científico é legitimado ou porque ele conduzirá para um grande entendimento do mundo (unidade especulativa), ou porque um dia fará do mundo um lugar melhor (a narrativa do progresso contínuo – liberalismo). Assim, a ciência legitima-se via o que ela implicitamente rejeita: o conhecimento narrativo.

No mundo pós-moderno, entretanto, há outro critério para a legitimação que Lyotard vê operando na ciência. Enquanto, no Modernismo, o mérito da ciência mediu-se pela sua contribuição para o bem-estar geral da sociedade, agora o mérito científico é medido através da sua performatividade – para que uso prático o conhecimento pode ser posto. Dessa forma, a ciência na pós-Modernidade é ligada ao capitalismo, sendo seus valores medidos em termos do potencial de riqueza que pode resultar de suas descobertas e inovações. Essa ligação também determina se a inovação científica é a validade: "Sem dinheiro, sem prova – o que significa sem verificações de afirmações e sem verdade. Os jogos de linguagem científica tornam-se os jogos do rico, no qual seja quem for é o mais rico que tem a melhor chance de estar certo. Uma equação entre a riqueza, a eficiência e a verdade é assim estabelecida" (1979, p. 45).

Mas, deixando a ciência, devemos considerar onde reside a formulação de Lyotard. É a Verdade (com "V" maiúsculo) possível no contexto pós-moderno? A resposta de Lyotard é um tanto quanto ambígua para essa questão. Se nós nos libertamos das metanarrativas, o que nos resta são metanarrativas disciplinares-específicas: verdades com "v" minúsculo que são somente verdade em certas situações e em certos contextos ideológicos. Assim, se entendemos o conhecimento como constituído de jogos de linguagem, os jogos de linguagem de uma disciplina ou área particular determinam suas "verdades " particulares ou metanarrativas. A sociedade não é, então. unificada por uma ou duas grandes metanarrativas, mas por uma conglomeração de jogos de linguagem. Como Lyotard observa sucintamente em sua introdução, "there are many diferents language games – an heterogeneity of elements. They only give rise to institutions in patches – local determinism" (1979, p. xxiv).[4]

[4] Deixamos o texto original, pois há um trocadilho na primeira palavra da citação *[t]here*, podendo significar, se considerarmos a palavra "there" junto com a palavra "are", portanto "there are",

Para os adeptos do pós-estruturalismo, a dissolução de grandes narrativas pode, num primeiro relance, parecer como um sopro de ar fresco filosófico, libertando pensadores do confinamento em certos paradigmas explicativos. Mas Lyotard é mais pessimista e vê o ethos pós-moderno em torno da ciência e campos relacionados como perigosamente dependentes das forças de mercado. Há, neste sentido, uma corporatização da produção do conhecimento que necessariamente afeta o acesso a ele e, dessa forma, as inovações científicas que não contribuem diretamente para a centralização do poder corporativo e governamental são "abandonadas pelo fluxo do capital e [são] condenadas ao envelhecimento" (1979, p. 47). Assim, em suma, o pós-moderno, de acordo com Lyotard, não diz respeito ao que é ou não possível, mas ao que é lucrativo para aqueles que estão em posição de lucrar.

Dessa sucinta exposição do pensamento de Lyotard acerca do pós-modernismo, podemos extrair algumas conclusões que nos interessam, quando estamos a tratar da questão da diferença. Em primeiro lugar, não há dúvida alguma de que a teorização de Lyotard se insere no rótulo do que poderíamos chamar de teorias críticas da Modernidade, podendo irmos além no sentido de destacar que é crítica até mesmo de algumas críticas da Modernidade, como é o caso das suas reflexões tardias acerca do marxismo considerado como uma grande narrativa. Por outro lado, sua percepção da ciência pós-moderna guarda suas profundas influências do marxismo, absorvidas no início de sua carreira. Mas o que mais nos importa de seu pensamento, quando focamos na questão da diferença e da diversidade, é a abertura que Lyotard faz em termos de ruptura com as grandes narrativas e a sua categoria conceitual fundamental dos differends, ou, em outras palavras, conforme já marcamos, as disputas insolúveis, que nos planos cultural e identitário parecem mais atuais que nunca.

A título de fechamento deste capítulo, a partir dessas teorizações fundantes da questão do pluralismo e da diferença, queremos ressaltar que, como fenômenos de conjuntura, diferença e pluralismo representam novas possibilidades críticas de fuga das categorias conceituais positivadas, para novas amplitudes de sentido e de verdade de que reclamam a Pós-Modernidade e toda a sua complexidade política. Há, contemporaneamente, uma multiplicidade de forças políticas atuando sobre os diferentes corpos (biológicos, políticos, etc.) – e os próprios corpos se constituem em forças – que as sintaxes da igualdade, da universalidade e da semelhança não possuem mais sofisticação conceitual e analítica

"existem"; ou, por outro lado, se excluirmos o "t" entre colchetes, e, portanto, considerarmos somente a palavra "here", o significado será "aqui", o que é válido na tradução se entendermos uma referência ao "aqui" como "local", algo particularizado a um determinado lugar. A tradução seria: "Existem diferentes jogos de linguagem: uma heterogeneidade de elementos. Eles somente dão origem a instituições em fragmentos: determinismo local".

que permita dar conta da compreensão de tal complexidade. Se esse primeiro passo está prejudicado, o que dizer de uma etapa seguinte consistente na crítica e na projeção de soluções para a imensidão de problemas que demandam ações positivas de criação e recriação de espaços vitais. Jamais houve tantas vontades mandando e tantas vontades obedecendo; jamais houve tantas forças agindo e tantas reagindo; jamais houve tantas vontades sendo exercidas sobre outras vontades. O fenômeno da globalização está permitindo a todos uma observação cada vez mais transparente dessa complexidade caleidoscópica e a demanda por saberes que não representem um processo de lobotomização com o real.

As sintaxes da igualdade e da universalidade são portadoras de uma perspectiva individualista/solipsista, enquanto a sintaxe da diferença funcionaliza-se numa projeção da alteridade. Neste sentido, precisamos entender que o fenômeno jurídico da Modernidade, cunhado sob a influência de uma sintaxe da igualdade e da universalidade, revela-se, diante da complexidade do mundo contemporâneo, como totalmente ineficaz para a solução dos tipos de conflitos característicos da Pós-Modernidade. Não temos mais hoje uma prioridade de manifestações de conflitos de natureza interindividual, mas num sentido diverso, percebemos uma realidade em que as contendas coletivas estão muito presentes do que nunca, pois o que hoje mais acontece são conflitos em que a multiplicidade de forças envolvidas é muito mais complexa do que a de um indivíduo *versus* outro. Observamos grupos sociais contra outros grupos; grupos contra entidades abstratas como os Estados; nações contra corporações; etnias contra outras etnias; maiorias contra minorias, enfim, uma fragmentação de partes envolvidas que uma engenhosidade como o Direito moderno, construído sobre bases sintáticas tão restritas como a igualdade e a universalidade, não possui potencialidade significativa e hermenêutica capaz de dar conta de tal complexidade.

O que pretendemos dizer é que as possibilidades de articulação de soluções a partir de uma sintaxe igualitária formal e universalista são extremamente limitadas, pois há nelas teses de realidade que em muito se distanciam das demandas decorrentes da experiência multifacetada, fragmentária e diferenciada que está a acontecer na atual época. É impossível pensarmos novas categorias jurídicas, a partir do arsenal conceitual moderno, que sejam adequadas e aptas a solucionar conflitos em que o centro da discussão esteja na diferença das partes envolvidas no conflito. É preciso, definitivamente, radicalizar a estruturação de uma sintaxe da diferença e do pluralismo, como condição necessária para uma nova articulação ético-política das relações sociais adequadas às demandas da Pós-Modernidade.

IV

A teorização da diferença II: o multiculturalismo

Além das teorizações próprias do final dos anos 60 e dos anos 70 e 80, que podem ser rotuladas como pós-estruturalistas ou pós-modernistas, um outro ramo teórico importante surgiu do tronco da diferença como objeto de academização: o multiculturalismo, cujas bases podem ser encontradas desde as análises sociológicas de Touraine, Melucci, Giddens e outros, as quais se constituíram como fortes críticas à Modernidade, até as reflexões de pensadores liberais e comunitaristas como Kymlicka, Taylor e Walzer.

Há, de certa forma, uma dificuldade em considerar-se o multiculturalismo como uma tradição de pensamento, pois, considerando-se todos os autores que foram ou são etiquetados como multiculturalistas, observa-se uma gama um tanto quanto ampla de argumentos, em alguns casos até mesmo contraditórios. Neste sentido, é mais plausível considerarmos o multiculturalismo numa perspectiva cartográfica, como possibilidade de mapeamento de problemas e argumentos que envolvam a questão da cultura ou da identidade cultural, do que propriamente um conjunto homogêneo de reflexões e conhecimentos a ponto de constituir uma tradição.

A variedade de movimentos surgidos a partir dos anos 60 do século passado – para alguns podendo ser chamados de multiculturalistas –, atuando em defesa das "minorias", requereram um outro imaginário para sustentar sua capacidade de convocação e mobilização coletivas, dado que "toda identidade é mais contra alguém que a favor de alguém" (LAMO DE ESPINOZA, 1995, p. 29). Assim, o que se identifica de comum entre todos esses movimentos é uma problematização do conceito de poder que, por extensão, problematiza, também, a distinção entre sociedade majoritária e dominante, por um lado, e as minorias dominadas, por outro.

Em termos teóricos, essa ambiguidade temática do multiculturalismo, decorrente fundamentalmente da variedade de movimentos aos quais ele pode ser vinculado como razão mobilizadora, revela-se, por um lado, por uma de suas vertentes, que procurará redefinir e domesticar a crítica pós-estruturalista no que habitualmente se etiqueta como teorização acerca da "condição pós-moderna" (LYOTARD, 1988), enquanto que outra fonte radicalizará essa crítica conceitual do essencialismo e sua aplicação multicultural em um discurso autodenominado pós-colonial.

Há, neste sentido, óbvias afinidades entre o multiculturalismo e a corrente pós-moderna, cujo ponto de partida será a crítica do projeto moderno da Ilustração, entendido agora como uma tentativa hegemônica de subjugar, uniformizar e, em última instância, silenciar uma multiplicidade de culturas, identidades e narrações sob a canonização do racionalismo cartesiano e do criticismo kantiano (BAUMAN, 1997; BEST; KELLNER, 1997; ROCCO, 1999).

Essa variedade argumentativa e temática do multiculturalismo é desenvolvida dentro de um tensionamento teórico que pode ser remetido a uma parte do debate entre liberais e comunitaristas. Neste aspecto, os teóricos do multiculturalismo, bem observa Nay, são às vezes confundidos com os filósofos comunitarianos. Alguns, como Michael Walzer ou Charles Taylor, são, segundo uma ou outra leitura de suas obras, classificados ora como comunitaristas, ora como multiculturalistas (2004, p. 515). Taylor, por exemplo, pode ser classificado como comunitarista pelo teor de sua obra As fontes do *self* ou multiculturalista se lermos *El multiculturalismo y las políticas de reconocimiento*. Tal zona de interseção pode ser creditada ao fato de que, tanto comunitaristas, quanto multiculturalistas, pretendem que as comunidades concretas organizadas, consideradas como lugares essenciais onde se operam as trocas, a comunicação e a solidariedade da vida social, desempenham um papel determinante. Também convergem comunitarismo e multiculturalismo na contestação da vida abstrata do indivíduo, proposta pela filosofia moderna. Aproximam-se, da mesma forma, ao levarem em conta o papel das heranças (normativas, axiológicas, culturais, etc.) na construção dos laços sociais, mas também no desenvolvimento da pessoa humana.

Entretanto, como destaca Nay, uma diferença importante separa as duas abordagens. Enquanto os comunitarianos se regozijam de uma condenação definitiva dos desvios individualistas do liberalismo, os adeptos do multiculturalismo não questionam frontalmente a herança liberal. Os principais pensadores do comunitarismo (Taylor, Kymlicka, Walzer) procuram conciliar os princípios fundamentais da sociedade norte-americana, como a liberdade individual e a igualdade de oportunidades, com o necessário reconhecimento da diversidade das culturas.

Ademais, para eles não se trata de fazer a política descansar na busca de um "bem" fundado sobre valores morais partilhados, mas reconhecer "direitos" que protegem identidades sociais e culturais bem reais, dentro da tradição liberal-constitucionalista. Como defensores do pluralismo social, sustentam também o princípio de uma relatividade de valores. A abordagem multiculturalista é, neste sentido, essencialmente pragmática ao pretender integrar a questão das pertenças culturais na reflexão geral sobre os direitos na democracia. A principal pretensão do multiculturalismo é pôr em prática uma nova organização social respeitosa de todas as comunidades culturais (NAY, 2004, p. 515-516).

Há, longe de qualquer dúvida, uma séria redefinição do conceito de igualdade, na medida em que se busca, pelas pretensões multiculturalistas, uma concepção de igualdade na diferença, ou seja, uma igual dignidade em sermos reconhecidos como diferentes. Neste sentido é que Boaventura fala que as versões emancipatórias do multiculturalismo baseiam-se no reconhecimento da diferença e do direito à diferença e da coexistência ou construção de uma vida em comum, além de diferenças de vários tipos (2003, p. 33). Ou seja, devemos ser tratados igualmente em nossas diferenças.

Essas concepções emancipatórias de multiculturalismo geralmente estão ligadas, como notaram Edward Said e James Clifford, a "espaços sobrepostos" e "histórias entrelaçadas", produtos das dinâmicas imperialistas, coloniais e pós-coloniais que puseram em confronto metrópoles e territórios dominados, e mais, que criaram as condições históricas de diásporas e outras formas de mobilidade (CLIFFORD, 1997; SAID, 1994). Essa ideia de movimento, de articulação de diferenças, de emergência de configurações culturais baseadas em contribuições de experiências e de histórias distintas tem levado, segundo Boaventura, a se explorar as possibilidades emancipatórias do multiculturalismo, alimentando os debates e iniciativas sobre novas definições de direitos, de identidades, de justiça e de cidadania (SANTOS, 2003, p. 33).

Essa rediscussão e o consequente redimensionamento do princípio da igualdade, agora tratado na perspectiva do multiculturalismo, como igualdade na diferença, traz consigo toda uma reestruturação significativa acerca do debate sobre direitos humanos. A partir dessa modulação hermenêutica, passaram a ser questionados a sua eurocentricidade, as possibilidades desses direitos poderem ser concebidos em termos multiculturais, as novas concepções de cidadania em termos cosmopolitas, baseadas no reconhecimento da diferença e na criação de políticas sociais voltadas para a redução das desigualdades, para a redistribuição de recursos e para a inclusão. Essa nova cidadania requer a invenção de processos dialógicos e diatópicos de construção de novos modos de intervenção política (SANTOS, 2003, p. 34).

Da convergência dos movimentos sociais sessentistas e das construções teóricas elaboradas por um movimento intelectual poliédrico – o multiculturalismo –, surgiram novos modos de reflexão e intervenção política e jurídica que têm gerado sensações de estranhamento e angústia naqueles que vislumbram unicamente as decisões filosóficas e as instituições da Modernidade, e, ainda, as elevam a um grau de inquestionabilidade quase absoluta, como no caso, por exemplo, da democracia representativa.

Em termos institucionais, referimo-nos aqui, por exemplo, às ações afirmativas, originárias do Direito americano e já presentes no Direito brasileiro. Em tais tipos de ações processuais há uma concepção de fundo baseada numa compreensão diacrônica de igualdade, da qual decorre toda uma intervenção estatal no sentido de reequalizar situações históricas de desigualdade, geradas por processos de dominação imperialista que, por uma dinâmica natural do mercado, jamais seriam rearticuladas. Essas novas cosmovisões, essas novas formas de intervenção política e jurídica têm causado uma profunda irritação a toda uma sintaxe da Modernidade, à quase que totalidade de um conjunto de mecanismos de estabilização de um sistema de significados que dura mais de duzentos anos.

1. O multiculturalismo e a resistência à clássica posição liberal sobre a universalidade dos direitos humanos

As aproximações problematizadoras de determinados campos fenomênicos sempre são feitas a partir de determinados referenciais teóricos sobre os quais se estruturam cosmovisões, visões de mundo. Com um outro viés, poderíamos dizer que o acesso ao mundo somente é possível a partir de determinadas decisões filosóficas, ou formas de ordenação do real. A decisão filosófica é uma forma de perceber o mundo em determinada época e, a partir do modo de percepção, criar possibilidades de articulações discursivas e alternativas de intervenção no mundo (razões práticas, políticas, jurídicas, etc.). Assim, a ideia de decisão filosófica importaria em três pontos fundamentais: primeiro, uma forma de ordem do real; segundo, um modo de articulação discursiva, um conjunto de regras estabelecidas, a partir da ordenação do real, para a construção de um discurso sobre o real ordenado, ou seja, uma sintaxe discursiva que pode ser construída sobre os mais diversos enfoques: filosófico, político, jurídico, econômico, sociológico, artístico, literário, com consequentes possibilidades diferenciadas de ação em relação a problemas concretos;

terceiro, a estruturação de possibilidades de ações interventivas de reconfiguração ética do mundo. Neste sentido, o liberalismo, o marxismo, o estruturalismo, o multiculturalismo, etc., são formas de ordenação do real, são modos de arrostar, de olhar de frente determinados fenômenos.

O enfrentamento dos problemas culturais a partir das decisões filosóficas ordenadoras liberais não produziu uma teoria hermética a respeito do tema. São encontradas posições liberais mais abertas, outras mais fechadas, mas todas conduzem sua análise a partir de pressupostos que podem ser agrupados em um único formato de abordagem. Sustentam os liberais que uma sociedade marcada por diferentes valores e por individualidades em conflito será mais bem ordenada quando todas as concepções de bem forem igualmente consideradas e quando nenhuma delas se sobrepuser às demais. Uma sociedade, aduz Rawls (2000), diferentemente de uma comunidade ou associação (que tem uma estrutura fechada e é autossuficiente, como é o caso da vida religiosa), não apresenta fins e objetivos predeterminados no que tange à eleição material de uma determinada concepção de bem, senão que compartilha de um objetivo comum em relação à definição de uma justiça política que consiga promover a cooperação social entre todos os cidadãos, inclusive de gerações diferentes, pela adoção de procedimentos e de instituições justas e pela valorização de todos os cidadãos como pessoas iguais e livres (ALTABLE, 1995).

Uma característica determinante das decisões liberais é o papel de centralidade atribuído ao indivíduo na formação da sociedade. É possível, assim, afirmarmos que, entre as filosofias políticas neoliberais, há um cerne comum consistente numa representação e numa valorização do indivíduo que se deu através da elaboração de uma nova imagem sua: o "eu" autônomo. Elas são inseparáveis do indivíduo moderno, ao valorizá-lo em relação ao grupo social e por se oporem às visões coletivistas da política que tendem a priorizar o grupo social, e não o indivíduo.

A qualidade da pessoa, de sua autonomia, é anterior a qualquer fim. O homem é prévio a todo tipo de experiência histórica, não dependendo sua moralidade de vinculações de cunho social, político ou religioso (LA FUENTE, 2005). O homem tem sua dignidade amparada na sua natureza moral, na humanidade que lhe é inerente. Os vínculos identitários que possa estabelecer ao longo de sua vida não são determinantes e contingentes para a definição do que o homem é enquanto sujeito moral que deve ser protegido. O ser humano é um ser moral dotado de sentimento de justiça e capaz de estabelecer seus projetos de vida de modo autônomo, uma vez que pode atuar de acordo com princípios universais, com os quais os homens estariam de acordo como seres racionais, livres e iguais. Em outras palavras, o homem pode, racionalmente, fazer julgamentos morais que não decorrem de uma pauta específica de valores, mas de princípios universais que são reconhecidos para além de conceitos históricos, econômicos, culturais, religiosos, etc. (BICK, 1995).

Isso conduziu a fortes críticas por parte dos filósofos comunitaristas, nas quais se podem encontrar pelo menos três dimensões ou perspectivas de abordagem: antropológica, em que se critica a concepção liberal de um sujeito descomprometido e atomizado; normativa, ao se questionar o princípio moral sobre o qual se rege a moral política – valorização da liberdade individual; e sociológica, porque a sociedade induz os membros da sua sociedade a uma atitude individualista, egocêntrica, que tem efeitos desestruturantes sobre a identidade individual e do grupo. Quanto a este aspecto, razão assiste a Kymlicka, ao referir-se às construções filosófico-políticas que constituem o pensamento da Modernidade, que, com exceção da formulação perfeccionista do marxismo, praticamente todas as outras compartilham um pressuposto comum: a autodeterminação individual. Ainda que haja uma diversidade de perspectivas numa igual preocupação pelos interesses das pessoas, estão de acordo em como caracterizar tais interesses, ou ao menos coincidem em um ponto central de tal caracterização: todas acreditam que os interesses das pessoas devem ser promovidos deixando-se que elas elejam por si mesmas o tipo de vida que querem desenvolver. Diferem acerca de qual tipo de conjunto de direitos e de recursos é o que melhor capacita as pessoas para a persecução das próprias concepções do bem, mas coincidem no aspecto segundo o qual negar às pessoas essa autodeterminação implica não tratá-las como iguais (KYMLICKA,1995, p. 219).

Rawls - o precursor liberal da fase contemporânea do debate entre atomistas e holistas – destaca a importância desse elemento atomista da condição humana ao dizer que:

> Uma pessoa moral é um sujeito com fins que ela própria escolheu e sua preferência fundamental é por condições que lhe permitam estruturar um modo de vida que expresse sua natureza como ser livre e racional, igual, dentro do que lhe permite as circunstâncias. A unidade da pessoa é revelada pela coerência de seu plano, esta unidade se fundando no desejo superior de seguir os princípios da escolha racional, de modo coerente com seu sentimento de direito e de justiça. Naturalmente, uma pessoa não forma seus objetivos de uma só vez, trata-se de um processo gradual: mas, dentro do que permite a justiça, ela pode formular e seguir um plano de vida, e com isso moldar sua própria unidade (1981, p. 407).[5]

[5] Para Gargarella, essa afirmação quer dizer simplesmente que, mais além do pertencimento do indivíduo a qualquer grupo, categoria, entidade ou comunidade, os indivíduos têm (e é valioso que tenham) a capacidade de questionar tais relações, até o ponto de separar-se delas se assim o preferirem. Para o liberalismo não se deve assumir que, por exemplo, e pelo fato de haver nascido dentro de uma determinada comunidade, o homem não possa ou não deva questionar dito pertencimento, para optar por fins ou metas distintas a partir dos quais poderiam ser distinguidos os membros de uma comunidade (GARGARELLA, 1999, p. 229).

Essa concepção de Rawls é, na visão de Gargarella, uma das que compõem uma ampla visão liberal do "eu", que, genericamente, considera que os indivíduos são livres de questionar sua participação nas práticas sociais existentes e de fazer eleições independentemente destas, no de caso de tais práticas não merecerem ser seguidas. Como resultado, os indivíduos já não se definem enquanto participantes de nenhuma relação econômica, religiosa, sexual ou recreativa em particular, já que são livres para questionar e rechaçar qualquer relação (GARGARELLA, 1999, p. 127).

Destarte, na perspectiva liberal, os indivíduos não são definidos pelas suas interdependências, mas, pelo contrário, são livres para questionar e/ou rejeitar qualquer forma de participação em grupos, instituições ou atividades particulares. São livres para questionar as suas próprias convicções, mesmo as mais profundas. Todo fim é suscetível de uma possível revisão por parte do "eu". Isso é o que habitualmente se denomina de uma concepção kantiana do "eu", pois Kant foi um dos mais firmes defensores da ideia segundo a qual o "eu" é anterior aos papéis e relações socialmente dados e é livre somente se for capaz de ver em perspectiva estes componentes de sua situação social e de julgá-los atendendo aos ditados da razão.

A primazia que dá Kant ao sujeito considerado numa perspectiva individual aparece em inúmeros momentos de seu pensamento. Enumerando os princípios da "razão pura prática", no teorema II, diz ele, destacando a pessoa da individualidade no que tange à vontade, que "todos os princípios práticos materiais são enquanto tais, no seu conjunto, de uma só e mesma espécie e classificam-se sob o princípio geral do amor de si ou da felicidade pessoal. O prazer proveniente da representação da existência de uma coisa, na medida em que ele deve ser um princípio determinante do desejo dessa coisa, funda-se na capacidade de sentir do sujeito, porque depende da existência de um objeto". Mais adiante, na mesma obra, fala da lei fundamental da razão pura prática, a qual expressa toda a crença kantiana no indivíduo. In verbis: "Age de tal modo que a máxima da tua vontade possa valer sempre ao mesmo tempo como princípio de uma legislação universal". Essa legislação universal será para Kant a "lei moral", cujo único princípio é a autonomia da vontade, sendo, assim, a lei moral a expressão da autonomia da razão pura prática, da liberdade, considerada esta por ele como a condição formal de todas as máximas, sob a qual unicamente elas podem se harmonizar com a lei prática suprema (KANT, 1994, p. 40, § 3, p. 42, § 7, p. 45, § 8). Também na Crítica da Razão Pura, o indivíduo é destacado, especialmente quando trata Kant da relação entre moral e liberdade, afirmando ele quanto a isso que "a moral pressupõe a liberdade (no sentido mais estrito) como propriedade da nossa vontade, porque põe *a priori*, como dados da razão, princípios práticos que têm a sua origem nessa mesma razão e que, sem o pressuposto da liberdade seriam absolutamente impossíveis" (1997, p. 26).

Muitos liberais pensam que o valor da autodeterminação é tão óbvio que não requer nenhuma defesa. Argumentam que permitir que as pessoas se autodeterminem constitui o único modo de respeitá-las como seres morais plenos. No entanto, negar a autodeterminação a alguém é tratá-lo como uma criança ou um animal, e não como um membro pleno de uma comunidade.

Partindo da constatação de que algumas pessoas são incapazes e cometem erros acerca de suas vidas, e elegem realizar coisas banais, degradantes e inclusive prejudiciais, grande parte dos liberais entende que o respeito à autodeterminação dessas pessoas pode implicar, na prática, abandoná-las a um destino pouco feliz. Assim, admitem os liberais em suas teorias que se deem atos de paternalismo, por exemplo, nas relações entre as pessoas capazes e seus filhos, ou com dementes, ou com qualquer um que tenha temporariamente a sua capacidade de compreensão da realidade diminuída. Insistem que cada adulto capaz deve estar provido de uma esfera de autodeterminação que respeite o mesmo âmbito dos demais. Um destacado representante dessa tradição é Mill, para quem, quando as pessoas alcançam a maturidade dos anos, adquirem o direito e a prerrogativa de interpretar por si mesmas o significado e o valor de suas experiências. Para aqueles que superam o umbral de uma certa idade e uma certa capacidade mental, o direito a autodeterminar-se nas principais decisões de sua vida é inviolável.[6] Se os pró-

---

[6] John Stuart Mill, em seu viés utilitarista, particularmente com a contribuição que fez a esta tradição de pesquisa através da sua obra *Sobre a Liberdade*, obedece, na sua articulação, à *forma mentis* inglesa e também ao estilo dedutivo do reformismo utilitarista, Mill estabelece uma das mais sólidas referências teóricas do liberalismo. Nessa esteira liberal-utilitarista, Stuart Mill trata, no terceiro capítulo da referida obra, da individualidade como um dos elementos do bem-estar. Nele, expande esta importante tese de von Humboldt, em cujo ensaio sobre os limites que devem circunscrever a ação do Estado, colheu a epígrafe de *Sobre a Liberdade*, sustentadora, precisamente, do desenvolvimento humano baseado na diversidade. Para Stuart Mill, assim como para Humboldt, a individualidade é um fim, e não, um meio, pois ambos partilham a tese de que aquilo que caracteriza a natureza humana não é a uniformidade, mas sim, a criatividade. Por isso. Mill enxerga, nas diferentes experiências de maneiras de viver, um bem que a liberdade enseja, chamando a atenção para os riscos do conformismo socialmente imposto por uma opinião pública majoritária. Aponta ele que a iniciativa de coisas novas e originais provém dos indivíduos que devem poder ter a liberdade de mostrar os caminhos do alternativo. Mill não pretende que as ações devam ser tão livres como as opiniões. Pelo contrário. Para ele, mesmo as opiniões perdem a sua imunidade quando as circunstâncias em que se exprimem são tais que a sua expressão constitui um incitamento positivo a algum ato nocivo. Nesse sentido, atos de qualquer espécie que, sem causa justificável, produzem danos a outrem, podem ser refreados pelos sentimentos desfavoráveis e, quando necessário, pela interferência ativa da coletividade, e, nos casos mais importantes, exigem mesmo tal. A liberdade do indivíduo deve ser, assim, em grande parte limitada – ele não deve tornar-se prejudicial aos outros. Traçando os limites da autoridade da sociedade sobre o indivíduo, pela delimitação tanto da soberania individual quanto pelo que deve pertencer à sociedade e ao indivíduo, Mill entende que à individualidade deve pertencer a parte da vida na qual o indivíduo é o principal interessado; à

prios liberais admitem a possibilidade de que algumas pessoas possam vir a cometer erros e realizar coisas banais, degradantes e inclusive prejudiciais, não há qualquer dificuldade em imaginar que as teorias perfeccionistas se fundamentaram, em boa medida, no questionamento do alcance da autodeterminação. Ser um "adulto capaz", no sentido de não ser alguém com capacidade mental reduzida, não garante que seja capaz de fazer algo valioso com sua própria vida, quanto menos em relação à comunidade. Se isso é assim como se põe, não deveriam os governos decidir qual é a melhor forma de vida para seus cidadãos? O perfeccionismo marxista, como bem lembra Kymlicka, constitui um exemplo de tal política, uma vez que proíbe que as pessoas realizem aquilo que se considera má eleição, isto é, escolher desempenhar um trabalho alienante.[7]

Os liberais, em sentido bastante diverso, consideram tais políticas uma limitação ilegítima da autodeterminação, não obstante o mais plausível que possa ser a teoria do bem a elas subjacente. Tendo em conta que o argumento a favor do perfeccionismo depende do pressuposto de que as pessoas possam cometer erros quanto ao valor de suas atividades, uma possível linha de defesa é negar que as pessoas possam equivocar-se em seus juízos acerca do que é valioso na vida. Os defensores da autodeterminação poderiam sustentar que os juízos de valor, diferentemente dos juízos sobre fatos, constituem simplesmente expressões de respeito do que subjetivamente agrada ou desagrada aos indivíduos. Nessa ótica, tais eleições, no fundo, são arbitrárias, não suscetíveis de uma justificação ou crítica racional. Todas essas eleições são igualmente racionais e, portanto, o Estado carece de razões para nelas interferir. Muitos perfeccionistas aceitam que esse tipo de ceticismo acerca dos juízos de valor é o que tem de configurar a posição liberal, porque, se há a concessão da possibilidade de que as pessoas cometam erros, então, o governo, sem dúvida, deve alentar sobre as formas de vida corretas e desalentar ou proibir as equivocadas. Os liberais rechaçam esse ceticismo, pois nele não se fundamenta a autodeterminação, eis que, se as pessoas não podem cometer erros sobre suas eleições, então, o governo tampouco pode cometê-los.

---

sociedade aquilo que a ela interessa. Estabelece uma função de proteção a ser feita pela sociedade aos indivíduos, devendo, neste aspecto, cada beneficiário da proteção da sociedade pagar pelo benefício, e o fato de viver-se em sociedade torna indispensável que cada um seja obrigado a observar certa linha de conduta para com o resto, seja não ofendendo um ao outro, seja suportando sua parte nos labores e sacrifícios em que se incorra na defesa da sociedade ou de seus membros contra danos e incômodos. (MILL, 1991, p. 59 e ss; HUMBOLDT, 1943, p. 94-99) Talvez seja possível dizer-se que Mill é o primeiro grande liberal igualitário, aos moldes contemporâneos.

7 Kymlicka afirma que políticas perfeccionistas como a marxista, por se basearem em uma concepção muito restrita do bem, ao identificá-lo com uma única atividade – o trabalho produtivo –, resultam inaceitáveis, pois consideram apenas isso como distintivamente humano (KYMLICKA, 1995, p. 221).

Os liberais defendem a importância da autodeterminação a partir de consideração de que ela implica decidir o que os indivíduos podem fazer com suas vidas e refletir acerca de todas as possibilidades quando ainda sabem o que vai ocorrer. É em defesa dessa concepção que se manifesta Rawls para dizer que, assim como uma pessoa escolhe seu plano de vida à luz de toda informação, uma pluralidade de pessoas determina seus termos de cooperação de modo a que todas tenham representação igual enquanto seres morais. Seu interesse fundamental pela liberdade e pelos meios de usá-la de maneira justa decorre do fato de elas se verem, acima de tudo, como pessoas morais com idêntico direito a escolher seu modo de vida (RAWLS, 1981, p. 408).[8]

Isso não quer dizer que o liberalismo se oponha à pluralidade de formas de vida. Antes pelo contrário, reconhece que todos os homens, livres e iguais, devem conduzir seus projetos de vida levando em conta as suas inclinações e respeitando o mesmo direito para todos os outros homens. Os direitos, nesse sentido, servem para garantir a todos os homens o exercício de sua liberdade, de sua autonomia. São direitos do indivíduo como tal, que não podem ser afastados ou mitigados para preservar ou proteger a especificidade de uma cultura ou religião, por exemplo. Os direitos são essenciais aos indivíduos como seres humanos, não importando os vínculos que ele possa ter, estando sustentados em sua autonomia moral. Os indivíduos possuem esses direitos, qualquer que seja a situação social, política ou religiosa em que conduzam sua existência. "Son universales en cuanto a su origen e idealmente universales en cuanto a su aplicación" (BICK, 1995, p.82).

Quando o liberalismo estabelece uma prioridade do justo sobre as concepções de bem, é inevitável que tenha que reconhecer também a neutralidade do Estado sobre as concepções de bem de seus cidadãos. A esfera pública, nesse caso, não pode se imiscuir nas deliberações privadas dos indivíduos. O Estado deve assegurar a todos os cidadãos iguais oportunidades para promover as concepções de bem livremente formuladas, desde que, segundo Rawls (2000), estejam de acordo com os princípios de justiça. Da mesmo modo, o Estado deve abster-se de

[8] Elaborando uma teoria ainda mais radical da autodeterminação, Nozick, ao relacionar utopia e Estado mínimo, diz que "o Estado mínimo trata-nos como indivíduos invioláveis, que não podem ser usados de certas maneiras por outros como meios, ferramentas, instrumentos ou recursos. Trata-nos como pessoas que têm direitos individuais, com a dignidade que isso pressupõe. Tratando-nos com respeito ao acatar nossos direitos, ele nos permite, individualmente ou em conjunto com aqueles que escolhermos, determinar nosso tipo de vida, atingir nossos fins e nossas concepções, na medida em que sejamos capazes disso, auxiliados pela cooperação voluntária de outros indivíduos possuidores da mesma dignidade. Como ousaria qualquer Estado ou grupo de indivíduos fazer mais ou menos?" (NOZICK, 1994, p. 357-8). Nozick pertence a uma corrente liberal ortodoxa denominada libertarista, à qual também se filia Frederic Hayek, outro célebre defensor da autonomia, da liberdade individual e de um modelo de Estado mínimo. (Acerca da distinção entre liberalismo igualitário e libertarismo, ver GUILLARME, p. 285 e ss).

estimular uma determinada concepção de bem em detrimento de outras, sendo desaconselhável reconhecer condições específicas para que um tipo de noção de bem se realize de forma mais favorável. Por isso, o Estado não deve interferir demasiadamente na vida de seus cidadãos, senão para garantir os meios necessários para que cada um possa realizar de forma satisfatória seus projetos pessoais de vida (VITALE, 2000; OLSEN, 2004).

Naturalmente, nenhum laço ou vínculo identitário pode exercer um papel de protagonista na definição do bem de cada indivíduo, a ponto de exigir dele um respeito incondicional e o reconhecimento para além dos seus direitos individuais. Não cabem nas leituras liberais, notadamente nas mais fechadas, as demandas das minorias culturais exigindo a titularidade coletiva de direitos. Não é a cultura em si mesma que deve ser protegida, mas os direitos que todos os seres humanos possuem de se vincularem livremente a uma cultura ou de abandoná-la. Ao proteger o indivíduo moralmente considerado, o liberalismo propõe uma agenda universal de valores que se opõe a qualquer tipo de ataque organicista, seja estatal ou comunitário. Nesse sentido, o liberalismo se coloca de forma antagônica às pretensões particularistas que povoam as exigências da versão comunitarista do multiculturalismo (RUIZ, 2005).

Em sentido contrário, não obstante a especificidade presente nos diferentes autores comunitaristas, pode-se afirmar que todos eles convergem na direção de uma crítica ao liberalismo, a ponto dessa crítica ser ela mesma o fio convergente dessa corrente teórica. Reprovam a tese liberal que sustenta a noção de sociedade como um agrupamento de indivíduos, cada qual com sua concepção de vida boa, movidos por interesses e objetivos individuais e que possuem direitos que se sobrepõem e têm prioridade total frente a qualquer tipo de demanda comunitária. Para os comunitaristas – e isso está bem caracterizado em Taylor (2000) –, defender a tese liberal é olvidar que os laços de pertença com a comunidade é que dão sentido à vida do indivíduo, uma vez que é pela relação dialogal, realizada na comunidade com os outros semelhantes, que a identidade cultural é forjada e que os vínculos de lealdade para com o grupo se tornam compreensíveis e indispensáveis para a reciprocidade, para a manutenção da própria comunidade e, consequentemente, para a consciência de si enquanto sujeito dependente de cultura (PINILLA, 1997).

Com efeito, os comunitaristas discordam do conceito de pessoa elaborado pelo liberalismo igualitário, pois alegam que, na definição do sujeito abstrato de direitos, não são consideradas as condições sociais nas quais este mesmo sujeito exerce sua capacidade de autodeterminação que o caracteriza enquanto sujeito moderno (MIGUEL, 1992). O sujeito moral dos liberais seria artificial, desconectado da realidade social. Da mesma forma, o comunitarismo não aceita a tese liberal que reconhece o indivíduo enquanto tal, independentemente do vínculo cultural, religioso, ou outra ligação de pertença, como sujeito capaz de questionar e de definir, por si só, os fins de sua relação com o mundo, a ponto de, inclusive, avaliar a possibilidade de continuar ou não a pertencer a uma determinada comunidade. Para os comunitaristas, os valores de uma comunidade não são eleitos isoladamente pelo indivíduo, mas são descobertos e reconhecidos durante o processo de pertencimento que se desenvolve em um grupo social. A identidade é anterior à escolha dos fins, aduz Sandel (2005). É a comunidade que tem prioridade sobre o indivíduo, pois é somente nela e a partir de suas valorações que o homem pode ter uma identidade; tão somente por ela o homem é capaz de compreender que os seus valores são decorrentes das relações comunitárias e que a proteção de ditos valores é, também, a proteção de sua identidade pessoal (SANCHÉS-CÁMARA, 1998).

Uma das críticas comunitaristas mais destacadas à concepção liberal de pessoa é a realizada por Michael Sandel a Rawls. Sandel contesta o pressuposto rawlsiano, conforme o qual as pessoas escolhem seus fins, seus objetivos vitais. À ideia central de Rawls, de que a justiça é a primeira virtude das instituições sociais e para que tal seja verdade as pessoas têm de ser independentes de interesses particulares, ou seja, devem ser sujeitos morais desvinculados das características advindas da experiência, capazes de construir uma moral sem autoconhecimento, Sandel opõe que, nas sociedades reais, não há como os indivíduos se libertarem de seus interesses, pois eles definem não só as obrigações, mas também a própria identidade. O pressuposto da teoria liberal de Rawls, segundo este autor comunitarista, conduz a uma visão descritivamente pobre do ser humano. A adoção desse pressuposto implica deixar de lado uma visão mais adequada da pessoa, aquela que reconhece a importância que tem, para cada um, o conhecimento dos valores próprios de sua comunidade – valores que as pessoas não elegem, mas descobrem, reconhecem olhando para trás até as práticas próprias dos grupos aos quais pertencem (SANDEL, 1982). Para Kukathas, o que Sandel está a atacar é a asserção fundamental de Rawls (e do liberalismo) de que a comunidade é o produto da associação de indivíduos independentes e de que o valor dessa comunidade deve ser estimado pela justiça dos termos segundo os quais esses indivíduos se associam. Kukathas ainda critica Sandel, bem como todos os comunitários, em relação à sua pretensão de sustentar que não faz sentido pensar numa comunidade dessa forma, porque a própria existência de indivíduos capazes de se estabelecerem nos termos dos acordos, propõe a existência de uma comunidade. Qualquer explicação da comunidade que tente mostrá-la como o produto do acordo de indivíduos pré-sociais acabará por ser incoerente, porque a tais pessoas acabará por faltar a capacidade para deliberar, refletir e escolher (1995, p. 123-125).

O liberalismo defende uma posição peculiar, profundamente identificada com o atomismo. O atomismo é um termo com o qual os comunitaristas tendem a descrever aquelas doutrinas contratualistas, surgidas no século XVIII, que adotam uma visão da sociedade como um agregado de indivíduos orientados por objetivos individuais.[9] O atomismo parte de um exame sobre os indivíduos e seus direitos, aos quais confere uma óbvia prioridade frente às questões sociais. Defender uma postura atomista, segundo os comunitaristas, implica ignorar que os indivíduos somente possam crescer e autorrealizar-se dentro de certos contextos particulares. Para os comunitaristas, resulta claro que os indivíduos não são autossuficientes, em razão do que requerem a ajuda e o contato dos demais; ou que não são entes capazes de viver no vazio, já que necessitam de um certo tipo de ambiente social e cultural. Nesse sentido, a história da vida dos indivíduos inscreve-se dentro de uma narração maior que é a história das comunidades, pelo que não é possível levar adiante a existência das pessoas desconhecendo que elas fazem parte dessa narração (TAYLOR, 1985, p. 210).

Para Charles Taylor, o ponto de partida dos atomistas denota falta de visão, um engano de autossuficiência, que os impede de ver que o indivíduo livre, detentor de direitos, somente pode assumir essa identidade graças à sua relação com uma civilização liberal desenvolvida; que é um absurdo situar esse indivíduo no estado de natureza no qual nunca poderia alcançar a identidade e, portanto, nunca poderia criar por contrato uma sociedade que o respeite. O indivíduo livre e que se afirma como tal já tem uma obrigação de completar, de restaurar ou de manter a sociedade dentro da qual é possível alcançar essa identidade (1985, p. 209-210). Assim, não há que se preocupar exclusivamente com as eleições individuais das pessoas, mas sim com o marco dentro do qual essas eleições são levadas a cabo.

Nesse sentido, Taylor contrapõe-se à tese atomista com uma perspectiva social. Frente ao atomismo que parece assumir que as pessoas são capazes de desenvolver suas potencialidades humanas isoladamente,

---

[9] Em Thomas Nagel, encontra-se, por exemplo, uma clara orientação contratualista-atomista, ao manifestar-se ele no sentido de que "cualquier acuerdo social que gobierne las relaciones entre los individuos, o entre el individuo y la colectividad, depende del correspondiente balance de fuerzas en el fuero interno, donde se refleja como en un microcosmos. Para cada individuo esa imagen refleja la relación entre la posición personal y la impersonal, de ella depende el acuerdo social que requiere nuestra contribución. Si determinado acuerdo reclama el apoyo de quienes viven bajo él, en otros términos, se reclama legitimidad, debe producir o apoyarse en alguna forma de integración razonable de los elementos naturalmente divididos del yo. La división no es estricta y contiene una enorme complejidad subordinada, pero me parece indispensable considerarla a la hora de pensar el tema" (NAGEL, 1996, p. 11-12).

a tese social de Taylor, como tese antiatomista, vem a afirmar o contrário: o ser humano somente pode desenvolver-se socialmente, dentro de uma perspectiva aristotélica. O homem não é autossuficiente individualmente, fora da comunidade, já que, sem a existência de determinado contexto social, ele não pode afirmar sua autonomia moral, não pode firmar as convicções morais nas quais põe sua atenção o liberalismo.

MacIntyre, por sua vez, ridiculariza o "agente moral autônomo" defendido pela tradição de pensamento individualista. O ponto de partida de MacIntyre aparece enfocado no caráter arbitrário do debate moral contemporâneo. Esse debate surge diferenciado pelo seu caráter "emotivista, e, assim, pela sua invocação de razões pessoais ("isso deve ser feito porque eu assim considero"), e não impessoais ("faça isso porque é teu dever") nas discussões sobre moral. O objetivo, nessas discussões, parece ser o de reverter por qualquer meio as emoções e preferências dos demais, de tal modo que elas cheguem a coincidir com as próprias. Essa situação (que o comunitarismo reconhece como) de declive cultural teria sua causa de origem e sua fonte de permanência na cultura mesma do Iluminismo: essa cultura seria responsável pela presente arbitrariedade do debate moral, a partir do fracasso de suas principais figuras intelectuais na provisão de uma justificativa racional da moral (2001, p. 51 e ss).

Segundo MacIntyre, os filósofos do Iluminismo tenderam a coincidir no conteúdo da moral (a importância de manter as promessas; a centralidade do valor justiça), mas fracassaram finalmente em seus intentos fundacionais, por desconhecer ou simplesmente deixar de lado a ideia de finalidade própria da vida humana. A restauração de um papel importante para a moral requereria a readoção dessa ideia de finalidade, a qual implicaria, por sua vez, deixar de lado aquele ser emotivista e a filosofia abstrata na qual se fundamenta, para começar a pensar as pessoas como situadas em seu próprio contexto social e histórico (2001, p. 115).

Dar atenção à finalidade das pessoas e, por isso, à situação contextual na qual aparecem inseridas exigiria voltar a reconhecer o papel jogado pelas virtudes no desenvolvimento pleno da vida de cada uma delas. De acordo com MacIntyre, "o que constitui o bem para o homem é uma vida humana completa, vivida do melhor modo, e o exercício das virtudes é uma parte necessária e central da vida" (2001, p. 53). Tais virtudes, por outro lado, só poderiam desenvolver-se através da participação dos sujeitos em certas práticas próprias de sua comunidade.

Esse debate estruturado sobre diferentes concepções de sujeito – o atomizado liberal ou o inserido socialmente comunitarista – sustenta, contemporaneamente, controvérsias constitucionais sobre temas fundamentais. Quais dessas perspectivas de compreensão do sujeito prevalecem nos textos constitucionais sobre os quais se alicerçam os modelos de Estados Democráticos e Sociais de Direito? Se, por um lado, a Constituição brasileira elenca como fundamento da República Federativa do Brasil a dignidade da pessoa humana e a livre-iniciativa, bem como, em seu art. 5º, positiva uma série de direitos de natureza estritamente individual, que possibilitam a concretização de uma autonomia atomizada, por outro, a solidariedade e o bem comum, juntamente com um amplo catálogo de direitos transindividuais, constituem um núcleo de projeções de racionalidades comunitaristas que reacendem, no plano prático, o debate teórico encetado há dois mil e quatrocentos anos entre sofistas e a escola platônico-aristotélica.

Apesar do próprio MacIntyre (2001) afirmar que se distancia do comunitarismo, sob o argumento de que não está oferecendo um remédio para os males da sociedade como um todo, é evidente que nas suas críticas ao liberalismo está manifesta a importância da comunidade na definição das pautas morais (DÍAZ, 2001). De acordo com o autor, somente inserido no contexto social, cultural e histórico, o homem se define, cumpre seu papel, seu telos. Ser homem é cumprir com determinados papéis, cada qual com propósito específico. Por isso, a pertença a uma comunidade é requisito indispensável para toda a ideia de bem, uma vez que as virtudes se encontram vinculadas às atividades humanas cooperativas, estabelecidas socialmente mediante a realização dos bens que lhe são inerentes. Os juízos morais são juízos fáticos, pois as regras de moralidade somente fazem sentido em razão da específica maneira como o homem vive sua própria história; os dados de uma vida, as particularidades morais engendradas pela família, bairro, cidade, tribo, país, etc., produzem o ponto de partida para a descoberta da identidade moral. É importante notar, porém, segundo Ignácio Sanchéz-Cámara (1998), que MacIntyre não está preocupado em impor o comunitarismo ao Estado, como tampouco apostar em um tipo de modelo comunitário, senão que pretende recuperá-lo nas instâncias coletivas menores, como na universidade, na igreja e em outras "aldeias".

O homem não pode eleger um bem se não tiver identidade e não pode ter identidade sem pertencer a uma comunidade; logo, não pode eleger uma noção de bem fora da comunidade (DÍAZ, 2001). Desse modo, não é possível conhecimento e avaliação ética fora dos próprios marcos de moralidade de cada comunidade (MASSINI CORREAS, s.d.). A fonte exclusiva de moralidade são as tradições e os hábitos sociais aos quais está vinculado o sujeito, restando prejudicada a formação de conceitos universais de justiça e de moral. Por isso, afirma MacIntyre, nenhuma teoria foi capaz de fundamentar os direitos humanos racionalmente, pois tais direitos não passam de ficções que fracassam ao submetê-los a um critério moral objetivo e impessoal. Uma vez que a incomensurabilidade moral é fruto de um contexto histórico particular, e não de uma moralidade universal, acreditar nos direitos humanos como direitos da pessoa enquanto tal, como diziam os filósofos do século XVIII, é o "mesmo que acreditar em bruxas e unicórnios" (MACINTYRE, 2001, p.127).

Também não é aceita pelos comunitaristas a tese liberal de que o Estado deve agir de forma neutra diante das diferentes concepções de bem existentes em uma dada comunidade, garantindo igual tratamento para todas elas e evitando a sobreposição de uma concepção específica de bem. Aduzem que é um equívoco defender a neutralidade do Estado, pois não é possível se escapar de todos os efeitos do condicionamento ao qual está submetido. É uma ilusão liberal que tenta negar o que não pode ser negado: todas as organizações políticas estão sempre referenciadas por um conjunto de valores (SANDEL, 2005). Os pontos de partida liberal, diz MacIntyre (2001, p. 371), "não são nunca neutros no que se refere às concepções do bem humano; eles são sempre pontos de partida liberais". Além do mais, essa pretendida neutralidade impede que se estabeleçam laços de solidariedade entre os membros de uma mesma coletividade, bem como míngua a possibilidade de se definir um bem comum a ser alcançado. A falta de um projeto compartilhado e a liberação moral dos indivíduos tornam o liberalismo uma tendência moralmente anêmica. Por isso, apregoam os comunitaristas que, ao invés de se manter afastado, o Estado deve auxiliar os indivíduos a se identificarem com determinadas formas de vida comum; deve ser ativista e reconhecer direitos para as culturas coletivamente consideradas, como forma de garantir a sobrevivência das condições de possibilidade para o reconhecimento que se dá em razão direta com os vínculos de pertença mantidos com uma dada comunidade.

Inobstante o próprio Michael Walzer (2003) situar sua posição teórica no liberalismo, ele considera que o liberalismo precisa de uma periódica correção comunitarista. Preocupado em elaborar uma teoria de justiça distributiva, o autor, tendo como cenário a comunidade política, parte da noção de que a existência de diferentes bens em uma comunidade exige a conformação de distintas esferas de justiça, cada qual com seus princípios de distribuição, os quais são devidamente orientados de acordo com os bens que lhes são afeitos. Bens distintos são tratados por esferas distintas, respeitadas as particularidades de cada comunidade e os princípios próprios de distribuição para cada tipo de bem. Tais diferenças resultam das inúmeras maneiras de se compreender os bens sociais, decorrência inerente à diversidade histórica e cultural. Com isso, o autor quer dizer que "os princípios da justiça são pluralistas na forma; que os diversos bens sociais devem ser distribuídos por motivos, segundo normas e por agentes diversos; e que toda essa diversidade provém das interpretações variadas dos próprios bens sociais – o inevitável produto do particularismo histórico e cultural" (WALZER, 2003, p.5).

O valor dos bens decorre da comunidade, é um atributo que se desenvolve nas relações compartilhadas que diferem de grupo para grupo e de época para época. "Os significados sociais são históricos em caráter; portanto, as distribuições, e as distribuições justas e injustas, mudam com o tempo" (WALZER, 2003, p. 9). Cada cultura tem o seu entendimento sobre os bens sociais. Os homens produzem cultura e atribuem sentido compartilhado para as coisas, para os bens que valorizam. Desse modo, se faz justiça quando são respeitadas as criações de cada particularidade, pois a justiça, antes de ser um conceito que valha universalmente, deve ser encontrada nas distintas experiências e locais que constituem o modo de vida compartilhado. Não existe, portanto, um conceito unívoco de justiça. Por isso, não existe uma distribuição absolutamente justa dos bens. Dependerá sempre, sua justiça ou injustiça, dos significados atribuídos aos bens a que se refere. Os critérios de justiça estão condicionados pela realidade social, pelos significados sociais elaborados para cada bem. Por essa razão, pode-se concluir que a diferença entre os homens não é necessariamente injusta em si mesma, mas, ao contrário, é natural. O que deve ser evitado não são as diferenças, mas o exercício do domínio, de um homem sobre outro, pela apropriação de um dado bem social. Portanto, defende Walzer, em vez da igualdade simples, de matiz distributiva, é preferível uma igualdade complexa, que supõe uma diversidade de critérios de distribuição, os quais refletem a diversidade de bens sociais existentes e a diversidade de compreensões particulares a seu respeito.

Ao tratar especificamente da questão multicultural, parece que Walzer (1998), apesar de não se afastar de todo da tese central do comunitarismo, acena para a possibilidade de uma escolha liberal não ser necessariamente contrária à proteção das particularidades culturais. O autor cita que existem, no argumento do próprio Taylor, duas tendências universalistas que orientam as democracias liberais para distintas direções políticas. Entre os dois tipos de liberalismo apresentados por Taylor, o primeiro tipo (liberalismo 1) está comprometido com a defesa dos direitos individuais de forma neutra, sem proteger ou beneficiar nenhum projeto cultural ou religioso. O outro tipo de liberalismo, denominado por Walzer (1998, p. 121) de liberalismo 2, "permite um Estado comprometido com a sobrevivência e o florescimento de uma determinada nação, cultura ou religião, ou com um grupo (limitado) de nações, culturas e religiões – desde que os direitos básicos dos cidadãos que têm diferentes compromissos ou que não têm nenhum estejam protegidos". Para Walzer, o multiculturalismo pode conviver com o liberalismo de um Estado neutral que, entretanto, reconheça a igualdade das diferentes culturas. Por isso ele manifesta sua preferência pelo liberalismo de tipo 1, desde que escolhido de dentro do liberalismo de tipo 2. Ou seja: a escolha não é dirigida por um compromisso com um Estado neutro e protetor dos direitos individuais, mas é "governada pela condição social e pelas escolhas de vida actuais destes homens e mulheres" (WALZER, 1998, p.121).

A constatação da multiplicidade de tradições culturais serve de base para a crítica relativista da impossibilidade de uma formulação universal de direitos. Amparados em um ponto de vista antropológico, que considera a pluralidade cultural como um fato inegável da existência humana, postulam que, para além das diferenças, deve-se fazer um esforço para encontrar o ponto de convergência em que todas as culturas se conectam, o ponto de interculturalidade, que é o único capaz de ser considerado como universal. Dito de maneira mais específica, para os comunitaristas a universalidade homogeneíza, acaba com as diferenças tão importantes que dão significado à vida de cada membro da comunidade; ela desconsidera os elementos reais de solidariedade e sustenta-se em uma ideia abstrata de sujeito que não existe em nenhum lugar (SORIANO, 2004). Os comunitaristas defendem que não é possível uma fundamentação universal dos direitos humanos, razão pela qual, não sendo possível identificar laços de aproximação entre os direitos universais e as culturas específicas, não haveria necessidade de reconhecê-los.

O que podemos observar de todo esse breve apanhado dos principais debates que cercam os tensionamentos entre liberais e comunitaristas, é que boa parte dos argumentos que podem ser encerrados dentro do universo teórico-reflexivo dos multiculturalistas pertence a este debate, mais especificamente aos pontos de vista comunitaristas. Adiante, veremos um pouco mais dessa interseção entre comunitaristas e multiculturalistas nas questões relativas à justiça e bens sociais.

2. O multiculturalismo como uma nova concepção de bem e justiça distributiva

As ideias de justiça distributiva e bem, além das respectivas concepções de bens e direitos, constituem outros pontos fundamentais do debate que reúne neoliberais e comunitaristas e, paralelamente, multiculturalistas. Essas concepções possuem uma significativa importância nas discussões que partem do campo filosófico-político e deságuam com enorme força e intensidade no campo da razão prática jurídica, especialmente em função do lugar de destaque que hoje assumiram as preocupações com tutelas voltadas à construção de identidades socioculturais que, em última análise, encerram uma discussão filosófica de fundo relativa a questões de distribuição.

Mais uma vez, o problema remete à dicotomia individualismo e coletivismo. Em que pese a distância das duas tradições em relação aos mais diferentes temas, não pode ser dito que os liberais não possuem uma concepção de bem comum em suas teorias políticas. O que acontece, na opinião de Kymlicka, é que a forma que utilizam os liberais para determinar o bem comum é a de combinar preferências individuais com a eleição da sociedade como um todo, através de processos políticos e econômicos. Afirmar a neutralidade estatal para este autor, portanto, não implica rechaçar a ideia de uma concepção liberal de bem comum, mas dar-lhe uma certa interpretação. Em uma sociedade liberal, em suma, o bem comum é o resultado de um processo de combinação de preferências, todas as quais consideradas igualmente.[10]

Dessa visão liberal do bem comum surgem as limitações ao poder estatal. Pela versão liberal, o Estado não pode se pronunciar sobre os méritos intrínsecos de diferentes modos de vida ou de diferentes concepções do bem que, nessa ótica, são construídas no plano individual, nem tampouco hierarquizar o mérito arraigado dos modos de vida dos indivíduos, constituindo, assim, a "neutralidade do Estado".

Em sentido contrário, em uma concepção de sociedade comunitarista, o bem comum é interpretado desde uma visão independente da boa vida, que define o modo de vida da comunidade. Esse bem comum, mais que adaptar-se às preferências das pessoas, proporciona o critério para avaliar tais preferências. A forma de vida da comunidade constitui a base para uma valoração social das concepções do bom, e a importância que se concede às preferências de um indivíduo depende do grau em que dita pessoa se mostra adequada ao bem comum e para ele contribua (KYMLICKA, 1995). Nessa perspectiva, a cultura joga um importante papel no controle das preferências individuais.

A partir disso, um Estado com viés comunitarista estimula os indivíduos a adotarem concepções do bem que sejam conformes ao modo de vida da comunidade, e desestimula as concepções do bem que dele

[10] A concepção de bem como racionalidade, encontrada em Rawls, constitui uma típica acepção liberal-individualista de bem. Essa ideia supõe que os membros de uma sociedade democrática têm, pelo menos de forma intuitiva, um projeto racional de vida, à luz do qual planejam suas atividades mais importantes e distribuem seus vários recursos (inclusive os do intelecto e do corpo, tempo e energia), de modo a procurar realizar suas concepções do bem ao longo de toda a vida, quando não da maneira mais racional, pelo menos de uma maneira sensata (ou satisfatória). Ao traçar esses planos, supõe-se, evidentemente, que as pessoas levem em conta suas expectativas razoáveis em relação a suas necessidades e exigências nas circunstâncias futuras de todos os estágios da vida, tanto quanto podem prevê-las a partir da posição atual na sociedade e nas condições normais de uma vida humana (RAWLS, 2000, p. 223-224). Percebe-se claramente, na concepção de Rawls a presença de uma visão individualista, em que a ideia de bem está toda centrada sobre bens individuais e sua obtenção constitui, na totalidade, a ideia geral de bem.

divergem. Um Estado comunitarista é, portanto, um Estado perfeccionista, posto que carrega consigo uma valoração social do valor de formas de vida distintas.

Essas concepções de bem levam a uma teoria dos bens correspondente que, por sua vez, inexoravelmente, conduz a uma formulação paralela e vinculada dos direitos que lhe são correlatos. Esse encadeamento sucessivo de consequências, diretamente ligado ao debate em torno do justo e do bem, carrega consigo o embate travado por posições deontológicas e teleológicas. O bem, numa perspectiva procedimental, conduz, quase que de modo inevitável, a uma teoria individualista dos bens e a um privilegiamento de direitos individuais sobre os não individuais, pois o que importa nas concepções liberais é o ponto de partida do processo. Noutro sentido, uma perspectiva finalista do bem guia a uma compreensão não exclusivamente individualista e, consequentemente, a uma percepção mitigada dos direitos individuais pela legitimação dos bens de natureza coletiva, difusa ou transindividual, importando, nessa ótica, o ponto de chegada.

Na esteira do pensamento liberal, a teoria dos bens, ao priorizar a equidade do ponto de partida, privilegia os direitos e garantias individuais em detrimento do espaço não individual, pois são elas que permitem, formalmente, dentro dos moldes do Estado de Direito, uma equalização dos pontos iniciais das disputas e distribuições sociais.

Já dentro da tradição comunitarista, Walzer e Taylor publicizam posições teóricas de defesa de uma necessária institucionalização e tutela desses bens. Walzer, relacionando a análise de concepções de justiça com uma respectiva concepção de bens, entende que os princípios de justiça, são, em si mesmos, plurais em sua forma e que tais bens deveriam ser distribuídos, por razões distintas, em ajuste a diferentes procedimentos e por distintos agentes. Para ele, manifestando um modo de ser claramente comunitarista, todas essas diferenças derivam da compreensão dos bens sociais mesmos, os quais são produtos inevitáveis do particularismo histórico e cultural (WALZER, 2003).

Partindo disso, Walzer propugna a necessidade inafastável de uma teoria dos bens, para explicar e limitar o pluralismo das possibilidades distributivas. A teoria dos bens de Walzer estrutura-se sobre seis proposições: a) todos os bens que a justiça distributiva considera são bens sociais; b) os indivíduos assumem identidades concretas pela maneira como concebem e criam – e logo possuem e empregam – os bens sociais; c) não existe um só conjunto de bens básicos ou primários concebíveis para todos os mundos morais ou materiais; d) toda distribuição é justa ou injusta em relação aos significados sociais dos bens de que se trate; e) os significados sociais possuem caráter histórico, da mesma forma que as distribuições; f) quando os significados são distintos, as distribuições devem ser autônomas (WALZER, 2003).

Charles Taylor é outro comunitarista/culturalista que contribui enormemente para o estabelecimento de uma postura tradicional comunitária, voltada ao enfrentamento de posicionamentos individualistas relativos à concepção do que sejam bens em uma determinada sociedade. Taylor, em seu ensaio denominado Bens Irredutivelmente Sociais, oferece uma análise da constituição cultural de determinados bens sobre um pano de fundo que seria a linguagem e, portanto, a própria cultura. Para ele, a linguagem decorre de práticas normativas de uma determinada comunidade, não podendo jamais ser reduzida a uma matéria individual, com a possibilidade de ser decomposta em práticas individuais. A linguagem, assim, tem como locus uma sociedade, uma comunidade, e é por esse local que determinadas coisas assumem valor não só para indivíduos separadamente, mas para toda a comunidade. Nessa esteira, Taylor entende que a cultura é um local social de determinação de bens e, mais, que a cultura valiosa é uma característica irredutível da sociedade como um todo. Nesse aspecto, é preciso frisar, Taylor pode ser caracterizado como multiculturalista.

Taylor busca desqualificar a compreensão comum ou mútua como um composto de estados individuais. É preciso distinguir o que seja meramente convergente do genuinamente comum. Uma questão é convergente quando tem o mesmo significado para muitas pessoas, mas onde isso não é reconhecido entre elas ou no espaço público. Por outro lado, segundo ele, "uma coisa é comum quando existe não só para mim e para você, mas para nós, sendo reconhecida como tal" (2000, p. 154-155).

A partir disso, Taylor concebe duas maneiras de definir bens irredutivelmente comuns: a) os bens de uma cultura que tornam concebíveis ações, sentimentos, modos de vida valorizados e b) os bens que incorporam essencialmente compreensões comuns de seu valor (2000, p. 154-155).

Essas concepções comunitaristas/culturalistas de bens se contrapõem a entendimentos cunhados numa perspectiva metodológica individualista que conclamam as construções teóricas a tratar todas as coletividades como compostas por indivíduos, como, por exemplo, aparecem em Bentham, em Hobbes, em Locke, e em todos os neoliberais, como Nozick, Hayek, Rawls e outros.

Dessas concepções divergentes de bem resultam, consequentemente, entendimentos diversos acerca da justiça distributiva. Ao longo da história, o mercado foi um dos principais mecanismos para a distribuição dos bens sociais, mas nunca foi um sistema distributivo completo, havendo, contemporaneamente, uma série de outros instrumentos distributivos que auxiliam ou complementam a função distributiva do mercado. O Direito, por exemplo, tem ocupado uma função distributiva, especialmente a partir de modelos cunhados sob a vigência dos modelos de Estados sociais de Direito. Sob esse cânone, como bem assevera Walzer, a sociedade humana é uma comunidade distributiva, não se reduzindo somente a isso, mas em essência é o que é, pois os homens se associam a fim de compartilhar, dividir e intercambiar, ou para fazer as coisas que são compartilhadas, divididas ou intercambiadas (WALZER, 2003, p. 17). Esse é um dos pontos que mais divergências suscita no debate entre neoliberais e comunitaristas.

A distribuição dos recursos mobiliza, na opinião de Kolm, dois critérios morais opostos, cujo conflito, colocando uma ética da liberdade contra uma ética da solidariedade, sintetiza o debate em torno desse tema travado entre neokantianos e neoaristotélicos. Um princípio é o de liberdade de processo, isto é, a liberdade de beneficiar-se dos resultados dos próprios atos, que pressupõe o usufruto de si mesmo (possivelmente "autopropriedade"). O outro princípio não vê essa distribuição "natural" como uma razão válida para a correspondente distribuição de seus benefícios e, de modo ideal, portanto, compartilha igualmente o benefício desse recurso (igualdade que decorre da racionalidade). Assim, existem dois casos extremos, opostos, que encarnam o referido debate, nos quais somente um desses princípios é seguido (2000, p. 15-16).

Um desses casos mencionados por Kolm é a liberdade plena de processo, regida pela máxima "a cada um segundo seu trabalho", por trocas livres e desimpedidas e pela resultante legitimidade aquisitiva de direitos e propriedades. Esse liberalismo de plenitude de processo é a justificação historicamente central, baseada na liberdade deontológica, do livre mercado. Contudo, na verdade, logicamente também requer setores públicos notáveis, tributos e transferências que, de modo vicário, implementem as livres trocas e os acordos prejudicados por falhas do mercado (o contrato social liberal) (2000, p. 15-16). Essa forma de conceber, *a priori*, procedimentalmente, a justiça distributiva, recorre a Locke, no que tange à parte exclusivamente privada, ou a Nozick; já a parcela referente ao aspecto mais social pode ser buscada em Rawls, ou Dworkin.

O caso situado no extremo oposto equipara, em termos ideais, os efeitos de todos os recursos usados na produção e no consumo e na vida em geral. Essa é a justiça distributiva plena ou completa (ou eudomonística), da qual há uma proximidade no momento em que se busca ajudar primeiro os miseráveis quando a igualdade é impossível ou ineficiente. É uma concepção que remete à ideia de bens não mais restritos ao plano individual, mas a estende ao plano social. Charles Taylor e Michael Walzer personificam tal acepção de justiça distributiva.

3. O debate entre liberais e comunitaristas/culturalistas em relação aos direitos coletivos

Um outro tema que tem ocupado contemporaneamente o debate entre pensadores das mais variadas vertentes teóricas diz respeito à incidência do Direito para coibir condutas que violem ou lesionem bens de natureza coletiva, ou então para estimular condutas que efetivem tais bens. O questionamento fundamental que se coloca nesse aspecto resume-se à dúvida em se conceber a existência de direitos e interesses coletivos. Particularmente, em relação à matéria aqui tratada, é de se questionar se resulta justificável a intervenção estatal para tutelar direitos ou interesses coletivos.

Os liberais trafegam desde a negação total da possibilidade de existência desses direitos ou interesses e, consequentemente, partilham a ideia da total inviabilidade de qualquer alternativa de sua defesa – liberais ortodoxos ou liberistas como Nozick ou Hayek – até aqueles que admitem, ainda que de forma um tanto quanto comedida, a possibilidade de existência e tutela desses bens como modo de funcionalização do Direito para fins de execução de uma pauta igualitária.

Autores como M. Hartney mantêm uma posição cética em relação à ideia de que existem direitos coletivos. Essa postura se baseia em uma gama variada de justificativas. Inicialmente, afirma Hartney, a tradicional consideração segundo a qual a última razão capaz de sustentar a existência de direitos (morais) vincula-se ao valor de tais direitos para os indivíduos particulares (mais que para algum grupo). O que realmente importa é a defesa dos direitos das pessoas, e não os interesses de alguns grupos. Por outro lado, a ideia de direitos coletivos resulta, na opinião desse autor, tanto desnecessária quanto inconveniente. Desnecessária, devido ao fato de que, basicamente, os mesmos resultados que se podem obter a partir do estabelecimento de direitos grupais podem também ser obtidos dotando-se os indivíduos de direitos mais apropriados. Essa ideia é também inconveniente porque gera confusões. Tal noção, segundo Hartney, "nos distrai do fato de que a última razão para a necessidade de proteger coletividades é sua contribuição ao bem-estar do indivíduo" (2012, p. 203-204).

Ainda dentro da tradição liberal, entretanto, com postura contrária à de Hartney, Joseph Raz considera que é possível defender-se a adoção de direitos coletivos dentro da tradição de pensamento liberal. Afirma ele que a alusão a direitos coletivos deve ser vista como uma forma de referir-se a interesses individuais que surgem a partir do pertencimento dos indivíduos a comunidades particulares (1986, p. 208). O que ocorre nesse caso, diferentemente da situação habitual na qual são discutidos os direitos individuais, é o seguinte: os indivíduos encontram-se com um bem (não só público) coletivo, um bem que aparece a partir do fato de que eles formam parte de um determinado grupo. Nesse sentido, sucede que, como afirma Raz, nenhum dos membros particulares do grupo pode alegar seu próprio interesse como base para demandar satisfação do bem coletivo em jogo (1986, p. 208-209). Essa afirmação de Raz pode ser ilustrada claramente num exemplo oferecido pelo próprio autor. Pense-se, diz ele, no caso de Arafat reclamando a autodeterminação da Palestina. O interesse de Arafat não justifica por si mesmo a imposição de deveres tão amplos e custosos sobre outra gente, como os que podem estar implícitos na demanda de autodeterminação palestina. O fato de que Arafat, por si só, careça do direito em questão não implica que o direito à autodeterminação palestina não exista: a própria nação palestina pode ser portadora de tal direito. O direito à autodeterminação representa, assim, tipicamente, um direito coletivo; um interesse de grande importância para o bem-estar e a efetivação da concepção de vida boa de um número significativo de pessoas; um bem coletivo que surge a partir do pertencimento dos indivíduos a um grupo, e os deveres que gera não surgem a partir das demandas de nenhuma pessoa do grupo em particular, mas dos interesses conjuntos de uma multiplicidades de indivíduos.

De modo similar ao liberalismo moderado de Raz, porém, com influências nitidamente comunitaristas e culturalistas, Will Kymlicka manifesta uma postura favorável ao reconhecimento de direitos coletivos, sustentando, como Raz, que é possível defender direitos diferenciados em favor de minorias nacionais, de um modo consistente, com a defesa de princípios liberais básicos, como os princípios liberais em favor da igualdade. Todavia, para Kymlicka, princípios liberais como os mencionados requereriam o estabelecimento de direitos especiais para as minorias. Em apoio à sua postura, Kymlicka recorre a concepções como as defendidas por Rawls e Dworkin. De acordo com esses autores, a justiça exige remover ou compensar as desvantagens não merecidas ou moralmente arbitrárias, particularmente se elas resultam profundas e abrangentes e estão presentes desde o momento do nascimento. Por isso mesmo, sustenta Kymlicka, se o liberalismo quer ser coerente com as premissas das quais parte, então, deve considerar, como fatos moralmente arbitrários, não só as desigualdades vinculadas à raça e à classe, mas também as derivadas de contextos culturais diferentes. Para Kymlicka, resulta óbvio que, se não se estabeleceram direitos diferenciados em favor de alguns grupos, os membros de certas culturas minoritárias careceriam da mesma capacidade para viver e trabalhar em sua própria linguagem e cultura que lhes é garantida pelos membros de culturas majoritárias (1995, p. 126).

Com a exposição de alguns pontos deste embate entre neoliberais e comunitaristas/multiculturalistas, queremos apenas ressaltar o substrato histórico sobre o qual se alicerça uma boa parte, senão a maior parcela, da pré-estrutura de compreensão que limita as possibilidades, na e pela linguagem, dos sujeitos da compreensão e dos juristas em suas atividades cotidianas de criação, de interpretação e de aplicação da lei. São os pré-conceitos transmitidos por essas tradições que, de uma ou outra forma, assaltam cotidianamente legisladores e operadores jurídicos, pois, como bem destaca Gadamer, "cuando intentamos comprender un fenómeno histórico desde la distancia histórica que determina nuestra situación hermenéutica en general, nos hallamos siempre bajo los efectos de esta história efectual" (1977, p. 371).

Esses elementos formam o conjunto dos pré-conceitos basilares de toda uma discussão política, que tem sido travada no âmbito do campo jurídico, especialmente em relação ao seu âmbito de incidência para a tutela de bens de natureza individual e não individual. Destarte, toda a compreensão hermenêutica voltada à configuração do direito ao Estado democrático de Direito pressupõe uma inserção no processo de transmissão acontecido historicamente desde o debate entre individualistas e coletivistas, ao qual se somam culturalistas, pós-estruturalistas, pós-modernistas, dentre outros, pois é a partir destas tradições ou correntes de pensamento que se constitui o momento essencial da pré-compreensão que constantemente está a intervir nos processos hermenêuticos.

A compreensão da dimensão e importância histórica desse debate assume ainda mais relevância para o Direito por dois aspectos. Primeiro, em razão das características das sociedades contemporâneas, uma vez que estas, mais do que nunca, apresentam demandas coletivas cada vez mais específicas diante de particularidades comportamentais e identitárias de grupos que até então jamais tinham se manifestado politicamente. De outra mão, o que tem se observado, historicamente, é que desde o começo das demandas sessentistas, cuja base veio a ser a diferença, os campos de tutela jurídica não individuais cresceram enormemente, o que constitui o segundo viés, que destaca a importância da compreensão da extensão desse debate.

A partir da positivação de direitos que privilegiaram a coletividade, nos mais distintos sistemas constitucionais que adotam o modelo de Estado democrático e social de Direito, criou-se uma complexidade diferenciadora sem precedentes para a configuração dos sistemas normativos e a consequência foi que a efetivação desses direitos ampliou ainda mais as esferas de controle social estatal, tanto positivo quanto negativo. O desdobramento lógico dessas expansões foi que as democracias cada vez mais estão estatizadas e o empoderamento da sociedade civil permanece estático em um patamar que beira à irrisão. Em outras palavras, a distribuição de bens sociais ainda passa fortemente pelas mãos do Estado; a democracia é uma democracia de Estado. É preciso que pensemos a democracia em outras perspectivas não exclusivamente estatais, mas individuais, grupais e societais.

V

A teorização da diferença III: o multiculturalismo de Kymlicka e Taylor, dois autores fundamentais

Procedentes e importantes, ainda que alguns poucos investigadores não concordem plenamente, são as observações de autores como Nay e Deutz acerca não só da existência de pontos de confusão entre o comunitarismo e o multiculturalismo, mas também em relação a uma certa homogeneização indevida, sob a rubrica do multiculturalismo, de acontecimentos e teorizações que não podem ser aglutinados sob essa denominação, tal como, por exemplo, o feminismo em suas diferentes ondas, os estudos subalternos pós-colonialistas, o criticismo negro e também sua versão feminista.

É inevitável admitir, entretanto, que alguns autores, tais como Will Kymlicka e Charles Taylor, ocuparam-se de reflexões acerca da diversidade cultural e de uma gama de problemas emergentes em sociedades com tais características. Assim, cremos que esses dois autores sejam duas importantíssimas referências teóricas quando falamos de multiculturalismo, razão pela qual entendemos ser bastante proveitoso determo-nos numa breve análise de suas principais ideias.

1. O papel dos direitos humanos no liberalismo culturalista de Will Kymlicka

Will Kymlicka (1996) defende uma construção compartilhada entre as posturas liberais e comunitaristas, argumentando que a cultura é um espaço legítimo de produção de identidade que deve ser protegido pelo Direito estatal, mas cujos limites não podem suplantar a afirmação individual do sujeito enquanto ente portador de liberdade. Parte do pressuposto de que as sociedades liberais do Ocidente não são suficientemente respeitosas no que tange à preservação dos direitos de auto-organização e representatividade das minorias, embora sejam as que mais proporcionam aos indivíduos oportunidades de vida livre e plena. Defende, portanto, a manutenção das liberdades individuais e a promoção dos direitos coletivos das minorias, de forma harmônica e coordenada.

Para ele, o conjunto de opções de vida de cada indivíduo seria condicionado pela cultura, considerada como o berço do desenvolvimento individual consciente, uma base para a dedução das escolhas culturais do sujeito. A cultura teria o poder de moldar o indivíduo, influenciando fundamentalmente o exercício de sua autonomia pessoal, mas sem servir de alavanca a um determinismo social mecanizado, nem de barreira à expressão prática de modos de vida e à demonstração de potencialidades (LA FUENTE, 2005; SORIANO, 2004). Na teoria de Kymlicka, o nacionalismo coexistiria naturalmente com o liberalismo, sendo inclusive fundamental para o funcionamento das instituições democráticas liberais, mas sem ser agressivo o suficiente para impingir identidade nacional àqueles que não querem compartilhar desse pertencimento. O nacionalismo liberal de Kymlicka (2004) não teria vinculação com civismos ou etnicismos homogeneizantes, servindo apenas como base para a difusão de uma língua e de uma cultura nacional comuns, mas de forma inclusiva, aberta a acessões, possibilitando ao sujeito contextualizado decidir seu próprio caminho por meio de escolhas livres.

O Estado, nesse contexto, não poderia ficar alheio à manifestação das diferenças, em posição neutra, como se elas não existissem ou como se a vida concreta dos indivíduos não dependesse diretamente de seu reconhecimento. Deveria ele, por essa ótica, realizar uma série de necessárias escolhas culturais, visando justamente manter o campo de diálogo entre as diversas fontes identitárias num espaço público de manifestação comum. Kymlica disserta que as minorias não podem ser compreendidas de forma genérica, como se representassem um grupo sólido e padronizado de alternativas à comunidade majoritária. Para ele, há diferentes tipos de minorias, que podem ser classificadas conforme seja mais ou menos eficiente o fator de coesão de cada grupo. Por essa ótica, grupos de refugiados ou de imigrantes seriam minorias mais frágeis do que nações minoritárias – como os quebequenses canadenses ou os aborígines australianos – e, justamente por isso, demandariam políticas estatais mais precisas no tocante à preservação de seus interesses históricos (PAREKH, 2000; MALDONADO, 2006).

O intento de Kymlicka para projetar o discurso das diferentes formas de produção de identidade seria forçar a liberalização das culturas ortodoxas, pressupondo que as que hoje são consideradas mais abertas à compreensão das diferenças foram, outrora, tão iliberais quanto aquelas.

Visa, com isso, à readequação da representatividade das diferentes culturas num espaço comum, ficando o liberalismo como parâmetro maior da aceitabilidade ou não de práticas iliberais das diferentes culturas comunitárias. Haveria de se exigir das minorias que aceitassem valores universais mínimos, entre os quais o direito de um indivíduo abandonar a comunidade de origem e o de resistir a determinadas práticas culturais, ficando o direito de a comunidade se utilizar de instrumentos para manter sua coesão interna sujeito ao exercício do direito individual à autodeterminação. Neste sentido, qualquer normatividade cultural que extirpasse a autonomia do indivíduo não deveria ser tolerada, sob pena de desrespeito à figura do homem enquanto ente universalmente considerado. As diferentes culturas deveriam aceitar concorrentemente as influências umas das outras, mesmo a fim de possibilitar o exercício da liberdade cultural pelo indivíduo isoladamente considerado, mas sem abandonar aquilo que as constituem enquanto manifestações coletivas capazes de sustentar sentimentos de pertença.

Os direitos humanos teriam grande importância nessa teoria, pois seu manejo seria de especial interesse na criação de condições objetivas de diálogo intercultural e no fortalecimento da autonomia pessoal. O liberalismo cultural seria um marco de referência nesse ponto, porém não absoluto, já que o paradigma individualista de direitos humanos sustentado por seus defensores, apesar de importante, não conseguiria cumprir sozinho o papel de produzir uma expressiva justiça etnocultural. Segundo Kymlicka (2003), a compreensão tradicional-liberalista dos direitos humanos não é capaz de reconhecer de forma justa a representatividade das minorias, pois se prende ainda à defesa de interesses eminentemente individuais, enquanto que o mundo contemporâneo lida com reclamos cada vez mais pujantes no tocante ao reconhecimento de práticas culturais particulares. Para ele, os direitos humanos puramente individuais representam uma tentativa de europeização, na medida em que desconsideram a patente diversidade cultural da contemporaneidade em prol da massificação de um ideal histórico ocidental contra o qual se manifestam concretamente diversas ondas de comunitarismo.

Seria necessária, assim, uma nova compreensão de direitos humanos, capaz de mesclar os direitos individuais tradicionais com direitos culturais coletivos, no intuito de proteger os indivíduos dentro e fora de seus grupos culturais, segundo uma gama de "direitos diferenciados em função dos grupos" (KYMLICKA, 1996, p. 46). Os direitos das minorias de Kymlicka seriam divididos em três classes: a primeira seria a dos "direitos de autogoverno", de que desfrutariam as minorias étnicas dentro de seus espaços territoriais; a segunda seria a dos "direitos poliétnicos", comuns das diferentes culturas, os quais, embora aparentemente neutros, poderiam esconder discriminações indesejáveis, pelo que seria necessária uma readequação em face das exigências particulares de cada comunidade; e a terceira seria a dos "direitos especiais de representação", como o estabelecimento de cotas étnicas no Poder Legislativo, que viriam melhor expressar a representação das etnias minoritárias nas políticas de governo de cada país. Kymlicka também considera que os direitos especiais dos grupos podem se apresentar ora como "proteções externas" e ora como "restrições internas". Naquele caso, seriam orientados a defender uma cultura das tendências homogeneizantes provenientes de outra e, neste, utilizados como meio de relativização das liberdades individuais de seus membros, como pressuposto da manutenção da identidade cultural e da coesão da comunidade.

Kymlicka acredita que o reconhecimento dos direitos coletivos das minorias não representa uma limitação ou a retirada da importância dos direitos humanos individuais. Antes disso, estes seriam reforçados por aqueles no momento em que passassem a ser compreendidos como via fundamental de diálogo entre os integrantes de cada comunidade. Não deveria, para ele, haver uma separação saliente entre os direitos humanos individuais e os coletivos, pois ambos se suportariam em relações de coordenação e complementaridade, convivendo de forma afinada. Ao final, tanto os direitos humanos individuais quanto os direitos humanos coletivos das minorias seriam necessários para a tessitura de uma ideia de dignidade humana objetiva, fundamental para a tomada de consciência sobre o significado da existência (SEOANE, 1998).

Will Kymlicka (2004) considera a teoria liberal tradicional insuficiente por sua incapacidade no tratamento às demandas culturais, bem como à importância destas para a democracia liberal. O projeto liberal ainda estaria sendo construído, podendo haver meios de incorporar novos direitos coletivos de culturas e minorias – fazendo com que se estenda a proteção dos tradicionais direitos individuais também para novos direitos coletivos, necessários nos Estados multiculturais para a satisfação de demandas justas das minorias.

Dois erros, ao nosso olhar, afetam a capacidade de compreensão e avaliação dos nacionalismos: absorção da identidade nacional e relação conflituosa entre liberdade e identidade cultural. O silêncio dos teóricos liberais quanto ao tema se deve ao convencimento, por parte destes, de que a Modernidade acaba com a identidade nacional, que é absorvida por uma identidade supranacional cosmopolita ou por uma identidade pós-nacional cívica ou constitucional, enunciando que, da mesma maneira que a Modernidade operou a separação entre Estado e religião, teria também separado o Estado de grupos etnoculturais – o que é errôneo, já que o Estado é o sujeito responsável pelo reconhecimento e pela reprodução desses grupos, significando sua politização.

Para muitos teóricos, o liberalismo teve por função separar o Estado da etnicidade, tendo em vista que o principal traço distintivo entre Estados etnicamente plurais liberais e Estados étnicos antiliberais seria justamente a ocorrência de tal afastamento – da mesma forma que se rechaçou, no passado, a religião oficial a fim de se estabelecer o liberalismo. Esse é, no entanto, insustentável, pois mesmo nações liberais promovem e exigem legalmente a assimilação de uma cultura societal (instituições oficiais) geograficamente delimitada, centrada na língua oficial. Isso revela que mesmo os Estados liberais não foram e não são neutros em relação à língua e à cultura (apesar de o serem a respeito de muitas manifestações importantes – como a religião –, que consideram reservadas à esfera privada).

Nesse sentido, Kymlicka considera ser

> muito difícil que línguas sobrevivam nas sociedades industriais atuais se não são de uso na vida pública. Dado o avanço da educação padronizada, a alta demanda de qualificação para alcançar postos de trabalho e a interação cada vez maior dos cidadãos com as distintas Administrações, toda língua que não seja a [...] utilizada para [isso] está condenada a se converter em um resíduo marginal que [...] nunca [sobreviverá] como a língua de uma florescente cultura societal. As decisões governamentais sobre a língua a utilizar nos centros de ensino e nos serviços públicos são efeitos de decisões sobre as quais as culturas societais poderão existir no país (KYMLICKA, 2004, p. 54).

Mesmo que um Estado não seja confessional, não se pode, portanto, afirmar que não estabeleça uma cultura, ainda que de maneira parcial. A diferença entre nações pluralistas e nações étnicas não estaria no fato de serem liberais ou não, mas sim na maneira pela qual definem a pertença: nações étnicas a realizam a partir, por exemplo, da descendência, fazendo com que aqueles que não sejam descendentes dos nacionais tenham dificuldades ao adquirirem a cidadania (não importando o tempo de permanência no país); já as nações pluralistas aceitam todos, a princípio, que se integrem em sua cultura societal.

Também considera errada a relação necessariamente conflituosa entre identidade cultural e liberdade individual dos teóricos da Modernidade, argumentando que as grandes pressões que as minorias nacionais culturais sofreriam no processo de integração a totalidades estatais maiores já seriam dispendiosas demais, obstando o esforço para a conservação da identidade cultural ou tornando-o irracional e antiliberal. Porém, quem valoriza sua própria autonomia o faz igualmente com sua cultura nacional, a qual oferece um contexto mais adequado para o exercício e desenvolvimento de sua autonomia.

Soriano e José Jesús Mora (2004) julgam que, apesar da insuficiência do liberalismo, é necessário continuar pelo seu caminho, recriando-o a partir da elaboração de uma nova linguagem para a integração da diversidade étnica ao liberalismo (a qual denomina "novo vocabulário operativo"). Nesse novo tipo de liberalismo, dois princípios tradicionais seus não mais caberiam: a neutralidade do Estado frente às doutrinas e ideias de bem de cada cultura e a exclusividade da conceituação da liberdade a partir da individualidade. O novo liberalismo tem os princípios do Estado protetor dos direitos das culturas e minorias, bem como o conceito da liberdade nacional (diferente da individual).

O Estado abstencionista resulta da necessidade política do fim do Estado arbitrário absolutista e da possibilidade de autonomia individual para o exercício das liberdades, surgindo assim uma neutralidade favorável a esse exercício. Já o Estado social, posterior, age positivamente em prol dos direitos sociais, não sendo meramente neutro.

Muitos liberais sustentam que a cultura não pode ser matéria de ações positivas do Estado, posicionando-se a favor da manutenção apenas dos direitos individuais pelo Estado. Mas Kymlicka (1989, 2004) tem no Estado um possível defensor da pluralidade de concepções acerca de bem e não apenas da tradicional concepção estatal como defensor de uma só cultura (a cultura ocidental individualista moderna e liberal).

A nação deve ser um marco para a liberdade do indivíduo, visto que este se considera livre na sua inserção em uma nação. A participação em uma cultura nacional dá significância à liberdade individual, e não a inibe. Assim, nacionalismo e liberalismo têm o convívio possível, pois uma sociedade pode ao mesmo tempo defender as ideias liberais e sua identidade cultural, bem como crescer em ambas as dimensões.

Há vários tipos de minorias: nacionais, étnicas e movimentos sociais. As primeiras são distintas e autogovernadas potencialmente, incorporadas a um Estado mais amplo. As segundas se formam por migrantes que buscam sua incorporação numa sociedade diferente de sua comunidade nacional de origem. Os movimentos sociais dizem respeito a associações, grupos definidos por seu gênero, sexualidade, condição física ou social, marginalizados dentro de sua própria sociedade nacional ou grupo étnico (KYMLICKA, 2004).

O autor destaca que há correlação entre minorias e direitos, visto que cada minoria busca um estatuto próprio, ou enfatiza mais alguns direitos do que outros. Minorias nacionais e étnicas são as mais problemáticas para a sociedade na qual se inserem, pois as primeiras buscam o autogoverno (autonomia política ou jurisdicional em seu território, com vistas ao seu livre desenvolvimento cultural e dos interesses de seus integrantes), ou a representação política especial (discriminação política positiva que expressa superação de desvantagens e interditos sistêmicos que obstruem a devida representação do grupo em questão no sistema político); e as segundas buscam melhores condições no país de destino do que aquelas que abandonaram em seus países de origem, reivindicando o respeito aos seus sinais identitários pelo Estado acolhedor – direitos denominados poliétnicos (que permitem ao grupo em questão manifestar livremente sua particularidade e orgulho cultural – direitos de diferenciação cultural combinados a direitos de igualdade de status com os nacionais do Estado acolhedor). Direitos de autogoverno e de representação especial podem ser abarcados num gênero comum, de autonomia política (KYMLICKA, 2001, 2004, 2008).

Nota-se, em decorrência disso, que são minorias com aspirações distintas, tendo em vista que as nacionais buscam distanciamento da maioria nacional, enquanto as étnicas buscam aproximação. Porém, pode acontecer de minorias que buscam direitos de autonomia reivindicarem direitos poliétnicos e vice-versa (já que minorias nacionais podem querer conservar seus sinais identitários culturais, bem como minorias étnicas podem querer conservar práticas públicas que as identificam). Também pode ocorrer a transformação de minorias de um tipo em outro: grande número de emigrados pode vir a tornar-se minoria nacional, da mesma forma que uma minoria nacional pode ser atacada pelo Estado com políticas que estimulem a emigração dentro do seu território, a fim de desestimulá-la. Não se pode, ainda, descartar a possibilidade de conflitos entre ambos os tipos de minorias em decorrência de políticas estatais – o que pode ocorrer quando o Estado usa uma contra a outra a fim de conter ímpetos.

A partir da análise dos ímpetos das minorias, os nacionalismos são classificados por Kymlicka (2001, 1996) em dois tipos: étnicos excludentes (que exigem pré-requisitos naturais especiais, como o sangue) e liberais includentes (têm como requisito a voluntariedade e comportamentos – como tempo de estadia no território e aprendizado de uma língua). Esses últimos não podem ser confundidos com xenofobia, pois nacionalismos minoritários não violentos, contextualizados em democracias liberais, desafiam diariamente a política dos Estados onde se encontram por causa de suas demandas por reconhecimento cultural e reforço de representação política, ameaçando a estabilidade – demandas essas que não encontram respostas claras na tradição liberal silenciosa quanto à matéria.

Para Estados multinacionais, é defendida a fórmula dos federalismos multinacionais ou de povos autogovernados. Nesse caso confluem a nação majoritária/estatal e outras minoritárias. Assim, acomodam-se as minorias nacionais dentro da maioria estatal, num federalismo diferente do simplesmente territorial, o qual atende apenas aos interesses regionais de comunidades da mesma nação homogênea.

Segundo Soriano e Mora (2004), Kymlicka trata de adaptar os direitos das minorias ao liberalismo, pois entende que este e o seu rol de direitos são indiscutivelmente prioritários. O liberalismo deve limitar as práticas das minorias, bem como intervir para a anulação de práticas não liberais que porventura possam ter.

A perspectiva liberal acerca dos direitos das minorias exige liberdade no interior do grupo minoritário e igualdade entre maiorias e minorias – o que significa direitos de restrição interna e direitos de proteção externa. Os critérios para a aplicação da restrição interna de práticas não liberais devem ser contextualizados, ponderando-se o que deve ser restringido de acordo com o contexto em que tal prática ocorra. Segundo Daniel Bonilla Maldonado (2006), a única exceção a esse princípio se daria em razão do perigo iminente de desaparecimento de uma minoria cultural se restrições internas não forem praticadas.

A maior crítica à obra de Kymlicka se dá quanto à predeterminação do conceito básico liberal de autonomia – conceito da cultura ocidental. Assim, diálogos com culturas que não reconhecem o conceito de autonomia do indivíduo não são possíveis. O autor, inclusive, sustenta que o liberalismo não pode fazer concessões no tocante à autonomia do indivíduo (SORIANO; MORA, 2004).

Maldonado (2006) também critica a teoria de Kymlicka em um ponto fundamental: sua insuficiência em acomodar as diferenças radicais constantes da imensa diversidade cultural do mundo contemporâneo. Justamente no tocante à impossibilidade de se aceitarem restrições internas ao liberalismo – o que impede que membros de minorias sofram limitações de seus direitos básicos para que a integridade cultural seja respeitada. A autonomia e a autorreflexão não seriam valores tão importantes, para comunidades autoritárias, quanto a estabilidade, a ordem e a obediência à autoridade. Os valores liberais teriam, para Kymlicka, prioridade em relação aos que não o são – pondo à prova a utilidade de uma teoria que busca a resolução dos conflitos entre os vários tipos de valores através da prevalência absoluta dos valores liberais em todas as situações.

2. Charles Taylor e a superação da dignidade igualitária pela política da diferença

Charles Taylor é outro importante filósofo que tem-se dedicado ao problema da diferença, enfocando questões culturais A ideia central do pensamento de Charles Taylor (1998) é a de que o homem precisa da comunidade para se realizar, para encontrar uma pertença que se constitui pela relação com os outros-importantes. A identidade depende das relações dialógicas com os demais membros da coletividade; não existe "eu" que possa ser elaborado fora da comunidade (TAYLOR, 1997). Somente pelo diálogo que mantém nela o indivíduo consegue abastecer-se de elementos compreensivos necessários para exercer plenamente a sua existência. Arte, linguagem, gestos, amor e todos os outros modos de expressão que permitem ao homem viver sua individualidade somente são alcançados quando inserido numa dada comunidade.

Nesse sentido, Charles Taylor critica a tese do liberalismo que concebe a sociedade como um agrupamento de indivíduos, cada qual com sua peculiar visão de vida boa e com direitos individuais universais que se impõem prioritariamente. Ele ressalta que os laços comunitários de pertença dão sentido à vida dos indivíduos, tendo em vista que, a partir do diálogo com os outros-importantes, a identidade cultural é traçada e os vínculos de ligação ao grupo se tornam perceptíveis e necessários para uma reciprocidade harmônica, para a conservação da comunidade e para a formação de uma consciência de si como um sujeito pertencente à comunidade.

Ao contrapor um liberalismo defensor de uma política de igual dignidade, baseada no reconhecimento das capacidades universais e na negação da diferença, a um liberalismo que defende o direito de reconhecimento das diversas culturas, Taylor (2000) se posiciona favoravelmente a este último, por considerar que cada cultura tem um valor em si mesma que não pode ser transladado para outras culturas, e, ainda, que as especificidades de cada uma delas são fontes de produção de identidades. A igualdade é abstrata, mas o pluralismo e a diversidade fazem parte de um mundo de possibilidades reais. Portanto, segundo Taylor, é fundamental que se proteja a comunidade, que se reconheça a diversidade e o valor de todas as culturas, pois o não reconhecimento das realidades culturais específicas enseja danos significativos na formação das identidades individuais e é a principal razão das disputas multiculturais contemporâneas (SANCHÉS-CÁMARA, 2007; MALDONADO, 2006).

Assim, ainda que estabeleça uma consistente crítica ao indivíduo atomizado e desprendido do liberalismo, ao insistir na necessidade de considerar o homem como um "ser moral" e um "sujeito social" incapaz de perseguir a felicidade fora de sua comunidade cultural – o que ele constrói a partir de uma releitura do pensamento hegeliano sobre a moral –, Taylor, numa linha próxima à de Kymlicka, não rejeita completamente o individualismo liberal e até mesmo adere ao projeto moderno de emancipação do sujeito. O que ele busca, como bem demonstra Nay, é simplesmente revelar os limites do modelo liberal e mostrar a necessidade de completá-lo por um projeto social aberto à pluralidade de culturas (2004, p. 519). Taylor se afasta das controvérsias políticas sobre o nacionalismo, o feminismo e, em alguns momentos, até mesmo sobre o multiculturalismo, para oferecer-nos uma perspectiva filosófica historicamente informada sobre o que está em jogo na exigência que fazem muitos para que sua identidade particular obtenha o reconhecimento das instituições públicas.

Em sua obra *El multiculturalismo y la política del reconocimiento*, Taylor destaca as dificuldades que há na engenhosa tentativa de Rousseau e de seus seguidores por satisfazer a necessidade universal de reconhecimento público, convertendo a igualdade humana em identidade. A crítica vai no sentido de que a política rousseauniana de reconhecimento desconfia de toda diferenciação social e, por sua vez, é sensível às tendências homogeneizantes de uma política do bem comum, na qual este reflete a identidade universal de todos os cidadãos. Neste sentido, para Gutmann, reforçando as ideias de Taylor, as democracias liberais não podem considerar a cidadania como uma identidade universal geral, porque: 1) cada pessoa é única, é um indivíduo criativo e criador de si mesmo, como o reconheceram John Stuart Mill e Ralph Waldo Emerson; 2) as pessoas também são "transmissoras da cultura" e, consequentemente, as culturas que transmitem diferem de acordo com suas identificações passadas e presentes. A concepção única, autocriadora e criativa dos seres humanos não deve confundir-se com um quadro de indivíduos "atomistas" que criam sua identidade de novo e buscam seus próprios fins separados dos demais. Parte da unicidade das pessoas resulta do modo como integram, refletem e modificam sua própria herança cultural e a daqueles com quem entram em contato (TAYLOR, 2000, p. 18).

Para Taylor, ainda quando se debruça sobre a obra de Rousseau, o pensador genebrino foi um dos iniciadores do discurso do reconhecimento não porque ele tenha empregado este termo, mas por ter sido quem iniciou a estruturar teoricamente a importância do respeito igualitário e, em realidade, o considerou indispensável para a liberdade. Assim, para Taylor, Rousseau se encontra na origem de um novo discurso acerca da honra e da dignidade e nessa perspectiva, a luta pelo reconhecimento só pode encontrar uma solução satisfatória no regime de reconhecimento recíproco entre iguais (2000, p. 75-76). Mas se Taylor reconhece o início das investigações sobre o problema da dignidade igualitária em Rousseau, a ele também dirige uma crítica bem pontuada. No pensamento rousseauniano, a igualdade da estimação requer uma densa unidade de propósito que parece incompatível com qualquer diferenciação. Segundo Rousseau, a chave para um Estado livre parece ser a rigorosa exclusão de toda diferenciação de papéis e, na sua construção teórica, três coisas parecem inseparáveis, anota Taylor: liberdade (não dominação), ausência de papéis diferenciados e um propósito comum compacto. Assim, no pensamento rousseauniano, todos devemos depender da vontade geral para que não surjam formas bilaterais de dependência. Esta, segundo Taylor, foi a fórmula para as formas mais terríveis de tirania homogeneizante (2000, p. 77).

Partindo desse entendimento acerca da perniciosidade da vontade geral rousseauniana para qualquer construção ou pretensão política que vise a proteger a diferença, Taylor parte de um ponto crucial em seu pensamento: a formação da identidade, para, posteriormente, trabalhar algumas questões envolvendo o reconhecimento e a descoberta de qual a melhor fórmula, nas sociedades contemporâneas, de conformar a proteção da diferença dentro de regimes democráticos.

Ao longo de suas obras, Taylor constrói também uma reflexão sobre a construção da identidade. Para ele, esta última está no centro da consciência moderna. Ela é, portanto, uma das condições essenciais do desenvolvimento individual e, por conseguinte, da liberdade. Nesse ponto, mostra que a identidade implica um duplo processo de autorrealização: de um lado, a descoberta do "eu", quer dizer, a capacidade de o indivíduo conceber a sua própria subjetividade; de outro lado, o reconhecimento de si em relação ao outro, quer dizer, a aptidão do indivíduo situar-se no meio ambiente social que lhe é dado. A realização concreta da liberdade implica considerar essa dupla subjetividade. Ela descansa na consciência plena que o homem tem de ser ele mesmo – o que Rousseau chama de "o sentimento da existência" (TAYLOR, 2000, p. 49).

A tese exposta por Taylor é de que nossa identidade se molda em parte pelo reconhecimento ou pela falta deste; frequentemente, também, pelo falso reconhecimento de outros (2001, p. 43). Para ele, o reconhecimento devido não só é uma cortesia que devemos aos demais: é uma necessidade humana vital. Assim, Segundo Taylor (1998), a identidade do indivíduo vai se formando pelo contato com o outro, através de uma troca contínua que permite que o sujeito se defina e se estruture pela comparação e pela diferença, ou seja, na medida em que interage com os demais, com o outro-diferente, constitui-se enquanto sujeito. As experiências sociais determinam a sua capacidade de reconhecimento como indivíduo e uma percepção de si mesmo, sendo a individualidade dependente das qualificações vistas nas interações com os outros, pois a 'consciência de si' só existe numa estrutura dialógica.

A teoria intersubjetiva do indivíduo reconhece o enraizamento e a pertença como noções importantes para construção do "eu", isto é, da identidade individual que se forma pela educação e pela aprendizagem. O reconhecimento dá ao indivíduo um conjunto de valores e normas de conduta que lhe permite compreender o mundo e o "eu" inserido. A valorização da diferença permite ao indivíduo distanciar-se de sua identidade e dispor de opções, como uma condição de emergência da identidade e da responsabilidade individual.

Charles Taylor (1998) refere-se, ainda, ao conceito de identidade como sendo a maneira como uma pessoa se define e pela qual as suas características fundamentais fazem dela um ser humano. Alerta, ainda, para o fato de que o não reconhecimento ou o reconhecimento precário dos indivíduos pode prejudicá-los ou reduzi-los a uma imagem limitada e distorcida, de desprezo ou inferioridade de si mesmos. Para ilustrar, menciona os exemplos da sociedade patriarcal, na qual as mulheres eram induzidas a adotar uma opinião depreciativa de si mesmas, restando condenadas a uma postura de aviltamento de sua autoestima. No mesmo sentido, comenta sobre o fato de a sociedade branca europeia ter adotado uma imagem depreciativa dos negros, dos nativos e dos povos colonizados, tratando-os como incivilizados, desprezando-os e desrespeitando-os.

Duas mudanças, segundo Taylor, fizeram, em conjunto, inevitável a moderna preocupação pela identidade e pelo reconhecimento. A primeira foi o desmonte das hierarquias sociais que costumavam ser a base da honra, termo ligado ao antigo regime e intrinsecamente vinculado ao problema da desigualdade. Contra esse conceito de honra, a Modernidade cunhou o conceito de dignidade, que hoje se emprega em um sentido universalista e igualitário quando falamos da "inerente dignidade dos seres humanos". Esse conceito, para Taylor, é o único compatível com uma sociedade democrática. A segunda mudança incidiu diretamente sobre a importância e a intensificação do reconhecimento e consistiu na nova interpretação da identidade individual, surgida ao final do século XVIII (2000, p. 47-48). Com essa segunda mudança, que Taylor qualifica como um giro subjetivo, como um deslocamento do acento moral, passamos a falar de uma identidade individualizada, da identidade como um ideal de autenticidade.

A caracterização do desenvolvimento dessa concepção de identidade, como ideal de autenticidade, consiste em poder localizar o ponto de partida no conceito de que todos os seres humanos foram dotados de um sentido moral, um sentido intuitivo do que é bem e do que é mal. Assim, o deslocamento do acento moral surge quando o estar em contato com nossos sentimentos adota uma significação moral independente e decisiva. Para sermos com plenitude, não precisávamos mais estar necessariamente em contato com alguma fonte transcedental, mas sim com o mais profundo de nós mesmos (TAYLOR, 2000, p. 48).

A compreensão da íntima conexão existente entre a identidade e o reconhecimento exige, segundo Taylor, que tenhamos de tomar em conta um traço decisivo da condição humana: o seu caráter fundamentalmente dialógico. Compreendemos a nós mesmos e, portanto, somos capazes de definir nossa identidade por meio de nossa aquisição de enriquecedoras linguagens humanas para nos expressar. Dessa forma, sempre definimos nossa identidade em diálogo com as coisas que nossos outros significantes desejam ver em nós e, às vezes, em luta com elas. Assim, não há como evitar dizer que Taylor define a identidade como sendo quem somos, de onde viemos. Nossa identidade depende, de forma crucial, de nossas relações dialógicas com os demais (2000, p. 55).

Embora não seja uma condição plena da definição do sujeito enquanto tal, a relação do indivíduo com os outros é importante para que ele possa se realizar. Charles Taylor entende a identidade como aquilo que nós somos em um determinado local, salientando que ela é o ambiente no qual as nossas opiniões e aspirações fazem sentido. A identidade que cultivamos depende das nossas relações dialógicas com os outros, por isso o desenvolvimento de um ideal de identidade gerada em nosso interior atribui uma nova importância ao reconhecimento. Nesse sentido,

> a importância do reconhecimento é universalmente admitida, de uma forma ou de outra: no plano íntimo, estamos todos conscientes de como a identidade pode ser formada ou deformada no decurso da nossa relação com os outros-importantes; no plano social, temos uma política permanente de reconhecimento igualitário. Ambos os planos sofreram a influência do ideal de autenticidade, à medida que este foi amadurecendo, e o reconhecimento joga um papel essencial na cultura que surgiu à volta desse ideal (TAYLOR, 1998, p. 56).

Em nível intimista, a formação da identidade do ser faz parte do diálogo e das lutas permanentes com os outros, enquanto que na esfera pública a noção das identidades se forma pelo diálogo e contribui ao desempenho de um papel crescente para a política do reconhecimento igualitário. Essa política refere-se à valorização da dignidade em vez da honra, bem como se refere ao desenvolvimento de uma noção moderna de identidade, a qual originou uma política de diferença, calcada no reconhecimento do caráter singular de cada um. Taylor afirma que a política da diferença implica inúmeras denúncias de discriminação e de recusa da cidadania. Todavia, as exigências de igualdade dificilmente são assimiladas na política de dignidade, uma vez que acarreta seja reconhecida a importância e o estatuto de algo não universalmente comum. Quer dizer, só reconhecemos aquilo que existe universalmente, peculiar a cada um. Entretanto, como todos possuem uma identidade, uma exigência universal estimula o reconhecimento das especificidades.

Se em épocas passadas o reconhecimento nunca representou um problema, dado que o reconhecimento geral estava integrado na identidade socialmente derivada, em virtude do fato mesmo de que se baseava numa sociedade de lugares marcados, de onde provinha a honra que demandava reconhecimento, noutro sentido, para a identidade moderna, pessoal e internamente derivada, passou a ser um problema, visto que não havia um reconhecimento a priori. Este deveria ser ganho por meio de um intercâmbio, e este intento poderia fracassar. Nesse sentido, para Taylor, o que surgiu com a época moderna não é a necessidade de reconhecimento, mas a ponderação das condições em que a tentativa de ser reconhecido pode fracassar (TAYLOR, 2000, p. 56).

Hoje, bem sabemos que a importância do reconhecimento é universalmente reconhecida em uma ou outra forma, tanto no plano íntimo, quanto no plano social. Particularmente, no plano social, a interpretação de que a identidade se constitui em um diálogo aberto, que não se forme por modelos sociais pré-definidos, fez com que a política de reconhecimento igualitário ocupe um lugar mais importante e de maior peso. E especial destaque, neste caminho histórico, ganhou a preocupação acerca da projeção sobre o outro de uma imagem inferior ou humilhante e do que pode ela acarretar, deformando ou oprimindo até o grau em que essa imagem seja internalizada.

Com essa percepção, Taylor constrói um discurso acerca do reconhecimento, centrando sua atenção no nível da esfera pública em que se dá esse problema. Para o autor, o discurso do reconhecimento igualitário deu-se, historicamente, em dois níveis, chegando a significar duas coisas completamente distintas, relacionadas com duas mudanças fundamentais. Da primeira, decorrente do trânsito da honra para a dignidade como justificação do reconhecimento, sobreveio a política do universalismo, que sublinha a igual dignidade de todos os cidadãos e traz como conteúdo dessa política a equalização dos direitos e dos títulos. É a concepção formal moderna da igualdade, cuja principal fórmula jurídica veio a ser o inquestionável princípio de que "todos são iguais perante a lei". Do segundo câmbio e, consequentemente, do segundo significado do reconhecimento, decorrente do desenvolvimento do conceito moderno de identidade, surgiu a política da diferença que, segundo ele, também possui uma base universalista. E este é o ponto diferenciador do que hoje podemos chamar de filosofia do multiculturalismo. Em ambas, tanto na política da dignidade igualitária, quanto na política da diferença, cada um deve ser reconhecido por sua identidade única. Entretanto, as semelhanças param aqui. Com a política da dignidade igualitária, o que se estabelece pretende ser universalmente o mesmo: uma gama de direitos e imunidades; com a política da diferença, o que pedimos seja reconhecido é a identidade única deste indivíduo ou deste grupo: o fato de que é distinto dos demais; com a política da diferença, o que é exigido é que demos reconhecimento e *status* a algo não universalmente compartilhado. Ou, em outras palavras, somente concedemos reconhecimento ao que está universalmente presente, mediante o reconhecimento do que é peculiar em cada um.

Assim, a demanda universal, segundo Taylor, impele a um reconhecimento da especificidade e, nesta perspectiva, a política da diferença brota organicamente da política da dignidade universal por meio de um desses giros com os quais, desde tempos atrás, estamos familiarizados, e neles uma nova interpretação da condição social humana imprime um significado radicalmente novo a um velho princípio (2000, p. 62).

A política da dignidade universal objetivava a não discriminação, ignorando as distinções entre os indivíduos, ao passo que a política da diferença se redefine como uma exigência a fazer das distinções a base para o tratamento diferencial. Muito embora sejam diferentes, existem tentativas de se estabelecer um meio-termo como medida para melhorar a situação das minorias, como, por exemplo, a discriminação positiva na vantagem competitiva aos menos favorecidos. Segundo a política da dignidade universal, todos os cidadãos são igualmente dignos de respeito. O potencial humano universal suscita esse sentido, sendo uma capacidade comum a todos os seres humanos que lhes garante ser merecedores de respeito. A política da diferença, por sua vez, fundamenta-se num potencial humano a fim de desenvolver a própria identidade de cada indivíduo e para cada cultura (Taylor, 1998). Dessa forma, as políticas baseadas na noção do igual respeito se conflitam, pois demandam um tratamento que, simultaneamente, reconheça as particularidades e ignore as diferenças.

Para Taylor a dependência dos outros influi na unidade de um projeto comum:

> Uma reciprocidade perfeitamente equilibrada remove o espinho da nossa dependência da opinião dos outros e torna-se compatível com a liberdade. Isto, porque a reciprocidade completa, juntamente com a unidade de objetivo daí resultante, assegura que, ao seguir a opinião dos outros, não estou a ser, de modo algum, forçado a sair de mim mesmo. Continuo a obedecer-me como um membro deste projeto comum ou vontade geral. Neste contexto, dar importância à estima é compatível com a liberdade e com a unidade social, porque a sociedade é um espaço uno, onde todos os virtuosos serão incentivados de igual modo e pelas mesmas razões (certas) (Taylor, 1998, p. 68).

Não obstante a concepção iluminista de liberdade e de universal igualdade, não se pode olvidar, segundo Taylor, que a ausência de diferenciação e um objetivo comum aparecem com um projeto que não pode ser tomado de forma separada. Ou seja, a igualdade de estima exige uma unidade coesa de objetivo aparentemente incompatível com a diferenciação. Enquanto a era da dignidade anseia para que todos os cidadãos sejam igualmente honrados, a luta pelo reconhecimento apregoa uma solução de satisfatório reconhecimento entre iguais. Taylor protesta contra as alternativas liberais que defendem a proteção dos direitos individuais em primeiro lugar, ao aduzirem que as disposições de não discriminação devem ter prioridade sobre os objetivos coletivos.

A sociedade liberal não segue o esforço substancial, visto que realiza a adesão por um esforço processual tratando os indivíduos com igual respeito. Essa visão kantiana entende a dignidade humana como a autonomia, a capacidade de cada pessoa determinar para si mesma uma concepção de vida boa, e a atribui ao poder de cada a decisão de considerar e adotar uma perspectiva para si. A visão do ser humano como sujeito de escolhas autoexpressivo e determinante tem popularidade e explica a força do modelo de liberalismo. Charles Taylor assevera que uma sociedade liberal deve permanecer neutra em relação à noção de boa vida e coibir-se em assegurar uma relação justa entre os cidadãos, de modo que o Estado trate todos igualmente. Uma sociedade liberal caracteriza-se pelo modo como trata as minorias e pelos direitos que confere aos seus membros. Sendo assim, uma sociedade com objetivos fortes pode ser liberal desde que seja capaz de respeitar as diversidades e possa proporcionar as garantias adequadas aos direitos fundamentais.

Nesse sentido, Taylor salienta que se devem distinguir, de um lado, as liberdades fundamentais, que não podem ser violadas e devem ser consolidadas, e de outro lado, os privilégios e as imunidades, que podem ser reduzidos por razões de política pública. A política do igual respeito é hostil à diferença, pois insiste na aplicação uniforme das regras que definem o liberalismo de direitos e não se ajusta à sobrevivência aspirada pelos membros de sociedades distintas. Existem modelos de sociedade liberal, apoiados em juízos de valor sobre uma vida boa, que pressupõem a defesa constante de certos direitos e se dispõem a dar maior importância ao tratamento uniforme à custa de uma sobrevivência cultural e, por vezes, preferencial. Assim, a política do igual respeito pode ser imaculada da acusação de que pretende homogeneizar as diferenças, mas existe outra maneira de se ordenar uma acusação mais difícil de contestar. Embora não seja aconselhável, essa acusação advém do anseio por um terreno neutro, proporcionado pela política do igual respeito, em que todos os grupos possam conviver harmonicamente.

Para o autor, o liberalismo não almeja a neutralidade cultural completa. Taylor explica que o liberalismo não é uma referência capaz de promover o encontro de todas as culturas, porém é uma expressão política das variadas culturas, ora ajustada, ora incompatível com as outras. A exigência por reconhecimento reclama que seja reconhecido o valor igual das culturas, para se defenderem, sobreviverem e terem recebido seu mérito. Nesse meio, a inovação consiste na exigência pela divulgação da ideia do reconhecimento essencial à formação do sujeito.

Assim, numa sociedade que se complexifica e aumenta sua dose de multiculturalidade, torna-se imperioso encontrar formas democráticas que potencializem políticas de coexistência harmônica entre as diferenças. Entre a reivindicação por reconhecimento do valor igual e o encerramento nos critérios etnocêntricos da diferença, devem ser privilegiadas, segundo Taylor, as construções locais, as proposições de cunho comunitário. A base no valor igual exige adaptação ao estudo comparativo das culturas e o empenho à abertura dos horizontes nos encontros multiculturais. Neste aspecto, contundente é a afirmação de Taylor acerca do valor da igualdade:

> O ato de declarar as criações de outra cultura como possuindo o mesmo valor e o ato de se declarar a favor dessas criações, mesmo que não sejam tão impressionantes, tornam-se indistintos. A diferença está só na embalagem. No entanto, o primeiro ato é entendido como uma expressão genuína de respeito, ao passo que o segundo é visto como um ato de paternalismo intolerável. Os supostos beneficiários da política do reconhecimento, ou seja, as pessoas que realmente poderiam beneficiar com a aceitação, fazem uma distinção cruel entre os dois atos. Elas sabem que o que desejam é respeito, não a condescendência. Qualquer teoria que elimine essa distinção parece distorcer aspectos decisivos da realidade que pretende consagrar (Taylor, 1998, p. 90,).

Hoje, surgem conflitos similares em torno da política da diferença. Enquanto a política da dignidade universal luta por formas de não discriminação inteiramente cegas aos modos em que diferem os cidadãos, em contrapartida, a política da diferença, frequentemente, redefine a não discriminação exigindo que façamos dessas distinções a base do tratamento diferencial (TAYLOR, 2000, p. 62).

O que vemos, a partir disso, é que esses dois modos de política que compartilham o conceito básico de igualdade de respeito entram em conflito. Para um, o princípio do respeito igualitário exige que tratemos as pessoas de uma forma cega à diferença. A intuição fundamental de que os seres humanos merecem esse respeito está centrada no que é igual para todos. Para o outro, havemos de reconhecer e ainda fomentar a particularidade. A crítica que o primeiro faz ao segundo, de acordo com Taylor, é justamente que viola o princípio da não discriminação. A crítica que o segundo faz ao primeiro é que nega a identidade quando constringe as pessoas para introduzi-las em um molde homogêneo que não lhes pertence.

O que precisa ficar claro, e nisso o multiculturalismo está coberto de razão, é que esse conjunto de princípios cegos à diferença, supostamente neutro, da política da dignidade igualitária é, na realidade, o reflexo de uma cultura hegemônica, pois o que disso resulta é que somente culturas minoritárias ou suprimidas são constrangidas a assumir uma forma que lhes é alheia.

Também não podemos olvidar que o liberalismo, berço cultural da concepção de dignidade igualitária, é ele próprio uma cultura particular, com origem europeia e com uma função histórica bem marcada, qual seja, a necessidade de superação de um modelo social e de uma visão de mundo cujo reconhecimento está vinculado a padrões sociais previamente estipulados.

VI

A teorização da diferença IV: a diversidade e a institucionalização da tutela da sexualidade

No presente texto, interessa-nos, especialmente, referirmo-nos a algumas questões em torno da relação entre as subjetividades sexuais e as possibilidades de intervenção do Direito no mundo da vida, com a finalidade de melhorar as condições existenciais de parcelas da população que, pelo seu modo de ser, têm sido vítimas históricas de sistemas de dominação, cuja problematização principal e instrumentalização de controle têm sido a sexualidade distinta de padrões heteronormativos. Nesse sentido, trataremos de focalizar nossa análise nos possíveis aportes da articulação entre o Direito, a filosofia e os estudos de gênero, em relação com vários dos desafios que se nos apresentam no campo jurídico na atualidade, para enfrentar novas questões e demandas para as quais o conhecimento jurídico tradicional-dogmático não está funcionalizado para o atingimento de desideratos democráticos.

Entre esses desafios contemporâneos, podemos arrolar os seguintes:

I. As mudanças produzidas na configuração das feminilidades e das masculinidades, em seus róis, ideias e conformações desejantes, que estabelecem conflitos historicamente específicos;

II. As transformações nas relações de poder entre os gêneros na vida cotidiana, que têm criado maiores liberdades, mas também novos modos, seja de sofrimento como de prazeres;

III. O surgimento de uma multiplicidade de configurações e situações familiares que põem em questão a relação entre a formação de casal e parentalidade:[11] as famílias montadas (os meus, os teus e, às vezes,

[11] O termo *parentalidade* foi proposto por Paul Claude Recamier, em 1961, tendo sido utilizado por vários autores da década de 80 para as referências aos papéis e funções parentais. A parentalidade ultrapassa o fator biológico/geracional, estando ligada à experiência de ser pai(s), o que inclui a

os nossos), o impacto das novas tecnologias reprodutivas, as decisões de separação no curso de uma gravidez, separações e guardas compartilhadas de filhos muito pequenos (inclusive menores de um ano), a monoparentalidade por opção, a homoparentalidade, a parentalidade compartilhada sem constituir casal, entre outras;

IV. A visualização do campo das práticas da diversidade sexual, que inclui as práticas de sexualidade por fora do heteronormativo e da bipartição identitária em gêneros;

V. O novo panorama que se abre no âmbito da procriação na articulação entre as possibilidades das novas técnicas reprodutivas (fertilização assistida, barriga de aluguel, doação de óvulos e esperma, entre outras) e as decisões reprodutivas: alargamento da idade da procriação em mulheres, a opção pela monoparentalidade e que, no campo da diversidade sexual, permitem separar o desejo de filho/a da existência de um casal baseada na diferença sexual (TAJER, 2013).

A análise desses novos desafios nos revelam, sem qualquer esforço, que as perspectivas de aproximação/problematização/repressão da sexualidade, foram, ao longo da história – excluídos, aproximadamente, os últimos trinta ou quarenta anos –, produzidas e reproduzidas obedecendo a uma lógica normativa patriarcal. Essa situação estabeleceu uma diferença bem marcada em relação a quaisquer outras possíveis manifestações de sexualidade, consideradas como totalmente marginais em relação a essa binariedade heterossexual normalizada/naturalizada. Ocorre que, a partir das últimas décadas do século passado, essa diferença passou a ser fustigada pela emergência política de novas sexualidades que passaram a disputar lugares nesses espaços de significação e de construção da subjetividade.

Estamos diante da emergência de expressões sexuais e de gênero na contemporaneidade que até fins da década de setenta se mantinham na invisibilidade e/ou restritas a espaços privados. Problemas de dissidência sexual e de gênero que, em sua expressão, não eram capturados cognitivamente em sua complexidade positiva pelo sistema de controle social heteronormativo (formação de saberes e os sistemas de poder), ou por ele capturados negativamente de modo totalmente direcionado ao controle repressivo e excludente. A partir dessa última perspectiva de abordagem, foram, e continuam sendo, problematizados no campo teórico a partir de categorias tradicionais construídas binariamente

aceitação da herança parental e questões conscientes e inconscientes. Para se tornar um pai ou uma mãe, é importante o papel do narcisismo primário, no qual a criança é e se percebe desejada por seus pais, sentindo-se protegida por esse olhar. Há a necessidade de que os pais invistam no seu bebê. O olhar da criança também parentaliza seus pais, tendo a criança um papel ativo nesse processo, que vai depender das circunstâncias que envolvem seu nascimento, assim como suas competências e habilidades (LEBOVICI; SOLIS-PONTON, 2004).

(homem-mulher, heterossexual-homossexual), o que tem conduzido, consequentemente, à formulação de razões práticas estruturadas sobre essa mesma base epistemológica e que, em termos de adequação democrática ao nosso estágio civilizatório, está ainda distante de padrões humanamente aceitáveis.

Essa deficiência/insuficiência cognitiva não permitiu uma cartografia mais apurada e detida de diversos processos de estigmatização, discriminação, violência e exclusão vividos por essas pessoas, tendo permitido a permanência de intensos sofrimentos psicossociais, violações de direitos sexuais e humanos, destituindo-as do direito à cidadania e, portanto, de participação social e política nos processos de tomada de decisão política. Essa mesma insuficiência cognitiva não permitiu a percepção de que há pessoas felizes que se sentem bem em sua condição biopsicossocial e que não tem nada que ver com enfermidades mentais, crimes nem pecado, senão que são produtoras de estéticas existenciais que criam singularidades, ampliam seus universos de existencialização e põem em evidência experiências positivas de emancipação psicossocial, política e cultural vividas tanto no plano pessoal como no coletivo.

Podemos observar que houve, historicamente, a determinação de modelos de verdade impostos com a colaboração poderosa do biopoder e da biopolítica. Disciplinam-se os corpos, regulam-se os prazeres e promovem-se as modalidades de gestão de si mesmo. É dizer, em outras palavras, os modos de cuidado de si comprometidos com a reificação das práticas e dos discursos que dão manutenção aos padrões morais impostos pelas leis, pelos contratos e pelas instituições disciplinares e de contenção, guardiões da propriedade privada, da família nuclear burguesa, dos preceitos religiosos mais ortodoxos. Não podemos deixar de reconhecer a existência de um sistema disciplinar e regulador a serviço do biopoder e da biopolítica, que funciona como importante ferramenta de produção e manutenção de crença na heterossexualidade como obrigatória (RICH, 1986), caracterizando-se como processos de subjetivação que determinam que uma pessoa, ao nascer com sexo biológico macho, seu gênero será masculino, seu desejo heterossexual e sua prática sexual ativa; da mesma forma, se uma pessoa nasce com sexo biológico fêmea, seu gênero será feminino, seu desejo heterossexual e sua prática sexual passiva. Qualquer expressão sexual e/ou de gênero que escape dessas determinações não será reconhecida por esse sistema, ou, em caso de ser reconhecida, o será através da classificação, do diagnóstico, da patologização, do crime, do estigma, da exclusão e até da morte.

Esses novos processos de subjetivação formulam novas perguntas, novos subcampos de problematização dentro do grande âmbito da sexualidade, já problematizado desde os gregos antigos. Esses novos processos de subjetivação reclamam novos lugares no mundo, dão passagens para "devires" outros que confirmam as armadilhas em que se constituem os conceitos universais e os pensamentos binários e sedentários que cristalizam modelos de identidade absolutos.

A ideia central que aqui propomos fundamenta-se na hipótese de que a salvaguarda política e jurídica dos interesses de grupos minoritários e socialmente vulnerabilizados, em função de seus modos de ser diversos aos prescritos pelo sistema heteronormativo, não pode ser eficazmente funcionalizada a partir de categorias ou institutos que embasaram razões práticas próprias à proteção de maiorias, mas, num sentido diverso, reclama uma redefinição funcional do Direito que tome como móvel gerador a consolidação categorial da diversidade, e não uma busca impossível por uma igualdade que tem-se mostrado ao longo da história como uma grande ficção.

Uma das angústias deixadas pelas leituras de Nietzsche e de Warat diz respeito à igualdade, considerada como um dos elementos funcionalizadores centrais da política e do Direito modernos. Deslocando a análise da igualdade para o universo de problemas relativos aos grupos sociais mencionados anteriormente, percebemos inicialmente que essa unidade funcional da Modernidade não é adequada para a abordagem e o tratamento hermenêutico dos direitos, cuja tutela demande o reconhecimento da diferença em sua multiplicidade caleidoscópica, a que podemos nominar como diversidade. Ou seja, no plano instrumental, no estágio civilizatório em que nos encontramos, a adoção de soluções diferenciadas que aparentemente impliquem em discriminação, para a tutela de direitos cuja concretização fundamenta-se no reconhecimento da diversidade, não somente deve ser tolerada, mas, mais do que isso, estimulada. Para tanto, o deslocamento categorial em direção à diversidade é fundamental.

1. Sobre a necessidade de uma nova decisão filosófica para a contemporaneidade

Na construção dos argumentos que seguem recorreremos, mais uma vez, à metacategoria cartográfica de aproximação que tem norteado toda a condução do raciocínio desenvolvido ao longo de todos os capítulos. Refirimo-nos especificamente à metacategoria "decisões filosóficas", a qual delimitamos como formas de ordenação e de articulação do real numa determinada época.

Tomando como base essa categoria central, o presente trabalho tem o seguinte eixo de raciocínio: desde a utilização de algumas formas de ordenação do real e, consequentemente, da adoção de uma sintaxe correspondente epocal correlata à forma de ordenação, criam-se condições históricas de possibilidade de articulação de discursos sobre o real, sobre o mundo, sobre a experiência, nos mais variados campos ontológicos regionais, bem como novas possibilidades de intervenção no mundo da vida. O que queremos destacar é a relevância da diversidade, considerada como uma decisão filosófica, com enormes repercussões no plano da razão prática, especificamente no âmbito das possibilidades de formação de vontades de ação no Direito, como uma área do conhecimento aplicado. Em outras palavras, entendemos que as potencialidades das ações interventivas no mundo a partir do Direito têm uma estreita conexão com as formas de ordenação do real (decisões filosóficas) e as respectivas articulações dos discursos filosófico e científico engendradas desde esses *standards* de interpretação/construção do mundo. Assim foi com o discurso jurídico da antiguidade e do medievo, notadamente baseados numa forma de ordenação da realidade em que a desigualdade, com um viés totalmente negativo, era um elemento central; o mesmo fenômeno pôde ser observado em relação à Modernidade, quando a ordenação da realidade depositou na ideia de igualdade grande parte de suas possibilidades, situação que se projetou fortemente no Direito e cuja permanência se faz sentir, praticamente absolutizada, até os dias contemporâneos. Também percebemos isso com a categoria da diferença, como contraponto à concepção igualitária do mundo, estruturada no século passado, mas que se mostra inadequada aos tempos atuais, em função da sua potencialidade, no plano da sexualidade, de captura identitária e de determinação de subjetividades de modo um tanto quanto autoritário. Queremos demonstrar que, tanto a forma de ordenação própria da Modernidade – a igualdade –, quanto a que a ela se contrapôs – a diferença –, devem ser fortemente relativizadas, a fim de possibilitar uma refuncionalização do Direito, a partir da metacategoria cartográfica da diversidade, de tal forma que permita soluções politicamente adequadas a situações sociais conflitivas, às quais essas sintaxes mostram-se insuficientes.

É importante destacar que, na história do pensamento, não se observa uma infinidade de formas de ordenação da realidade. Há, isto sim, um leque limitado de matrizes de compreensão, de interpretação e de intervenção no mundo. Como consequência, a amplitude de ações possíveis no universo da razão prática jurídica não escapa desse universo restrito de decisões filosóficas. Muito pelo contrário. O Direito, em um sentido amplo, é resultado das diferentes formas de ordenação do real e das diferentes formas de articulação das reflexões e discursos que caracterizam tradições de pensamento.

Toda essa articulação que pretendemos demonstrar pressupõe um elemento construtivo fundamental que se constitui a partir de um inevitável e necessário diálogo entre filosofia e Direito. Não falamos da construção de um discurso meramente filosófico, mas de um discurso jurídico, circunscrito ao campo da Teoria do Direito ou, talvez, no máximo, dentro dos limites de uma ontologia regional, como a Filosofia do Direito, elaborado por juristas que possuem algumas angústias, em relação a problemas próprios do Direito, que lhe foram proporcionadas pela filosofia.

É bastante difícil articular uma análise que busque constatar que o Direito é, em boa medida, o resultado de decisões filosóficas e do engendramento, a partir dessas decisões, de tradições de pesquisa e pensamento, sem que essa análise seja constituída a partir desta imbricação entre Direito e filosofia. Do Direito, os problemas; da filosofia, as diferentes formas de ordenação do real e as diversas possibilidades de análise e articulação de discursos pelas tradições. É dessa fusão molecular e rizomática, entre elementos críticos da filosofia e elementos problemáticos que fazem parte do universo de preocupações do Direito, que parte a presente análise para tentar demonstrar que a diversidade, entendida como uma forma de ordenação do mundo, apresenta-se como uma decisão filosófica profundamente adequada ao nosso tempo, para a compreensão, a interpretação e o redirecionamento vital dos fenômenos que compõem uma nova gama de problemas expostos contemporaneamente, em particular aqueles cuja materialidade revela questões de reconhecimento, de identidade, de hipossuficiência e de exclusão, ou, sintética e genericamente, situações de vulnerabilidade social a partir de um modo de ser não conformado com um sistema heteronormativo de dominação e controle social.

Há nessa empreitada teórica uma tentativa de criar um cenário de discussão no campo do Direito sobre a inadequação à complexidade do mundo contemporâneo de conceitos simplistas e reducionistas como a igualdade contratualizada ou a diferença, uma vez que suas aplicações para algumas situações concretas, que se caracterizam ontologicamente pela diversidade, se constituem em dogmatismos injustificados. Em outras palavras, deslocando o problema para o campo da justiça, qualquer elaboração teórica que pretenda responder a problemas tão complexos como os que são próprios da pós-Modernidade, mediante a aplicação do mesmo princípio específico – ou do mesmo conjunto de princípios –, é inadequada e insuficiente em termos de aplicação prática.

2. A sintaxe da igualdade como instrumentalização de uma forma de ordenação do real baseada na ordem e na certeza

A hegemonia da sintaxe da igualdade na Modernidade fundamentou-se, em significativa medida, sobre as exigências de segurança jurídica sobre as quais se sustentou o Direito liberal-iluminista. Essa relação entre igualdade e segurança jurídica situou-se num duplo nível. Por um lado, a certeza e a eficácia jurídicas cobraram vida em um contexto de reciprocidade entre cidadãos e órgãos do sistema jurídico. Por outro, muitas exigências da segurança jurídica foram e continuam sendo, ao mesmo tempo, princípios de igualdade formal. A generalidade das normas, a proibição de discriminações arbitrárias, a força vinculante do precedente, são algumas dessas exigências que se ligam diretamente à igualdade, entendida como igualdade de trato. Ou talvez seja mais correto afirmar que alguns princípios jurídicos tradicionalmente relacionados com a igualdade de trato são, melhor dizendo, concretizações ou exigências da segurança jurídica. Neste sentido são as palavras de Abellán, para quem a generalidade e a aplicação uniforme das normas jurídicas constituem, mais que expressões do valor da igualdade, exigências da segurança jurídica (1993, p. 59).

A certeza e a confiança dos cidadãos no Direito, próprias da cultura política e jurídica liberal, não se encaixam facilmente com um marco jurídico que se encontre na circunstância histórica de tutelar a diversidade, que se manifesta cada vez mais num mundo altamente complexificado. Daí que a segurança jurídica, profundamente simplificadora, foi pensada para atuar como um imperativo racionalista dirigido ao próprio Direito, com vistas a que este se articulasse e se funcionalizasse com regularidade, sem distinções que pudessem ser imprevisíveis e arbitrárias. Assim, só um Direito muito geral e universal poderia lograr a convergência de comportamentos da qual brota a ordem, a previsibilidade da atuação de outras pessoas, a confiança em que o Direito é uma magnitude mais ou menos firme que não pode ser mudada constantemente.

Coincidentemente com o princípio da igualdade, que atua cancelando as diversidades de fato que se consideram irrelevantes, de acordo com um conjunto de razões de segunda ordem (LAPORTA, 1987, p. 13-15), a lógica que anima ao princípio da segurança jurídica é a simplificação do Direito, mediante regulações gerais e homogeneizantes em grande medida, critérios unívocos de interpretação e atos mecânicos e, portanto, também gerais, na aplicação e na exigência coativa do cumprimento das normas.

A complexidade do mundo atual tem exposto situações numa zona de tratamento sensível ao Direito, que impõem uma relativização das ideias de lei geral e abstrata, ligada ao modelo liberal de segurança jurídica e, consequentemente, também a de igualdade, como pilares centrais dos sistemas jurídicos. Contemporaneamente, com a necessidade de reconhecimento e legitimação da tutela de uma imensa gama de interesses de grupos sociais restritos, a norma jurídica não pode mais assumir um caráter de generalidade absoluta, como pretende um Direito fundado em uma racionalidade formal-liberal. O que se impõe considerar é que situações particulares reclamam cada vez mais espaços de tutela jurídica, passando o objetivo dos sistemas normativos a ser não mais somente a prescrição de comportamentos homogeneizados, mas, num sentido diverso, buscar garantir espaços públicos que permitam a ocorrência de comportamentos e interesses heterogêneos, diversificados.

Com a complexificação do mundo e a amplificação das manifestações de diversidade, em função dos processos tecnológicos que permitiram tal aparecimento e, consequentemente, uma suavização das diferenças, impôs-se uma modulação na versão liberal do tensionamento entre os binômios segurança jurídica/igualdade formal e segurança social/diferença material. Discordamos frontalmente da tese liberal consistente no argumento de que um Estado que não esteja baseado nos princípios da segurança jurídica e da igualdade não pode ser reduzido aos termos de um modelo de Estado de Direito (VERDÚ, 1975, p. 117). Uma crise da segurança jurídica, em função de uma mitigação da ideia de igualdade, é o resultado lógico e inevitável das tensões existentes entre a racionalidade formal do Direito liberal e a material do Estado social. Essa crise, contemporaneamente, tornou-se um pouco mais complexa, quando a ela se agregaram as demandas de minorias e de vulneráveis sociais, cujas soluções políticas e jurídicas que têm sido construídas são funcionalizadas, ou, no mínimo, reclamam uma funcionalização, com uma lógica que se afasta das engenhosidades políticas e jurídicas homogeneizadoras liberais. Temos, como exemplo claro disso, as ações afirmativas, que têm recebido violentas críticas em função de encerrarem, supostamente, um alto potencial discriminatório de sinal trocado.

As ações afirmativas se operacionalizam dentro de uma perspectiva diacrônica, diferenciadora com base na diversificação, na medida em que tomam em conta um lapso histórico representativo da ocorrência de desigualdades negativas. Assim, plenamente justificáveis são as quebras impostas ao princípio da igualdade, na medida em que não há um esquecimento da faticidade na qual estão mergulhados historicamente determinados grupos de pessoas, cuja situação existencial atual é extremamente desfavorável, mas cuja origem não reside nos dias atuais.

Em sentido contrário, a igualdade formal liberal, deslocada de seu tempo genético-histórico, tem se operacionalizado numa perspectiva sincrônica, ou seja, induz, sem memória, a podermos dizer: "somos iguais hoje e é isto que interessa". O passado não tem a menor importância, e se alguém hoje é rico porque seus antepassados exploraram negros escravos, ou porque descende de uma família que adquiriu riquezas impondo a aborígenes cargas pesadíssimas de trabalho que levaram milhares à morte, essas situações passadas não podem ser consideradas hoje para qualquer espécie de redistribuição de bens sociais.

Há, com a igualdade formal, positivada através da igualdade de todos perante a lei, uma espécie de posição original, de posto zero, pois toda faticidade é apagada, e a partir disso devem decorrer todas as possíveis ações políticas e jurídicas do Estado, sob pena de vivermos em uma constante incerteza e desordem.

A partir da fundamentalidade da contribuição de autores como Hobbes, Locke e Rousseau, houve a sedimentação do conceito de igualdade, tanto no âmbito teórico, quanto no prático (jurídico e político). No imaginário moderno, ocorreu uma consensual aceitação da igualdade como ideal a ser buscado e implantado em todas as sociedades, com relevantíssimas projeções no plano jurídico. Entretanto, ainda persistem graves problemas de ordem prática não só em relação à concretização da igualdade naquilo que a reclama como unidade funcional, mas também pelo fato de que os problemas concretos que configuram a atual complexidade do mundo colocam em xeque a própria vigência absoluta da decisão de igualdade. A crise pela qual passa a ideia de igualdade, especialmente em função da sua inadequação à complexidade do mundo contemporâneo e, consequentemente, pela redução de sua funcionalidade resolutiva para novos tipos de conflitos que exigem o reconhecimento da diversidade, já havia sido denunciada por Nietzsche em sua obra *Crepúsculo dos Ídolos*, ao dizer, aforisticamente, que

> a "igualdade", um certo assemelhamento real que acha expressão apenas na teoria de "direitos iguais", é essencialmente própria do declínio: o fosso entre um ser humano e outro, entre uma classe e outra, a multiplicidade de tipos, a vontade de ser si próprio, de destacar-se, isso que denomino de *páthos* da distância é característica de toda época forte. A tensão, a distância entre os extremos torna-se hoje cada vez menor – por fim, os próprios extremos se apagam até atingir a semelhança... Todas as nossas teorias e constituições de Estado, sem excluir absolutamente o "Reich" alemão, são decorrências, consequências necessárias do declínio; o inconsciente efeito da *décadence* assenhoreou-se até dos ideais das ciências particulares (2006, p. 87).

Há, sem dúvida, uma necessidade incontornável de relativização das ideias de certeza e de ordem na contemporaneidade, em função da ocorrência de uma fragmentação do mundo, possibilitada por movimentos sociais que fazem emergir modos de ser em suas singularidades, especialmente em razão de novas tecnologias e pela aceleração da comunicação. E isso se reflete inevitavelmente sobre o âmbito dos dogmas petrificados do Direito clássico, tal como o princípio da igualdade. No mínimo, temos que pensar em termos de uma diminuição da intensidade do potencial regulador da igualdade, pois outros valores, como a eficácia da atuação administrativa e, fundamentalmente, a justiça social, entraram definitivamente em cena no universo político e jurídico.

Estamos diante da inexorabilidade de uma ampliação conceitual que põe manifestamente a necessidade e a desejabilidade de adequarmos as categorias da dogmática jurídica tradicional a todas as transformações ocorridas no mundo da vida, assim como no plano dos direitos fundamentais, no modelo de Estado, no sistema político e econômico, e, em função disso, na própria estrutura e funcionalidade do Direito. Não temos mais como desconsiderar, em nome de elementos conceituais reguladores clássicos como a igualdade, as novas demandas sociais cuja tutela não pode ser operacionalizada pelas tradicionais categorias do Direito moderno. Ordem, certeza, igualdade cedem cada vez mais espaço para formas de ordenação da realidade baseadas na complexidade e para formas de intervenção e construção empíricas fundadas na ideia de diferença, de pluralismo e de diversidade.

3. A igualdade, a simplificação do real e a castração do desejo de diversidade

O Direito moderno, em seu intento permanente de controle do futuro, buscou, através de suas programações normativas, reduzir a complexidade do mundo da vida, num movimento completamente inverso à dinâmica do real, especialmente se considerarmos os desenvolvimentos ocorridos desde o século passado. Enquanto outras áreas do conhecimento humano mantiveram uma ampla conexão com a vida cotidiana, a ciência, especialmente a que se estruturou a partir do século XVII, distanciou-se significativamente da multiplicidade do mundo. Enquanto romancistas e poetas percebiam e mostravam os seres humanos como seres singulares, em seus contextos e no seu tempo, de Descartes a Newton os cientistas tentaram conceber um universo que fosse uma máquina determinista perfeita. Enquanto dramaturgos e trovadores mostravam que a vida cotidiana era, de fato, uma vida na qual cada um representa vários papéis sociais, segundo o que é na sua casa, no seu trabalho, com amigos e desconhecidos, alguns cientistas, como Descartes e Newton, necessitaram de Deus em seus fundamentos, enquanto outros, como Laplace, entenderam que essa máquina determinista verdadeiramente perfeita se bastava a si própria. Se na arte, na literatura, na música, os seres humanos apresentavam-se em suas múltiplas identidades e personalidades, em suas relações ambivalentes com o outro, em suas constantes transformações no tempo, em sentido oposto, no plano científico, os atributos epistemológicos da ciência moderna, independente de a fundamentação residir em Deus, na natureza ou na razão, tiveram uma certa permanência: a perfeição, a ordem absoluta, a imortalidade, a eternidade.

Em que pese a gravidade da mitologia científica moderna na modelação/configuração do mundo e das práticas que viriam se seguir nos séculos vindouros, é preciso reconhecer, concordando com Morin, que essa mitologia foi fecunda, porque a busca da grande lei do universo conduziu às descobertas de leis importantes, como as da gravitação, do eletromagnetismo, das interações nucleares fortes e fracas, além de inúmeras outras que possibilitaram a própria erosão do paradigma científico da certeza, da ordem e da unidade. Entretanto, o processo científico de busca pelas grandes leis universais constituiu-se num paradoxo. Ao mesmo tempo que tinham como causa principal a busca dessa harmonia, possibilitaram, inversamente, o descobrimento de que o mundo era pura desordem. Assim foi na física, na química, na biologia, enfim, em todas as novas ciências que se estruturaram na Modernidade. E se em tais ramos, onde há uma certa racionalidade objetiva um pouco maior que nos campos ontológicos regionais das ciências humanas, o que dizer destas, onde a existência, o ser-aí ou o modo de ser específico dos seres humanos, em toda sua multidimensionalidade, em toda a sua incerteza, em todo o pluralismo de seus desejos, é o principal elemento a ser compreendido?

No plano econômico, a situação de total desordem repetiu-se, recentemente, por exemplo, com a bolha imobiliária norte-americana, que teve resultados catastróficos na economia mundial e que novamente reedita-se com o colapso financeiro de economias europeias, como as da Grécia, da Irlanda, da Espanha, da Itália e de Portugal. Enterrou-se, definitivamente, no plano das ciências sociais, a ideia de ordem, de certeza, de pensamento unidimensional, de leis e princípios universais, gerais e abstratos que tenham a potencialidade de regular as mais diversas situações concretas que cotidianamente se manifestam.

Com o Direito não foi e não tem sido diferente. Houve, na razão jurídica, uma vontade de simplificação da complexidade do mundo da vida. Privados de Deus, os juristas modernos buscaram, incessante e inconscientemente, um novo lugar de construção institucional de uma sensação existencial de confiança. Mesmo diante de uma manifesta multiplicidade e desordem dos fenômenos, buscaram a simplicidade através de aforismos que adquiriram o status de princípios de uma nova ordem. Mesmo diante de um mundo onde todos eram desiguais, construíram várias alternativas cuja concepção central girava em torno da criação de uma posição original, nos termos, por exemplo, propostos por Rawls, na qual, a partir de um determinado momento, pela simples positivação de princípios como o da igualdade de oportunidades ou de trato, a complexidade do mundo estaria condenada ao desaparecimento, pela expulsão definitiva da desordem.

Contemporaneamente, alguns mitos jurídicos da Modernidade, dentre eles o princípio/valor da igualdade, começaram a apresentar um processo de corrosão que já existia desde o seu primeiro dia de vida, por uma oxidação imposta pelo mundo da vida. Entendida não como fundamento, mas como um princípio regulador, a igualdade perdeu de vista boa parte do tecido social constituído pelos fenômenos nos quais nos encontramos e que constituem a totalidade que é o nosso mundo. O que se nota é que o Direito da Modernidade, especialmente no que toca à capacidade regulativa da ideia de igualdade, está distanciado de um real monstruoso, que cada vez mais escapa a esse conceito regulador.

A simples positivação do princípio da igualdade significou uma tentativa de redução da complexidade do real, cujos efeitos em termos de tutela jurídica se fazem sentir ainda nos dias atuais, como em nenhuma outra época. A simplificação jurídica pela ideia de igualdade impede que o Direito penetre as camadas mais profundas da realidade e traduza essa complexidade para o seu universo instrumental destinado à solução de conflitos multifacetados, como os que surgem diariamente, especialmente no campo da sexualidade.

Um dos grandes méritos da globalização tecnológica foi expor essa complexidade do mundo que até então era desconhecida. Essa nova formação tecnoinfossocietária, utilizando a expressão de Dreiffus, caracterizada por uma profunda e abrangente reestruturação produtiva e reorganização societária, ancoradas na entronização da microeletrônica e eletrônica digital; da eletrônica de concepção, produção e consumo; da informática; das telecomunicações; da automação; e da robótica, tanto no processo de produção e no próprio produto, quanto nas novas formas de existência social, exerceu funções primordiais na produção de conhecimento, na economia e na configuração vivencial e existencial (1999, p. 25-28). Houve, a partir dessas revoluções tecnológicas, um maior aparecimento da diversidade que estava encoberta pela ficção da igualdade. Com isso, a igualdade tornou-se, lentamente, em relação ao mundo da vida, uma imensa ficção, pois a diversidade, em suas mais diversas manifestações, tomou um espaço até então inimaginável para os âmbitos teórico e prático do Direito. A própria ideia de contrato social, construção política a partir da qual se estruturou a ideia de igualdade, é uma imensa ficção que teve a força de encobrir, por aproximadamente dois séculos, enormes diferenças que hoje estão expostas em toda a sua crueza.

Diante da irrefreável e potencializada manifestação da diversidade, a igualdade tornou-se uma coação, um aprisionamento do mundo dentro de princípios reguladores que, no mínimo, precisam de fortes modulações conformativas. Utilizando-nos, aqui, um pouco, de Warat, temos que a igualdade é, sobretudo, castração e, como tal, a poda de desejos de diversidade de um querer-vir-a-ser complexo. É o desejo posto, ideologicamente, fora da história. À primeira vista, diz esse pensador, a castração revela-se, passivamente, como uma falta, uma insuficiência, um vazio. É essa representação camuflada da castração, para ele, que nos faz submergir nos suntuosos anacronismos das verdades completas, tal como a igualdade. Assim, somos tranquilizados, pois somos levados a crer que somente quando opera uma verdade incompleta, incapaz de fazer-se nomear plenamente, é que há castração. As verdades completas estariam, desse modo, isentas de castração. Essa é uma crença que nos conviria queimar, adverte-nos (2000, p. 14).

Enquanto princípio regulador, a igualdade é uma castração da linguagem pelo pavor ao distinto, a tudo o que não é conjuntamente verossímil e consagrado culturalmente. E como consumidores de significados castrados como a igualdade, vamos distanciando-nos de nossos desejos, sentindo medo de escutar palavras que nomeiem referentes socialmente intoleráveis. É nesse sentido que Warat afirma, e aqui estendemos à igualdade, que a castração, mais que uma falta, é a afirmação feroz de uma versão cultural de nós mesmos e de nossas circunstâncias. É a cultura do imobilismo, de sedentarismo. Assumindo o arbitrário das generalizações, diria Warat que o que está em jogo em toda a teia castradora é a totalitária imposição de uma unidade, desejada por um anônimo fantasma externo (2000, p.15).

A ideia liberal-iluminista da igualdade, nestes termos, expressa bem a essência excessiva de uma castração simbólica. O discurso político-jurídico moderno foi estruturado sobre uma saturação de estereótipos do igualitarismo, versões singulares, simplificadas e lineares que foram impostas como uma forma ocidental legítima de compreensão dos sentidos, num movimento de total negação do plural das significações possíveis do real.

Às avessas, a negação da igualdade significa a liberação da castração simbólica, cuja consequência é a proliferação do plural das significações, pois a pluralidade, a diferença são os únicos componentes do real; a igualdade é ficção de qualidade bastante discutível se aplicada absolutamente em nosso tempo. Para os teóricos da ordem, da certeza, da simplificação reducionista, para os castrados, enfim, a aceitação da pluralidade e da diversidade significa o terror e, consequentemente, a impossibilidade da autonomia.

A ideia de igualdade representa uma forma de ordenação do real recheada de componentes totalitários e castradores que, como forma de intervenção empírica, impede a manifestação da diversidade dos múltiplos desejos de viver. A igualdade é, em parte, o que Warat chamaria de um planejamento totalitário das sociedades, pela neutralização da diversidade, como decorrência de uma simplificação antropológica. Um sentido totalitário de uma formação social que precisa ser assegurado pela multiplicação de olhares que prometem segurança, através de engenhosidades como a igualdade (acrescentamos), produzindo sentimentos de culpa. Olhares que se dizem protetores pela vigilância e pelo controle das pulsões (1997, p. 222). A igualdade é um dos produtos que a ciência jurídica moderna consagrou para iludir-nos com firmezas, com certezas míticas que fundam a instituição imaginária da sociedade. A igualdade deve ser entendida como um princípio de existência, como um princípio do pensamento, como um princípio de valor e de ação que nos foi imposto para apresentar o mundo com a ocultação do caos, da desordem, da incerteza, da diferença, da diversidade e do pluralismo que lhe são próprios.

A diversidade estabelecida a partir das diferenças, em sentido contrário, significa uma potencialidade emancipatória de recolocação dos desejos no mundo, pela abolição da mentalidade moderna castradora. Reposicionar e refuncionalizar o Direito, pela consideração primordial da diversidade e do pluralismo, só pode ocorrer pelo ressurgimento de um processo de significação do mundo que passe ao lado de sistemas de determinações instrumentais e funcionais que sejam constritores da diversidade.

4. Da sintaxe da igualdade à sintaxe da diferença

O processo de negação da igualdade deu-se, paradoxalmente, de forma mais efetiva, a partir da década de sessenta do século passado, com a agudização das lutas políticas de diferentes grupos que compunham as sociedades multifacetadas de países do norte. Aparentemente parecia estar havendo movimentos sociais pela igualdade, quando na verdade o que estava ocorrendo era a busca de uma identidade por grupos que se diferenciavam de uma maioria que os oprimia em nome de uma suposta igualdade, que sequer chegava a ser formal.

Novos elementos histórico-mundiais, histórico-textuais, histórico-desejantes, enfim, novos fenômenos conjunturais passaram a criar novas condições de multiplicidade e positividade. Estávamos diante de inéditas ações/afirmações culturais, comportamentais, políticas e filosóficas, voltadas a propor noções mais inclusivas e, simultaneamente, respeitadoras da diferença de concepções alternativas da dignidade humana. Contraditoriamente, numa visão liberal, se poderia pensar que tais movimentos significaram historicamente uma busca pela igualdade, mas o que realmente tais movimentos buscavam era o reconhecimento de suas diferenças, de suas identidades, de suas idiossincrasias; um querer-vir-a-ser, uma vontade de potência, utilizando Nietzsche, que não era nem nunca foi de igualdade, mas de afirmação da diferença. O que tais movimentos representaram e ainda representam é a manifestação de forças de modulação do corpo social, político e jurídico.

Antes de destacar o acontecimento das manifestações de diferentes grupos na luta por seus direitos, antes de destacar as teorizações transdisciplinares formuladas pelas ciências humanas e sociais acerca de tais acontecimentos, é preciso enfatizar o que é mais profundo e distinguível dessa nova conjuntura surgida em meados da sexta década do século passado: a grave influência de uma outra decisão filosófica, de uma outra forma de ordenação do real, que não a igualdade, mas o condicionamento determinado pela "diferença", como uma decisão filosófica capaz de conduzir a si própria na construção de sua própria sintaxe, capaz de conduzir à sua própria experiência "transcendental" e, como consequência prática, capaz de operar a gênese de uma nova realidade empírica.

Esses questionamentos a sistemas mundiais dominadores, percebidos como movimentos, foram e continuam sendo condições de possibilidade de respostas espontâneas a cenários que estavam situados – e muitos ainda estão – longe do equilíbrio. São situações caóticas, em estado de instabilidade e de crise. Nesse aspecto, podem ser considerados como uma construção simbólico-política de grupos portadores de uma nova visão social, de um novo entusiasmo vital, de uma nova vontade de potência e de uma renovada proposta salvadora, diante da dominação que grupos hegemônicos impuseram a minorias, marginalizados, hipossuficientes ou vulneráveis sociais.

Esses estados espontâneos tiveram e ainda têm a potencialidade de engendrar decisões refundadoras da sociedade, capazes de redirecionar a história. São rearticulações simbólico-políticas que se distanciam de uma forma de percepção e ordenação do real baseada na igualdade simplificadora. Em sentido diverso, fundamentam-se numa compreensão do mundo alicerçada na consolidação das diferenças. E nisso não há, nem pode haver, uma pretensão de estabelecimento de uma ordem baseada na igualdade. Há, isto sim, a busca pelo reconhecimento de uma equivalência valorativa da diferença e da pluralidade.

Nesses movimentos históricos que têm-se estruturado de baixo para cima, o consenso emerge espontaneamente de uma organização mínima, fluída, no qual prevalecem mais pontos de referência valorativa do que propriamente preceitos e leis a serem seguidos por todos. Esses contramovimentos à homogeneização igualitária apresentam-se como uma alternativa às hegemonias estabelecidas. Há, em sua essência, um apelo fundamental que explica o seu aspecto de liberação, até certo ponto revolucionário. Veja-se, por exemplo, a magnitude e a relevância política do movimento dos indivíduos que não adotam padrões de sexualidade heteronormativa em todo o mundo, que lutam não pela igualdade, mas pelo reconhecimento da sua identidade assentada na diversidade.

Entretanto, a ocorrência desses novos movimentos sociais não garantiu o logro da concretização das demandas por eles reivindicadas. Os novos movimentos, que em sua origem visavam à mudança, precisaram alterar sua natureza; necessitaram mudar de natureza para poderem permanecer. Houve uma necessidade de institucionalização, e com ela uma inevitável rotinização, burocratização, normatização e, consequentemente, a assunção de lugares de poderes. As Constituições democráticas e sociais de Direito cumpriram, nesse aspecto, uma importantíssima função institucionalizadora da diferença e do pluralismo.

O que podemos observar é que, majoritariamente, as institucionalizações jurídicas das tutelas pretendidas pelos movimentos de reconhecimento da diferença e do pluralismo têm-se baseado numa forma de ordenação igualitária, buscando, com isso, deixar numa mesma posição social indivíduos e grupos absolutamente diferentes. Nesse aspecto, as novidades instrumentais de garantia da diferença têm causado sérios transtornos de estranhamento numa cultura jurídica estandartizada pelo igualitarismo, sendo reiteradamente qualificadas como discriminatórias e atentatórias à igualdade. Veja-se, por exemplo, as ações afirmativas de reservas de cotas para negros, índios e egressos de escolas públicas, ou, então, os casamentos e novas possibilidades de constituições familiares por parte de homossexuais.

Pretendemos, assim, deixar claro que, em função da necessidade de uma institucionalização, de uma rotinização, de uma normatização e de uma assunção de lugares de poder institucionalizados pelos movimentos liberatórios de minorias e vulneráveis sociais, para que suas demandas sejam garantidas, não basta que tais institucionalizações sejam efetivadas sobre uma lógica da igualdade, se, em sentido diverso, os movimentos lutam pelo reconhecimento da diferença e do pluralismo. É necessário que tais institucionalizações sejam construídas sobre uma nova compreensão do mundo e, consequentemente, permitam e legitimem a formulação de engenhosidades jurídicas que possibilitem a consolidação da diferença.

A nossa insistência no argumento reside, sobretudo, na relevância da adoção de uma nova sintaxe nas práticas jurídicas de liberdade, pois os movimentos de liberação na sua dinâmica fluída de geração de processos de construção de identidades e de superação de estados de dominação, já possuem, em sua fundamentalidade, essa ontologia da diferença e do pluralismo. Há, assim, a necessidade de uma complementaridade nessa relação evolutiva entre caos (movimento) e cosmos (institucionalização), entre lutas sociais como antecedente e Direito como consequente, no sentido de que a institucionalização deva substancializar normativamente a forma de ordenação do real sobre a qual se constituiu o movimento.

A pergunta que aqui se impõe é a seguinte: tendo sido a sintaxe da diferença uma alternativa à da igualdade, constitui-se ela na forma de ordenação da realidade adequada à complexidade contemporânea e, portanto, como consequência, apta a fundamentar uma razão prática destinada à tutela das diversas demandas que hoje se manifestam?

5. Da sintaxe da diferença à sintaxe da diversidade, ou refazendo nossas decisões sobre como (des)ordenar o mundo

Para uma abordagem cartográfica acerca da sexualidade, o mais próxima possível do mundo da vida, é preciso que admitamos, antes de mais nada, que, desde as duas ou três últimas décadas do século passado, foram cobrando visibilidade cada vez maior diferentes modalidades amorosas, conjugais, eróticas e parentais que, em seu conjunto, estariam dando conta de profundas transformações nos modos de subjetivação contemporâneos (FERNANDÉZ, 2013, p. 17). Já nos anos 90, Deleuze, além de inúmeros outros autores, apontava o desembasamento das instituições da primeira Modernidade, as reformulações do público e do privado e a crise generalizada das famílias, dos laços sociais, da educação e do trabalho na passagem das sociedades disciplinares às sociedades de controle (DELEUZE, 1992; FERNANDÉZ, 1999; LAZARATTO, 2006; ROLNIK; GUATTARI, 2006; PERES, 2010).

A família nuclear burguesa e o amor romântico fizeram parte da construção dos modos de subjetivação e objetivação, tanto hegemônicos como subordinados, que se manifestaram desde o surgimento do capitalismo. Um modo de subjetivação construído sobre influências altamente repressivas que estruturou uma subjetividade moderna constituindo uma "Idade da Repressão", como diz Foucault, cuja origem, após centenas de anos de arejamento e de expressão livre, coincide com os primórdios do desenvolvimento do capitalismo no século XVII (1984, p. 11). Houve, segundo os termos de Foucault, a formação do dispositivo sócio-histórico da sexualidade.

Foucault analisa a sexualidade desde uma perspectiva bastante diversa da adotada, por exemplo, por biólogos, botânicos, historiadores da ciência, das ideias ou dos costumes. Foucault fala de um dispositivo da sexualidade, cujo sentido e função podem ser entendidos sob três diferentes aspectos.

Pelo termo dispositivo, Foucault tenta demarcar, em primeiro lugar, um conjunto decididamente heterogêneo que engloba discursos, instituições, organizações arquitetônicas, decisões regulamentares, leis, medidas administrativas, enunciados científicos, proposições filosóficas, morais, filantrópicas. O dito e o não dito são os elementos do dispositivo. O dispositivo é a rede que se pode estabelecer entre esses elementos.

Em segundo lugar, entre esses componentes heterogêneos, discursivos ou não, existe um tipo de jogo, ou seja, mudanças de posição e modificações de funções, que também podem ser muito diferentes. Por exemplo, um discurso pode aparecer como programa de uma instituição, como conteúdo material de uma lei ou como um elemento que permite justificar e mascarar uma prática (Ex. Proposta de Lei da Cura Gay).

Em terceiro lugar, o dispositivo pode ser compreendido como um tipo de formação que em um determinado momento histórico teve como função principal responder a uma urgência. O dispositivo tem, portanto, uma função estratégica dominante.

Por possuir uma natureza essencialmente estratégica, dinamicamente o dispositivo supõe uma manipulação das relações de força, uma intervenção racional e organizada nessas relações, seja para desenvolvê-las em determinada direção, seja para bloqueá-las, para estabilizá-las, utilizá-las. Assim, o dispositivo está sempre inscrito em um jogo de poder, estando sempre, no entanto, ligado a uma ou a configurações de saber que dele nascem, mas que igualmente o condicionam. É isto o dispositivo: estratégias de relações de força sustentando tipos de saber e sendo sustentadas por eles.

O que Foucault delimita como "dispositivo" é algo mais geral do que ele compreende como épistémè, conforme tratado no seu livro As Palavras e as Coisas, pois a épistémè é um dispositivo especificamente discursivo, diferente do dispositivo, que é discursivo e não discursivo e seus elementos muito mais heterogêneos. O dispositivo compreende, também, a instituição, em sua perspectiva de coerção, apreensão. Tudo o que em uma sociedade funciona como sistema de coerção, sem ser um enunciado, ou seja, todo o social não discursivo é a instituição (1984, p. 244).

A partir desse dispositivo, as sociedades ocidentais da Modernidade foram conformando uma experiência pela qual os indivíduos iam reconhecendo-se como sujeitos de uma sexualidade, dentro de um sistema de controle social heteronormativo. Ou seja, a sexualidade passou a constituir-se como uma chave identitária, configurando uma forma de ordenamento social pela qual as práticas sexuais passaram a outorgar identidades. Segundo Fernández,

> esta modalidad de construcción de las sexualidades en clave identitaria se denomina binaria porque fija sólo dos términos (hombre-mujer, heterosexual-homosexual). Es atri-

butiva, porque atribuye determinadas características y no otras a las personas que portan la identidad. Pero también es jerárquica, porque ha posicionado las opciones sexuales no heterosexuales como "la diferencia" (2013, p. 21).

Esse modo, próprio da Modernidade, pelo menos na sua fase final, de pensar a diferença como o negativo do idêntico, do igual, no mesmo movimento em que distingue a diferença institui a desigualdade social e política de tais diferentes. O que parecia, assim, ser uma nova forma de ordenação social que poderia permitir o engendramento de uma suavização das diferenças e a elaboração de razões práticas protetivas do diferente, constitui-se numa armadilha, pois essa lógica binária, atributiva e hierárquica, conformou a priori epistêmicos, políticos, éticos, científicos e estéticos que desigualaram desde diferenças étnicas ou religiosas, de gênero e de classe, até as opções sexuais que não respondem a critérios heteronormativos.

Para isso foi necessária a produção e a naturalização de um ordenamento hierárquico que estabelecesse a diferença como negativo do idêntico, do igual, e que irreversivelmente situou e situa "as e os diferentes" como inferiores, perigosos, enfermos, é dizer, como anomalia (FERNANDÉZ, 2009). Criaram-se configurações diferenciadoras que em sua funcionalidade emergiram como desigualadoras. Uma lógica binária diferenciadora que desigualou homens de mulheres, heterossexuais de homossexuais, brancos europeus do resto das etnias.

O dispositivo da sexualidade moderna de Foucault, estruturado sobre sexualidade, heterossexualidade, homossexualidade, bissexualidade, ordenou os imaginários sociais e as práticas eróticas, amorosas, conjugais e parentais específicas a partir de um acoplamento de sexo biológico-desejo-gênero-práticas eróticas e amatórias, criando, com isso, uma ordem sexual, bem nos termos racionalistas setecentistas. Uma ordem sexual onde há os idênticos, os iguais e os diferentes. Uma modulação negativa de uma decisão filosófica – a diferença – que parecia fadada ao sucesso, mas que ficou aquém das projeções filosóficas mais otimistas.

Assim, o que há de dado no mundo da vida, em termos de sexualidade, que aponta para a inadequação da diferença como forma de ordenamento do real e possibilidade de estruturação de uma razão prática, democraticamente adequada, para instrumentalização de uma tecnologia jurídica capaz de suavizar, de uma vez por todas, as desigualdades, de fazer cessar, ou pelo menos reduzir drasticamente, as violações e os desconfortos existenciais emergentes de ações sociais engendradas a partir de dispositivos de controle e repressão das sexualidades não convergentes para o sistema heteronormativo?

Há, em termos gerais, em primeiro lugar, um desacoplamento de sexo biológico-desejo-gênero-práticas eróticas e amatórias (FERNÁNDEZ, 2013, p. 22). Meninas adolescentes mostram-se muito mais ativas em suas práticas sexuais não só na conquista de seus parceiros, mas também no desfrute de homens-objeto de seus desejos, tanto quanto, com cada vez mais frequência, na realização de experiências amorosas e/ou eróticas com outras mulheres, sem que lhes preocupem rótulos de lésbicas, pois alternam, muitas vezes, com experiências com homens.

Também encontramos novas experiências no universo masculino jovem. O mundo gay opera inúmeras transformações. Os afeminados de outrora cedem lugar a homossexuais viris, com grande asseio estético pelo próprio corpo, malhado, musculoso, Nos quais parece difícil encontrar traços homossexuais de gerações anteriores.

Em ambos os casos, tanto para mulheres, quanto para homens jovens, resulta-lhes abjeto ter que manter seus modos de ser sexuais na clandestinidade, o que, sob certo aspecto, está causando um impactante espanto nas gerações mais velhas. Costumam socializar suas condições sexuais bastante cedo, seja na família, seja em outros espaços sociais; recusam-se, muitas vezes, a partilhar espaços políticos de militância ou diversão *gays*, bem como rechaçam capturas identitárias como a homossexualidade.

Sentindo-se cômodos com suas sexualidades, rechaçam nomenclaturas, culpas, ideias constitutivas de identidade sexual; rechaçam fazer da sua sexualidade característica de uma totalidade identitária e costumam ver, nessas totalizações, totalitarismo. Há, em suma, em muitas distintas esferas uma repulsa às capturas identitárias nas quais, no mesmo movimento em que se distingue a diferença, se institui a desigualdade. Resistem constituir diferença ou, melhor dito, repelem fazer da diferença referência identitária.

Cremos que estamos no trânsito, que não é uma mera troca de palavras, mas que implica a construção de novas categorias, filosóficas, políticas e, consequentemente, jurídicas que possam dar conta, tanto no plano especulativo, quanto no da razão prática, dessas transformações próprias deste novo século. O que está sendo interpelado é o disciplinamento dos dois sexos, e da própria categoria "da diferença sexual". Concordamos amplamente com Fernández, quando essa psicóloga da Universidade de Buenos Aires diz que a lógica – identitária, binária, hierárquica – que estabeleceu o estereótipo moderno da sexualidade está completamente desarticulada, desencaixada, deslocada, desorbitada, com a passagem "da" sexualidade "às" sexualidades, com a passagem da diferença às diversidades (FERNANDÉZ, 2013, p. 22-23).

Nesse sentido, será imprescindível indagarmos e pensarmos em que consiste, não só no plano teórico, mas, fundamentalmente, na instrumentalização de razões práticas políticas e jurídicas, o trânsito da diferença às diversidades e as novas categorias em construção que essas transições impõem.

6. Diversidade e equivalência

A lógica que abriga a decisão ordenadora da diferença ainda se insere numa binariedade – igualdade-diferença – que obedece a um pressuposto de capturar, dentro de uma totalidade extremamente redutora, a complexidade da diversidade, da pluralidade. A decisão ordenadora da diferença, ainda que seja um avanço em relação à ideia totalizante da igualdade, mantém, no plano da sexualidade, uma oposição a um sistema de referência que historicamente se constituiu como falocêntrico e heteronormativo. Por essa perspectiva, quando alguém evoca a diferença dizendo "sou diferente em minha sexualidade", está fazendo uma afirmação identitária sem perder de vista a referência hegemônica. Assim, entendemos que, mesmo estando numa posição oposta à estrutura dominadora falocêntrica e heteronormativa, a ordenação pela diferença ainda não consegue escapar da estrutura elementar de pensamento em que o igual e o idêntico constituem o eixo central de toda a estrutura.

Como possibilidade de reversão dessa visão comprometida e regida por lógicas de imagens e de pensamentos sedentários, por regimes de verdade construídos pela perspectiva binária e universalizadora, surge a proposta de um outro ângulo de construção, de um olhar diverso sobre as expressões sexuais e de gênero que escapam do sistema sexo/gênero/desejo, das algemas do falocentrismo e da heterossexualidade compulsória: a mudança do "ou" pelo "e", o deslocamento da diferença para a diversidade.

A decisão ordenadora da diversidade, assim, atende a uma dinâmica cartográfica e rizomática que não trata de estabelecer contraposições e/ou continuidades conceituais referidas a etapas de desenvolvimento, mas de aproximação a processos descontínuos e intempestivos do desejo que produzem variações de intensidade de afetos e indícios que, por suas próprias composições em trânsito, não se fixam, não se fecham, não se cristalizam, mantendo-se em um puro fluxo de devir, um caleidoscópio de multiplicidades.

Trata-se de uma mudança radical de perspectiva de aproximação em relação ao objeto a ser problematizado, na qual o pensamento e o olhar não devam se orientar para um sistema binário, classificatório, moralista, mas sim constituírem-se com alinhamentos que teçam outras percepções, outras imagens, outras sensações, outras redes de pensamento que se movam por rizomas e pelas intensidades dos afetos, privilegiando a afirmação de Deleuze de que há afetos no pensamento.

Precisamos pensar que novas razões práticas políticas e jurídicas devam tomar em consideração os alinhamentos diversos presentes numa cartografia do desejo, permitindo uma composição com as diversidades sociais, raciais, sexuais, de gênero, geracionais e nacionais, que, durante muito tempo, foram tratadas como sintomas, como patologias, como crimes, como pecados, como imoralidades, como obscenidades e que, efetivamente, nada têm a ver com nenhuma dessas proposições, evidenciando que o ser humano é múltiplo, diverso, descontinuado e intenso.

Essas delimitações teóricas ajudarão a pensar razões práticas da diversidade e a traçar como o objetivo mais importante desfazer o sexual, o gênero, heteronormatizado e falocêntrico, permitirão desterritorializar os territórios sexualizados e generificados através da descodificação dos códigos que dão inteligibilidade aos estereótipos de classe social, raça, orientação sexual, sexo biológico, identidade de gênero, etc., e facilitarão a passagem para que outros devires possam expressar novos modos de existência, fora dos binarismos e dos universais que até então se orientavam pelos processos de normativização impostos pelo biopoder e pela biopolítica.

Assim, ao final, é importante assinalar que pensamos em uma teoria relativizadora da igualdade e da diferença, através da adoção de uma decisão filosófica fundada na "diversidade", cujo ponto central seja uma modulação suavizadora das decisões constituídas pela igualdade e pela diferença.

A Teoria da Relatividade é, com certeza, a expressão matemática da diferença, ou, em termos contrários, da impossibilidade concreta da igualdade. Se na física e na matemática é impossível provar a igualdade, no campo das ciências humanas essa impossibilidade é ainda mais grave. Se hoje, biologicamente, já não somos os mesmos de ontem, como pretendermos ser os mesmos, sob os mais variados aspectos, considerando-se nossa completa imersão em fenômenos psíquicos e sociais, cuja complexidade é infinitamente maior que os fenômenos físicos, químicos e biológicos? Como pretendemos aprisionar as singularidades dentro de binariedades que pressupõem iguais/idênticos e diferentes? A Relatividade nesse campo está em admitir a singularidade de cada um e a diversidade das partes se pensarmos em um todo que é a humanidade. A figura do poeta, nesse aspecto, é de altíssima relevância compreensiva. Os poetas articulam um movimento de criação, expressão máxima de uma singularidade, que vai da sua experiência pessoal, única, incomparável, rumo a processos de universalização de sentidos que se refazem em cada singularidade de seus intérpretes. Ao ler a obra de Neruda, temos a confirmação da sua singularidade, mas que, paradoxalmente, é universal na medida em que podemos nela reconhecer parte de nossa singularidade. Mesmo diante de um indício de universalidade, a obra de Neruda não deixa de ser a máxima expressão de uma singularidade e a possibilidade da construção de outras.

O que queremos dizer é que pensar soluções políticas e jurídicas para uma complexidade como a do mundo contemporâneo, a partir da artificialidade da forma de ordenação igualitária, ou da binariedade igualdade-diferença, constitui-se num obstáculo à aproximação do Direito ao mundo da vida. Grande parte dos direitos que hoje compõem os sistemas positivos de direitos fundamentais reclamam uma funcionalidade jurídica que se distancie enormemente da sintaxe da igualdade, ou até mesmo da binariedade igualdade-diferença. Nessa visão, a tutela de interesses de descapacitados físicos, de hipossuficientes da cadeia existencial, como idosos, crianças e adolescentes, de grupos étnicos desfavorecidos por processos históricos de dominação, como afrodescendentes e índios, da multiplicidade de modos de ser sexuais, e também das mulheres, historicamente submetidas aos interesses e violências patriarcais, depende muito mais de políticas e regulações baseadas na diversidade do que propriamente de políticas e regulações igualitárias ou diferenciadoras, pois a preservação da diversidade é o elemento ontológico fundamental da construção das identidades desses grupos ou parcelas da população.

Fundamentando-se essas novas demandas por tutela na unidade funcional da diversidade, não se faz mais necessária a busca esquizofrênica pela igualdade ou o estabelecimento de diferenças. O que parece mais adequado diante da complexidade diferenciada do mundo contemporâneo é a construção de situações políticas e jurídicas que permitam a articulação de espaços de exercício de equivalências existenciais de vida boa.

A equivalência na diversidade supera as ideias de igualdade e diferença, ao mesmo tempo em que as pode conter. A funcionalidade da equivalência pode conter possibilidades de projeção de igualdade e de diferença, pressupondo sempre a consideração da diversidade como elemento garantidor da percepção de singularidades libertadoras e autárquicas.

Pensamos, em termos principiológicos, na positivação de um princípio constitucional da equivalência na diversidade, como ponto de partida para qualquer compreensão e interpretação de situações conflituosas, em cuja aplicação a diversidade deva ser sempre preservada pelo atingimento da igualdade ou da diferença como finalidade de todo o processo.

A nosso ver, o grande equívoco em termos de positivação da ideia de igualdade, ocorrida a partir dos documentos constitucionais históricos oitocentistas, residiu e reside no fato de considerá-la como um princípio, quando, sem qualquer dúvida, a igualdade é um fim a ser constantemente buscado. O princípio, ponto no qual há a partida, o início de algo, é o da diferença na diversidade que, pelas razões práticas políticas e jurídicas, devem ser suavizadas para a busca de um fim social: a igualdade.

VII

A teorização da diferença V: direito à identidade: itinerários de um paradoxo

A identidade tem-se transformado numa categoria central nas discussões políticas e teóricas do nosso tempo. O avanço da imigração, os conflitos religiosos, as demandas étnicas e nacionalistas, a nova gramática do corpo e suas múltiplas manifestações de natureza sexual, de gênero e de cor, têm provocado um intenso movimento de afirmação e reconhecimento daquilo que se é em contraposição àquilo que se diferencia. Ampliam-se e se complexificam os códigos de identificação/identidade que reclamam ser lidos e reconhecidos pelos diferentes sistemas, entre eles o Direito. Parece que não se pode acessar ao mundo sem recorrer a uma identidade, destaca Francesco Remotti (2010). Ela sugere ser, no contexto contemporâneo de inseguranças, uma ilha de proteção, uma promessa de certeza e de estabilidade.

Para isso, a identidade depende de certa obsessão metafísica, de uma ligação abstrata a algo que, para além das particularidades, garanta a persecução de um projeto compartilhado. É como se somente na unidade dessa representação as particularidades adquirissem sentido. Mas esse apelo ao semelhante, ao igual, esconde um jogo ambivalente com o seu oposto, com a sua diferença, que é a condição mesma de possibilidade para a identidade. Definitivamente, a identidade só é, em si, um evento possível na paradoxal relação com o outro, com o estranho, com a sua diferença (RESTA, 2011). A criação das condições de igualdade dentro da comunidade são, também, as condições de diferença para fora dela. A amizade entre iguais, nesse sentido, pressupõe uma desconfiança entre os diferentes. Os de dentro e os de fora se institucionalizam. Para se incluir os primeiros, faz-se necessário excluir os segundos.

Nesse jogo de ambivalências e obsessão, a identidade transparece sua face velada e perigosa. Funciona como mito, como promessa nem sempre realizável. Transforma ilusão e aspiração em realidade (BAYART, 1996). Separa para unir. Inventa ligações artificiais que impedem o reconhecimento dos traços de humanidade comum em cada particularidade, alimentando diferenças excludentes. Por isso, quem se coloca contra nossa identidade parece se transformar em nosso inimigo. O "nós" identitário, ao se contrapor ao "outro" e à sua diferença, constrói os limites do "nosso" e do seu entorno. Sua estabilidade cobra o preço da instabilidade, e a sua continuidade, o da descontinuidade. A identidade é um ser que é em si e que também o é por não ser outra coisa. A negação de seu oposto é a condição de sua unidade. Enfim, toda identidade tem, "como margem um excesso", tem sempre um algo mais (HALL, 2003).

Este capítulo pretende mostrar que a identidade, diferentemente de suas formas tradicionais de identificação, tem-se estratificado, se tornada múltipla, reclamando reconhecimento jurídico para as suas diferentes formas de produção de pertença. O processo de fragmentação das identidades produz uma espécie de subjetividade flexível, decorrente da vivência entrelaçada de diferentes culturas dentro de um mesmo indivíduo que, na composição de sua vida, transita por uma diversidade de grupos sociais com práticas diferenciadas e até divergentes. A essência identitária desmoronou e em seu lugar muitas identidades cambiantes e diversas convivem num mesmo espaço e em espaços diferentes, produzindo estranhamento e reafirmando suas unidades.

1. O ser como um traço da identidade nas sociedades pré-modernas

A identidade nasceu, segundo Eligio Resta (1997), para indicar uma semelhança, para destacar aquelas características específicas a serem replicadas. Estava associada à ideia de essência, à possibilidade de uma representação pura de mais do mesmo. Era tida como algo em si, como aquilo que não mudava com o tempo e que por isso estava para além da história, para além da tradição, fora da interferência humana. O "ser é", proferiu Parmênides (HEIDEGGER, 1996, p. 118), simplesmente. Ao contrário do mobilismo de Heráclito, que defendia uma natureza mutável do ser (pois o "Ser-é" e "Não-é", ao mesmo tempo; é cheio e vazio), Parmênides sustentava a tese de que o ser em si é imóvel, tem uma essência e uma permanência imutável, sendo o movimento apenas uma falsa percepção dos sentidos humanos. Nesse sentido, idêntico é aquilo que não se altera, que permanece igual, apesar das mudanças de sua totalidade. A identidade é um *a priori*; não é alcançada pelo tempo e tem uma essência em si. "Parménides disse que el ser tiene su lugar en una identidad" (HEIDEGGER, 1990, p.69). O ser, nesse caso, é um rasgo da própria identidade, destaca Heidegger. Ela é uma manifestação interna, enquanto a alteridade é externa. A identidade se confunde com sua própria sustância, que não se altera no tempo e no espaço. Sua máxima é, pois, formulada da seguinte forma: A=A e A≠ não – A, na qual se percebe a notória exclusão da alteridade. O outro não faz parte do ser e a diferença (alteridade) não está contida na ideia de identidade.

Ao sustentar uma ordem cósmica imutável e a absoluta verdade do mundo das ideias, em contraposição às imperfeições do mundo sensível, Platão reproduz teoricamente a imutabilidade do ser. A grande preocupação do filósofo é a busca pela verdade. Para ele, o saber absoluto somente pode estar presente nas ideias e jamais no mundo sensível. Ideia representa uma essência, significa a coisa mesma em sua dimensão mais autêntica; carrega um conceito universal, uma base *a priori* (transcendental divina que reside na alma, a qual faz a mediação com o mundo sensível), é o fundamento do ser e a finalidade que aparece como um bem, como um valor (HIRSCHBERGER, 1954). A percepção alcançada pelos sentidos é insegura, uma vez que é sempre mutável. Assim, por exemplo, na visão platônica um Estado bem ordenado e justo é aquele no qual as pessoas não fazem o que querem, mas o que devem fazer segundo sua finalidade, assumindo sua função específica dentro da totalidade. Esta é a norma de justiça: harmonizar as diferenças numa unidade, seja ela o indivíduo ou a cidade. Nessa ordem das coisas, cada um ocupa o seu lugar de acordo com suas habilidades naturais, sendo a individualidade algo inexistente. A identidade, pois, não é representada ou questionada como um atributo da consciência reflexiva, sugerindo apenas uma espécie de repetição de uma posição no mundo de acordo com determinada preparação e capacidades em uma sociedade bem ordenada.

Aristóteles, por sua vez, tratou da identidade em termos lógicos. Para o filósofo de Estagira, a identidade é uma relação entre substâncias iguais, entre elementos que apresentam a mesma característica, independentemente da coisa em que tais substâncias se encontrem. Não interessa a coisa em si, a sua diferença, mas sim as substâncias que conformam o ser em sua generalidade ou especificidade. Quando refere que a identidade é a igualdade entre as mesmas substâncias presentes em coisas diferentes, está anunciando uma relação de igualdade entre as especificidades que a diferem do gênero. A diferença específica do ser está na substância e não na coisa em si. Assim, apenas indiretamente a diferença importa ao conceito de identidade por ele trabalhado, sobretudo porque a identidade é em si mesma e negação em relação àquilo que não é (HÖFFE, 2008).

Aplicada aos seres humanos, a ontologia das essências propugna uma espécie de singularidade essencial de cada ser humano e uma pertença também essencial que não depende do tempo e dos acontecimentos históricos. É um atributo herdado desde o nascimento ou desenvolvido como uma habilidade que manifesta a sua própria condição inevitável (DUBAR, 2007). Nesse sentido, o ser é, em si, o resultado das inscrições naturais que definem sua posição no mundo, seus atributos, sua classe social, sua finalidade. Não se pode dizer, nesse caso, que a identidade pressuponha ou esteja baseada na ideia de reconhecimento mútuo. Tudo se limita ao papel desempenhado pela experiência coletiva, comunitária e pelos simbolismos pré-programados, e a consciência reflexiva de si mesmo, ao menos como conhecemos desde a Modernidade, é ignorada (RICOEUR, 2006). A identidade tem uma força replicadora na sociedade pré-moderna. Sua missão se realiza na tarefa de identificar-se com o mesmo, sem recorrer a um mecanismo próprio de diferenciação e de identificação.

Sem um ambiente que prestigiasse a subjetividade e a individualidade como vetores determinantes do ser, a identidade não tinha como assumir traços de diferenciação. A identidade como autoconsciência é um acontecimento moderno. Antes desse período, ela se caracteriza como uma forma totalizante e natural de ligar o homem a lugares predeterminados. No mundo antigo, essa relação de identidade interna é uma decorrência da própria condição da vida feliz no interior da *pólis*. O indivíduo depende da organização coletiva para existir. Ele não se individualiza. Ele é, em si mesmo, parte da cidade, uma vez que não é possível viver fora dela. Não se pode prescindir da vida comunitária como espaço natural de sobrevivência individual. O indivíduo não é em sua particularidade. Ele somente é numa relação com o todo. Nesse período, esclarece Norbert Elias (1994, p. 131), "o fato de pertencer a uma família, tribo ou Estado desempenhava um papel inalienável na imagem do homem". Não se conhece, nesse paradigma identitário, uma identidade de tipo funcional. A identidade antiga era garantida por uma espécie de continuidade contínua. Ela reproduzia mais do mesmo sem ter que apelar para o diferente. Tem uma essência, por isso não tem necessidade do jogo ambivalente com seu oposto. As alianças e as lealdades são naturais e condição de possibilidade da vida individual na *pólis*. Nesse tempo, operam-se laços que desconhecem riscos, pois as expectativas são estáveis e sustentadas em crenças. Não há um jogo de diferenças que possa ser alimentado. O sujeito é a encarnação da própria cidade. Fora dela ele não existe.

Comparado à Modernidade, o distanciamento espaço-tempo no qual se desenvolvem as relações identitárias pré-modernas é bastante baixo, praticamente reduzido às circunstâncias do local, da cidade, da família, etc. Por isso as relações de parentesco, os vínculos com a comunidade local, as cosmologias religiosas e a tradição (uma forma de orientar o presente e o futuro a partir do passado) são, segundo Giddens (2002), os ambientes de promoção da confiança localizada. O tempo e o espaço se conjugam na situacionalidade do lugar.

2. Modernidade e identidade como consciência de si

O reconhecimento do indivíduo isoladamente considerado e sua proteção contra as intervenções arbitrárias do Estado é um traço marcante do estatuto político e jurídico da Modernidade. A ideia de que o indivíduo é portador de direitos que lhe são inerentes é determinante no surgimento do Estado moderno. Como se sabe, as teses contratualistas, em todas as suas versões, sustentavam que o homem é titular de direitos naturais que devem ser protegidos pelo Estado que o próprio homem faz nascer mediante o contrato social. O indivíduo é o fundamento e o limite do poder. Ao contrário de Aristóteles, para quem o indivíduo dependia da existência do Estado como acontecimento natural anterior a ele, a Modernidade coloca nas mãos do indivíduo o rumo de sua própria história. É ele quem faz nascer o Estado e é ele quem define os limites de sua autoridade. É a sua existência individual (sua liberdade, sua propriedade, sua vida) que deverá estabelecer a forma e os conteúdos da atuação estatal e fundamentar o seu poder de ação. O indivíduo atinge a maioridade e não precisa mais obedecer à lei do outro, mas a sua própria lei, dirá Kant.

Pode-se dizer que, a partir de Locke, o paradigma moderno da identidade mereceu um tratamento mais substancial. Em sua obra *Ensaios acerca do entendimento humano* (2000), o filósofo inglês refere que o "eu" não é feito de uma substância imutável que permanece inalterada com o tempo e que impede a identidade pessoal de modificar-se. A identidade não é resultante de um atributo essencial, mas é compreendida como produto da consciência. Enquanto substância o ser humano se modifica o tempo todo. O que se mantém idêntico com o passar do tempo é a sua consciência. A identidade do homem se constitui pela relação constante entre sua substância e sua consciência. Por isso, o ser que ele realmente é, enquanto substância, não é a mesma coisa que aquilo que o homem representa para sua consciência. Esta liga e aproxima a realidade cambiável do homem com sua compreensão de si mesmo, superando a heterogeneidade e a multiplicidade da existência e ações que constituem o indivíduo. Sua identidade é, pois, a forma como o sujeito autoconsciente se percebe, independentemente das variações objetivas que assolam a sua existência enquanto sujeito histórico, enquanto uma unidade de fato. Não decorre de sua substancialidade, que muda e se altera o tempo todo. Trata-se de um produto da consciência, uma construção que atribui sentido e unifica a multiplicidade de eventos que o fazem ser o que é. "Perduto il suo atributo di identità, la sostanza di cui è fato l'io si frammenta in modo enevitabile. Essa perde la sua unità e permanenza: l'io in definitiva non è più una sostanza" (REMOTTI, 2010, p. 57).

Não se tratando de uma substância perene, de uma manifestação de uma natureza essencial, a identidade assume uma dimensão variável, e o "eu" é capaz de mudar e de ganhar novos contornos independentemente de elementos formais que o alcançam, uma vez que é na consciência que se processam as modificações que realmente importam para o indivíduo compreender-se como é. A identidade, para Locke, varia de acordo com a extensão da consciência. Se esta muda com o tempo, por certo que também mudará a identidade e a forma como o ser compreende sua relação com o mundo objetivo. A identidade, portanto, como derivação da consciência, não é absoluta. Modifica-se, é efêmera e precária, dirá Remotti (2010).

Sem recorrer a detalhes mais profundos do debate oitocentista, interessa destacar em nosso trabalho que somente com o aparecimento da ideia de um sujeito como ser autoconsciente de sua própria condição de temporalidade foi possível desencadear-se o paradigma moderno da identidade. A invariabilidade e substancialidade absoluta definitivamente não são mais elementos da condição identitária. O ser se altera, compreende-se e questiona-se ontologicamente. O que é invariável no ser? Podemos afirmar a identidade do indivíduo como aquilo que não se altera no tempo, como aquilo que permanece idêntico no homem mesmo com o passar dos anos? É possível o ser manter sua identidade estática, mesmo mudando sua substância? Se essas perguntas, na Antiguidade, tinham feito ecoar respostas enfáticas a favor de uma identidade substancial do ser, sustentadas em sua imutabilidade e constância, com a Modernidade essa constatação é substituída pela ideia de identidade como processo, como invenção, como ficção, como resultado da consciência.

Livra-se, a identidade, do conceito de essência, mas incorpora a dimensão da temporalidade. É elaboração permanente que se alimenta de diferenciações e de ambivalências. Seu paradoxo é a sua própria condição de possibilidade. Existem identidades porque não é possível uma identidade absoluta. Cada uma delas vive da negação de sua diferença. A identidade do ser é um traço de sua presença diferente, uma característica que o diferencia da diferença do outro. É na relação com seu oposto que a identidade afirma seu estatuto. É o que é por não ser outra coisa. Seu espaço e seu tempo são colonizados de vez pela lógica da diferenciação e da identificação. A identidade, pois, a partir da Modernidade e sobretudo contemporaneante, identifica ao diferenciar, reproduz unidade por processos de separação, unifica dividindo e inclui excluindo. E tudo isso é resultante de processos complexos que dão facticidade e realidade objetiva àquilo que o indivíduo acredita identificar sua condição de ser. Ou seja, se no modelo pré-moderno o ser, como dizia Heidegger (1990), era um rasgo da própria identidade, com a Modernidade a identidade passa a ser um rasgo do ser.

3. A identidade como resultado de um processo de enfrentamento e reconciliação

Se a filosofia clássica, de inspiração aristotélica, reconhecia a identidade apartada da alteridade, como uma substância invariável no tempo e concebida a partir de seu interno, sem relação com o exterior, no início do século XIX Hegel fez uma profunda revisão na relação entre identidade e alteridade. Hegel não separou o reconhecimento da autonomia, tampouco a universalidade da particularidade. Aponta claramente que a identidade surge de uma relação universal entre particularidades autônomas que se reconhecem mutuamente. A união entre os indivíduos não apenas pressupõe autonomia, segundo Hegel, senão que a cultiva, pois a autonomia permite aos indivíduos recuperarem sua identidade e aprenderem algo mais sobre sua própria diferença com os outros. Por isso, afirma Hegel (1995), para o indivíduo o reconhecimento significa um saber afirmativo de si mesmo em outro si mesmo.

Na dialética da diferencialidade de Hegel, cabalmente divergente de Parmênides, a identidade e a diferença são coexistenciais, compenetradas. Elas se implicam mutuamente. As coisas são contraditórias e determinantes na definição de todo e qualquer conceito. A contradição é a raiz do movimento e da vitalidade das coisas. Assim, também a identidade tem uma relação simbiótica e constitutiva com seu oposto. A alteridade é parte integrante do conceito de identidade e vice-versa; ela "si insinua nell'identità e ne diviene una dimensione sostanziale, fondamentale, irrinunciabile" (REMOTTI, 2010, p. 27). Desse modo, o outro, diferente, assume uma posição importante na definição do sujeito como tal. Essa abertura em direção ao outro superou definitivamente a ideia de identidade como uma essência, como mais do mesmo.

A identidade de tipo puramente abstrato é representativa, refere Hegel, de um imobilismo intelectual que é invenção, falsificação e mito. A identidade é uma construção permanente, o resultado de um processo histórico que não se esgota jamais, mas que, por outro lado, consegue produzir uma unidade no meio da tanta multiplicidade e transformação. A unidade da identidade apoia-se na ideia de uma universalidade que se contrapõe aos localismos e interesses particulares. De acordo com Emanuele Lago, em seu estudo sobre Hegel e Heidegger, "l'identità è tale solo perché è differenza e la differenza è tale solo perché è identità. Ognuno dei due momenti contiene l'altro, ma allo stesso lo respinge da sé, dal momento che l'identità che è differenza è la negazione dela differenza e che la differenza che è identità è la negazione dell'identità" (LAGO, 2008, p.133). Definitivamente, Hegel introduz a diferença como condição de possibilidade da própria ideia de identidade.

Seja no âmbito da identidade cultural ou individual, o contato com o outro, com o diferente, tende a reforçar e confirmar a ideia de "nosso". As trocas que se operam na lógica da alteridade acabam por interferir na programação interna da identidade, o que altera os confins do próprio entorno e, com isso, os níveis de sua própria particularidade. O ser é afetado pelo outro em sua própria condição de ser. Esse contato de alteridade marca as diferenças irredutíveis existentes entre duas pessoas ou culturas, recriando as distâncias entre elas. Nesse movimento, a alteridade funciona como uma forma de certificação da identidade, pois confirma e reforça sua unidade inegociável.

Um modelo rígido de identidade que compreende a formação do "nós" como um movimento exclusivo e não interativo sofre de uma miopia epistemológica. É nesse sentido que Remotti destaca que para compreender a identidade, é necessário mover-se contra ela, pois a identidade, nessa direção, nos cega, impedindo-nos de ver os acessos que ela mesma percorre ao se constituir. A exasperada exigência de identidade parece mascarar a sua própria história e revelar somente o resultado final de suas escolhas, escondendo sempre o processo de sua constituição.

Em Heidegger (1990), a unidade da identidade é apresentada como um elemento fundamental da definição do ser. O ser fala por intermédio da identidade, reside nela. De acordo com o filósofo alemão, a conhecida proposição de identidade A=A encerra um fechamento que se basta no próprio objeto referenciado e não dá conta da identidade como um traço constitutivo do ser. Quando se diz que "A" é igual a "A", dissemos que o A se basta em si mesmo, que não necessita de qualquer relação de comparação com outra unidade qualquer. A fórmula A=A, portanto, manifesta o princípio da igualdade, pelo qual um "A" é suficiente para expressar a sua fórmula de identidade. Ou seja, ele é autoevidente.

Porém, não há demonstração lógica dessa autoevidência, mas tão somente da impossibilidade de sua contradição.

Ao se constituir como um rastro do ser, a identidade revela-se como historicidade presente no ser, como realidade que se transforma em compreensão de uma dada posição do ser no mundo. As ligações com a tradição, com o mundo que previamente se apresenta a ele, as conexões intersubjetivas baseadas em saberes consolidados antes da presença objetiva do homem no mundo da vida, auxiliam na capacidade de o homem se compreender como ser individual e coletivo, como ser pertencente a um tempo de continuidades perenes que compõem a noção de identidade. O outro, semelhante ou diferente, é condição indispensável para o ser compreender-se como é, para situar-se no mundo, para tornar possíveis os olhares que desvelam o estranho e que ajudam a dar sentido à pluralidade de horizontes empíricos (GADAMER, 2005). Essa conexão com o outro, no entanto, não é lógica, mas ética; reclama uma solidariedade autêntica, uma convivência que é capaz de nos corrigir ou nos confirmar. Enfim, o outro define nosso limite, o nós, o alcance das diferenças e das igualdades, define a cultura e a identidade como sua visão das coisas em perspectiva.

O outro, portanto, é a pré-condição ética da identidade. O "eu' decorre de sua implicação prévia com os outros. Os outros não são aqueles diferentes de mim, pronuncia Heidegger (2002), mas aqueles entre os quais também se está. Essa leitura fenomenológica do "eu" e do "outro" foi fundamental para denunciar os traços excessivamente metafísicos que ofuscaram a presença da singularidade e da unicidade do "outro" como diferente e como parte de mim mesmo, ou seja, para denunciar uma espécie de transformação "do outro no mesmo", que nada mais representa que o próprio banimento do "outro". Afinal, o outro é sempre singular, pessoa única, com história particular, que tem um lugar e tempo, gênero, desejos e necessidades (DOUZINAS, 2009).

4. O mesmo e o outro

Cinco grandes movimentos de aproximação ao mecanismo da identidade podem ser percebidos na reconstrução histórico-filosófica dessa categoria, ensina Resta (2011). O primeiro, já apontado, indica uma indissociável ligação ambivalente entre a identidade e a diferença. Como se disse, a diferença é a condição mesma da identidade e vice-versa. O segundo refere que não se trata de uma relação de ambivalência com qualquer diferença. A identidade escolhe a sua diferença, ela define a programação do seu código. Por isso, pode oscilar, mudar, transformar-se, mas continua comunicando uma identidade. O terceiro movimento de aproximação consiste em tratar a identidade, num só tempo, como recipiente e conteúdo, pois a sua definição importa considerar, tanto os seus elementos constituidores, quanto a sua forma e estrutura de apresentação. Essa é uma questão determinante no cenário de identificação contemporâneo. Um mesmo sujeito pode, portanto, carregar múltiplas narrativas de identidade sem mudar o que ele mesmo é enquanto ente objetivo. Fala de si a identidade, mais para si mesma do que para fora. Promove um encontro constante e complexo consigo mesma na medida em que reafirma sua própria contingência. Por isso, um quarto momento de aproximação pondera que a identidade não pode ser confundida com um sentido vindo de fora, imposto pelo seu exterior. Não pode, aduz Resta (2011, p. 10), ser reduzida a uma máscara; requer autenticidade "di un mondo privato perché segreto, difficilmente sbandierabile ai quattro venti". O último movimento apontado pelo autor reconhece que a identidade não tem um "eu" absoluto e soberano. Por isso mesmo, o "eu" fragmentado e atomizado tenta ocupar todos os espaços de emancipação como forma de escamotear a sua contingência presente em seu ser. Uma forma de fazer isso é transferir sua contingência da biologia para a biografia, dando formatos e opções diversas de representação do "eu".

A identidade configura um espaço que é seu. Delimita o externo e diminui as contingências nesse universo de muitos acessos. Garante um lugar de pertença ao mesmo tempo em que constitui o seu próprio lugar. O sujeito pode percorrer vários ambientes ao mesmo tempo, mas o faz a partir de um lugar. Dele sai, para ele volta. A partir dele fala e escuta. A identidade desse lugar é o próprio espaço da identidade. É o lugar da estabilidade instável, da negociação permanente com o externo. É o ambiente que organiza e ordena, que negocia com múltiplos espaços ao mesmo tempo, que conecta e unifica as semelhanças que habitam diferentes lugares. Com isso reduz a complexidade pela diferenciação, pela conexão das particularidades em uma unidade, num espaço e num tempo só seu. Ao fazer isso, castra, corta, perde, reduz acesso de pertença múltipla. Por outro lado, organiza, define, ordena, transforma contingência em algo que pode ser apropriado, compartilhado e reproduzido. Tanto mais rica é uma cultura quanto mais espaços ela consegue mediar na elaboração de sua história.

Ao ser construção, invenção, a identidade é também uma convenção, uma escolha e uma decisão entre tantas possíveis. Não que esse processo de decisão seja totalmente livre de interferências e realizado com plena clareza. Nascemos em uma cultura, por exemplo, e aceitamos os contornos que ela nos fornece. De qualquer modo, seja responsabilidade individual, seja coletiva, a identidade é uma opção, uma construção que põe determinados limites e não outros. E tais limites não são estáticos. Podem ser alterados, modificados, reconstruídos. Nisso reside a decidibilidade da identidade, que não é não uma essência impositiva sobre o ser, mas uma forma particular de sua representação que sofrerá sempre com a dinâmica de sua própria existência. Quando decidimos, separamos. A decisão pressupõe uma escolha e vice-versa. Para garantir a sua particularidade, a identidade precisa decidir sobre o seu oposto, excluindo-o e definindo o seu externo (REMOTTI, 2007).

Existe um percurso oscilante da identidade. As identidades mudam, transformam-se, deixam de ser para continuarem sendo. Sua descontinuidade cambiante é sua força e sua persistência de continuidade. Assim, garante estabilidade, transcende o tempo presente e se coloca numa condição de intertemporalidade. Reapropria-se do próprio passado, reelaborando-o. Transita por lugares e por tempos distintos. Portanto, anota Resta (1997, p.63), "l'identità si oculta e si nasconde, simula e dissimula, si riunchiude nel segreto per reapparire dopo in qualche altro luogo e in qualche altra forma. È errante e nello stesso tempo stabile, nômade e stanziale; si può osservare e non si pò osservare: oscila".

A ambivalência paradoxal que constitui a identidade não é, porém, um jogo simples entre seus códigos binários. De fato interno e externo se delimitam mutuamente; um é condição objetiva do outro. Mas não é só isso. O interior da identidade se auto-observa a partir das diversas possibilidades de intermediação e diálogo com seu exterior. São vários os pontos de encontro e desencontro. Diferentes tempos de mundo, representantes de uma multiplicidade de entornos, de outras identidades, são contrapostos e observados a partir do interior. Uma identidade cultural convive ao mesmo tempo com várias outras identidades que fazem parte de seu entorno complexo e exigem estratégias de seleção advindas do interior para que a oposição a cada uma das identidades opostas seja separada, assimilada ou refutada. Um jogo infinito de contingência acompanhará a identidade. Ordena seu interior e seu exterior sempre pela via da redução de contingência, que inclui excluindo, define um dentro e um fora e que une separando.

5. Identidade como memória biográfica do corpo

Uma forma sofisticada de perceber a identidade como uma construção social é a sua relação com o corpo e no corpo. O corpo carrega as características biológicas do sujeito. A identidade, por sua vez, é a construção social de sua biografia. De acordo com Eligio Resta (2011; 2008) identidade e corpo são categorias que se avizinham, se aproximam, divergem, mas não se confundem e reclamam, cada uma delas, sua autonomia particular. Como unidade biológica, o corpo é um acontecimento natural que tem seu próprio enredo e escapa do controle. A cor, o gênero, a sexualidade e tantos outros atributos biológicos não são escolhas do sujeito. Como construção discursiva, o corpo se manifesta como local de inúmeras representações, e a sua identidade se apresenta como uma das possibilidades dessa representação. Na identidade, biologia e biografia se inter-relacionam pela elaboração de sentidos e de uma linguagem específica, codificada, que transforma a objetividade do corpo, sua natureza, em um privilegiado espaço de manifestações autênticas, particulares. Mais do que uma essencialidade, o corpo adquire uma gramática e uma semântica que lhe são próprias e que são resultado e processo de uma determinada forma de construção social. No corpo se instala uma vida social que representa mais do que uma vida biológica. A vida se manifesta no corpo, é corpo. Reclama e constitui uma identidade que garante sua biografia, sua fala e sua particular forma de ser no mundo.

Apesar de a sociedade consumerista contemporânea parecer privilegiar e cultivar o corpo como um objeto, como um instrumento, como uma forma de potencializar a própria identidade pessoal, definitivamente ele é muito mais do que isso; pode-se ler nele, e em suas transformações, também um projeto. Sujeito e corpo não se separam. O corpo não se reduz a uma imagem corpórea, estática, que "opera come un oggetto di cui possiamo avere un'immagine chiara" (FEATHERSTONE, 2009). Ele esconde e revela; carrega passado e devir. É realidade objetiva e manifestação subjetiva. O corpo é liberado de sua biologia, ainda que nela, e é descoberto em sua feição discursiva, como construção que habita o mundo, que se abre ao mundo e que pode se revelar de diferentes maneiras (GALIMBERTI, 2010).

O corpo não é uma superfície plana na qual o indivíduo e a sociedade inscrevem seus símbolos e representações de forma desconexa e aleatória. O corpo nasce em um mundo sempre habitado e para ele se abre. O espaço do corpo é diversificado. Não é um único espaço, mas um espaço múltiplo. Nele operam várias relações ao mesmo tempo, vários espaços descontínuos e em movimento. Mas ele também se singulariza num espaço específico, que só é possível pelos processos de decodificação que o atravessam. Codificar, recodificar, descodificar são operações que particularizam as muitas representações que habitam o corpo do sujeito e lhe dão identidade e reconhecimento. O corpo também é o espaço no qual os problemas da vida do sujeito adquirem uma particular maneira de se manifestar.

Definitivamente, o corpo fala e reclama. Mas o faz pela sua biografia, pelos inúmeros "eus" que lhe dão sentido histórico, afetivo, sexual, etc. Tem sua forma própria de se manifestar. Requer normas de proteção que o reconheçam em sua totalidade. A igualdade moderna protege o corpo em sua condição de igualdade abstrata e universal. Liberdade de ir e vir; liberdade de pensar; liberdade de culto, liberdade econômica, são liberdades desse tipo, liberdades de traço universal que, em certa medida, não se ocupam das diferenças como um valor positivo. Por isso mesmo, o gênero, a cor, a religiosidade, a sexualidade, verdadeiras manifestações dos diversos "eus" aprisionados no corpo biológico, foram praticamente desconsiderados, colocados de lado, contrapostos, em nome de uma igualdade universal de tipo homogeneizadora. Nesse modelo moderno, a identidade nacional praticamente esgota o pertencimento e o corpo e o "eu" relacionam-se de forma pouco complexa. O corpo, sua biologia, parece colonizar o "eu", a sua biografia, calando-o, negando sua visibilidade como valor positivo.

Se no passado a identidade permitia apenas uma identificação quase estática, uma identidade imodificável, a identidade se libertou e dispõe de si com naturalidade e força para fazer alterações constantes na sua própria gramática de identificações. E nisso reside um problema: a biografia com a qual escrevemos nossa identidade se transforma, deixa de ser estável e passa a ser provisória e múltipla. Na formação identitária, a biologia do corpo e sua biografia se inter-relacionam de modo dinâmico. O corpo expressa-se por novas linguagens, visita novos ambientes, convive com novas diferenças. Essa experiência rica de encontros a que o corpo do homem se submete e é submetido na sociedade contemporânea incitou, necessariamente e como forma de identificar suas particularidades, o aparecimento de novas biografias convivendo conjuntamente e reproduzindo identidades múltiplas presentes em um só corpo.

O corpo, notadamente no mundo contemporâneo, mais do que em qualquer época, vive em diversos espaços ao mesmo tempo. Trabalho, turismo, sexualidade, educação, religiosidade, etc., são espaços habitados, a um só tempo, pelo corpo. Alguns desses lugares já referenciam uma identidade com estatuto próprio e um mapa que permite boa circulação. Outros espaços, por sua vez, são novos e desafiadores. Manter-se identificado a apenas um lugar, nesse cenário de multiplicidade, é difícil. Por isso a identidade tende a produzir novas mediações, reordenar o espaço, sua narrativa, sua história. Mas, consegue continuar suas conexões porque é capaz de reorganizar unidades diferenciadas e fazer novas combinações nesse mar de espaços múltiplos. Tal tarefa é importante e necessária para garantir estabilidades, mesmo que provisórias (RESTA, 2011).

Assim, vários "eus" brotam de um mesmo corpo. Não é mais um corpo proletário, apenas, ainda que possa ser também, que se esgota em demandas por redistribuição e desconhece o mundo para além da fábrica. Tampouco o corpo se resume a um conceito de cidadão nacional. O corpo se desvela por completo. Fala de si, se transforma em ator múltiplo que se revela pelo discurso de seus vários "eus" ao mesmo tempo. Um corpo, pois, descortina várias biografias que produzem sua própria memória, seu próprio estatuto de identificação que reproduz sua particularidade no mundo.

É preciso considerar ainda que o corpo é um repositório de manifestações biológicas que funcionam como código de comunicação e identificação de determinadas qualidades e características compartilhadas, e com isso a biologia de cada sujeito tende a se constituir numa instância biográfica de recontar e reproduzir a história do próprio corpo. Nesse caso, a identidade como memória conduz a uma espécie de sentido que necessita reconhecer e valorizar atributos objetivos do próprio corpo e de sua representação biológica como elementos de diferenciação e igualdade. Cor, raça, sexualidade, idade, etc., ainda que possam ser lidos em suas dimensões simbólicas, perfilham um tipo de reconhecimento do corpo que identifica individualmente cada um de nós em particular e nos associa a um conjunto de outros semelhantes pelo compartilhamento de atributos biológicos, pela narrativa de uma biografia que identifica.

Como manifestação de uma biografia, a identidade é um traço do ser, um mecanismo de revelação de sua particularidade. A biografia, como construção social, é bem mais rica e complexa que sua correspondência em termos jurídicos. Enquanto o Direito normatiza e reduz a complexidade por meio de uma generalização congruente, a identidade se alimenta de ambivalências e de paradoxos que não podem ser tipificados pelo signo lícito ou ilícito. A identidade carrega memória e possibilidades de reconstrução permanente de sua própria representação. A biografia do sujeito fala de sua posição no mundo, de sua historicidade e de suas interações temporais e espaciais. Nesse sentido, a identidade traduz uma posição de pertença, um sentido de unidade e, sobretudo, uma dada construção social compromissada com seu próprio estatuto. A biografia do sujeito, sua identidade, é sempre afetada pelas condições sociais em que o mesmo está inserido e, ao reafirmar sua identidade, reafirma, também, uma particularidade construída socialmente, religando o sentimento de memória e definindo uma específica biografia para a biologia do corpo, que ganha sua forma autêntica de linguagem e significados.

6. Direito à identidade: o mapa de uma ambivalência

O direito à identidade não surgiu como um direito de feições normativas específicas, como um direito subjetivo à identidade. Num primeiro momento, fez parte e foi conteúdo integrante dos direitos de proteção à vida, liberdade religiosa, integridade física, de pensamento, entre outros direitos que visam a tutelar a autonomia e a liberdade individuais. Por essa razão, somente indiretamente se pode falar de um direito à identidade no início da Modernidade.

Uma explicação bem elaborada do direito à identidade como um paradoxo é apresentada por Eligio Resta. Segundo o professor italiano, ao tratar do problema da identidade o sistema jurídico não pode fazer outra coisa além de interromper a inevitável complexidade, valendo-se de um "cliché normativo capace di non alterare tropo la esplosione di contingenze" (1997, p. 81). Ao regular a identidade, o Direito necessita adotar um processo de generalização congruente. Por isso, define a identidade valendo-se de códigos específicos que conseguem generalizar uma convenção e um conceito abstrato que deverão orientar as expectativas e controlar a contingência. A normatividade reduz a complexidade jurídica da identidade ao definir seu teor de tutela e de proteção. Ao definir, separa, impede, seleciona algumas identidades entre tantas possibilidades existentes. Controla a própria contingência e a expectativa da identidade ao lhe dar um estatuto tipicamente jurídico, que garante a previsibilidade de sua visibilidade pública.

A proteção jurídica de uma identidade, pois, se dá ao custo de se desproteger outras. Na verdade, não é a identidade que é defendida pelo Direito, mas processos de identificação específicos que lhe interessam a ponto de se garantir um estatuto normativo próprio. Traços de identificação, e não de identidade em sua totalidade é que são o alvo da norma. Por isso, normas diferentes para diferentes tipos de identificação. Normas de proteção à liberdade sexual dos homossexuais, por exemplo, tratam de um específico ponto de identificação das pessoas com essa preferência sexual, mas não esgotam a identidade desses mesmos sujeitos, que é revelada também por outros traços de identificação (um *gay* pode ser negro, índio, muçulmano, característica que nem sempre é considerada pela norma, uma vez que se volta apenas à condição pontual da sexualidade, incluindo determinados sujeitos justamente por sua capacidade de excluir os outros diferentes).

O movimento de regular a identidade será sempre paradoxal, uma vez que a ambivalência e a contingência da identidade, que faz ser o que ela é, é reduzida para poder ser controlada a partir de códigos que lhe são estranhos (mas normais ao sistema jurídico), os quais, para reconhecer normativamente a identidade, deverão atacar a complexidade que a constitui. Transformada em direito, em objeto de disputa e reconhecimento normativo, a identidade assume a própria linguagem autorreflexiva que caracteriza o sistema jurídico. Com o isso o Direito estabelece os limites de seu contorno, mas sempre a partir de seu exterior. O Direito reconhece a diferença que interessa e a diferença que não interessa e, assim, normatiza a identidade como um traço específico de pertença que estabelece um dentro e um fora que inclui excluindo.

Ao internalizar a identidade a partir de sua linguagem específica, o Direito só o pode fazer depurando e selecionando os conteúdos de modo codificado. A identidade, nesse sentido, é generalizada e estendida a todos como algo comum (RESTA, 1997). A proteção jurídica da identidade, porém, requer sua redução e uma espécie de estabilidade construída normativamente. Assim, o direito à identidade passa a ser aquilo que o próprio Direito diz e reconhece como tal. Na verdade, o direito à identidade diminui a própria autenticidade da identidade, transformando-se em recurso de proteção de traços normativos de identificação. A identidade é reduzida, na linguagem jurídica, a um modo de identificação. O Direito constitui normativamente a identidade descaracterizando-a. Para ser tratada como um direito, a identidade perde doses significativas de sua existência como liberdade de ser. Como bem sintetiza Resta (1997, p. 92), a identidade "devono diventare in altra cosa per continuare ad essere identità".

Ao se ocupar de normatizar a identidade, o Direito se propõe uma difícil tarefa, senão imprópria, pois desafia sua própria natureza generalista. O modelo moderno de Direito centra-se numa lógica de imputação abstrata que lhe garante a sua generalização em condições de igualdade também abstrata. As normas jurídicas visam a generalizar uma expectativa e a reduzir a contingência. Nesse sentido, o Direito, pela adoção de códigos específicos de comunicação, reduz a complexidade interna de seu sistema funcional e define os limites de seu entorno. Os conteúdos que fazem parte da programação do Direito somente farão sentido dentro do sistema jurídico se capazes de serem lidos e assimilados pelo código binário lícito/ilícito. A substância normativa (que não se confunde com a substância da norma, pois, como se sabe, o sistema jurídico é cognoscitivamente aberto e recebe influências de seu entorno no processo de programação) que interessa ao sistema jurídico é codificada pelo próprio sistema e de acordo com as regras que ele mesmo estabelece (LUHMANN, 2000).

Apropriada pelo Direito, a identidade reapresenta-se como algo artificial, como uma unidade que generaliza e que promete universalidade, mas que não passa de uma convenção que invoca a diferença de sua comunidade. A identidade europeia é um exemplo disso. Segundo Resta (1997, p. 102), "nessnuna constituzione, nessun grande atto legislativo potrà dare identità all'Europa se non si vorrà investire razionalmente in un'istituzione artificiale e convenzionale". Nem a Europa, nem qualquer outra região do mundo, apresenta uma unidade tão intensa que solape a capacidade individual de manifestação autêntica e agrupe a todos como se fosse uma comunidade sem diferenças. Definitivamente, somente como invenção e mito pode-se defender a identidade com essas características.

A identidade transformada em Direito é uma forma de produzir identificação a partir do exterior e de reconhecer uma entre muitas possibilidades de o sujeito ser o que é. Nesse ponto reside um grande problema para aliar o código do sistema jurídico ao código binário da identidade. Ambos operam binariamente. Porém, enquanto o Direito faz uma espécie de generalização congruente, a identidade apoia-se sempre e irrefutavelmente numa dinâmica contrária a todo tipo de generalização. Por isso, garantir o direito à identidade pela adoção do código lícito/ilícito significa negar a legitimidade daquelas identidades não normatizadas ou, na direção contrária, em tons liberalizantes, permitir que todas as identidades façam o seu próprio caminho. Toda tentativa de regular a identidade normativamente é uma negação da sua própria condição autêntica e uma forma de negar as identidades não amparadas pela norma. Em palavras claras, o direito à identidade nos coloca diante do seguinte paradoxo: somos aquilo que somos, aquilo que nos identifica, mas nem sempre temos o direito de ser o que somos em virtude de que a vivência de nossa identidade, como direito, está subordinada à condição de normatividade.

Pode-se argumentar a favor de mecanismos jurídicos que protegem as formas de manifestação da identidade, de seu conteúdo, da sua identificação, mas não se pode interferir normativamente na definição dos conteúdos propriamente ditos. Isto é, o Direito pode garantir um sistema de identificação, mas não pode garantir coercitivamente uma identidade, que assegura a possiblidade de se ser o que se é, independentemente de qualquer disposição normativa. O estatuto da identidade tem relação próxima com o direito de liberdade de se ser o que se é. Não pode ser transfigurado em normatividade excludente que impõe a partir do interior do sistema jurídico e, portanto, do exterior do sujeito, uma situação de exclusão normativa. No entanto, é isso que o direito à identidade acaba fazendo: reconhecer a identidade de alguém significa reconhecer as condições de liberdade de ser o que ele é, mas reconhecer um direito à identidade significa reconhecer um determinado traço de identificação que é definido a partir do externo, e não necessariamente pelo próprio indivíduo.

Ademais, como se sabe, a normatização da identidade não contempla todos os tipos de manifestações culturais por considerar algumas delas contrárias ao Direito. O discurso dos direitos humanos imprime sérias limitações às experiências culturais que negam a liberdade da pessoa e se amparam em elementos de violência, por exemplo. A universalidade de tais direitos se coloca na direção contrária às identidades que se alimentam da desigualdade e da opressão de todo tipo. Não se poderia falar de uma identidade como direito irrestrito de uma cultura fazer o que quiser com seus integrantes. Autorizar normativamente que uma dada cultura, uma identidade coletiva, obrigue seus membros a uma determinada experiência é, também e sobretudo, negar o direito individual de cada um viver sua vida a partir de suas próprias compreensões e visões de mundo, ou seja, de definir sua própria condição de ser, sua identidade. E o nó não se desata nunca. Ele é alimentado por um paradoxo interminável.

A identidade cultural homogeneíza as possibilidades de ação de seus integrantes, lhes tolhe em parte a sua autonomia, sua liberdade de serem e viverem como bem entenderem. Ao mesmo tempo, porém, garante-lhes uma pertença. A identidade, nesse caso, cessa quando cessa a pertença. Esse vínculo esgota-se no ato de pertencer, de fazer parte de uma comunidade. Sabemos, é claro, que nossa individualidade tem os seus limites e que sofre a constante influência do ambiente social em que vivemos. Por outro lado, podemos fazer escolhas, reinventar nosso passado, movimentar-nos em direção ao novo e a novas possibilidades de vida. O direito à identidade individual, portanto, pode nos colocar em conflito com o direito à identidade cultural do grupo de que fazemos parte, mas o Direito não apresenta uma solução para esse impasse que ele mesmo cria. Se a identidade de tipo cultural acaba quando acaba o jogo da pertença, a identidade individual, no entanto, segue seu curso, se reinventa, faz novos contatos e redefine seus próprios limites.

O direito à identidade, em seu sentido amplo, só poderia assentar-se no direito à liberdade. O direito à identidade de tipo estratificado (que corretamente deveria ser chamado de um direito à identificação) alimenta um jogo interminável de identidades que rivalizam e se negam, cada uma delas reproduzindo seu próprio estatuto. Todo tipo de legislação que reconhece apenas alguns traços da individualidade humana e lhe protege está, em verdade, protegendo processos de identificação. É um processo externo que faz a leitura e fixa significações das formas como a identidade se manifesta e se representa individual e coletivamente. A identidade como direito de ser o que se é não se confunde com as possíveis representações que dela são feitas. O sistema jurídico não consegue universalizar o direito à identidade porque, adota uma forma de generalização congruente que seleciona determinadas identificações em detrimento de outras. Ao fazer isso, ao negar seu entorno, o direito à identidade nega aquilo com que ele não se assemelha. O direito de ter uma identidade estará sempre em contraposição a uma identidade diferente. Por isso, dizemos que a melhor forma de garantir o livre fluxo das identidades só pode estar associada ao reconhecimento de uma racionalidade jurídica de tipo não standartizador e sectário, capaz de apostar nas diferenças que constituem a humanidade comum do homem como modelo universal de direitos humanos.

VIII

A teorização da diferença VI: globalizações e o florescimento de identidades desconectadas: o sujeito descomprometido e estratificado

A igualdade nacional, fortemente homogeneizadora e ao mesmo tempo negadora das diferenças, para o que se valeu da força e do arbítrio das razões de Estado, coexistiu com o individualismo e a afirmação do "eu" como sujeito em si mesmo, resultado dos contornos impessoais que a vida moderna passou a permitir e a considerar. De fato, a Modernidade liberal é, nesse sentido, um momento paradoxal. Ao mesmo tempo em que prescreve a igualdade de todos perante a lei e institui um Estado legitimado pela convenção entre iguais, cria as condições para o florescimento de um ethos individual centrado na liberdade e na autonomia do sujeito, que ecoam nas diversas demandas de cunho individualista que o período vê eclodir e, notadamente, caracterizam o espaço de pertencimento como uma invenção da igualdade num ambiente de severas diferenças em conflito, sejam elas externas ou internas ao espaço estatal.

O acirramento desse processo, então, tornou o indivíduo, sem perder seu privilegiado vínculo nacional, uma biografia mais complexa, pois sua lealdade estatal, sustentada na sua na pertença espacial e temporal, evidencia a universalidade de sua igualdade, enquanto sua liberdade permite refundar, a todo tempo, novas lealdades com o seu "eu"-semelhante (seja no campo econômico, religioso, cultural, étnico, etc.) e expor suas diferenças. Afirma sua etnia, sua cor, sua religião, sua sexualidade, seu gênero, etc., bem como reconhece as diferenças materiais entre sujeitos de um mesmo Estado como algo próprio da liberdade em movimento. Iguais perante a lei, diferentes enquanto sujeitos históricos, os indivíduos veem as diferenças se aguçarem, notadamente no campo econômico, com o desenvolvimento da matriz produtiva capitalista. Concomitantemente, o avanço substancial das democracias constitucionais deu visibilidade a uma nova agenda de demandas coletivas de cunho identitário, centradas, contudo, numa espécie de enraizamento do coletivo no individual.

Isso não quer dizer que as formas de identidade-nós, de cunho comunitarista, tenham desaparecido com a Modernidade e a globalização. Não é isso que se está afirmando. O que se percebe é um movimento razoavelmente complexo em que a identidade-nós, tão cara às sociedades mais simples e à organização do mundo Antigo e de certa forma medieval, começou a transpor-se para uma identidade-"eu". Isso significa que, com o avanço da agenda moderna e a conformação de um marco globalizante, notadamente nas áreas tecnológica, ambiental, econômica e comunicacional, a identidade-"eu" passou a ter um enorme significado na condução dos projetos pessoais e na pauta de satisfações, desejos e insegurança dos indivíduos que não se encontram mais vinculados às modalidades tradicionais de identidade (GIDDENS, 2002). Aos poucos, o sujeito ganhou autonomia e lançou-se numa aventura centrada na liberdade, tendo que conviver, nesse mesmo processo, com grande dose de incertezas e inseguranças que, no contexto das comunidades tradicionais, era praticamente desconhecida. Bauman chega a dizer que a Modernidade sólida foi substituída por uma Modernidade liquefeita, por um novo estado de coisas em que a insegurança dos projetos individuais angustia o sujeito que não encontra mais uma comunidade reprodutora de tradições compartilhadas coletivamente que possa lhe restaurar a estabilidade.

Apesar de fomentar uma relação em que o local e o global se interpenetram na (re)elaboração dos espaços, da política e das instituições modernas, não se pode, segundo Ulrich Beck (1999), imaginar que a globalização produza apenas fragmentação, pois novas conexões são indispensáveis para a configuração das relações globais. Do mesmo modo, não se desenvolvem com a globalização apenas a centralização e a concentração, uma vez que a descentralização e a valorização dos espaços locais têm ampliado a sua influência na definição de suas prioridades internas. Não é somente a economia que apresenta sua face globalizadora. Ocorre, também, uma globalização das "biografias", uma reinvenção do global e do local que afeta diretamente a individualidade de cada um. Família, casamento, cinema, etc., que durante muito tempo foram pensados dentro de pequenos mundos especializados, voltados para a especificidade de cada cultura, são influenciados de modo significativo pelas formas vindas de fora, por um modo global de convivência. As pessoas não estão totalmente presas a um local. Seja por necessidade (guerra, fome, trabalho, etc.), seja por opção, é possível que as pessoas constituam sua vida a partir de vários lugares (basta notar que a Internet, o telefone, o avião, etc., representam meios cotidianos de superação do tempo e do espaço e a possibilidade de transnacionalizar a vida individual). O que se percebe, de acordo com Ulrich Beck (1999, p. 139), é um processo de conexão entre culturas, pessoas e locais que tem modificado o cotidiano dos indivíduos. Por isso, continua o autor, "em todos os lugares, a ideia de que se vive num lugar isolado e separado de todo o resto vai se tornando claramente fictícia".

A importância do papel da cultura, de certas práticas e costumes sociais locais na definição da identidade, entretanto, não representa necessariamente uma contradição em relação ao processo de generalização e unificação das instituições, dos símbolos e dos modos de vida perpetrados pela globalização, mas, paradoxalmente, parece apontar para a ocorrência de uma resposta reativa do particular às indiferenças alimentadas pelos mecanismos de padronização que afetam mundialmente quase todos os espaços de produção da vida social. Os novos reclamos por identidade e diferença, segundo Giacomo Marramao (2007, p. 11), refletem uma reação aos efeitos de uma globalização que uniformiza mas não universaliza, que comprime mas não unifica, "una mutua implicazione di 'omogeneizzazione' e 'eterogeneizazzione'. Un'inclusione della 'località' della differenza nella stessa composizione organica del globale" (MARRAMAO, 2003, p.40). Refletem, na posição de Zygmunt Bauman (2005), uma defesa-resposta contra um fenômeno que tende a desenraizar os vínculos identitários, tornando-os efêmeros, provisórios, sem continuidade, promovendo, por conta disso, o fortalecimento ou mesmo o retorno da ideia de comunidade e de suas formas de lealdade e pertença para com os semelhantes, uma maneira encontrada para se conquistar mais segurança e igualdade num mosaico de indistinções que parece desfavorecer as aproximações humanas mais duradouras.

O efeito da globalização sobre a identidade, porém, não é unívoco. Global e local não se excluem, mas pontuam uma relação dialética na transformação das identidades. Por um lado, as identidades nacionais são enfraquecidas pela convivência com interesses de natureza global – especialmente de natureza econômico-financeira – e, paradoxalmente, por outro, veem reforçada sua tarefa simbólica de produzir pertença, resultado de uma reação às indeterminações e aos esvaziamentos provocados pela globalização. Do mesmo modo, em vez de as diferenças desaparecerem no meio da homogeneidade cultural perpetrada pela globalização, que influencia, a um só tempo, todas as realidades particulares do planeta, novas formas identitárias passam a conviver com as identidades nacionais em declínio, ou até mesmo assumem o seu lugar. Assim, no curso do processo de globalização, local e global se interpenetram, fazendo com que novas identidades surjam, outras se fortaleçam, algumas enfraqueçam e outras se hibridizem (BURKE, 2006).

Em decorrência da fragilização das formas tradicionais de se estabelecer vínculos comuns de lealdade, resultado de um mundo em mudanças contínuas, de transitoriedade permanente, os sujeitos tendem a ser seduzidos pelo discurso bastante tentador de retorno à "comunidade", uma forma de buscar segurança num contexto de incertezas (BAUMAN, 2003). A comunidade é requisitada como um abrigo contra as incertezas globais, como uma condição de possibilidade para que os projetos de vida possam ganhar sentido no entendimento compartilhado. Os reclamos por identidade aparecem, então, como uma resposta à insegurança, como uma tentativa de se estabelecer lealdades entre semelhantes numa sociedade de sujeitos desenraizados, na qual os laços comunitários tradicionais são cada vez menos perenes.

Ocorre, no entanto, que nem mesmo a comunidade tem conseguido desempenhar habilmente esse papel (quando não o dificulta ainda mais), pois a forma como o mundo estimula a realização de projetos de vida seguros, sempre como um desafio individualizado, parece não ser a receita mais adequada para alcançar tais objetivos, o que tende a aumentar ainda mais a insegurança. Além disso, a estratégia de fechamento das comunidades em torno de si mesmas tem acirrado a guerra do "nós" contra o "eles", proliferando inúmeros ambientes forjadores de identidade cultural que, paradoxalmente, tendem a potencializar as diferenças culturais e aumentar os reclamos por diversidade; no mesmo instante em que a comunidade defende a homogeneidade cultural e proíbe o ingresso de qualquer coisa que lhe seja estranha, alimenta, com isso, os medos e as incertezas que inicialmente pretendia combater. Quanto maior a insegurança sentida pelos sujeitos de uma comunidade, menores as chances de se estabelecer uma abertura para o diálogo com os outros diferentes e mais fortes as medidas de segregação e divisão, restando prejudicada a conformação de uma comunidade "tecida em conjunto a partir do compartilhamento e do cuidado mútuo; de uma comunidade de interesse e responsabilidade em relação aos direitos iguais de sermos humanos e igual capacidade de agirmos em defesa desses direitos" (BAUMAN, 2003, p. 134). Dito de forma diferente: "para realizar o projeto comunitário, é preciso apelar às mesmíssimas (e desimpedidas) escolhas individuais cuja possibilidade havia sido negada. Não se pode ser comunitário bona fide sem acender uma vela para o diabo: sem admitir numa ocasião a liberdade da escolha individual que se nega em outra" (BAUMAN, 2001, p. 117).

Nenhum projeto que se elabore na sociedade contemporânea, comenta Bauman, consegue contar com a garantia de perenidade. Tudo se apresenta fugaz e efêmero. As afiliações sociais que tradicionalmente eram consideradas como determinantes da identidade, como o Estado, a família, a religião, a raça, o gênero, se revelam cada vez mais frágeis e, no seu lugar, novas formas de convívio social são projetadas como fontes de pertencimento que possibilitam a elaboração da identidade. É como se as identidades tradicionais, prossegue Bauman, mais sólidas e perenes, não funcionassem nesse mundo de realidades líquidas; como se tivessem desaparecidos os grandes relatos unificadores, diria Jean-François Lyotard (2004), eclodindo em seu lugar uma "sociedade transparente" (VATTIMO, 1990) na qual as etnias, culturas, gênero, raças e comunidades apenas pudessem manifestar sua existência pela diferença de suas identidades.

Ao ser exposta em escala mundial, a cultura de uma comunidade choca-se com as múltiplas diferenças que caracterizam outras culturas e formam o entorno de sua própria condição individual. A identidade cultural, especialmente na sua roupagem moderna, se constitui sempre pela diferença e estranhamento de seu entorno. Não há, portanto, identidade que prescinda da diferença para se formar (GROSSBERG, 2003). Ao serem apresentadas para o mundo como particularidades, outras identidades ecoam como demarcação de sua própria particularidade, como apontamento das diferenças que envolvem cada experiência singular. A rivalidade entre as culturas, nesse sentido, é sintomática do aumento de suas interconexões no mundo globalizado e da visibilidade crescente dos processos individuais, já que não podem concorrer entre si culturas que não se relacionam, que não expõem suas diferenças umas às outras como condição de possibilidade da própria diversidade cultural manifestada nas diferenças em conflito.

As aproximações permitidas pelo tempo global aumentam a possibilidade de as identidades se entrecruzarem com maior periodicidade, de concorrerem pelos mesmos espaços, de refutarem-se mutuamente como forma de estabelecer sua retórica de exclusão e inclusão a partir da afirmação de seu projeto de pertença. A diversidade cultural será sempre do tamanho da tensão entre as aberturas e os fechamentos que o mundo garantir para as falas advindas das diferentes identidades ou manifestações culturais (MONTIEL, 2003). Nessa direção, a luta pela sobrevivência e pela afirmação de traços culturais particulares, fruto de uma reação contra a homogeneização da cultura, contribui para a formação de um cenário de exigências multiculturais, no qual as diferenças irredutíveis de cada identidade exigem o reconhecimento, político e jurídico, por parte das comunidades onde estão inseridas (BAYARDO, 1998). A liberação das diversidades, das múltiplas identidades, portanto, nos termos sugeridos por Gianni Vattimo (2000), é um ato por meio do qual elas adquirem palavra, realizam sua presença e se põem em movimento para poderem ser reconhecidas e respeitadas. O particularismo, nesse caso, é apresentado contra o universalismo abstrato e racional da Modernidade, uma vez que a racionalidade e a dignidade, segundo posição de Jean-François Lyotard (1996), manifestam-se justamente no empenho que o sujeito emprega para diferenciar-se de seu grupo.

Nessa trilha de argumentos, Stuart Hall (2005) destaca que a sociedade da Modernidade tardia processa mudanças constantes, rápidas e provisórias, as quais têm contribuído para o descentramento, deslocamento e fragmentação das identidades modernas. Não apenas as localizações sociais tradicionais (família, gênero, religião, nacionalidade, raça) são enfraquecidas, mas o próprio "sentido de si" estável, menciona Hall, perde sua referenciabilidade nesse contexto. Assim, a identidade totalmente "unificada, completa, segura e coerente é uma fantasia". Em vez disso, prossegue o autor, os sujeitos se deparam com uma multiplicidade de sistemas de significação e de representação cultural ao mesmo tempo, com cada um dos quais se é possível identificar ao menos temporariamente. O processo de fragmentação das identidades produz, então, uma espécie de subjetividade flexível, decorrente da vivência entrelaçada de diferentes culturas dentro de um mesmo indivíduo que, na composição de sua vida, transita por uma diversidade de grupos sociais com práticas diferenciadas e até divergentes (RUIZ, 2003).

Chama atenção, como exemplo desse processo, o fato de que, dentro de uma mesma nação, podem ser potencializadas demandas identitárias que, por estarem baseadas numa condição de humanidade comum, podem desencadear a proximidade e a identidade entre cidadãos de Estados diferentes e a separação entre cidadãos de um mesmo Estado. Idade, gênero, sexualidade, deficiência, cor e outras diferenças, por exemplo, tendem a gerar paradigmas de diferenciação que não são aprisionados nem contemplados pelo discurso da identidade nacional. Não é por outra razão que movimentos internacionais que lutam por esse tipo de reconhecimento vicejam mundo afora sem amarras nacionalistas, especialmente na forma virtual.

Preocupado com os rumos de uma sociedade pós-moralista, Gilles Lipovetsky (2005) argui que os nacionalismos atuais não passam de elementos de identificação cultural, desprendidos que são de qualquer responsabilidade moral superior e estão notadamente engajados com a realização individualista e responsável tão somente perante a comunidade. É nessa direção que o autor francês acusa as ondas de responsabilidade e de cidadania sem fronteiras, humanitárias, planetárias, ecológicas, de representarem respostas individualistas que não exigem nenhuma espécie de autorrenúncia, de sacrifício em nome da humanidade, postura que é tão cara e necessária para a ideia de dever moral. Por essa razão, continua o autor, a cidadania – sob pena de se esvaziar de sentido ético e político – não poderá ser, ao mesmo tempo, uma conquista que liberta e reconhece igualdades e diferenças, mas que isola o homem em uma individualidade despreocupada, descompromissada e, sobretudo, indiferente com as exigências morais que presenciam o convívio com o outro diferente. Segundo ele, a sociedade contemporânea inaugurou o que ele chama de uma moral laica, que acaba com o Ethos modernista do sacrificio, possibilitando que cada pessoa possa reivindicar o direito de viver e desfrutar sua vida conforme seus desejos. Esse processo de personalização tem produzido um tipo de indivíduo mais flexível, expressivo e narcisista. O ecletismo cultural dos sujeitos contemporâneos conduz à preocupação central de fortalecer a autonomia pessoal e a uma radicalização do direito de ser diferente. O indivíduo se atomiza definitivamente. Sem sofrimento e sem dor, sem catástrofe e sem drama, destaca Lipovetsky (1993), aumentam e facilitam as possibilidades de construção individualizada de cada "eu".

Na sociedade contemporânea e mesmo na Modernidade, como já dissemos, o indivíduo convive, ao mesmo tempo, em vários espaços. Sua vida não é linear nem pré-ordenada. É complexa e, muitas vezes, até caótica. Não mantém vínculos com um único sistema de sociabilidade. Não se pode, por isso, falar de um vínculo exclusivo com uma unidade, mas com vínculos com várias unidades a um só tempo. A própria história como algo unitário parece não ter mais sentido, disse Vattimo (1990; 2000). E prossegue: "Viver en este mundo múltiple significa experimentar la liberdad como oscilación continua entre la permanencia y el extrañamento" (2000, p. 29). Apoiando-se em Heidegger e Nietzsche, o autor adverte que o ser não coincide necessariamente com o estável, fixo e permanente, mas tem uma relação mais próxima com o evento, o consenso, o diálogo e a interpretação, sendo que as experiências oscilantes do mundo contemporâneo podem servir como oportunidade de um novo modo de ser humano. O "eu" e o outro, portanto, se encontram numa fase dinâmica de suas constituições identificadoras.

Uma essência identitária desmoronou e, em seu lugar, muitas identidades cambiantes e diversas convivem num mesmo espaço, em espaços diferentes, produzindo estranhamento e reafirmando suas unidades. Se na sociedade pré-moderna os vínculos identitários eram fiéis a uma certa ordem de estabilidade, o que se vê no mundo moderno e que foi potencializado no contemporâneo é uma abertura do mundo para o indivíduo, que se coloca sobre o dilema da unificação versus fragmentação (MAFFESOLI, 2000).

Esse processo não retira a força da identidade, mas acaba com a ideia de uma identidade totalizante, de uma grande narrativa que dá conta de toda a experiência histórica do sujeito. No seu lugar, aparecem identidades múltiplas, confusas e móveis advogando, cada uma delas, a sua diferença e apostando em seu estatuto de reconhecimento. Para cada demanda identitária é necessário apelar para estatutos de reconhecimentos diferentes.

Este é o enredo atual da identidade: sujeitos atomizados buscando, cada um à sua maneira, afirmar sua diferença e ver reconhecida sua particular forma de estar no mundo.

IX

A teorização da diferença VII: justiça social, reconhecimento e redistribuição, uma relação complementar?

Imaginemos três situações distintas. No primeiro caso, um casal homossexual adentra, de mãos dadas, num restaurante para jantar. Recebido na porta pelo chefe dos garçons, é comunicado de que não existiam mais mesas disponíveis. O casal insiste e pede que a informação seja confirmada, uma vez que o restaurante está praticamente vazio, e o expediente do dia, quase no final. O garçom reforça o comentário de que não pode atendê-los e pede para que se retirem do local, pois o restaurante é frequentado por famílias e não gostaria de que fosse criada uma situação de constrangimento no estabelecimento. Disse, por fim, que estava cumprindo ordens e que eles deveriam procurar um restaurante que tivesse outro perfil.

Na segunda situação hipotética, imaginemos uma tribo Kaingang do noroeste do Estado do Rio Grande do Sul que resolve bloquear as principais estradas da região e invadir duas agências bancárias como forma de protestar contra o atraso nas demarcações de terras que eles creem ser suas. O pedido indígena por mais terras aumentou a tensão entre pequenos produtores e índios e, inclusive, vários embates violentos já foram registrados. Os índios pleiteiam mais terra e, se forem atendidos nessa reivindicação demarcatória, os agricultores serão necessariamente desapropriados.

Na terceira e última hipótese, pensemos num trabalhador brasileiro que receba um salário mínimo nacional, seja casado, tenha quatro filhos pequenos e seja desprovido de instrução formal. Sua residência, que se localizava na beira de um riacho, acaba de ser destruída pela enchente, e ele e sua família estão desalojados e sem dinheiro para pagar aluguel ou reerguer nova habitação em lugar mais seguro.

Esses três exemplos que retratamos como hipotéticos, mas que sabemos constituem a facticidade de um Brasil de muitas injustiças e preconceitos, referem-se a formas distintas de ofensa, violência, exclusão e segregação. O Brasil é um país farto em exemplos desse tipo. Escravidão, patrimonialismo, oligarquias, concentração de renda, miséria, violência, são traços de um Brasil que ecoam nas formas contemporâneas de injustiça e segregação social, como se estivessem naturalizados e constituíssem, em certa medida, o modo de ser de nossa sociabilidade. De fato, o Brasil melhorou nas últimas décadas, mas há muito ainda para ser feito se quisermos nos atribuir o qualificativo de país justo.

Os três exemplos referidos podem nos ajudar a compreender um pouco desse processo de transformação por que tem passado o mundo contemporâneo e como isso tem repercutido no Brasil. Definitivamente, muitas coisas se tornaram comuns na sociedade democrática ocidental. A globalização que aproximou tempos e espaços parece ter denunciado a insuficiência da lógica nacionalista westfaliana-keinesiana de solucionar problemas. As crises globais exigem novas escalas de justiça (Fraser, 2008); formas mais potentes de intervenção e de controle do poder político e econômico.

É incontestável que os direitos humanos consolidaram uma nova agenda de valores que a comunidade internacional deverá respeitar. Isso nem sempre acontece, mas o debate sobre os limites políticos dos Estados está aberto faz certo tempo e tem auxiliado na consolidação das democracias contemporâneas. Porém, a realidade é sempre mais áspera que as possibilidades de normatizá-la. As condições materiais, políticas, econômicas e simbólicas de um país são também a matéria-prima e o alcance de seus projetos de Direito. Isso explica, em parte, por que os países da América do Sul (marcados por patrimonialismo, corrupção, regimes militares, concentração de renda) não conseguem igualar as condições de distribuição material praticadas pelos países europeus, e ainda precisam definir políticas públicas para dar conta da alta diversidade cultural, étnica e individual, que começa mais fortemente a exigir reconhecimento. Alguém poderia objetar que se trata de direitos diferentes, de demandas diferentes, que exigem ações estatais distintas. Que alguns direitos, os sociais, por exemplo, afetariam a racionalidade redistributiva e econômica de uma nação e que, todos sabemos, esse é um assunto delicado. E que outros direitos, centrados na liberdade e na diferença, refletem apenas o reconhecimento de uma nova agenda moral de valores publicamente construídos. Em outras palavras, alguns direitos seriam voltados para a redistribuição e outros para o reconhecimento, exigindo estratégias políticas e jurídicas distintas.

E, de fato, o Brasil não resolveu os seus problemas de redistribuição. Os números econômicos de nosso país são uma mostra de que poderíamos ser bem mais justos socialmente do que somos. Um país que é a 7ª economia do mundo e apresenta números altíssimos de miseráveis (aproximadamente 22 milhões em 2013) não pode dizer que resolveu o problema da distribuição e as ofensas dela decorrentes. Por outro lado, seguindo uma tendência mundial de expansão de direitos de liberdade e de reconhecimento das diferenças, o Brasil, pós-1988, introduziu políticas públicas e legislações com essa tônica. Misturam-se, portanto, em nosso país, demandas ainda não resolvidas de redistribuição com novas demandas por reconhecimento. Isso leva à seguinte questão: como enfrentar os dilemas de uma sociedade como a brasileira, na qual se interpenetram as diversas manifestações de segregação e as demandas econômicas e onde as pautas por liberdade e reconhecimento individual e coletivo produzem, juntas ou separadamente, tipos diferentes de exclusão e distinção? Voltemos agora aos três exemplos iniciais e vejamos, posteriormente, como as teorias de Honneth e Fraser podem nos ajudar a pensar essas questões de reconhecimento e redistribuição.

No primeiro caso, o motivo que impede o casal homossexual de ser atendido normalmente pelo restaurante não é econômico. Eles podem pagar. O desrespeito é cometido única e exclusivamente em razão de sua orientação sexual. Aqueles corpos parecem ter espaços e tempos vedados; eles são impedidos de acessar, de entrar, de falar, de manifestar e de, no caso do exemplo, comer em paz. Corpos acostumados ao silêncio ou ao custo brutal pela palavra pronunciada, felizmente começaram a ser reconhecidos e respeitados como corpos ativos e fazedores de sua própria identidade. Esse tipo de preconceito não é incomum. Revela a dificuldade de se reconhecer a diferença presente no outro como uma condição normal de possibilidade da própria sexualidade humana. A visão tradicional da sexualidade, para o que contribuem sobremaneira as leituras moralistas religiosas, instituiu uma espécie de fusão entre biologia e biografia dos corpos. É como se todo macho devesse representar-se biograficamente como homem, não restando nenhum espaço para a construção psicossocial dos conceitos. Seja no Direito, na moral, na religião, essa fusão normatizou a sexualidade e condenou a diferença à ilicitude, anomalia, imoralidade ou pecado. O enfrentamento dessa racionalidade preconceituosa precisa desinstitucionalizar narrativas tradicionais e professadas em todos os ambientes sociais, razão pela qual a sua superação requer novos padrões de reconhecimento intersubjetivo que acolham a diferença como possibilidade, como constitutiva do novo, como uma parte daquilo que também representamos, mas, sobretudo, como reconhecimento do outro como humano antes e acima de qualquer coisa.

A exemplo dos frequentadores do restaurante, muitos homens e mulheres sofrem e têm lutado para ser reconhecidos em igualdade de condições; de ser reconhecidos em sua condição de sexualidade que faz parte das possibilidades do humano. Essa pauta não exige do Estado uma política econômica de redistribuição, mas políticas que estimulem normativamente o reconhecimento da diferença em todos os espaços sociais de convivência e de trocas intersubjetivas, como escola, família, trabalho, locais públicos e privados. A questão central aqui é o reconhecimento, mas algum efeito indireto pode se dar no âmbito da redistribuição. Possivelmente, profissões mais tradicionais seguirão – esperamos que por pouco tempo – reproduzindo narrativas também tradicionais sobre a sexualidade e dificultando o ingresso de homossexuais em seus quadros. Mas o cerne da questão continua sendo o reconhecimento, e o problema da redistribuição aparecerá, nesse tipo de caso, de modo mais tênue, indireto. Com isso, queremos dizer que, nesse tipo de ofensa, se considera mais a identidade sexual do ofendido do que o seu *status* econômico. Um pobre também poderia ser barrado no restaurante, mas contra ele o argumento seria econômico, mesmo que velado por eufemismos.

No segundo caso, reconhecimento e redistribuição se interpenetram. Não dá para pensar a questão indígena apenas pela lente do reconhecimento, apesar de a antropologia cultural, em sua grande maioria, insistir nisso. O índio é pobre porque não é reconhecido ou não é reconhecido apenas quando é pobre? Ou seria verdade que os índios não são reconhecidos porque são apenas índios? No segundo exemplo, os índios estão reclamando o direito de poderem preservar a sua comunidade de valores, suas tradições coletivas que os identificam como tal. Veja-se que nesse tipo de pertença comunitária não está em jogo apenas um sistema de individualidades identitárias, mas a própria ideia de coletividade da qual cada índio é uma parte. Ao dizer-se índio, o índio já diz quase tudo, pois ele fala por meio da cultura. Ser índio é ter posições e lógicas definidas pela coletividade, restando quase nenhum espaço para a formação de subjetividades que não dialoguem com as narrativas de sua comunidade. Por isso que ao defenderem a demarcação de terras, os índios quase sempre o fazem apelando para a comunidade. A terra é condição de possibilidade de sua cultura, é existencialidade mais do que instrumento. Não é apenas um local para cultivo, não é propriedade privada, é o lugar onde a vida de sua comunidade acontece de fato.

Não é de se estranhar, portanto, que as medidas até hoje tomadas pelo governo brasileiro não tenham surtido efeito satisfatório nem para indígenas nem para agricultores. Ao decidir em favor de produtores rurais, o Estado protege a propriedade privada e estimula a produção; ao promover demarcações e proteger as comunidades indígenas, precisa desapropriar produtores. O que nos interessa frisar aqui é que se trata de dois tipos diferentes de demandas. Para os produtores, esse tema parece simples: defendem que sejam mantidas as terras nas mãos dos produtores em razão de que eles produzem, e os índios não. Sustentam claramente uma posição econômica, para justificar a distribuição da terra. Os índios, por sua vez, alegam que as suas terras já foram bastante reduzidas, e que elas pertenceram a seus antepassados. Que a sua relação com a terra é de cuidado, e sua vinculação com a natureza faz parte do seu modo de vida, de sua cultura. Ninguém verá um índio dizendo que vai produzir mais que um não índio (Não desconhecemos o fato de alguns índios e comunidades inseridos na cultura branca praticarem a propriedade privada de modo ocidental, mas nesse caso não estaríamos mais uma vez falando da racionalidade indígena, e sim branca). Pelo contrário, a terra, para a comunidade indígena, é uma condição de possibilidade para o seu próprio reconhecimento.

Se, nesse caso, a terra basta ao produtor, ela não basta para a comunidade indígena. Ela não é um instrumento de produção, mas local de vivência, práticas, ritos, existências que constituem a comunidade em seu todo. A terra é um lugar para se estar e viver ao modo indígena. Por isso, a aproximação entre índio e não índio precisar ser intercultural, existencial, e não um jogo de respostas jurídicas e políticas que tenta proteger e isolar ambos os atores, aumentando as diferenciações e rivalidades. Esse é um caso em que redistribuição e reconhecimento deverão caminhar juntos. As comunidades originárias precisam de terra para viabilizar o reconhecimento de suas especificidades culturais, mas precisam do reconhecimento do outro para acessar a terra sem litígios e ofensas que prejudicarão a convivência com os produtores não indios, com os diferentes, tornando a vida da comunidade um tormento permanente.

No terceiro e último exemplo, estamos diante de um clássico caso de direito social que requer políticas públicas que melhorem as condições de vida do cidadão desalojado. Seguramente que uma pessoa pobre terá mais dificuldade do que uma pessoa rica em realizar sonhos de consumo e de frequentar determinados lugares que julgar excessivamente caros. A condição econômica do sujeito funciona como certa cartografia de suas possibilidades e isso, evidentemente, gera exclusões e segregações. Mas, no caso em tela, o que leva o pai desesperado com o desamparo de sua família a pedir ajuda não é a falta de reconhecimento, uma ofensa moral, mas uma necessidade econômica. Evidentemente, sua situação de penúria financeira pode dificultar o reconhecimento em certas situações, mas isso apenas indiretamente. Se um dia ganhar na loteria ou arrumar um emprego que lhe remunere bem, talvez jamais volte a enfrentar um problema de reconhecimento, a não ser que seja *gay*, negro, índio, etc. Mas daí já não se trataria de um problema de redistribuição.

Reconhecimento e redistribuição possuem racionalidades próprias, apelam para argumentos distintos e visam enfrentar diferentes tipos de ofensas. Enquanto os problemas de redistribuição são atribuições predominantemente institucionais, voltados à missão do Estado, à realização de direitos sociais, o reconhecimento envolve todos os atores sociais, individuais ou coletivos. O reconhecimento pode e deve ser estimulado e garantido por políticas públicas, mas seu êxito requer a ressignificação de narrativas, práticas e teorias no sentido de valorizar a diferença nas trocas intersubjetivas. Família, escola, trabalho, etc., por isso, precisam ser afetados verdadeiramente para que uma política de reconhecimento funcione.

Uma política pública de reconhecimento, mesmo que produza efeitos redistributivos indiretos relevantes, é sustentada em argumentos que não se confundem com redistribuição. Se, de fato, os argumentos e as estratégias de reconhecimento e redistribuição são distintos, essa separação nem sempre subsiste quando se analisam os resultados das medidas adotadas, mesmo que indiretos. Nancy Fraser tem razão ao defender uma visão bidimensional da justiça, que trate as questões de reconhecimento e redistribuição conjuntamente, apesar da intensidade distinta que cada uma das dimensões pode assumir em situações que assim exigirem. Não há como separar completamente as questões de redistribuição e de reconhecimento. Elas se interpenetram de vários modos e nem sempre com a mesma intensidade. Pode-se dizer que, em alguns casos, o argumento do reconhecimento é mais forte, e a questão da redistribuição, mais tênue, indireta e até pouco notada; noutros que a questão da redistribuição é o argumento central, e o reconhecimento, um reflexo das melhorias das condições materiais de vida. Mas também poderíamos pensar ao contrário: uma situação em que o reconhecimento poderá melhorar as condições de empregabilidade ou inserção empresarial, por exemplo.

Honneth e Fraser teorizaram sobre o reconhecimento e a redistribuição e, cada um a seu modo, podem nos ajudar a entender melhor esses tipos de demanda que têm sido cada vez mais frequentes e marcado as democracias contemporâneas, com grande evidência, também no constitucionalismo da América Latina dos últimos 20 anos.

Fraser (2002) defende uma posição não identitária do reconhecimento. De acordo com a autora americana, na sociedade contemporânea, as pessoas se encontram à beira de uma marcante transição social, representada pela passagem de uma fase fordista do capitalismo (baseada na produção em massa, em sindicatos fortes e normatividade dos salários) para uma fase pós-fordista, caracterizada pela produção voltada para nichos do mercado, pela decadência dos sindicatos e pela ampliação da participação das mulheres no mercado de trabalho. Outro aspecto desse momento de transição é a mudança, facilmente percebida, de uma sociedade industrial (tecnologias de manufatura) para uma sociedade de conhecimento (tecnologias de informação). Além disso, percebe-se, também, que a tradicional ordem internacional dominada por Estados soberanos começa a sofrer desgastes e substituições por uma ordem globalizada na qual as capacidades de governo dos Estados nacionais tendem a ser reduzidas.

Mas um aspecto particular desse processo de modificações paradigmáticas é o destacado papel que adquirem as demandas culturais, capazes de promoverem uma espécie de politização generalizada da cultura, especialmente quanto às lutas por identidade e diferença. Percebe-se, segundo Fraser, o ressurgimento da política de estatuto e o declínio da política de classe. Em outras palavras: a luta é especialmente dedicada ao reconhecimento, e não mais à redistribuição.

Portanto, a globalização acaba gerando uma nova forma de reivindicação política: a luta pelo reconhecimento. Trata-se de perspectivas que convivem de forma ambivalente. Por um lado, o reconhecimento representa uma ampliação da contestação política e um novo entendimento da justiça social, compreendendo questões de representação, identidade e diferença. Por outro lado, não é certo que as atuais lutas por reconhecimento irão contribuir para completar e aprofundar as lutas pela redistribuição, podendo resultar em um desenvolvimento combinado e desigual. Sendo assim, Fraser aponta três riscos e três soluções inerentes à atual trajetória da globalização no que se refere aos problemas de caráter identitário e de reconhecimento:

> O risco da substituição das lutas por redistribuição pelas lutas por reconhecimento(...). Para neutralizar este risco, proporei uma análise da justiça social. (...) O risco da atual centralidade da política cultural, (...) para que este risco seja neutralizado, proponho uma concepção não identitária do reconhecimento adequada à globalização, (...) o risco de a globalização estar a subverter as capacidades do Estado para reparar os tipos de injustiça. A fim de neutralizar este risco, proporei uma concepção múltipla de soberania que descentre o enquadramento nacional. Em cada um dos casos, as concepções propostas assentam em potencialidades emancipatórias que estão a despontar na atual constelação (2002, p. 10).

As demandas por justiça social, no pensamento da autora americana, dividem-se em dois tipos: de um lado, as demandas redistributivas, que buscam uma distribuição mais justa de recursos e bens; de outro, a chamada política do reconhecimento, como, por exemplo, as demandas por reconhecimento das perspectivas diferenciadoras de minorias étnicas, raciais e sexuais, bem como da diferença de gênero.

Para Nancy Fraser, a justiça requer tanto redistribuição quanto reconhecimento, de modo que nenhuma dessas demandas sozinha é suficiente. O desafio é desenvolver uma concepção bidimensional da justiça, isto é, tratar "redistribuição e reconhecimento como dimensões da justiça que podem permear todos os movimentos sociais" (2008, p. 168-169). Ou seja, requer que se olhe para a justiça de modo bifocal. Por um lado, a justiça é uma questão de distribuição justa; por outro, é uma questão de reconhecimento recíproco. Todavia, a compreensão plena só é possível quando se sobrepõem as duas lentes: distribuição e reconhecimento. Nesse sentido, Fraser (2006, p. 19) insiste que: "ni la redistribución ni el reconocimiento, por separado, bastan para superar la injusticia en nuestros días; por tanto, hay que conciliarlas y combinarlas de alguna manera".

Pode-se dizer que, quanto à distribuição, a injustiça nasce na forma de desigualdades similares às de classe, baseadas na estrutura econômica da sociedade. Porém, no que concerne ao reconhecimento, a injustiça nasce na forma de subordinação de estatuto, assente nas hierarquias institucionalizadas de valor cultural. Quando, contudo, aplicam-se as duas perspectivas, o risco de substituição pode ser paralisado. A justiça surge, então, como uma categoria bidimensional que abrange ambos os tipos de reivindicação, sem reduzir umas às outras. Desse modo, demandas por mudança cultural, misturam-se a demandas econômicas, tanto dentro quanto entre os movimentos sociais.

Com esse propósito, Fraser (2002, p. 13) propõe o princípio de paridade de participação, segundo o qual

> a justiça requer arranjos sociais que permitam a todos os membros (adultos) da sociedade interagir entre si como *pares*. São necessárias pelo menos duas condições para que a paridade participativa seja possível. Primeiro, deve haver uma distribuição de recursos materiais que garanta a independência e 'voz' dos participantes; (...) a segunda condição requer que os padrões institucionalizados de valor cultural exprimam igual respeito por todos os participantes e garantam iguais oportunidades para alcançar a consideração social.

A política da redistribuição e a política do reconhecimento podem ser contrastadas nos seguintes aspectos: por um lado, a redistribuição enfoca as injustiças socioeconômicas que presume estarem enraizadas na economia política; o remédio para a injustiça é a reestruturação político-econômica; os sujeitos coletivos da injustiça são classes sociais ou coletividades análogas a classes, os quais são definidos economicamente por uma relação característica com o mercado ou com os meios de produção. Por outro lado, a política do reconhecimento aponta injustiças culturais, as quais estão enraizadas nos padrões sociais de representação, interpretação e comunicação; o remédio para a injustiça é a transformação cultural ou simbólica; as vítimas da injustiça são definidas pelas relações de reconhecimento, elas são distinguidas pela menor estima, honra ou prestígio que desfrutam em face de outros grupos na sociedade.

Ponderando as duas formas de política defendidas pela autora, pode-se observar que a solução para a injustiça econômica é a reestruturação político-econômica, enquanto que a solução para a injustiça cultural, em contraste, é algum tipo de mudança cultural. Pessoas que estão sujeitas a ambas as injustiças carecem tanto de reconhecimento como de redistribuição.

Nesse sentido, o gênero é uma coletividade bivalente, pautada simultaneamente na política econômica e na cultura. Por exemplo: homens são mais bem remunerados do que as mulheres, o que exige redistribuição. Por outro lado, há o androcentrismo, o qual gera formas de subordinação de *status* específicas de gênero, incluindo a violência sexual, a violência doméstica, a mutilação genital, etc., então, precisa do reconhecimento. Logo, a injustiça de gênero pode ser remediada apenas por uma abordagem que abarque tanto a política da redistribuição quanto a do reconhecimento.

Outro modelo de coletividade bivalente, um composto de *status* e de classe, é a raça. Os negros são bem mais afetados com taxas de desemprego e pobreza (redistribuição). Ainda, sofrem exclusão ou marginalização nas esferas públicas (reconhecimento). Desse modo, a superação das injustiças do racismo requer, tanto a redistribuição, quanto o reconhecimento, sendo que nenhuma será suficiente sozinha.

Ainda que todos os eixos de subordinação possam ser tratados como bivalentes, isso nem sempre ocorrerá no mesmo sentido, nem no mesmo grau. Além disso, as injustiças devem ser consideradas em conjunto, de modo que o objetivo deve ser desenvolver uma abordagem integrada que inclua e harmonize todas as dimensões da justiça social. Ainda, Fraser (2001, p. 281) salienta que "o dilema da redistribuição/reconhecimento não surge apenas endogenamente, dentro de uma única coletividade ambivalente. Ele também surge exogenamente, entre coletividades cruzadas".

O projeto de integrar a redistribuição e o reconhecimento em uma mesma estrutura repercute nos debates contemporâneos acerca de três questões normativo-filosóficas. A primeira delas relata que o reconhecimento é uma questão de justiça, e não de autorrealização, visto que o não reconhecimento impede a igual participação na vida social. A segunda questão considera que a justiça distributiva e o reconhecimento constituem dois paradigmas normativos distintos, pois não podem ser subsumidos um ao outro; pelo contrário, o que se propõe é desenvolver uma concepção "bidimensional" de justiça cujo núcleo é a participação paritária, na qual a justiça requer arranjos sociais que permitam a todos os membros adultos da sociedade interagir uns com os outros como pares. A última questão levanta a discussão sobre a justiça, ou seja, ela requer o reconhecimento do que é distintivo em relação a indivíduos ou grupos, ou o reconhecimento de uma humanidade comum. Isso vai depender do que as pessoas atualmente não reconhecidas necessitam para que possam participar como pares na vida social.

A autora sugere que se faça um experimento mental. Primeiramente, considerar um tipo de sociedade pré-estatal no qual o idioma-chave das relações sociais seja o parentesco. Este, por sua vez, constitui o princípio central de distribuição, dita a posição social. Então, o não reconhecimento acarreta diretamente a má distribuição. Depois, considere-se o oposto, uma sociedade na qual a estrutura econômica dita o valor cultural e a posição do mercado dita o status social. Logo, a má distribuição acarreta diretamente o não reconhecimento.

Observa-se que, nesses casos, classe e status sobrepõem-se perfeitamente um ao outro. Nas sociedades contemporâneas, a má distribuição não acarreta diretamente o não reconhecimento e vice-versa. "Disso segue que nem o culturalismo, nem o economicismo são suficientes para compreender as sociedades contemporâneas. Ao invés, necessita-se de uma abordagem que possa acomodar a diferenciação, a divergência e a interação em todos os níveis" (FRASER, 2008, p. 184).

Por conseguinte, duas possibilidades se apresentam: uma delas é o "dualismo substantivo", que trata a redistribuição e o reconhecimento como duas diferentes esferas de justiça, pertencentes a dois domínios societários diferentes. Esse propósito é inadequado, uma vez que, sempre Fraser, interpreta erroneamente as diferenciações sociais mediante divisões impermeáveis e demarcadas. Por outro lado, há o "dualismo de perspectiva", no qual a redistribuição e o reconhecimento constituem duas perspectivas analíticas que podem ser assumidas a respeito de qualquer domínio. Isso seria o correto.

Pode-se constatar que o que se busca não é reduzir a redistribuição e o reconhecimento um ao outro, mas sim somá-los. A necessidade, em todos os casos, é pensar de forma integrada, para que, juntos, redistribuição e reconhecimento enfrentem a injustiça; em outras palavras, a justiça requer hoje tanto reconhecimento quanto redistribuição.

Na concepção de Fraser, uma segunda ameaça à justiça social no contexto da globalização surge como resultado de uma ironia histórica:

> As lutas pelo reconhecimento estão hoje a proliferar apesar (ou por causa) do aumento da interação e comunicação transculturais (...) [elas] não fomentam a interação e o respeito entre diferenças em contextos cada vez mais multiculturais, mas tendem antes a encorajar o separatismo e a formação de enclaves grupais, o chauvinismo e a intolerância, o patriarcalismo e o autoritarismo. Chamo a isto o *problema da reificação* (2002, p.14).

Verifica-se que a reificação ameaça a capacidade de conceituar a justiça social num contexto de globalização. Então, propõe-se uma concepção alternativa de reconhecimento, baseada em um "modelo de estatuto", sendo que o reconhecimento significa uma questão de estatuto social. Desse modo, o que requer reconhecimento no contexto da globalização é o estatuto individual dos membros de um grupo como parceiros de pleno direito na interação social, ou seja, uma política que objetive superar a subordinação por meio da instituição da parte reconhecida distorcidamente como membro pleno da sociedade, apto a participar ao mesmo nível dos demais. Nesse caso, de acordo com a professora americana, as identidades grupais acabam substituindo os interesses de classe como principal incentivo para a mobilização política.

Assim sendo, segundo o modelo de estatuto, o falso reconhecimento constitui uma grave violação da justiça. Reivindicar o reconhecimento não significa obter a valorização da identidade do grupo, mas sim a superação da subordinação, buscando instituir a parte subordinada como membro pleno na vida social, capaz de interagir paritariamente com os outros.

Outra ameaça à justiça social, ainda com Fraser, é que a globalização está a descentrar o enquadramento nacional de uma forma que se torna cada vez menos admissível postular o Estado nacional como o único contexto de atuação e a única instância que regula a justiça social. Frente a esse quadro, tem-se de determinar quais os temas são nacionais, quais são locais, regionais ou globais.

Com o intuito de neutralizar essa ameaça, Fraser considera ser é preciso "uma concepção múltipla que descentre o enquadramento nacional", a qual deriva dos desencontros de escala. De tal modo, nenhum dos enquadramentos por si só se ajusta a todas as questões de justiça, pois não é garantido que um enquadramento apropriado a uma dimensão de justiça convenha igualmente a outra.

Nesse sentido, Fraser ressalta que é preciso um conjunto de enquadramentos múltiplos e uma concepção de soberania com múltiplos níveis, pois o país constitui apenas um de vários enquadramentos numa nova estrutura emergente, de modo que

> nesta situação, as deliberações acerca da institucionalização da justiça devem ter o cuidado de colocar as questões no plano adequado, determinando quais os assuntos que são verdadeiramente nacionais, locais, regionais ou globais. Elas têm de delimitar vários contextos de participação de forma a distinguir os conjuntos de participantes com direito a paridade dentro de cada uma delas (2002, p.19).

Portanto, os três problemas identificados (a reificação, a substituição e o enquadramento desajustado) ameaçam a justiça social no contexto da globalização, razão por que foram propostas estratégias conceituais para neutralizar esses riscos. Para contrariar o risco da substituição, sugere-se uma concepção bidimensional de justiça que abranja tanto o reconhecimento quanto a distribuição. Para contrariar a ameaça da reificação, recomenda-se uma concepção do reconhecimento baseada no estatuto, que não conduz a uma política de identidade. Por fim, para contrariar a ameaça do enquadramento desajustado, indica uma concepção de soberania de múltiplos níveis que descentra o enquadramento nacional.

A autora manifesta preocupação com as lutas por reconhecimento que tomam o formato de um comunitarismo que "simplifica e reifica drasticamente as identidades de grupo", fomentando o separatismo, a intolerância, o chauvinismo e o autoritarismo. Segundo a filósofa norte-americana, é necessário revisitar o conceito de reconhecimento e forjar uma concepção não identitária, que desestimule o isolamento e promova a interação entre as diferenças. Para isso, é preciso desencorajar o falso reconhecimento gerado pela depreciação da identidade do "eu" exercida pela cultura dominante. Os integrantes das coletividades necessitam rejeitar as imagens construídas "desde cima" e projetar publicamente suas próprias representações.

Além disso, uma nova política de reconhecimento deve levar em conta – o que, segundo Fraser, não é feito pelas políticas de reconhecimento baseadas apenas na identidade – que o falso reconhecimento não se constitui como um mal cultural independente, isolado, mas que decorre e está diretamente associado ao problema da má distribuição. Na opinião de Fraser, o reconhecimento é uma questão de estatuto social, pois o que requer reconhecimento em uma sociedade globalizada não é a identidade cultural, de grupo, mas o "estatuto individual de seus membros como parceiros de pleno direito na interação social". Desse modo, o problema da falta de reconhecimento não é um problema específico do grupo, mas representa a necessidade de se superar as relações de subordinação em uma comunidade, garantindo a todos a possibilidade de participarem da vida social em situação de paridade. Ademais, ainda segundo Fraser, ao se recusar as políticas de falso reconhecimento, pode-se estabelecer a paridade de participação como critério normativo, capaz de submeter todos as pautas de reconhecimento a processos democráticos de justificação pública. Assim, "evita o monologismo autoritário da política de autenticidade e valoriza a interação transcultural por oposição ao separatismo e ao enclausuramento do grupo. Por conseguinte, longe de encorajar o comunitarismo repressivo, o modelo de estatuto combate-o frontalmente" (2002, p.16). Pode-se dizer, enfim, que as pessoas que sofrem das injustiças culturais e das injustiças econômicas precisam tanto do reconhecimento quanto da redistribuição.

A categoria central de Honneth (2003) é o reconhecimento. Em sua tese de livre-docência, publicada no Brasil com o título Luta por Reconhecimento, o autor alemão, igualmente a Hegel, que o inspira, considera que os conflitos sociais são constitutivos, tanto de intersubjetividades, quanto dos próprios sujeitos. O conflito é travado intersubjetivamente e caracteriza-se por uma luta moral na medida em que os sujeitos lutam por reconhecimento recíproco de suas identidades, o que gera uma pressão social para o estabelecimento prático de instituições garantidoras da liberdade. Apoiado em Georg H. Mead, psicólogo americano, Honneth reafirma o caráter social da identidade e a ideia de que se pode perceber a evolução moral da sociedade nas lutas por reconhecimento. A identidade se constrói de modo conflitual, intersubjetivo e visando a um reconhecimento que decrete o fim de uma situação de violência causada pelo não reconhecimento. São os conflitos sociais, intersubjetivos, que constituem as diferentes lutas pelo reconhecimento recíproco de cada uma das identidades conflitantes.

Honneth valoriza os padrões de reconhecimento intersubjetivos na estrutura das relações sociais. O reconhecimento não é uma categoria que se esgota nos processos coletivos de socialização, nas formas institucionais da vida pública apenas. Nas relações privadas, interpessoais, intersubjetivas, residem as principais experiências de reconhecimento que resultam na identidade pessoal. Para Honneth, atualizando Hegel (que já falava em amor, Direito e eticidade como três esferas do reconhecimento) e Mead, esses padrões de reconhecimento intersubjetivo seriam o amor, o direito e a solidariedade.

O amor, o afeto, é a primeira esfera de reconhecimento que liga o sujeito ao semelhante mais próximo, aos seus familiares. Apoiado em Winnicott, defende que as relações afetivas da primeira infância entre mãe e criança formam laços de confiança substanciais, reforçam o amor do outro e a confiança no outro, que geram autoconfiança e amor em si mesmo. Justamente por precisarem uma da outra, criança e mãe necessitam construir um pouco de independência para si para continuar a vida. Por mais que com o tempo nos individualizemos e rompemos alguns laços, pois é isso que torna a vida possível, Honneth e também Hegel consideram o amor um fundamento estrutural de toda a eticidade.

A segunda esfera de reconhecimento intersubjetivo se dá pelo Direito. Segundo Honneth (2003), o reconhecimento jurídico está sustentado na natureza ética dos sujeitos que pretendem afirmar seus direitos mediante a supressão dos particularismos e posições unilaterais subsistentes na relação das diferenças. Nos conflitos multiculturais, as lutas por reconhecimento se caracterizam por um aspecto fundamental da coexistência positiva das diferenças. Honneth entende que a lei, por ser constituída de maneira universalista, sob condições modernas, tutela os direitos de forma igualitária, desvinculando o reconhecimento jurídico de qualquer espécie de status social ou estamento. Assim, o reconhecimento dos direitos decorre de uma operação de entendimento puramente cognitiva, que atribui ao outro a imputabilidade moral que o torna autônomo em suas particularidades, porém igual aos demais na perspectiva da universalidade da lei.

O reconhecimento jurídico cumpre um papel importante na formação do autorrespeito na pessoa, consubstanciado pela possibilidade de se referir a si mesmo de modo positivo, como sujeito de direitos e participante dos acordos discursivos de uma coletividade. Ao poder se realizar, expor suas propriedades e particularidades concretas, a pessoa individualizada é reconhecida socialmente pelas suas contribuições ao outro e à coletividade. Uma vez que é impossível se definir um modelo universal para avaliar o valor das características e propriedades de cada sujeito, pois isso depende dos fatores histórico-sociais, cada um dos grupos sociais acaba por definir e interpretar suas formas de vida e suas realizações como importantes para o grupo. Por certo que numa realidade multicultural, tomada de valores plurais em concorrência, os conflitos de natureza cultural conduzem ao fortalecimento das opções centradas no grupo e, consequentemente, fomentam a importância das variadas formas de percepção sobre o mundo. Justamente por isso o Direito é uma forma potente e necessária de reconhecimento, pois pode obrigar que se reconheçam direitos independentemente de simpatias e afetos, de similitudes ou status social equivalente.

Ao mesmo tempo em que Honneth (2003) tem a clareza de que o momento atual do Direito é mais positivo de que no início da sociedade moderna, sabe também que a luta por novos direitos e pela inclusão de novos titulares de direitos, em diversos lugares do mundo, não chegou ao seu termo final. E essa luta continuará até que direitos universais sejam adjudicados em igualdade de condições e sem benefícios diferenciais de qualquer ordem.

O terceiro padrão de reconhecimento intersubjetivo descrito pelo autor é a solidariedade. Em palavras objetivas, solidariedade é uma forma de reconhecimento baseada em relações sociais de estima simétrica entre sujeitos individualizados. As pessoas se ligam reciprocamente por considerarem importantes as potencialidades e capacidades do outro nas ações comuns. Relações desse tipo são solidárias porque acolhem e dão valor positivo à particularidade individual de outro sujeito, demonstram interesse afetivo pelo outro e cuidam para que tais propriedades possam desenvolver-se e tornarem possíveis os interesses comuns. Em condições de solidariedade, o sujeito sabe-se estimado pelos outros, se reconhece como "membro de um grupo social que está em condições de realizações comuns, cujo valor para a sociedade é reconhecido por todos os demais membros" (HONNETH, 2003, p. 209). E esse sentimento tende a ficar ainda mais intenso em momentos de dificuldade, como acontece nos caso de guerra.

Após estabelecer os três padrões de reconhecimento, Honneth inverte a análise e pontua situações de desrespeito e degradação que impedem a realização do indivíduo em sua totalidade. Cada padrão de reconhecimento pode ser interpretado, na direção do não reconhecimento, como uma espécie de ofensa. A violência física afeta a integridade corporal dos sujeitos e é uma forma de ofensa que fragiliza a autoconfiança básica. Esse tipo de ofensa (exemplificado pelo estupro e a tortura), além da dor física propriamente dita, comenta Honneth, priva o ofendido de seu próprio corpo e compromete seu senso de realidade; o ofendido deixa de pertencer-se por conta do ato violento. Seguramente que essa é a forma mais cruel de não reconhecimento e que tem efeitos mais devastadores sobre as pessoas, afetando de modo bastante substancial a autoconfiança e autonomia adquiridas pelas experiências vividas desde a infância. Na violência física, a autonomia sobre o corpo é brutalmente negada.

A privação ou negação de direitos é retratada pelo autor como uma segunda forma de não reconhecimento. Nesse tipo de ofensa, cuja escravidão é a manifestação mais radical, é negado ao sujeito o direito de interagir com os demais membros da comunidade em igualdade de condições.

A humilhação ou desvalorização dos estilos de vida é a terceira forma de não reconhecimento. Por conta de ofensas dessa natureza o sujeito retira-se da cena social, deixa de participar de relacionamentos intersubjetivos, o que afeta negativamente a sua autoestima. Sente-se desprestigiado, incapaz de interagir e dialogar, como se não fosse não portador de habilidades e capacidades individuais e sociais que pudessem ser estimadas pelos demais membros da comunidade. As referências negativas a sujeitos ou grupos, desprezando seus valores, habilidades e características de sociabilidade, impactam diretamente na forma como indivíduos e grupos se percebem e como se sentem percebidos pelos demais. A avaliação negativa dos sujeitos ou sua coletividade mina a autoestima e produz isolamentos, dificuldades de interações e uma espécie de descrédito em si mesmos e em suas representações.

As ofensas ao reconhecimento funcionam como mecanismos de autocompreensão negativa, que destroem a identidade e, por conta disso, tendem a desprestigiar ou mesmo eliminar as diferenças. Por isso, a degradação da estima social, a violação da autonomia e a privação de direitos são compreendidas, pelo autor, como provocações que devem estimular a ação política em favor das lutas por reconhecimento. São essas lutas que constituem os conflitos sociais e caracterizam a caminhada em busca do desenvolvimento social.

Diferentemente de Fraser, para Axel Honneth, o reconhecimento é uma categoria moral fundamental, suprema, sendo o problema da distribuição apenas uma derivação. O ideal socialista da redistribuição é considerado como uma decorrência, como uma subespécie da luta por reconhecimento. Honneth entende que o conceito de reconhecimento, desde que bem compreendido, pode levar a uma versão modificada do paradigma marxista de redistribuição econômica. A tese de Honneth é a seguinte:

> Mi tesis es que un intento de renovar las reivindicaciones globales de la teoría en las condiciones presentes se orienta mejor a través del marco categorial de una teoría suficientemente diferenciada del reconocimiento, dado que establece un vínculo entre las causas sociales de los sentimientos generalizados de injusticia y los objetivos normativos de los movimientos emancipadores (2006, p.91).

Nessa perspectiva, o autor sugere que as injustiças distributivas devem ser entendidas com a expressão institucional da falta de respeito social ou, melhor dizendo, de algumas relações injustificadas de reconhecimento. Argumentando contra o posicionamento de Fraser, Honneth alega que "orientar en sentido normativo una teoría social crítica hacia las demandas públicamente perceptibles de los movimientos sociales tiene la consecuencia no buscada de reproducir las exclusiones políticas" (2006, p. 100). De tal modo, o autor acredita que o pensamento de Fraser dá a impressão de que os grupos sociais estão lutando basicamente por recursos materiais ou pelo reconhecimento cultural, de modo que se surpreende que Fraser não encontre nenhuma expressão sistemática para a luta pela igualdade jurídica.

Como dissemos, Honneth elege o conflito social como objeto central de uma Teoria Crítica. Para ele, a base da interação é o conflito, e sua gramática, a luta por reconhecimento. Assim, inclui um modelo de compreensão da realidade social num momento em que os conflitos sociais, mais do que a demanda por uma justa distribuição de bens materiais, incluem em pauta a luta pela dignidade humana, pela integridade física e pelo reconhecimento do valor das diversas culturas e modos de vida. Portanto, "é possível ver nas diversas lutas por reconhecimento uma força moral que impulsiona desenvolvimentos sociais" (HONNETH, 2003, p.18). Dessa forma, Honneth acaba por impor um peso enorme na luta por reconhecimento, relegando, a segundo plano, a luta de classes pela detenção do capital simbólico existente na sociedade contemporânea. Do mesmo modo, entende que todos os conflitos sociais têm sempre a natureza do reconhecimento se sobrepondo à luta pela redistribuição de renda.

Existe, contudo, um ponto de convergência entre os dois autores: apesar das diferenças internas, ambos acreditam que o objetivo da justiça social deve ser entendido como a criação de relações sociais que permitam aos sujeitos serem incluídos como membros plenos de uma comunidade política, no sentido de poderem manter e praticar publicamente seus estilos de vida, sem vergonha ou humilhação.

A riqueza da diferença poderá ser capaz de produzir novos encontros e diálogos, de estabelecer novas narrativas e formar novos espaços e racionalidades de reconhecimento recíproco. Contra as velhas e constantes modalidades de injustiça social, devem ser estimulados novos processos políticos, econômicos e sociais que tenham a potência de reinventar as instituições, fortalecendo sua missão democrática e dando sentido à vida do homem em seu cotidiano de experiências possíveis, diferentes e livres de julgamentos negativos de valor. Reconhecer e redistribuir para libertar. Eis nosso desafio.

X

A institucionalização da diferença I: modelos teórico-práticos

As novas reações e respostas aos sistemas mundiais de dominação, acontecidas desde os anos 60 do século passado, podem ser compreendidas, em seus processos de normalização institucional, a partir de uma dicotomia estabelecida entre movimento e institucionalização, entre pontos de instabilidade e busca de equilíbrio. Os questionamentos às hegemonias controladoras, percebidos como acontecimentos, teorizações ou institucionalizações, são condições de possibilidade de respostas espontâneas a situações que estão situadas longe do equilíbrio, caóticas, em estado de instabilidade e de crise. Nesse aspecto, os acontecimentos que estariam acoitados sob a designação multiculturalista, aos quais preferimos acolher sob o amparo da ideia da diferença, podem ser considerados como uma construção simbólico-política de grupos portadores de uma nova visão social, de um novo entusiasmo vital e de uma nova proposta salvadora, diante da dominação que grupos hegemônicos impuseram a minorias, marginalizados e hipossuficientes. Esses estados reativos espontâneos têm tido a potencialidade de engendrar decisões refundadoras da sociedade, reterritorizalizadoras dos campos de poder social, capazes de redirecionar as circunstâncias do que os historicistas – entre os quais não nos incluímos – chamam de história. São articulações estruturadas de baixo para cima, cujo consenso emerge espontaneamente de uma organização mínima, fluída, prevalecendo mais pontos de referência valorativa do que propriamente preceitos e leis a serem seguidas por todos. O movimento apresenta-se como uma alternativa concreta ao poder estabelecido. Há, em sua essência, um apelo fundamental que explica o seu aspecto de liberação, de violência revolucionária.

Entretanto, a ocorrência dos novos acontecimentos sociais não garantiu o êxito na concretização das demandas por eles reivindicadas. Os novos movimentos, que em sua origem visavam à mudança, precisaram alterar sua natureza; necessitaram mudar para poder permanecer. Houve uma necessidade de institucionalização e, com ela, uma inevitável rotinização, burocratização, normatização e, consequentemente, a assunção de lugares de poder.

Paralelamente aos processos que materializaram movimentos e cristalizaram institucionalizações, e em alguns casos até mesmo se antecipando, a academia constituiu suas formações discursivas teóricas acerca desses fenômenos concretos, contribuindo com seus saberes para a constituição de novos campos de poder, novas territorialidades de atuação de forças sociais. Novos campos teóricos foram constituídos em relação à ampla questão sobre o que somos, a partir de um novo fluxo de reflexões estruturadas desde um deslocamento de uma sintaxe da igualdade para uma sintaxe da diferença. A diferença não em termos biológicos, mas como circunstância, significação e discurso.

Tais dimensões têm sido, até este estágio do desenvolvimento civilizatório, inseparáveis. Não é possível contrapor ou separar movimento, teorização e institucionalização. Eles pertencem, numa mesma totalidade, à história e à vida. Exigem-se e se completam mutuamente.

O que pretendemos argumentar, a partir dessa visão, é que esses movimentos de liberação, que hoje qualificamos como reações e respostas a estados de dominação e violência objetivos, não foram e continuam não sendo suficientes para definir e garantir práticas de liberdade, que serão, em seguida, necessárias para que os seus protagonistas possam consolidar formas existenciais aceitáveis e satisfatórias de configuração igualitária concreta na sociedade política. Pela situação conflituosa, instável, de desequilíbrio em que nascem, os movimentos de liberação têm uma natureza convulsiva que não lhes garante permanência. Aí entra em cena a necessidade de institucionalização, de rotinização, de normatização e de assunção de lugares de poder, além de um suporte argumentativo que somente a teorização pode garantir.

A insistência do argumento reside, sobretudo, na relevância da amalgamação desses três momentos (acontecimento social, teorização acadêmica e institucionalização política e jurídica) para um entendimento mais amplo e sofisticado do acontecimento contemporâneo da diferença. Essa complementaridade foi fundamental para o alcance, pelos grupos minoritários e subjugados, de estados civilizatórios de conforto existencial. Ou seja, pela relação evolutiva entre caos (movimento) e cosmos (institucionalização), entre lutas sociais como antecedente, teorização acadêmica como mediador e institucionalizações política e jurídica como consequentes, a qualidade de vida dos grupos sociais que criaram essas marchas de reação e resposta a estados de dominação aumentou significativamente, ainda que em muitos casos esteja muito longe do um ponto desejável.

As institucionalizações da diferença têm, positiva ou negativamente, considerando seu aspecto ético, tanto no campo político quanto jurídico, recepcionado alguns modelos teórico-práticos que apontam a amplitude e o conteúdo do campo decisório em termos de gestão da diferença. Nesse aspecto, um bom exemplo que podemos trabalhar, para materializar um pouco mais nossas reflexões acerca desses modelos que se projetam no espaço institucional, é o da aplicação desses padrões teórico-práticos à diversidade contemporânea que acontece em países receptores de fluxos migratórios. O perfilhamento que aqui fazemos do acontecimento da diversidade inerente ao fenômeno migratório contemporâneo, para fins de descrição, explicação e análise dos modelos teórico-práticos de gestão da diferença, justifica-se mais como um tipo ideal de análise do que por qualquer outra razão, pois esses cânones destinam-se também a situações problemáticas envolvendo a diversidade a partir de tensionamentos decorrentes de disputas de gênero, de sexualidade, de capacidades, de etnicidade, de religiosidade, etc.

O contraste qualitativo das medidas políticas e jurídicas adotadas por diferentes países, em distintas épocas, em relação aos processos de mobilidade humana, as quais se materializam desde aberturas e tolerâncias aos migrantes em tempos de boa economia, à relutância e até mesmo xenofobia e ressentimento, particularmente em tempos de desaceleração econômica, desemprego e inseguridade financeira, revelam o quão contraditório e controverso é o tema da mobilidade internacional de pessoas e, consequentemente, a gestão da diversidade social a ela inerente.

Pela variedade de problemas que emergem nesses processos, as migrações têm sido encaradas de muitos e diferentes pontos de vista. Numerosos estudos têm considerado suas implicações históricas, demográficas, culturais, religiosas, políticas, ideológicas, sociológicas, jurídicas, etc., enredos que são, sem dúvida, de transcendental importância (BRETTEL; HOLLIFIELD, 2008; KUREKOVA, 2011; MASSEY; ARANGO, 1993; SOLIMANO, 2010).

No âmbito estatal, as maiores preocupações referem-se, fundamentalmente, ao controle dos fluxos pelos países receptores, especialmente de entrada de imigrantes pobres em seus territórios, e, pelo menos nos últimos tempos, tais preocupações se materializaram em medidas políticas e jurídicas, penais e administrativas, fortemente repressivas (COPETTI SANTOS, 2012).

Não se pode ingenuamente pensar que os problemas envolvendo esses fenômenos comecem e acabem com o controle dos fluxos, especialmente de entradas. É preciso considerar que, uma vez estando o imigrante instalado no país de destino, a gama de problemas possíveis de ser por ele enfrentados é bastante grande. Nos últimos anos, por exemplo, o tema começou até mesmo a interessar aos profissionais da saúde mental, em virtude do alto número de migrantes que passaram a demandar seus serviços pela ocorrência de transtornos psíquicos e por problemas que podiam ter uma relação direta com a migração. De acordo com Grimberg e Grimberg, por exemplo, não se pode subestimar, ainda quando sua avaliação seja difícil, a incidência de uma problemática psicológica particular, que afeta à pessoa que "migra" e ao seu entorno (o antigo e o novo) e se relaciona, tanto com as motivações da migração, quanto com suas consequências (1996, p. 15).

Desde essa perspectiva crítico-problemática, não se pode evitar que um dos principais problemas atinentes aos processos migratórios diga respeito à diferença cultural a ser vivenciada pelo imigrante diante da cultura ou das culturas do país recebedor e, também, as consequências daí emergentes em relação à configuração de sua própria identidade. É considerar o fato inquestionável de que, como bem observa Harvey, muitos Estados do mundo atual se caracterizam por ter populações multiétnicas, constituídas lenta ou rapidamente (2012, p. 459). Assim, inobstantes as diferenciações que podem ser feitas em relação à variedade de migrações que ocorreram ao longo da história, em razão das distintas variáveis inerentes a cada caso – populações envolvidas, motivações, estratégias, logísticas, etc. –, há uma constante histórica que nelas se afirmou como um elemento imanente inafastável das composições sociais decorrentes de processos de mobilidade humana: a mescla, maior ou menor, potencial ou concreta de pessoas, grupos, povos e nações com diversidades culturais.

Essa preocupação com a diversidade foi objeto de recente investigação da Fundação Getúlio Vargas. Em uma série denominada "Estudos Estratégicos sobre Políticas Públicas", no seu primeiro volume, denominado "Imigração como Vetor Estratégico do Desenvolvimento Socioeconômico e Institucional do Brasil", ao estabelecer uma reflexão acerca da elaboração de políticas públicas voltadas para a atração de imigrantes qualificados, como vetor do desenvolvimento socioeconômico do país, os pesquisadores da FGV apontam, dentre outras diretrizes a serem consideradas, três que, especificamente, chamam a atenção, por sua relação com a questão da diversidade étnico-cultural que está envolvida nos processos migratórios. São elas: a) a importância de considerar as perspectivas das populações dos países de origem, da sociedade nacional e da própria população migrante para a consecução de políticas responsáveis; b) a necessidade de garantir os direitos humanos para a população de imigrantes; c) e a necessidade de integrá-los harmonicamente na sociedade brasileira. A partir disto, conclui o documento que "a integração harmônica somente será possível dentro de um quadro de sustentabilidade cultural, onde os diferentes sejam somados num quadro social de diversidade cultural" (2014).

É importante considerar que, nos processos migratórios, os ônus não são somente para o Estado receptor, mas os próprios migrantes têm seus desembolsos. Na visão de Keeley, os migrantes têm tanto custos tangíveis, tais como os gastos com transporte ou com burocracia, abandono de propriedades e liquidação de bens materiais, quanto os custos não tangíveis, por vezes ainda mais relevantes, como a separação de parentes, a dificuldade de adaptação a novas culturas e de integração em sociedades dessemelhantes (grifo nosso) (2013).

O que é preciso ressaltar, fortemente, é que a diversidade étnico-cultural das sociedades de países receptores de migrantes e a consequente necessidade de sua administração nos espaços geopolíticos nacionais e transnacionais, pelos mais distintos meios, deve-se constituir em elemento de importante preocupação e ação institucionalizada dos poderes públicos, com o intuito de evitar-se que o pluralismo sociocultural, decorrente dos processos migratórios, se constitua em fator de desagregação, degradação e geração de conflitos sociais, mas, noutro sentido, se assente como um componente de desenvolvimento social.

Nesse eixo de preocupação, não podemos deixar de ter em conta que um dos corolários mais imediatos da diversidade sociocultural gerada pelos processos de mobilidade humana atinge diretamente a identidade dos migrantes. A capacidade do indivíduo de seguir sentindo-se o mesmo num processo de sucessivas mudanças, mais ou menos longas, mais ou menos traumáticas, forma a base da experiência psíquica da identidade, implicando manter a estabilidade através de circunstâncias diversas e de todas as transformações e mudanças do viver.

Acontecimentos que implicam mudanças importantes na vida de um indivíduo, como o da migração, podem converter-se em fatores desencadeantes de ameaças ao sentimento de identidade, ao processo de autopercepção do indivíduo. O migrante, em sua luta de autopreservação, necessita apegar-se a distintos elementos de seu ambiente nativo (objetos familiares, a música de sua terra, recordações e sonhos em cujo conteúdo manifesto ressurgem aspectos do país de origem) para manter sua experiência do "sentir-se a si mesmo".

Freud (1976), ao utilizar o termo "identidade" em sua obra o fez com uma conotação psicossocial. Foi quando tratou de explicar, em um discurso, seu vínculo com o judaísmo e falou de "obscuras forças emocionais", que eram, "tanto mais poderosas, quanto menos se as podia expressar com palavras", e ainda uma clara consciência de identidade interior que não está baseada na raça ou na religião, mas em uma atitude comum a um grupo, a viver em oposição e estar livre de prejuízos que obstaculizariam o uso do intelecto. A ideia de Freud remete a uma relação entre o indivíduo e seu grupo com a conotação de uma persistente "mesmidade" e de um persistente compartilhamento de certo caráter essencial com os outros.

As migrações, especialmente as não desejadas, põem à prova a estabilidade psíquica e emocional dos migrantes. Somente uma boa relação com os objetos internos, a aceitação das perdas e a elaboração das dores e dos lutos poderá permitir uma melhor integração entre os dois países, os dois tempos, o grupo de antes e o atual, o que dará lugar a uma organização e consolidação do sentimento de identidade, que corresponderá a alguém que segue sendo o mesmo apesar das mudanças e remodelações em sua vida.

Esse elemento de equilíbrio existencial do migrante é muito mais difícil de ser obtido pela ação solipsista do indivíduo afetado pelo deslocamento. Em sentido contrário, e com outra eficácia, quando há uma intervenção de organismos coletivos de apoio, mediante ações sociais institucionalizadas integradoras, a tarefa torna-se mais fácil. Aqui o destaque deve ser dado, em especial, às políticas públicas estatais e públicas não estatais que podem aportar um forte apoio ao migrante, minimizando fortemente as perdas causadas pelos processos de deslocamento e proporcionando-lhe alcançar estados de equilíbrio existencial.

Um dos grandes desafios dos países receptores, que não raro beneficiam-se da mão de obra dos migrantes, é gerir os processos de inserção dos estrangeiros, de modo a criar condições sociais e existenciais que permitam suavizar os processos traumáticos de perda impostos pelo deslocamento; gerir a diversidade de forma a permitir a inclusão do migrante na nova sociedade que lhe está recebendo, sem a imposição de assimilações culturais forçadas, de modo a reduzir ao mínimo as fraturas em sua percepção identitária.

1. Modelos teórico/práticos de gestão institucionalizada da diferença

As possibilidades de aproximação/solução institucionalizada desses tipos de problemas que afetam os migrantes podem ser agrupadas em três grandes modelos teórico/práticos, cujos fundamentos podem ser tomados em conta para a análise e gestão da diversidade étnico-cultural resultante dos processos migratórios. A saber: o modelo da assimilação, o modelo do *melting pot* e o modelo do pluralismo cultural.

1.1. O modelo da assimilação

Uma abordagem assimilacionista (BARKAN, 1995; BARKAN, 2006; BRUBAKER, 2001) sustenta-se sobre a ideia central de que os imigrantes abandonem seus costumes e práticas originais, adequando seu comportamento de acordo com os valores e normas da maioria. Assim, devem mudar sua língua, vestimentas, estilos de vida e perspectivas culturais como parte da integração a uma nova sociedade. Segundo Harvey, nos Estados Unidos, conhecidos como uma "nação de imigrantes", gerações de imigrantes foram submetidas a pressões para se "assimilarem" dessa forma, e muitos dos seus filhos se tornaram "americanos" mais ou menos completos como resultado disso. Também de acordo com o mesmo autor, a maioria das políticas oficiais do Reino Unido visa à assimilação de imigrantes à sociedade britânica (2012, p. 460).

Recolhendo algumas das discussões teóricas derivadas, em princípio, da observação dos fatos mais que das filosofias, políticas ou normatizações relativas à integração, não passa despercebido, no universo acadêmico norte-americano, o contraste entre os defensores de um modelo de assimilação linear (ALBA, 1999; ALBA, 2003; ALBA; NEE, 1997) e de um modelo de assimilação segmentada (PORTES; ZHOU, 1993; PORTES; RIVAS, 2011; HALLER, PORTES; LYNCH, 2011).

1.1.1. A assimilação linear

Numa perspectiva teleológica que vem descrever a inevitabilidade da integração, os processos integracionistas da população estrangeira estão se produzindo de forma bastante otimista, com uma exitosa incorporação dos imigrantes na mainstream americana. Este modelo clássico assimilacionista dá pouca margem ao manejo da diversidade, na medida em que acentua que os imigrantes se orientam principalmente à sociedade receptora e incorporam novos valores e práticas sociais próprias da sociedade de destino migratório, além de, ao mesmo tempo, irem despojando-se de elementos socioculturais identificativos de suas origens.

Alguns autores, propagadores de um alarmismo desnecessário, chegam a sugerir a necessidade de uma clara assimilação forçada (HUNTINGTON, 2004), ou a um certo neoevolucionismo com o qual parecem manejar-se alguns diagnósticos sobre o grau de integração identificado, que defendem de forma muito otimista a integração dos imigrantes (KASINITZ, HOLLENKOPF; WATERS, 2002; ALBA, 1999; WATERS, TRAN, KASINITZ; MOLENKOPF, 2010), contrastando fortemente com os defensores da teoria da assimilação segmentada.

1.1.2. *A assimilação segmentada*

A noção de assimilação segmentada (PORTES; ZHOU, 2001) contempla expressamente, noutro sentido, a diversidade dos caminhos e das trajetórias da integração. Constatam-se empiricamente os diferentes percursos que a população migrante, e muito especialmente os filhos dos imigrantes, traça em seus processos de integração. Por isso, devido à própria diversidade constatada nos itinerários que segue a população migrante, não resulta estranha a formulação da expressão *assimilação segmentada*, em referência a dois fatores: por uma parte, em razão do fato de que a população migrante tende basicamente a assimilar-se ou adaptar-se aos Estados Unidos quando chega, assim como seus filhos; por outra, e aqui se marca a diferença principal com a ideia de assimilação linear, porque a adaptação se produz em diversas direções, daí a segmentação, às vezes, encaminhando-se mais ao êxito social, outras vezes mais ao fracasso. Os imigrantes tendem à integração na sociedade americana, mas seus modelos e pautas divergem.

A questão da assimilação segmentada, especialmente ligada à integração das chamadas "segundas gerações" de imigrantes, não passou sem ser notada tampouco nos debates europeus (CRUL, M.; VERMEULEN, 2003). O eixo desses autores, ao descreverem os processos de adaptação das segundas gerações, situa-se em torno ao conceito de "integração", termo que se usa em primeiro plano.

1.2. O modelo do "Melting Pot"[12]

Esse modelo propõe que em vez das tradições dos imigrantes se dissolverem em favor das dominantes entre a população preexistente, elas são mescladas e formam padrões culturais novos e evoluídos. Com suas atrações para uma variedade diversa de grupos étnicos, diz-se que os Estados Unidos são a melhor demonstração do padrão associado à ideia do *melting pot*. À medida que os grupos étnicos se adaptam aos ambientes sociais mais amplos em que se encontram, não apenas são "trazidos" valores e normas culturais diferentes de fora da sociedade, como também se cria mais diversidade (BUREAU OF CENSUS – U. S. DEPARTMENT OF COMMERCE, s.d.; JACOBY, 2004; GANS, 2004).

Muitos acreditam que o modelo do *melting pot* é o resultado mais desejável de integração em sociedades com diversidade étnica. As tradições e os costumes das populações imigrantes não são abandonades, mas contribuem e definem um meio social em constante transformação. Formas

[12] Lugar de reconstrução e de violenta mistura; mistura de raças; cadinho; crisol.

híbridas de culinária, moda, música e arquitetura são manifestações da abordagem *melting pot*. Até um certo grau, segundo Harvey, esse modelo é a expressão exata de certos aspectos do desenvolvimento cultural norte-americano. Embora a cultura "anglo" tenha permanecido proeminente, seu caráter reflete, em parte, o impacto dos muitos grupos diferentes que hoje compõem a população norte-americana (2012, p. 460).

Com uma considerável margem de certeza, é possível afirmar que o processo de integração ocorrido no Brasil possui algumas características que o aproximam do modelo melting pot, ainda que não possamos falar de um modelo puro dessa natureza para explicar a configuração de diferentes sociedades hibridizadas. Essa análise pode bem ser amparada em Darcy Ribeiro, cuja reflexão demonstra que não ocorreu no Brasil nada parecido com o que sucedeu nos países rio-platenses, onde uma etnia original numericamente pequena foi submetida por massas de imigrantes que, representando quatro quintos do total, imprimiram uma fisionomia nova, caracteristicamente europeia, à sociedade e à cultura nacional, transfigurando-os de povos novos em povos transplantados. O acontecimento da formação brasileira é distinto. Segundo este antropólogo, "o Brasil nasce e cresce como um povo novo, afirmando cada vez mais essa característica em sua configuração histórico-cultural" (1995, p. 242-243). O assinalável no caso brasileiro, segundo Ribeiro, é, por um lado, a desigualdade social, expressa radicalmente na estratificação pela posição inferiorizada do negro e do mulato; e, por outro lado, a homogeneidade cultural básica, que transcende tanto as singularidades ecológicas regionais, bem como as marcas decorrentes da variedade de matrizes raciais, como as diferenças oriundas da proveniência cultural dos distintos contingentes (RIBEIRO, 1995, p. 243).

1.3. O modelo do pluralismo cultural

O terceiro modelo de integração étnica é o do pluralismo cultural, segundo o qual as culturas étnicas têm validade plena para existir separadamente, mas devem participar da vida econômica e política da sociedade maior. Este é um modelo que pode ser situado, tanto fática quanto teoricamente, a partir da década de 1960 (KYMLICKA, 1996, 2003, 2004, 2008; KYMLICKA; STRAEHLE, 2001). Nesta época teve início uma grande revolução comportamental com o surgimento do feminismo e os movimentos civis em favor dos negros e homossexuais. As mudanças que caracterizaram o último terço do século XX deixaram o mundo como uma "bússola" que não estava funcionando, em que cada certeza aparente da sociedade – a família, o trabalho, a nação e outros elementos sólidos da Modernidade (YOUNG, 2002). Emergiu um mundo completamente diferente em sua configuração, já não mais homogêneo, mas com uma ampla fragmentação que emergiu também sob a faceta cultural, tanto no plano territorial das cidades, quanto dos próprios Estados. O mundo começava a sair de uma configuração mundial bipolarizada, homogeneizada, para novas formas de representação muito mais complexas, multifacetadas, multiculturalizadas. Da homogeneidade emergia a multiculturalidade.

Os movimentos diferencialistas que iniciaram nos anos 60 do século passado, aumentaram significativamente com a queda do Muro de Berlim, no final dos anos 80, evento após o qual todas as sociedades do bloco comunista passaram a conviver com reclamações por respeito às diferenças, especialmente étnicas – e a questão da Bósnia talvez seja o mais sensível desses casos (PAREKH, 2000). O que todos esses movimentos tinham em comum era a necessidade de reconhecimento de suas diferenças culturais. Não desejavam – salvo em casos bem pontuais – que as especificidades de sua própria cultura suplantassem definitivamente o ideal nacional já estabelecido, ou mesmo que seus membros fossem considerados apartados do cenário cultural do Estado-nação. Apenas desejavam ser reconhecidos dentro da nação à qual pertenciam, como portadores de características particulares que os diferenciavam da população ainda adstrita à ideia de cidadania nacional (SEMPRINI, 1999).

Não é nenhum delírio de importância destacar que a pluralidade cultural é, na contemporaneidade, uma realidade e uma virtude das sociedades democráticas que deve ser estimulada. Assim, o fato de diferentes culturas postularem o mesmo direito de exercerem, num mesmo país, as suas diferenças, exige dos direitos humanos uma espécie de mediação entre a igualdade e a diferença que sua universalidade comporta (ALCALÁ, 2005; TORRE, 2000).

2. Modelos de governabilidade migratória pelas sociedades de destino

Aos modelos teórico-práticos de gestão da diferença e da diversidade, que anteriormente vinculamos com o problema da gestão da diversidade decorrente dos processos de mobilidade humana, mas que utilizamos, conforme nos referimos anteriormente, como tipos ideais, podemos associar modelos de governabilidade que têm sido implementados institucionalmente em diversos países onde a diversidade tem aumentado significativamente, em especial por conta dos processos migratórios. Entretanto, tal como percebemos em relação aos modelos teórico-práticos, os modelos de governabilidade, aqui referidos ao fenômeno da migração, também podem ser aplicados para diferentes situações de diversidade. Exemplificativamente, o modelo da securitização, fundado basicamente sobre alternativas penais, não se restringe unicamente ao problema penal, mas, historicamente, foi e tem sido utilizado para criminalizar e penalizar diferenças, para controlar o outro, o outro-diferente, o outro-diferente-vulnerável, tal como tem acontecido em inúmeros países onde a homossexualidade continua sendo crime e punida em alguns casos até mesmo com pena de morte, da mesma forma como ocorre com as mulheres que mantenham relações sexuais fora do casamento em países fundamentalistas.

2.1. O modelo da "securitização"

Esse modelo tem como centro das políticas migratórias a segurança nacional, social e cultural do país receptor. As políticas migratórias se estruturam como parte da segurança nacional e com base na doutrina que a sustenta. A partir do eixo central deste modelo se desenvolvem as mais avançadas tecnologias de controle de fronteiras e residências de estrangeiros (MÁRMORA, 2010).

Dentro dessa visão da segurança, o migrante é visto como uma ameaça potencial devido a sua possível vinculação com o terrorismo internacional, o narcotráfico ou a delinquência em geral. Essa ameaça se estende também à cultura ou a formas de vida do país receptor, na medida em que o migrante mantenha seus hábitos culturais, língua ou religião, se esses não são os mesmos que os predominantes no lugar de recepção (HUNTINGTON, 2004).

Os direitos dos migrantes se restringem, nessa perspectiva, à sua condição de regularidade ou nacionalidade. A irregularidade é considerada sinônimo de ilegalidade, e o migrante ilegal é considerado, em muitos países e regiões do mundo, como uma pessoa que está cometendo um delito pelo qual deve ser sancionada. Essa sanção vai desde a detenção por determinado tempo até a deportação a seu país de origem ou aonde seja recebido.

Quanto à nacionalidade, nesse modelo predomina a concepção de "unicidade", é dizer, a não possibilidade de manutenção simultânea de diferentes nacionalidades.

2.2. O modelo dos "benefícios compartilhados"

Este segundo modelo parte do princípio de que as migrações podem proporcionar benefícios, tanto aos países de origem, quanto de recepção, sempre que sejam ordenadas e regulares. A migração é segura se é regular. Portanto, neste modelo se incentivam as chamadas "migrações circulares" realizadas dentro de acordos de demanda e oferta. Essa perspectiva mantém a necessidade de igualdade de oportunidades e tratamento nos mercados de trabalho dos países receptores (MÁRMORA, 2010, p. 77).

2.3. O modelo de "desenvolvimento humano para as migrações"

A estruturação deste modelo se dá sobre uma posição ética que considera os direitos da pessoa migrante como centro de toda política migratória. Rechaça a inclusão das políticas migratórias dentro da órbita das políticas de segurança e mantém a posição do direito à livre circulação, residência, retorno e justiça social para as pessoas migrantes. Este modelo não aceita a adjetivação de "ilegal" para o migrante em situação irregular, considerando esta uma infração administrativa, e não um delito (MÁRMORA, 2010, p. 77).

3. Cotejando os modelos de integração étnica e de governabilidade migratória e alguns contextos de aplicação

As múltiplas questões envolvidas na relação entre migrações e gestão da diversidade e da identidade fazem emergir distintos focos de atenção, na medida em que o fenômeno da integração apresenta-se multidimensional (GUALDA CABALLERO, 2007). Assim, por exemplo, em relação à abordagem da integração dos imigrantes desde uma aproximação macro, a perspectiva costuma deter-se, frequentemente, em estudar as políticas de integração e refletir sobre os modelos de integração nos quais descansam, tendo sido bastante recorrente a centralidade no debate de discussões acadêmicas entre a pertinência de modelos de integração de caráter assimilacionistas e pluralistas, em versões de multi e interculturalismo.

No contexto europeu, através da aprovação dos Princípios Básicos Comuns para a Integração dos Imigrantes (e correlatos como o Programa Inti) (EUROPEAN COMISSION, s.d.) decanta-se uma integração desde a perspectiva do interculturalismo (GUALDA CABALLERO, 2011; THE COUNCIL OF THE EUROPEAN UNION AND THE REPRESENTATIVES OF THE GOVERNMENTS OF THE MEMBERS STATES, 2004), e começa-se a trabalhar o desenvolvimento de um programa de Cidades Interculturais (COUNCIL OF EUROPE, 2011), onde o interculturalismo implica não só o reconhecimento explícito do valor da diversidade, mas também a realização de todo o possível para incrementar a interação, a mescla, a hibridização entre comunidades culturais, política que se aproxima do modelo integracionista do *melting pot* e do modelo político de governabilidade voltado ao "desenvolvimento humano para as migrações".

Nessa aproximação mais ampla, centrada em políticas e modelos de integração, o eixo de atenção característico vem sendo político-normativo, destacando-se desde princípios básicos comuns para a integração, até o estabelecimento de princípios reitores em alguns planos para a integração que permitem conhecer as bases sobre as quais se sustentam os modelos de integração propostos.

Tomando em consideração que a diversidade étnica aporta um elemento adicional de complexidade aos fatores de diferenciação interna de qualquer sociedade, com implicações para sua gestão pública, a União Europeia se posicionou, até o momento, tentando reconhecer politicamente que a integração deve ser "bidirecional" (THE COUNCIL OF THE EUROPEAN UNION AND THE REPRESENTATIVES OF THE GOVERNMENTS OF THE MEMBER STATES, 2004).

Essa concepção carrega consigo uma atribuição de responsabilidade pelo processo integrativo não só ao migrante, mas também à sociedade receptora que, segundo as experiências, através de alguns de seus segmentos, tem-se posicionado de maneira diferente a algumas políticas de cariz intercultural ou a algumas estratrégias de aculturação e processos de integração que propiciam a interculturalidade, como assim põem em destaque a Social European Survey ou a Encuesta Social Andaluza (GUALDA CABALLERO, 2004 e 2007), bem como diversas pesquisas realizadas na Espanha (OBSERVATORIO PERMANENTE ANDALUZ DE LAS MIGRACIONES, 2010).

Uma das críticas mais fortes que tem sido feita na Espanha à ideia de assimilação reside, precisamente, no fato de que, no plano das políticas e modelos de integração, o conceito circunscreve-se unilateralmente e não toma em conta um sentido bidirecional nos processos de integração, pois mudam tanto a sociedade receptora, quanto os imigrantes. Inobstante, a ideia de assimilação segmentada é entendida por alguns autores como circunscrita à descrição de diferentes situações empiricamente localizadas nos Estados Unidos, mais que um modelo político de integração (GUALDA CABALLERO, 2011). Assim, enquanto as referências a uma assimilação linear ou forçada vêm a ser equivalentes ao que no cenário europeu se costuma entender por assimilação (um processo unilateral mediante o qual o imigrante adapta-se ao caminho já traçado pela sociedade receptora), a ideia de assimilação segmentada reflete a diversidade real de modos de incorporação, afetados estes, por sua vez, pela funcionalidade, por exemplo, das políticas migratórias, das comunidades étnicas ou das estruturas familiares, além do capital humano do país.

Há autores europeus que preferem aludir a processos de integração diferenciada (SOLÉ e IZQUIERDO, 2005), por entenderem que o termo assimilação adquire uma conotação muito negativa ao ser equiparado às políticas de assimilação forçada, ainda que não se possa perder de vista que a noção de assimilação segmentada surge no contexto americano, onde se tem discutido nos últimos tempos sobre assimilação/multiculturalismo (ALBA, 1999) e sobre assimilação linear/segmentada (KASINITZ; HOLLENKOPF; WATERS, 2002; ALBA; NEE, 1997; WATERS, TRAN; KASINITZ; MOLENKOPF, 2010; PORTES; ZHOU, 2001; PORTES; RIVAS, 2011; HALLER; PORTES; LYNCH, 2011).

Ainda é preciso lembrar que, não obstante os avanços teóricos construídos especialmente na Europa, ainda persistem nesse espaço geopolítico os discursos e políticas de assimilação forçada, aos quais podemos associar diretamente elementos políticos e normativos de securitização no plano normativo nacional de alguns países, como, por exemplo, Inglaterra, Itália e França, e até mesmo no próprio Pacto sobre Migração da União Europeia (SANTOS, 2012).

Também é importante não esquecer que o modelo assimilacionista é adotado fortemente nas políticas de segurança nacional nos Estados Unidos. Aqui vale lembrar as famosas *House Bills e Senate Bills* estaduais, especialmente as *House Bills* (HB) 56 (Estado do Alabama), 87 (Estado da Geórgia) e a *Senate Bill* (SB) 1070 (Estado do Arizona, com vigência desde 29 de julho de 2011), as quais se constituíram, nos últimos tempos, como as mais duras legislações de repressão aos migrantes.

XI

A institucionalização da diferença II: razões práticas de tutela e os poderes públicos

Após destacar a diferença como acontecimento social e discorrer sobre alguns matizes teóricos construídos a partir da diferença como contraposição às grandes narrativas modernas, entramos no campo da institucionalização através de uma zona híbrida com a academização, apresentando alguns modelos teórico-práticos de tratamento da diversidade. A sequência disso fazemos neste capítulo, no qual dirigimos nossa atenção às consequências prático-racionais da diferença, com uma sintaxe capaz de operar a gênese de uma nova realidade empírica nos discursos ético-normativos como o Direito e a política. Em outras palavras, o Direito e a política deslocaram sensivelmente seus focos de tutela de bens sociais fundados na universalidade para bens sociais estruturados sobre uma sintaxe da diferença. Isso alterou de modo bastante significativo não só o sentido da política, da democracia e do Direito, mas, fundamentalmente, suas próprias funcionalidades.

Em primeiro lugar, a concepção de democracia dominante ao longo dos mais de dois séculos de Modernidade passou a sofrer uma série de questionamentos, especialmente a partir de uma alteração de percepção social desencadeada pelo acontecimento das lutas sociais de minorias realizadas a partir da década de sessenta do século passado. Durante a maior parte da Modernidade, a ideia e a funcionalidade da democracia estiveram arraigadas à concepção de regra da maioria e às ideias de igualdade e de universalidade. As minorias, os diferentes ou os vulneráveis sociais que desejassem participar da vida democrática de algum país ocidental, cujo modelo de participação política fosse de democracia liberal, deveriam, num processo assimilacionista, adaptar-se aceitando as regras de um suposto esquema formal de neutralidade, de igualdade e de universalidade. As democracias liberais sempre tiveram a pretensão de impor às minorias que delas participavam um esquema de conformidade a uma cultura hegemônica.

Assim, a democracia nas "nações cívicas liberais", utilizando uma nomenclatura de Kymlicka, implicou, durante muito tempo, um divórcio entre o Estado e opções materiais que fugissem do padrão comportamental e étnico dominante. Em outras palavras, supostamente, os Estados ditos "cívicos liberais" eram neutros em relação à língua, à história, à literatura, ao calendário, etc. Com isso tentou-se justificar a adoção de um modelo democrático neutro, em que a igualdade viria a ser o elemento fundante de justificação e no qual todos teriam, em tese, as mesmas possibilidades.

Entretanto, isto se constitui numa enorme falácia. Mesmo os países "cívicos liberais" adotaram uma postura parcializada em relação a inúmeros aspectos materiais da vida de seus cidadãos. A começar pela Inglaterra, que em seu processo de colonização sempre buscou a propagação da língua e da cultura anglo-saxônica. Da mesma forma a França e a Espanha. O que dizer, por exemplo, do que aconteceu nas Américas, senão que, praticamente, se exterminaram todas as culturas locais para dar espaço à cultura das metrópoles?

Entretanto, contemporaneamente, o que se observa é a existência de sociedades cada vez mais multinacionais, com configurações crescentemente caleidoscópicas e fragmentadas, onde grupos minoritários, sob os mais diversos aspectos, convivem ao lado de núcleos étnicos, culturais e socioeconômicos dominantes. Culturas locais estranguladas voltam cada vez mais a respirar; grupos étnicos imigrantes buscam cada vez mais a manutenção de sua pertença cultural mesmo habitando Estados com uma cultura dominante; grupos comportamentais diversos das maiorias consolidam suas posições políticas, suas opções, seus hábitos, suas pulsões libidinais, mesmo diante de imensas dificuldades impostas por grupos hegemônicos.

Com a ciência de tal realidade sociológica e antropologicamente demonstrada, temos de considerar que, se a concepção liberal de democracia ainda possui uma série de elementos conceituais e funcionais ativos em nossas sociedades contemporâneas, especialmente em relação aos direitos de participação política e à necessidade de proteção de uma enorme gama de direitos individuais; por outro lado, há um leque bastante significativo de outros elementos que merece um novo posicionamento ou uma ampliação funcional-institucional, seja do Estado, seja da própria sociedade, notadamente por força das novas demandas colocadas em cena a partir de lutas pela diferença.

Não estamos aqui a dizer que o princípio da diferença esteja em franca oposição aos princípios que embasam a democracia liberal. Em muitos aspectos, ele até mesmo busca aprofundar algumas visões de mundo liberais, particularmente quando evocamos a ideia totalmente liberal de tolerância. Os autores que priorizam a ideia de diferença, indistintamente – e talvez este seja um forte ponto de agregação dessa nova vertente de pensamento e pesquisa –, entendem que toda comunidade de diferentes tem o direito fundamental a existir e exprimir-se livremente. A questão essencial, segundo eles, a qual deve ater-se a filosofia política moderna, é a da tolerância para com as diferenças sociais e culturais. Assim, há nessa perspectiva uma permanência da tolerância em seu viés liberal, no sentido de garantir aos indivíduos o seu direito à liberdade, mas também um alargamento dessa noção, significando a possibilidade de construção da dignidade pelo reconhecimento da situação concreta dos indivíduos no mundo, com suas crenças, valores e identidade social e cultural.

O modelo clássico da cidadania liberal não conseguiu institucionalizar mecanismos de proteção da dignidade das culturas, dos comportamentos minoritários diferentes, dos grupos étnicos sufocados por processos de dominação. Esse *standard* institucional-funcional cívico, apoiado na também clássica dicotomia público/privado, ao exigir a participação dos indivíduos no espaço político (público), dota-os de direitos e deveres idênticos. A fim de não reproduzir as desigualdades da vida privada, os cidadãos devem aprender a viver em condições de igualdade estrita, sendo cada um neutro em suas relações com os outros. Há, assim, no modelo clássico de cidadania, como resquício da formação dos Estados nacionais em torno de uma nação cultural, uma tendência de uniformização, voltada a evitar qualquer espécie de particularidade ligada a uma pertença social, filosófica, religiosa, étnica, linguística ou comportamental. A partir desse padrão civilizatório homogeneizador, filosofias orientais são bastante questionadas como tal pelas filosofias ocidentais; novas religiões, como as *new* evangélicas, são largamente contestadas por religiões tradicionais, especialmente pela Igreja Católica; povos e etnias de países colonizados e explorados por nações altamente desenvolvidas e predadoras são hoje rechaçados/segregados nos territórios dos colonizadores; minorias culturais estão vendo suas línguas serem tragadas por idiomas de povos dominadores como ingleses e espanhóis; minorias comportamentais sofrem profundas discriminações sociais e profissionais, como, por exemplo, os homossexuais, ou, então, de forma mais violenta, são punidos criminalmente como os consumidores de substâncias psicoativas consideradas ilícitas nos dias atuais.

Ora, tudo isso representa a mais contundente manifestação de uma visão de mundo, de um paradigma homogeneizador, que, nos dias atuais, contraria qualquer perspectiva democrática em seu sentido substancial. A democracia do século XXI é uma construção política permanente que deve potencializar as mais diversas possibilidades de reivindicações políticas em favor do pluralismo cultural e comportamental.

Não podemos mais falar em fidelidade prioritária à nação, como pretendem as nações étnicas antiliberais, ou em amassamento étnico dentro de democracias liberais "neutras". Haveremos, neste novo século, de falar em nações multiétnicas, em proteger as pequenas nações que vivem em sociedades multinacionais, em resgatar direitos de nações avassaladas nos processos históricos de dominação realizados por povos que, em determinados momentos, souberam garantir uma hegemonia militar internacional. A democracia, na perspectiva da sintaxe da diferença, está assentada numa ideia de "diferencialismo igualitário", no qual o reconhecimento das diversidades é posto ao serviço da proteção igual de todas as comunidades.

Claude Lefort, em sua clássica obra *A Invenção Democrática. Os Limites do Totalitarismo* deixou uma importantíssima contribuição à teoria da democracia, com certeza uma das mais consistentes, ao afirmar que o Estado de Direito sempre implicou a possibilidade de uma oposição ao poder, fundada sobre o Direito – oposição ilustrada pelas admoestações ao rei ou pela recusa em submeter-se ao imposto em situações injustificáveis, até mesmo pelo recurso à insurgência contra um governo ilegítimo. A essa noção acrescentou o elemento democrático, afirmando que o Estado democrático excede os limites tradicionalmente atribuídos ao Estado de Direito, pois experimenta direitos que ainda não lhe estão incorporados; é o teatro de uma contestação cujo objeto não se reduz à conservação de um pacto tacitamente estabelecido, mas se forma a partir de focos que o poder não pode dominar. Assim, para Lefort, desenvolveu-se, sobre a base dos direitos do homem, toda uma história que transgredia as fronteiras nas quais o Estado pretendia se definir, uma história que continua aberta ([1981] 1987, p. 56). Em outras palavras, democracia, no campo delimitado pelos direitos humanos, é o processo ininterrupto, contínuo, nunca acabado, de enfrentar o instituído e criar socialmente novos direitos, novas experiências políticas a partir da dinâmica de contrapoderes sociais capazes de enfrentar a onipotência do Estado e das administrações burocráticas.

Esse processo de permanente reconstrução – ou reinstitucionalização – democrática modulou sensivelmente a funcionalidade (legislativa, executiva e judicial) dos poderes públicos nas repúblicas que adotaram modelos constitucionais de Estados Democráticos de Direito, reestruturando as possibilidades de relações, tanto no plano internacional entre os Estados soberanos, quanto no plano interno nacional entre Estado e sociedade e, também, dentro da própria sociedade.

1. A institucionalização legislativa da diferença

1.1. No espaço internacional

No âmbito internacional, o principal espaço de institucionalização da diferença se dá na extensão legislativa das Cartas de Direitos. Presenciamos, nos últimos 60 anos, a criação de inúmeros documentos de caráter constitucional internacional (PIOVESAN, 2012) voltados à proteção de direitos cujo cerne valorativo é a diferença, com sentidos históricos totalmente distintos das Declarações de direitos oitocentistas, nas quais a igualdade formal era a nota tônica.

Na estrutura normativa de institucionalização de um sistema global de proteção internacional dos direitos humanos, observamos inúmeros documentos cujo acento axiológico é posto na diferença. Nesse sentido, podemos arrolar, sem ser taxativo, os seguintes mecanismos e normas internacionais de proteção, lembrando que existem outros documentos com o mesmo teor celebrado no âmbito dos sistemas regionais de direitos humanos, notadamente europeu e americano:[13]

- O Tribunal Penal Internacional e a Convenção para a Prevenção e Repressão do Crime de Genocídio (1948).
- **A defesa das comunidades originárias:** Convenção nº 64, OIT (1939), que regulamenta os contratos de trabalho de indígenas; Convenção nº 65, OIT (1939), que estabelece sanções penais por violação aos contratos de trabalho de trabalhadores indígenas; Convenção nº 86, OIT (1947), que dispõe sobre a duração máxima do contrato de trabalho de trabalhadores indígenas. Convenção nº 50, OIT (1963), que regulamenta as contratações de trabalhadores indígenas; Convenção nº 107, OIT, que dispõe sobre a Proteção e a Integração das Populações Indígenas e Outras Populações Tribais e Semitribais (1957); Convenção nº 169, OIT, que trata dos Povos Indígenas e Tribais (1989); Declaração das Nações Unidas sobre os Direitos dos Povos Indígenas, de 2007.
- **Normas e medidas contra a discriminação racial**: Convenção Internacional sobre a Eliminação de todas as formas de Discriminação Racial (1965); Declaração da Conferência Mundial contra o Racismo, Discriminação Racial, Xenofobia e Intolerância Conexa (2001); – Conferência Mundial contra o Racismo, Durban (2001).

[13] Os sistemas europeu e americano de proteção aos direitos humanos reproduziram em nível regional um conjunto muito expressivo de documentos internacionais voltados à tutela dos direitos das minorias e dos sujeitos mais vulneráveis socialmente.

- **Proteção das questões sexuais e gênero:** Convenção Internacional sobre a Eliminação de todas as formas de Discriminação contra a Mulher (1979); – Convenção sobre a Eliminação de Todas as Formas de Discriminação contra as Mulheres – CEDAW (1992); Declaração da IV Conferência Mundial da Mulher (1995); – Convenção de Belém do Pará da OEA (1995); Princípios de Yogyakarta (2006); Regras de Bangkok (Regras da ONU para o Tratamento de Mulheres Presas e Medidas Não Privativas de Liberdade para Mulheres Infratoras) (2010); Resoluções sobre Direitos Humanos, Orientação Sexual e Identidade de Gênero da Assembleia Geral da OEA (desde 2011).
- **Proteção das identidades geracionais**: Convenção sobre os Direitos da Criança (1989); – Declaração dos Direitos da Criança, da ONU (1959); → É um dos mais amplos tratados de DH já ratificados da história do DIDH. Regras Mínimas das Nações Unidas para Administração da Justiça, da Infância e da Juventude (1980); Declaração Mundial sobre a Sobrevivência, a Proteção e o Desenvolvimento da Criança nos Anos 90 (1990); Princípios das Nações Unidas para a Prevenção da Delinquência Juvenil – Princípios Orientadores de Riad (1990); Regras Mínimas da Nações Unidas para a Proteção dos Jovens Privados de Liberdade (1990); Convenção sobre os Direitos da Criança (1990); Declaração do Panamá ("Unidos pela Infância e Adolescência, Base da Justiça e da Equidade no Novo Milênio") (2000); – Plano de Ação Internacional de Viena sobre o Envelhecimento (1982); Princípio das Nações Unidas em Favor das Pessoas Idosas (1991).
- Declaração Política e o Plano de Ação Internacional sobre o Envelhecimento de Madrid (2002); Declaração de Brasília sobre Envelhecimento na América-Latina e Caribe (2007).
- **Proteção dos migrantes e refugiados**: Convenção Relativa ao Estatuto dos Refugiados (1951) – ACNUR; Convenção Internacional sobre a Proteção dos Direitos de todos os Trabalhadores Migrantes e Membros de suas Famílias (1990).
- **Pessoas com Deficiência**: – Convenção nº 111, OIT (1958), que determina a proibição de discriminação no que se refere à admissão de trabalhador deficiente. Declaração de Sundeberg (Torremolinos, Espanha) (1981), dedicada ao acesso à educação, ao treinamento, à cultura e à informação, pela pessoa portadora de deficiência. Convenção nº 159, OIT (1983) → Dispõe sobre a reabilitação profissional e o emprego de pessoas deficientes; – Declaração de Cave Hill (1983); Convenção nº 168, OIT (1988) → Estabelece que devem ser adotadas medidas destinadas a fomentar o em-

prego de pessoas deficientes; – Convenção sobre os Direitos da Criança (1989); Declaração de Jomtien, Tailândia (1990) → Relativa à educação inclusiva; Normas para Equiparação de Oportunidades para Pessoas com Deficiência da ONU (1993); Declaração de Salamanca (1994); Declaração de Quito (1998); Convenção da Guatemala (Convenção Interamericana para a Eliminação de Todas as Formas de Discriminação contra as Pessoas Portadoras de Deficiência) (1999); – Carta para o Terceiro Milênio (1999); Convenção sobre os Direitos da Pessoa com Deficiência (2009); Declaração de Caracas (2002) → Estabelece 2004 como o Ano das Pessoas com Deficiência e suas Famílias; Declaração de Sapporo, Japão (2002); Declaração de Madri (2002) → Estabelece 2003 como o Ano Europeu da Pessoa com Deficiência; Convenção Internacional sobre os Direitos das Pessoas com Deficiência e seu Protocolo Facultativo, Nova Iorque (2007).

Um comentário especial guardamos para a Declaração Universal sobre a Diversidade Cultural, resultado da Conferência Geral da Unesco de 2001, realizada em Paris, que é hoje o grande documento da humanidade a fundamentar todas as Constituições, os textos legais infraconstitucionais e as decisões judiciais do mundo todo que abrigam conteúdos reconhecedores das identidades das mais diversas minorias. Para Edgar Montiel:

> Este é o primeiro acordo político de envergadura universal que busca enquadrar de modo construtivo os efeitos da mundialização no âmbito da cultura. Trata-se de um primeiro esforço para moderar a lógica uniformizante que subjaz nos processos econômicos e tecnológicos mundiais. Permanece nas mãos dos governos, da sociedade civil e da comunidade internacional a decisão de se servir deste instrumento jurídico para criar em seus países e no mundo um clima estável de confiança, de cooperação e de desenvolvimento (2003, p. 17-18).

Esse texto, adotado unanimemente pelos 181 Estados-Membros da Unesco, é estruturado mediante princípios e normas de alcance jurídico e eleva, em seu artigo primeiro, a diversidade cultural à categoria de Patrimônio Comum da Humanidade. Antes dessa Declaração, outros instrumentos internacionais já haviam sido promulgados pela Unesco, com a finalidade de proteção cultural, entre os quais figuram:

- o Acordo de Florença de 1950;
- o Protocolo de Nairóbi de 1976;
- a Convenção Universal sobre Direitos de Autor de 1952;
- a Declaração dos Princípios de Cooperação Cultural Internacional de 1966;
- a Convenção sobre as Medidas que devem adotar-se para Proibir e Impedir a Importação, a Exportação e a Transferência de Propriedades Ilícitas de Bens Culturais de 1970;

- a Convenção para a Proteção do Patrimônio Mundial Cultural e Natural de 1972;
- a Declaração da Unesco sobre a Raça e os Prejuízos Raciais de 1978;
- a Recomendação relativa à Condição do Artista de 1980;
- a Recomendação sobre a Salvaguarda da Cultura Tradicional e Popular de 1989.

Esse processo histórico de construção gradual de instituições de proteção internacional dos direitos culturais alcançou o seu paroxismo, no âmbito jurídico, com a Declaração de Paris de 2001, pois esta estabeleceu uma estreita vinculação da diversidade cultural à ideia de direitos humanos. Em seu artigo quarto, dispõe que a defesa da diversidade cultural é um imperativo ético, inseparável da dignidade da pessoa humana. Já no dispositivo seguinte, declara que os direitos culturais são parte integrante dos direitos humanos, que são universais, indissociáveis e interdependentes. Esse artigo, de certa forma, consagra a tese de Walzer da igual dignidade à diferença como universalização do direito à particularidade cultural. Por fim, no artigo sexto, propugna por uma diversidade cultural acessível a todos, buscando garantir espaços para que todas as culturas possam expressar-se e dar-se a conhecer.

É importante destacar, por fim, que essa Declaração foca suas atenções em quatro pontos, a saber: 1) Identidade, diversidade e pluralismo; 2) Diversidade cultural e direitos humanos; 3) Diversidade cultural e criatividade; e 4) Diversidade cultural e solidariedade internacional.

1.2. No âmbito nacional

Nos espaços geopolíticos nacionais, a institucionalização da tutela da diferença e da hipossuficiência pode ser encontrada nos âmbitos de funcionalidade dos distintos poderes públicos (Legislativo, Executivo e Judiciário), através das ações que lhes são próprias, ou seja, produção de legislações, execução de políticas públicas e produção de decisões judiciais.

1.2.1. A institucionalização da tutela constitucional da diferença e da hipossuficiência social

Em primeiro lugar, mencionemos a institucionalização legislativa constitucional. No espaço normativo constitucional, uma boa representação da materialidade da institucionalização legislativa da tutela da diferença e da hipossuficiência, no âmbito dos Estados nacionais, nos é dada pelo constitucionalismo latino-americano. Nele podemos observar, como em nenhuma outra região do mundo, uma forte institucionalização normativa desse tipo de tutela, própria da última metade do século passado, e hoje em movimento de capilarização crescente nos níveis de estratificação normativa infraconstitucional. O conteúdo da tabela abaixo é bastante representativo desse movimento de institucionalização legislativa de proteção da diferença no âmbito constitucional de várias nações do continente americano.

CONSTITUIÇÕES NACIONAIS	OBJETO DE TUTELA/ARTIGO
México (1917, com reformas até 2002)	Contra escravidão (2º); Índios (4º); Cidadania – Capítulo IV (34 à 38);
Costa Rica (1949, com reformas em 2001)	Crianças (51, 71, menores); Mulheres (art. 71); Língua original (76); Idosos (51); Incapaz (51).
Uruguai (1967, com reformas até 2004)	Não discriminação (8º); Crianças (42); Mulheres – trabalho (54); Menores – trabalho (54).
Panamá (1972, com reformas de 1978, 1983 e 1994)	Preâmbulo- Democracia e dignidade Humana; Contra discriminação de raça, nascimento, classe social, sexo, religião e ideias políticas (19); Capítulo 2 – Defesa da família, crianças e idosos (52 a 59); Mulher trabalhadora (68); Cultura (76); Tradições folclóricas (83); Proteção à língua (84); Saúde, alimentação, criança e adolescente (106); Cidadania (125 a 128).
Cuba (1976)	Língua (2º); Religião (8º); Asilo (13); Agricultores (20); Cidadania (28, 29, 30, 32); Imigração (34); Menor (38, 40).
Chile (1980, com reformas de 2001)	Não possui disposição nenhuma que tutele a diferença ou a hipossuficiência.
Honduras (1982, com reforma até 2006)	Mulher (128,6; 128,11); Indígenas (346); Línguas (6º); Não discriminação (60; 112); Portadores de necessidades especiais (120; 169); Crianças e adolescentes (67; 114; 119-126; 128, inc. 6; 128,7); Idosos (117); Patrimônio Cultural (172, 173); Homossexuais (112, 116).

El Salvador (1983)	Dignidade da Pessoa Humana (1º) Exercício das religiões (25); Asilo (28); Família (32); Menor (34, 36); Mulher (42); Descapacitados (70); Nacionalidade (91); Bem-estar da população (118, 119); Pessoa humana (146); Direitos humanos (194).
Guatemala (1985, com reformas de 1993)	Mulher (18, B; 52; 102, K); Indígenas (66-70; 76); Línguas de povos originários – bilíngue (76; 143); Não discriminação de trabalhadores (102, C); Não discriminação, igualdade de direitos homens e mulheres (4º); Portadores de necessidades especiais (102, M); Crianças e adolescentes (20; 50; 51; 54; 102, L); Idosos (51; 102, L; 18, C); Diversidade étnica e cultura (57-65; 71; 72; 135, C; 143).
Haiti (1987)	Não discriminação, igualdade (preâmbulo; 18); Portadores de necessidades especiais (32-8); Crianças e adolescentes (261); Idosos (260); Diversidade étnica e cultura (64; 215); Língua oficial – bilíngue (5).
Nicarágua (1987, com reformas de 1995, 2000, 2005.	Contra discriminação (3º e 4º); Dignidade da Pessoa Humana (5º); Índios (5); Contra discriminação de nascimento, nacionalidade, crença política, raça, sexo (27); Menores (35); Proteção às famílias e vítimas de guerra (56); Educação e cultura (58); Descapacitados (62); Menores (76); Idosos (77); Proibição de exploração de menores (84); Capítulo VI. Direitos das Comunidades da Costa Atlântica – mesmos da Nicarágua (89); Liberdade de língua e cultura (90); Autonomia para os povos indígenas e comunidades étnicas da Costa Atlântica (181).
Colômbia (1991, com reformas de 2001)	Pluralismo (1º); Não discriminação (5º); Diversidade étnica (7º); Idiomas originários (10); Não discriminação (13); Mulher (43); Criança e adolescente (44, 45, 50); Idosos (46); Portadores de necessidades especiais (47).

<table>
<tr><td>Paraguai (1992)</td><td>Democracia pluralista (Preâmbulo, 1º, segundo parágrafo);
Mulher (48, 89);
Criança (54);
Adolescente (56);
Idosos (57);
Portadores de necessidades especiais (58);
Índios (62, 63, 64, 65, 66, 67);
Língua originária (77, 140).</td></tr>
<tr><td>Peru (1993)</td><td>Não discriminação (2º/2);
Pluralidade étnica e cultural (2º/19);
Línguas de povos originários (2º/19, parág.);
Educação bilíngue e intercultural (17/parág. 3).</td></tr>
<tr><td>Argentina (1994)</td><td>Criança art. 75 (22, 23);
Mulheres art. 37; art. 75 (22, 23);
Idosos art. 75 (23);
Descapacitados art. 75 (23).</td></tr>
<tr><td>Equador 1998</td><td>Direitos humanos (3º, 16, 17);
Estrangeiros (13);
Mulheres (34, 36, 40, 41, 47);
Criança e adolescente (47, 49, 50, 51 e 52);
Descapacitados (53);
Idosos (54);
Índios (83, 84);
Negros (85).</td></tr>
<tr><td>Venezuela (1999)</td><td>Multietnicidade e pluriculturalidade (Preâmbulo);
Não discriminação (Preâmbulo, 21/1);
Língua dos povos originários (9º);
Povos aborígenes (Preâmbulo, 119-126);
Mulheres (54);
Crianças e adolescentes (54, 78);
Idosos (80);
Portadores de necessidades especiais (81);
Culturas populares (100).</td></tr>
<tr><td>República Dominicana (2002)</td><td>Proteção a mulheres e crianças (8º – 15 a, d);
Cidadania (12 a 15);
Cultura (101).</td></tr>
<tr><td>Bolívia (2008)</td><td>Crianças (23, inc. II, 58, 59, 60, 61, 64, 65, 82, inc. III, 85, 300, inc. 30, 302, inc. 39);
Mulheres (11, 15 inc. II, 45, inc. V, 48 inc. V, VI, 63 inc. II, III, 147, 210 inc. II, 300, inc.30, 302, inc. 39) 402, inc. 2;
Índio (30, inc. II, III, art. 31, 32, 35, 42, 80 inc. II, 83, 86, 91, 93 IV, 95 II, 98, 99, 100, 101, 102, 103, 119, 146 IV, VII, 147 II, 179, Capítulo 4: 190 a 192, 209, 210, 211, 218, 255 II 4, 264, 265, 273, 284, capítulo 7: 289 a 296, 303, 304, 307, 319, 340, 353, 385, 388, 391, 392, 394, 397, 403);
Língua: (84, 91);
Incapacitados: (107).</td></tr>
</table>

1.2.1.1. A institucionalização da diferença na Constituição brasileira de 1988

Como jamais ocorrera em toda a história do constitucionalismo brasileiro, o texto da Carta Política de 1988 consagrou a tutela da diversidade cultural e de algumas minorias, estruturando-se num nível de diferenciação radicalmente distinto de todos os textos anteriores e criando uma série de novas demandas/possibilidades normativas no patamar regulatório infraconstitucional.

O Preâmbulo

No Brasil, o sistema jurídico foi pródigo na recepção dos postulados da diferença. Comecemos pelo Preâmbulo da Magna Carta, em que princípios fundantes da filosofia política da diferença aparecem manifestamente. Vale repeti-lo: "Nós, representantes do povo brasileiro, reunidos em Assembleia Nacional Constituinte, para instituir um Estado Democrático de Direito, destinado a assegurar o exercício dos direitos sociais e individuais, a liberdade, a segurança, o bem-estar, o desenvolvimento, a igualdade e a justiça como valores supremos de uma sociedade fraterna, pluralista e sem preconceitos [...]". Tais termos presentes no texto constitucional revelam, sem qualquer espécie de dúvida, que o projeto político constitucional não admite hegemonias culturais, comportamentais, étnicas, etc. Mais do que isso. Ao constarem tais previsões no Preâmbulo, surgem elas como cânones hermenêuticos a serem adotados em todo e qualquer movimento jurídico que venha a ser feito dentro do sistema jurídico do País.

Os princípios fundamentais e sua potencialidade de sentido para uma tutela da diferença

Mas o texto constitucional vai mais longe. Diferentemente de outras Constituições brasileiras que se revestiram de um caráter altamente autoritário, o texto de 1988 contemplou, como fundamentos da República Federativa do Brasil, a cidadania, a dignidade da pessoa humana e o pluralismo político.

As ideias de cidadania e de dignidade da pessoa humana devem ser lidas e compreendidas dentro da totalidade de um novo projeto de sociedade, Estado e Direito, com a positivação de diferentes núcleos de Direitos fundamentais – individuais e coletivos –, como nunca ocorrera anteriormente na vida constitucional do País. Devem ter seu sentido construído a partir de uma significativa ampliação da complexidade axiológica constitucional, onde não mais prevalece uma ideologia liberal ou social, mas fragmentos de todas compõem um quadro democrático caleidoscópico, no qual todos são iguais perante a lei, inclusive em suas diferenças.

A ideia de pluralismo político também vai ao encontro de todo esse arcabouço de multiplicidades abrigado no texto constitucional de 1988. E nem poderia ser diferente. O pluralismo político é uma condição de possibilidade principiológica para que toda e qualquer pretensão política possa se fazer representar dentro do sistema democrático. Não faria sentido haver a projeção de uma sociedade pluralista no Preâmbulo se em algum outro momento não houvesse uma previsão que instrumentalizasse a possibilidade dessa pluralidade social fazer-se representar no quadro democrático.

Especificando ainda mais o Preâmbulo, o artigo 3º, em seu inciso IV, prevê que constituem objetivos fundamentais da República Federativa do Brasil, dentre outros, promover o bem de todos, sem preconceitos de origem, raça, sexo, cor, idade e outras formas de discriminação. Esse dispositivo, somado aos previstos no artigo 5º, incisos XLI e XLII, os quais preveem, respectivamente, que a lei punirá qualquer discriminação atentatória dos direitos e liberdades fundamentais e que a prática do racismo constitui crime inafiançável e imprescritível, sujeito a pena de reclusão, nos termos da lei, consagra definitivamente a recepção pela Constituição brasileira dos postulados filosófico-políticos do multiculturalismo, e da política da diferença.

Como se isso não bastasse, a Constituição Federal brasileira inovou radicalmente ao prever outras formas de proteção aos mais diversos grupos minoritários e vulneráveis em nossa sociedade.

A proteção e o estímulo constitucional das manifestações culturais de grupos participantes do processo civilizatório nacional

No capítulo referente à educação, à cultura e ao desporto, inovou a Constituição de 88 em relação aos textos constitucionais anteriores, ao prever uma seção específica destinada à proteção e ao estímulo à cultura, adotando uma perspectiva diferenciadora e multiculturalista. De forma ainda mais vanguardista, avançou no sentido de valorizar a diversidade cultural que caracteriza a formação da identidade brasileira. Nesse sentido, o texto constitucional contém expressas disposições referentes à necessidade de tutela e estímulo à manutenção da diversidade étnica e cultural, tais como:

- a garantia a todos do pleno exercício dos direitos culturais (art. 215, *caput*);

- a previsão de proteção das manifestações culturais populares, indígenas, afro-brasileiras e de outros grupos participantes do processo civilizatório nacional (art. 215, § 1º);
- a imposição constitucional ao legislador comum para a fixação, mediante lei, de datas comemorativas de alta significação para os diferentes segmentos étnicos nacionais (art. 215, § 2º);
- o estabelecimento da obrigatoriedade de um Plano Nacional de Cultura, que vise ao desenvolvimento cultural, mediante a realização de ações do poder público que conduza, dentre outras coisas, à valorização cultural da diversidade étnica e regional (art. 215, § 3º, V).

A tutela aos portadores de deficiência

Se em outras épocas e em outras Constituições os portadores de deficiência, em suas mais variadas formas, eram relegados ao esquecimento, o mesmo não pode ser dito a partir do advento da Constituição de 1988. A proteção aos deficientes é hoje largamente positivada em nosso texto constitucional. Estabelece a Magna Carta, em seu artigo 23, II, ser competência comum da União, dos Estados, do Distrito Federal e dos Municípios cuidar da saúde e assistência pública, da proteção e garantia das pessoas portadoras de deficiência. No mesmo passo, a previsão contida no artigo 24, XIV, segundo a qual compete à União, aos Estados e ao Distrito Federal legislar concorrentemente sobre proteção e integração social das pessoas portadoras de deficiência.

Especificando um pouco mais o sentido constitucional da tutela aos portadores de deficiência, o texto constitucional consagra consideráveis previsões regulatórias de inclusão, tais como as seguintes:

- a igualdade de direitos no trabalho (art. 7º, XXXI);
- a reserva de percentual dos cargos e empregos públicos para pessoas portadoras de deficiência (art. 37, VIII);
- a previsão da habilitação e reabilitação das pessoas portadoras de deficiência e a promoção de sua integração à vida comunitária, bem como a garantia de um salário mínimo de benefício mensal, como objetivos da assistência social (art. 203, IV e V);
- o atendimento educacional especializado (art. 208, III);
- a facilitação das condições para um acesso adequado e a necessidade de adaptação dos logradouros, edifícios de uso público e meios de transporte para tal fim (art. 227, § 2º).

A proteção das fases hipossuficientes da cadeia existencial: a criança, o adolescente e o idoso

A Constituição de 88 também radicalizou no que pode ser chamado de fases hipossuficientes da cadeia existencial humana, a saber: a infância, a adolescência e a velhice.

A proteção à infância é prevista como direito social já no artigo 6º da CF. A relevância para o Estado de tal tutela é tamanha que a Constituição também estabelece como competência concorrente da União, dos Estados e do Distrito Federal legislar sobre a proteção à infância e à juventude (art. 24, XV). Assim como em relação aos deficientes, a Constituição também especifica em uma série de dispositivos a proteção à infância e à juventude. Vejamos:

- são objetivos da assistência social a proteção à infância e à adolescência e o amparo às crianças e adolescentes carentes (art. 203, I e II);
- é dever da família, da sociedade e do Estado assegurar à criança e ao adolescente, com absoluta prioridade, o direito à vida, à saúde, à alimentação, à educação, ao lazer, à profissionalização, à cultura, à dignidade, ao respeito, à liberdade, e à convivência familiar e comunitária, além de colocá-los a salvo de toda forma de negligência, discriminação, exploração, violência, crueldade e opressão (art. 227, *caput*);
- a imposição ao Estado da obrigação de promover programas de assistência integral à saúde da criança e da adolescência (art. 227, § 1º);
- a previsão da proteção especial nos seguintes aspectos: idade mínima de quatorze anos para admissão ao trabalho; garantia de direitos previdenciários e trabalhistas; garantia de acesso do trabalhador adolescente à escola; garantia de pleno e formal conhecimento da atribuição de ato infracional, igualdade na relação processual e defesa técnica por profissional habilitado; obediência aos princípios da brevidade, excepcionalidade e respeito à condição peculiar de pessoa em desenvolvimento quando da aplicação de qualquer medida privativa de liberdade; estímulo do Poder Público, através de assistência jurídica, incentivos fiscais e subsídios, ao acolhimento sob a forma de guarda, de criança ou adolescente órfão ou abandonado; programas de prevenção e atendimento especializado à criança e ao adolescente dependente de entorpecentes e drogas afins;
- regras específicas relativas à assistência social (art. 227, § 7º).

Assim como crianças e adolescentes, os idosos também gozam, pela sua vulnerabilidade, de especial tutela constitucional. Assim, nesta direção, as seguintes disposições constitucionais:

- a proteção à velhice como objetivo da assistência social (art. 203, I);
- a garantia de um salário mínimo de benefício mensal à pessoa idosa (art. 203, V);
- a obrigação de os filhos maiores ajudarem e ampararem os pais na velhice, na carência ou enfermidade (art. 229);
- a obrigação da família, da sociedade e do Estado de amparar as pessoas idosas, através da garantia de sua participação na comunidade, da defesa de sua dignidade e do bem-estar e da garantia do direito à vida (art. 230, *caput*);
- a previsão de programas de amparo (art. 230, § 1º);
- a garantia da gratuidade dos transportes coletivos urbanos aos maiores de sessenta e cinco anos (art. 230, § 2º).

Tais medidas protetivas decorrem da adoção constitucional dos princípios da solidariedade e da proteção, o que revela uma atenção diferenciada no projeto constitucional para esses polos vulneráveis da cadeia existencial.

A proteção da identidade indígena

Tendo a proteção genérica disposta nos princípios gerais da ordem social, os índios tiveram uma consideração especial da Constituição no que toca à proteção de sua identidade. É a positivação, em nível legislativo constitucional, do princípio da proteção da identidade, na qual se destacou maior preocupação do legislador constituinte com a preservação do seu entorno natural e da manutenção de sua relação cultural com esse ambiente, o que, de certa forma, se constitui em condição de possibilidade da sobrevivência da organização social, costumes, línguas, crenças e tradições indígenas, ou, em outras palavras, da cultura e identidade indígenas.

O capítulo VIII da Constituição Federal de 1988 é dedicado especialmente à pauta indígena. O artigo 231 reconhece expressamente "aos índios sua organização social, costumes, línguas, crenças e tradições, e os direitos originários sobre as terras que tradicionalmente ocupam, competindo à União demarcá-las, proteger e fazer respeitar todos os seus bens".

1.2.2. A institucionalização da tutela infraconstitucional da diferença e da hipossuficiência social

Boa parte das positivações constitucionais voltadas à tutela da diferença projetaram-se também para as esferas infraconstitucionais do ordenamento jurídico brasileiro, fenômeno que permite afirmar sobre o acontecimento de um Direito infraconstitucional que se afasta dos moldes do Direito liberal clássico, caracterizado pela tutela de bens individuais e universalmente válidos, para um Direito cuja finalidade radica-se na tutela da diferença, tanto sob a forma de minorias, quanto de vulneráveis sociais. Tais projeções do campo constitucional para a seara infraconstitucional deram-se em especial por força das obrigações das indicações legislativas constitucionais constantes no texto da Carta Magna brasileira de 1988. O resultado disso é que hoje, no Brasil, o Direito infraconstitucional, sensível ao movimento constitucional de mitigação de um projeto liberal homogeneizador, está mais próximo de uma concepção contemporânea de democracia, ao recepcionar a ideia de diferença, concretizada nas demandas dos grupos minoritários residentes em nosso País.

Já antes de 1988, havia algumas legislações que davam conta da tutela da diferença e da vulnerabilidade, ainda que bastante poucas, como, por exemplo, a Lei nº 6.001/73, que criou o Estatuto do Índio, no qual há um capítulo com a positivação dos crimes contra os indígenas. Mas é depois de 88 que a tutela da diferença e da vulnerabilidade de minorias realmente começa a ser positivada de forma mais efetiva. Alguns exemplos, sem a pretensão de sermos exaustivos, são bastante significativos. A Lei nº 7.716/89, que define os crimes de preconceitos de raça e cor; a Lei nº 7.853/89, que dispõe sobre o apoio às pessoas portadoras de deficiência, sua integração social, institui a tutela jurisdicional de interesses coletivos e difusos dessas pessoas, disciplina a atuação do Ministério Público e define crimes; a Lei nº 8.069/90, que dispõe sobre o Estatuto da Criança e do Adolescente; a Lei nº 9.029/95, que proíbe a exigência de atestados de gravidez e esterilização e outras práticas discriminatórias para efeitos admissionais e/ou de permanência da relação jurídica de trabalho; a Lei nº 9.455/97, que define os crimes de tortura, prevendo uma causa de aumento de pena em seu art. 1º, § 4º, para os casos em que o crime de tortura é praticado contra criança, gestante, portador de deficiência, adolescente ou maior de 60 (sessenta) anos; a Lei nº 10.741/03, que dispõe sobre o Estatuto do Idoso; a Lei nº 11.340/06, que cria mecanismos para coibir a violência doméstica contra a mulher; e, como último exemplo, talvez o mais significativo de todos, a Lei nº 12.288/2010, que institui o Estatuto da Igualdade Racial, destinado a garantir à população negra a efetivação da igualdade de oportunidades, a defesa dos direitos étnicos individuais, coletivos e difusos e o combate à discriminação e às demais formas de intolerância étnica.

Leis mais recentes confirmam este padrão legislativo de proteção das diferenças identitárias: o Estatuto da Pessoa com Deficiência

(Lei nº 13.146/2015); a Lei nº 12.852/2013, que estabelece o Estatuto da Juventude; a Lei nº 12.711/2012, que define uma política de cotas raciais para o acesso ao ensino universitário público (Lei de Cotas); a Lei nº 12.990/2014 define cotas raciais para os concursos públicos de ingresso nas carreiras federais da administração direta e indireta; a Lei nº 13.445/2017, que sustenta um novo entendimento sobre a migração (Lei de Migração); a Lei nº 13.104/2015, que tipifica o feminicídio e o Decreto nº 8.727/2016 , que dispõe sobre o uso do nome social e o reconhecimento da identidade de gênero de pessoas travestis e transexuais no âmbito da administração pública federal direta, autárquica e fundacional.

2. A institucionalização da diferença pelo Poder Executivo: as políticas públicas no Brasil

Na esfera de atuação do Poder Executivo no Brasil, uma série de políticas públicas, consistentes em conjuntos de programas, ações e atividades desenvolvidas pelo Estado, direta ou indiretamente, com a participação de entes públicos ou privados, visam a assegurar determinados direitos de cidadania, de forma difusa ou para determinado segmento social, cultural, étnico ou econômico. Elas traduzem uma tendência recente de atuação governamental em total consonância com os projetos republicanos e democráticos contemporâneos de efetivação da cidadania. Dez exemplos que seguem são bastante expressivos dessa predisposição do Poder Executivo no Brasil, na execução de políticas públicas voltadas a parcelas específicas da população. A saber:

- a Política Nacional de Saúde da Pessoa Idosa;
- a Política Nacional de Saúde Integral de Lésbicas, *Gays*, Bissexuais, Travestis e Transexuais;
- a Política Nacional de Saúde Integral da População Negra;
- a Política Nacional de Atenção à Saúde dos Povos Indígenas;
- a Política Nacional de Desenvolvimento Sustentável dos Povos e Comunidades Tradicionais;
- o Plano Nacional de Direitos Humanos;
- o Plano Nacional de Pessoas com Deficiência;
- o Programa Nacional de Política para Mulheres;
- o Programa Nacional Brasil sem Homofobia;
- o Programa Nacional de Promoção da Igualdade Racial.

Na maior parte dos casos, essas políticas constituem-se de ações articuladas entre vários ministérios e órgãos governamentais, cuja principal finalidade é a formulação de projetos específicos de empoderamento de grupos discriminados, garantindo o acesso e a permanência desses públicos nas mais diversas áreas (educação, saúde, mercado de trabalho, geração de renda, direitos humanos e outros).

Os planos estabelecem diretrizes, prioridades e objetivos gerais a serem alcançados em períodos relativamente longos. Por exemplo, os planos decenais de educação têm o sentido de estabelecer objetivos e metas estratégicas a serem alcançados pelos governos e pela sociedade ao longo de dez anos. Os programas estabelecem, por sua vez, objetivos gerais e específicos focados em determinado tema, público, conjunto institucional ou área geográfica. Ações visam ao alcance de determinado objetivo estabelecido pelo Programa, e a atividade, por sua vez, visa a dar concretude à ação.

3. O reconhecimento e a proteção das diferenças identitárias nos Tribunais contemporâneos

Nas esferas judiciais nacionais e/ou internacionais muitas decisões recentes têm corroborado esse novo momento de institucionalização da diferença. Pelo exercício da função contramajoritária do Poder Judiciário, tornou-se possível a proteção das minorias e hipossuficientes, tipo de tutela que se qualifica como fundamento imprescindível à plena legitimação material do Estado democrático de Direito. Não resta dúvida de que incumbe ao Supremo Tribunal Federal, principalmente, mas também aos demais tribunais, em sua condição institucional de guarda da Constituição (o que lhe confere "o monopólio da última palavra" em matéria de interpretação constitucional), dispensar efetiva proteção às minorias contra eventuais excessos (ou omissões) da maioria. Eis que ninguém se sobrepõe, nem mesmo os grupos majoritários, à autoridade hierárquico-normativa e aos princípios superiores consagrados na lei fundamental do Estado e nas diretivas internacionais de proteção aos direitos humanos.

O tema da diversidade se instalou nos tribunais de maneira definitiva, apesar de ainda não ter definido completamente o seu estatuto e de estar em permanente negociação com os limites impostos pela igualdade abstrata como valor constitucional importante. A diversidade, a diferença, a pluralidade, o multiculturalismo, como vetores de uma vida material concreta, desafiam a igualdade abstrata que calou a biografia de muitas minorias e impõem uma nova realidade interpretativa para o fenômeno jurídico. Assim, sexualidade, cor, gênero, etnias, gerações, deficiências, nacionalidades, como construtivas identitárias que são, reclamam o seu estatuto e um modelo de proteção jurídica que lhe seja próprio.

3.1. Cor, racismo, (des)igualdade e diferença nos Tribunais contemporâneos

Antes de adentrarmos pontualmente na questão racial e na ideia de diversidade nos Tribunais, é importante lançarmos algumas notas sobre o desenvolvimento do pensamento racial no Brasil, pois, inadvertidamente, os séculos de formação escravagista povoam o imaginário e os discursos preconceituosos até os dias de hoje.

O Brasil foi o último país americano a abolir a escravidão. Apesar do *status* de cidadão conferido ao negro após a Lei Áurea (1888) e a Proclamação da República (1889), verifica-se que não ocorreram mudanças substanciais que permitiram a inclusão da população negra na sociedade no sentido pleno da expressão "cidadania". As amarras hoje são outras e se traduzem em um racismo violento que, simbólica e materialmente, mata e segrega, marcando o corpo e a *psique* do negro com diversas formas de rejeição. Este preconceito fundado na cor, sustentado ao longo de três séculos de escravidão, revela-se verdadeiramente atual, ainda que travestido sob outras formas nem sempre mais sutis. Vivemos em uma sociedade ainda delineada por uma espécie de hierarquia que tem como base a questão da raça e cujas *nuances* estão intrinsecamente relacionadas com o social, com o público e também com o privado. É inegável, e as estatísticas comprovam isso, que em nosso país a desigualdade, a pobreza, a fome, a violência e toda sorte de dissabores existenciais, assolam predominantemente as pessoas de cor negra.

Quando se fala de questão racial no contexto brasileiro, é preciso fazer referência ao fato de que no Brasil inexistiu qualquer legislação determinando a integração racial entre o período da abolição e o recente Estatuto da Igualdade Racial (2010). A própria abolição, em 1888, foi promovida sem qualquer regulação adicional, limitando-se a determinar o fim do trabalho forçado, de modo que se desenvolveu, a partir de então, uma tendência brasileira de não se legislar sobre a raça. No Brasil, a maior parte das ações estatais, quase sempre por omissão, esteve voltada para a valorização da miscigenação como um vetor de originalidade do povo (no privado, portanto). Jamais ocorreu, contudo, o estabelecimento de políticas públicas que garantissem a igualdade entre os grupos sociais.

A liberdade jurídica para o negro representou a continuidade de uma dupla exploração, posto que não receberam qualquer reparação pelos quase 350 anos de escravidão e, por outro lado, viram ruir, diante da imigração europeia, seu principal elo com a sociedade: o trabalho (BIBLIOTECA NACIONAL DO RIO DE JANEIRO, 1988). Passada a euforia com a libertação, então, os negros tiveram de voltar a exercer trabalhos extenuantes de baixa renda em precárias condições laborais, o que, consequentemente, os manteve inferiorizados no estrato social.

O racismo científico, tão propalado mundialmente, teve sua dose de contribuição neste processo, especialmente por defender que o insucesso profissional e social do negro tem uma relação direta com sua biologia, evidenciada externamente pela sua cor. Ao longo do século XIX, a política de branqueamento da população ficou escancarada com o incentivo da imigração europeia. Os defensores desse ideal buscavam realizar uma espécie de seleção natural que extinguisse a população negra do país ou, literalmente, clareasse a sua cor. Acreditava-se que uma nação desenvolvida é, nesse viés, aos moldes europeus, uma nação branca. Para os eugenistas, a mistura racial ou o hibridismo condenava um país ao atraso, ao fracasso. Para Risério (2012, p. 49), esse movimento significou um verdadeiro genocídio à brasileira, na medida em que "os negros não seriam fuzilados ou asfixiados em câmaras de gás, mas geneticamente diluídos". É com base nos fins supostamente humanitários de melhoria da espécie, que Hitler cometeu as atrocidades contra judeus, ciganos, homossexuais. Petean (2012, p. 36) destaca que no imaginário nacional "construído pelas elites brasileiras no século XIX, o progresso ganhou uma dimensão racial porque a leitura realizada com base nas teses do racismo indicava a impossibilidade de um país miscigenado evoluir economicamente. Desta maneira estabeleceu-se uma íntima relação entre progresso e uma idéia de nação mais branca em seus traços fenotípicos e culturais".

O propósito do branqueamento, contudo, restou frustrado, tendo em vista que a realidade brasileira fez da mestiçagem – uma suposta fase intermediária na busca de evolução racial – seu principal traço característico, consolidando uma identidade brasileira "colorida". Foram particularmente responsáveis por difundir a superioridade do branco no cenário brasileiro autores como Monteiro Lobato (influente escritor brasileiro do século XX, tendo sido membro da Sociedade Eugênica de São Paulo), Aluísio Azevedo (também escritor), Renato Ferraz Kehl (para quem a nacionalidade brasileira somente embranqueceria às custas de muito sabão de coco ariano) e Raimundo Nina Rodrigues[14] (que se

[14] "Os negros africanos são o que são: nem melhores nem piores que os brancos: eles simplesmente pertencem a uma outra fase do desenvolvimento intelectual e moral. Essas populações não puderam chegar a uma mentalidade muito adiantada e para esta lentidão de evolução tem havido causas complexas" (RODRIGUES, 1957, p. 114).

baseou fortemente no saber de Lacassagne, Lombroso, Garofalo e Ferri). Médico legista importante da escola Baiana, Raimundo Nina Rodrigues, em seu clássico texto *As raças humanas e a responsabilidade penal no Brasil*, publicado no ano de 1894, defende expressamente a superioridade da raça e civilização branca e destaca que a degeneração provocada pela mestiçagem seria um dos grandes problemas brasileiros e a causa determinante da criminalidade do país.

As discussões em torno daquilo que pode ser denominado de integração racial tiveram seu estopim por ocasião das publicações de "Casa Grande & Senzala" (1933) e "Sobrados e Mucambos" (1936), ambos de Gilberto Freyre, defensor da chamada tese da mestiçagem. Até então predominava a teoria segundo a qual o atraso brasileiro derivava justamente dessa mistura de raças, o que explica o fato de o projeto de imigração priorizar a vinda de brancos. Freyre inovou, portanto, ao encarar a interação das raças que davam forma à população brasileira ou da América tropical como um privilégio. Em seu entendimento, a história colonial do Brasil é também uma história de miscigenação, encabeçada primeiramente por uma confraternização sexual e, posteriormente, religiosa. Nesse caldeirão de cultura racial – surgido do cruzamento do colonizador com a índia e depois com a negra – ser um homem dos trópicos era privilégio e, mais do que isso, uma vantagem. O encontro das raças, de culturas, desde que não seja fruto da assimilação, tenderá a produzir novas culturas ainda mais ricas que as consideradas puras.

> Todo brasileiro, mesmo o alvo, de cabelo louro, traz na alma quando não na alma e no corpo, a sombra, ou pelo menos a pinta, do indígena e/ou do negro. [...] Na ternura, na mímica expressiva, no catolicismo em que se deliciam nossos sentidos, na música, no andar, na fala, no canto de ninar menino pequeno, em tudo que é expressão sincera de vida, trazemos quase todos a marca da influência negra (FREYRE, 2000, p. 209).

Concebida desta maneira a mistura de raças, não surpreende que a escravidão tenha sido narrada por Freyre como algo constitutivo da socialização brasileira, como expressão mais plena de nossa própria existencialidade, como algo que nos fez juntos, que nos fez ser o que somos, num sentido positivo. Obviamente que, se somos todos um pouco negros, não precisamos de políticas específicas para negros. Em suma, com a defesa das teses de Freyre, ganhou força a falsa (ou no mínimo equivocada) ideia segundo a qual a questão racial encontra sua solução na esfera privada.

De acordo com Lilia Schwarcz (2012), este otimismo freyriano deriva do fato de que o antropólogo fez teoria a partir dos escravos domésticos, cuja realidade era significativamente distinta da dos escravos do campo, os quais possuíam menos proximidade em relação aos seus senhores. Florestan Fernandes (1972, p. 29) aduz que, sob a égide da ideia de "de democracia racial justificou-se, pois, a mais extrema indiferença e falta de solidariedade para com um setor da coletividade que não possuía condições próprias para enfrentar as mudanças acarretadas pela universalização do trabalho livre e da competição".

As análises de Florestan Fernandes são significativas e muito pertinentes na medida em que foram capazes de perceber um conjunto de mecanismos sociais e culturais que deslocava a questão da integração racial do privado para o público, consubstanciado nas classes sociais. Enfim, durante séculos o negro foi escravizado, aviltado de todos os modos. Com a sua libertação jurídica, encampa-se um discurso de que a escravidão nos moldou a todos, nos fez uma democracia racial e de todos os brasileiros um pouco negros; e se somos todos um pouco negros, é desnecessária a formatação de políticas públicas para grupos específicos. Em outras palavras: a escravidão diz abertamente que negros são desiguais, inferiores e merecem sua condição natural de escravo. Depois de libertos, mas em condições desgraçadas, negros são brasileiros iguais e, portanto, não precisam de proteção institucional específica.

Somente no decorrer do século XX começa a despontar um movimento negro no Brasil cujas reivindicações de fundo relacionavam-se, primeiramente, à questão da identidade e diversidade e, depois, a ações na esfera pública. Para tanto, foi fundamental a desconstrução do mito da democracia racial, questionamento iniciado por Florestan Fernandes por ocasião de projeto da UNESCO, na década de 50, que escolheu o Brasil como laboratório para compreender a relação harmoniosa entre as raças e etnias. Com a crítica à obra freyriana, foi possível afastar aquela ideia utópica de harmonia racial e equilíbrio social. Com isso, o Brasil possibilitou novas discussões sobre o problema da igualdade racial, ainda que lentas.

De fato, a questão racial está longe de ser resolvida no cenário brasileiro. Poucas pessoas divergem com relação às ações afirmativas para empresários, deficientes físicos, idosos, crianças e mulheres. Quando, no entanto, se trata da cor da pele, as controvérsias são inúmeras. Por que a negritude se tornou um problema? Como resolver essa questão? Assumindo uma posição ativa, utilizando as diferenças que antes impediam o acesso para agora facilitá-lo? As respostas são complexas e guardam uma relação direta com nosso passado escravagista que ecoa no presente por meio de posições preconceituosas.

Note-se que apesar do cenário democrático e da promulgação da Constituição Federal de 1988, que prevê um conjunto de dispositivos de proteção e valorização da cultura negra, até o surgimento do Estatuto da Igualdade Racial em 2010 (22 anos após a CF/88), nenhuma política pública mais substancial foi elaborada. Curiosamente as iniciativas das universidades, as quais passaram a estabelecer políticas de cotas para estudantes negros, pardos e índios, sofreram profundas retaliações dos diversos setores conservadores da sociedade. Em 2000, por exemplo, a Universidade Estadual do Rio de Janeiro (UERJ) foi pioneira ao conceder uma cota de 50% nos cursos de Graduação para os alunos oriundos de escolas públicas. Três anos depois, em 2003, a Universidade de Brasília (UnB) adota as cotas para tornar mais acessível o ingresso de negros nas universidades. Tais iniciativas foram duramente criticadas por alguns estudantes e por grande parte da sociedade, tendo o debate chegado aos Tribunais mediante ações constitucionais impetradas por partidos políticos. Afinal, afirmava-se que políticas públicas desse tipo não respeitam o direito à igualdade.

Em 2009, o DEM questionou, por meio da ADPF 186, os atos administrativos que na UnB determinaram a reserva de vagas oferecidas pela universidade (medida que vinha sendo efetivada desde 2004). O partido alegou que a política de cotas adotada na UnB feria vários preceitos fundamentais da Constituição Federal, como os princípios da dignidade da pessoa humana, de repúdio ao racismo e da igualdade, entre outros, além de dispositivos que estabelecem o direito universal à educação. No julgamento, em 26 de abril de 2012 (acórdão publicado em 2014), todos os ministros seguiram o voto do relator, ministro Lewandowski, pela improcedência da ADPF. Esse posicionamento repercutiu em outras ações que trataram da mesma matéria e consolidou o entendimento da Corte sobre a constitucionalidade da Lei de Cotas (Lei nº 12.711/2012).

A decisão do STF sustenta a tese de que as ações afirmativas, praticadas por prazo limitado, em benefício de determinados grupos específicos historicamente prejudicados, prestigia (em vez de contrariar) o princípio constitucional da igualdade material. Destaca que "o modelo constitucional brasileiro incorporou diversos mecanismos institucionais para corrigir as distorções resultantes de uma aplicação puramente formal do princípio da igualdade". Uma leitura da Constituição, centrada na ideia de pluralidade e diversidade como valores positivos, permite defender que a "Justiça social, hoje, mais do que simplesmente redistribuir riquezas criadas pelo esforço coletivo, significa distinguir, reconhecer e incorporar à sociedade mais ampla valores culturais diversificados, muitas vezes considerados inferiores àqueles reputados dominantes" (BRASIL. Supremo Tribunal Federal. Ação de Descumprimento de Preceito Fundamental nº 186. 2012). A Procuradoria-Geral da República, nessa mesma ADPF 186, representada pela vice-procuradora-geral, Débora Duprat, é enfática ao defender que políticas afirmativas dessa natureza, apoiadas nos artigos 215 e 216 da CF, reconhecem e protegem, expressamente, o caráter plural da sociedade brasileira, recuperando o espaço ontológico da diferença.

O voto do relator Lewandowski relembra duas decisões da Corte Suprema dos Estados Unidos que trataram dessa temática: uma de 1978, que é o Caso Bakke *x* Regents, que decidiu sobre a viabilidade constitucional da utilização do critério "raça" na seleção pelas universidades; e uma decisão de 2003, o conhecido Caso Grütter, que confirmou Bakke nessa mesma direção. É importante destacar que a Corte Americana considerou a importância da interação social que a universidade pode e deve promover, como um argumento central para a possibilidade de se fazer um vestibular que considere a questão racial como critério de seleção. Em outras palavras, não se trata apenas de uma questão de redistribuição financeira, mas, sobretudo, de garantir a participação plural de todas as pessoas no espaço público, estimulando a redução do sentimento de segregação. No julgamento do caso Bakke, parcialmente reproduzido na sentença da ADPF 186, a Corte Americana defendeu que:

> As Universidades (...) representam o local de treinamento de um grande número de nossos líderes (...). A fim de conferir legitimidade a nossos líderes aos olhos da comunidade, é necessário que o caminho para a liderança seja visivelmente aberto a indivíduos qualificados e talentosos de todas as raças e etnias. Todos os membros de nossa sociedade heterogênea devem ter confiança na abertura e integridade das instituições de ensino que fornecem esse treinamento (...). O acesso (...) à educação (...) deve estar aberto a indivíduos talentosos e qualificados de todas as raças e etnias, de modo a que todos os membros de nossa sociedade heterogênea possam ingressar nas instituições de ensino que fornecem o treinamento e a educação necessária ao êxito na América (Grutter *v.* Bollinger 539 U.S. 306 (2003). p. 333. Citado em BRASIL. Supremo Tribunal Federal. Ação de Descumprimento de Preceito Fundamental nº 186. 2012).

Recentemente, em junho de 2017, o STF reafirmou unanimemente a sua posição ao reconhecer a constitucionalidade da Lei 12.990/2014, que estabeleceu uma cota aos negros de 20% das vagas em concursos públicos realizados no âmbito da administração pública federal, das autarquias, das fundações públicas, das empresas públicas e das sociedades de economia mista controladas pela União.

Esta linha de raciocínio do STF, que considera elementos históricos, sociológicos, antropológicos e filosóficos na definição da ideia de raça, já era presente nas decisões que versavam sobre a imprescritibilidade do crime de racismo. No Habeas Corpus 82424 (rel. min. Moreira Alves, rel. p/acórdão min. Maurício Corrêa, Tribunal Pleno, j. em 17/9/2003, DJ 19/3/2004), por exemplo, a Corte já enfatizava que a "divisão dos seres humanos em raças resulta de um processo de conteúdo meramente político-social. Desse pressuposto origina-se o racismo que, por sua vez, gera a discriminação e o preconceito segregacionista".

Em linhas gerais, portanto, o STF tem denunciado os limites da igualdade formal e a necessidade de o país avançar em estratégias promotoras da igualdade material, reconhecendo a diversidade, a diferença e a pluralidade como marcas distintivas e positivas das sociedades democráticas. Sustenta, ainda, que um modelo de justiça presente em nosso texto constitucional deve alinhar, conjuntamente, práticas distributivas e de reconhecimento, capazes de promover compensações históricas, mas, sobretudo, garantir em igualdade de condições a participação das minorias nos espaços públicos de nossa república.

3.2. A identidade cultural dos povos originários reconhecida pelos Tribunais

A realidade indígena de nosso país é desconhecida da maioria dos brasileiros, e a impotência dos sistemas de proteção jurídica dos povos originários é a demonstração mais evidente do descaso com a sua cultura e seus diversos modos de vida. A Constituição introduziu um novo paradigma de proteção a esses grupos étnicos em substituição ao sistema de tutela do Estatuto do índio de 1973, mas os efeitos práticos das políticas indigenistas ainda são muito precários e insipientes.

A historicidade dos índios parece ganhar um espaço, ainda que pouco significativo, em algumas narrativas jurídicas atuais. Durante muito tempo a cultura indígena foi invisibilizada, tornada inferior e desimportante para os conceitos de direito notadamente ocidentais e modernos. A maioria dos juristas desconhece a riqueza e a diversidade das inúmeras culturas indígenas que povoam nosso país. Pensam que índio é um conceito único e que as diversas etnias indígenas representam uma espécie de homogeneização atrasada e pouco desenvolvida. Obviamente que conceitos básicos como família, propriedade, espiritualidade, etc., são muito diferentes no contexto da vida cultural ocidental individualista do que nas experiências comunitárias dos indígenas. O diálogo intercultural aqui é uma necessidade para se construir ajustes e a mediação de conflitos. Algumas decisões judiciais recentes começaram a incorporar este novo paradigma de alteridade e diferença num sentido muito positivo e que sugere alguma esperança. Os recentes conflitos entre produtores rurais e comunidades indígenas, obrigaram os Tribunais a enfrentar o assunto de maneira mais cuidadosa.

Um exemplo é a decisão na Ação Popular nº 3.388, distribuída no ano de 2005, que decidiu pela demarcação da Reserva Indígena Raposa Serra do Sol. A decisão dessa ação vem exatamente ao encontro de demandas históricas dos povos originários no sentido da reivindicação de territórios por eles ancestralmente ocupados. Esse julgado consagrou os dispositivos constitucionais constantes nos artigos 231 e 232, que determinam a tutela dos direitos originários dos indígenas sobre suas terras. Houve o reconhecimento da condição indígena da área demarcada, em sua totalidade, com a adoção de um modelo contínuo de demarcação, consolidando-se, assim, um regime constitucional de demarcação das terras indígenas e a Constituição Federal como estatuto jurídico da causa indígena. Os argumentos da decisão são relevantes na medida em que consideram a demarcação das terras indígenas como capítulo avançado do constitucionalismo fraternal e, também, reforçam a importância da demarcação como fator de inclusão comunitária pela via da identidade étnica. Alguns argumentos, expostos nas razões de decidir, são superlativos na consolidação da institucionalização judicial da diferença, tais como: a) reconhecimento da diversidade indígena e da pluralidade de etnias e de manifestações culturais; b) a defesa sociocultural das terras indígenas e a aceitação de que as terras tradicionalmente ocupadas pelos povos originários têm legitimidade preexistente ao regime constitucional; c) a decisão reconhece o valor da identidade cultural dessas minorias e a importância da proteção de suas terras para a integração comunitária; d) entende que o regime constitucional atual garante um conjunto de ações afirmativas de caráter compensatório e assecuratório da continuidade e da integração dessas minorias de modo inclusivo, mesmo com os não índios; e) defende um modelo autêntico de vida indígena que não precisa ser igual ao projeto de desenvolvimento ocidental capitalista. Esse trecho da ementa do julgamento é muito esclarecedor:

> a) O SIGNIFICADO DO SUBSTANTIVO "ÍNDIOS" NA CONSTITUIÇÃO FEDERAL. O substantivo "índios" é usado pela Constituição Federal de 1988 por um modo invariavelmente plural, para exprimir a diferenciação dos aborígenes por numerosas etnias. Propósito constitucional de retratar uma diversidade indígena tanto interétnica quanto intra-étnica. Índios em processo de aculturação permanecem índios para o fim de proteção constitucional. Proteção constitucional que não se limita aos silvícolas, estes, sim, índios ainda em primitivo estádio de habitantes da selva;
>
> b) AS TERRAS INDÍGENAS COMO PARTE ESSENCIAL DO TERRITÓRIO BRASILEIRO. As "terras indígenas" versadas pela Constituição Federal de 1988 fazem parte de um território estatal-brasileiro sobre o qual incide, com exclusividade, o Direito nacional. E como tudo o mais que faz parte do domínio de qualquer das pessoas federadas brasileiras, são terras que se submetem unicamente ao primeiro dos princípios regentes das relações internacionais da República Federativa do Brasil: a soberania ou "independência nacional" (inciso I do art. 1º da CF). Todas as "terras indígenas" são um bem público federal (inciso XI do art. 20 da CF), o que não significa dizer que o ato em si da demarcação extinga ou amesquinhe qualquer unidade federada. Primeiro, porque as unidades federadas pós-Constituição de 1988 já nascem com seu território jungido ao regime constitucional de preexistência dos direitos originários dos índios sobre as terras por eles "tradicionalmente ocupadas". Segundo, porque a titularidade de bens não se confunde com o senhorio de um território político. Nenhuma terra indígena se eleva ao patamar de território político, assim como nenhuma etnia ou comunidade indígena se constitui em unidade federada. Cuida-se, cada etnia indígena, de realidade sociocultural, e não de natureza político-territorial;

c) AS TERRAS INDÍGENAS COMO CATEGORIA JURÍDICA DISTINTA DE TERRITÓRIOS INDÍGENAS. O DESABONO CONSTITUCIONAL AOS VOCÁBULOS "POVO", "PAÍS", "TERRITÓRIO", "PÁTRIA" OU "NAÇÃO" INDÍGENA. Somente o "território" enquanto categoria jurídico-política é que se põe como o preciso âmbito espacial de incidência de uma dada Ordem Jurídica soberana, ou autônoma. O substantivo "terras" é termo que assume compostura nitidamente sociocultural, e não política. A Constituição teve o cuidado de não falar em territórios indígenas, mas, tão-só, em "terras indígenas". A traduzir que os "grupos", "organizações", "populações" ou "comunidades" indígenas não constituem pessoa federada. Não formam circunscrição ou instância espacial que se orne de dimensão política. Daí não se reconhecer a qualquer das organizações sociais indígenas, ao conjunto delas, ou à sua base peculiarmente antropológica a dimensão de instância transnacional. Pelo que nenhuma das comunidades indígenas brasileiras detém estatura normativa para comparecer perante a Ordem Jurídica Internacional como "Nação", "País", "Pátria", "território nacional" ou "povo" independente. Sendo de fácil percepção que todas as vezes em que a Constituição de 1988 tratou de "nacionalidade" e dos demais vocábulos aspeados (País, Pátria, território nacional e povo) foi para se referir ao Brasil por inteiro;

d) A DEMARCAÇÃO DE TERRAS INDÍGENAS COMO CAPÍTULO AVANÇADO DO CONSTITUCIONALISMO FRATERNAL. Os arts. 231 e 232 da Constituição Federal são de finalidade nitidamente fraternal ou solidária, própria de uma quadra constitucional que se volta para a efetivação de um novo tipo de igualdade: a igualdade civil-moral de minorias, tendo em vista o protovalor da integração comunitária. Era constitucional compensatória de desvantagens historicamente acumuladas, a se viabilizar por mecanismos oficiais de ações afirmativas. No caso, os índios a desfrutar de um espaço fundiário que lhes assegure meios dignos de subsistência econômica para mais eficazmente poderem preservar sua identidade somática, linguística e cultural. Processo de uma aculturação que não se dilui no convívio com os não índios, pois a aculturação de que trata a Constituição não é perda de identidade étnica, mas somatório de mundividências. Uma soma, e não uma subtração. Ganho, e não perda. Relações interétnicas de mútuo proveito, a caracterizar ganhos culturais incessantemente cumulativos. Concretização constitucional do valor da inclusão comunitária pela via da identidade étnica;

e) O FALSO ANTAGONISMO ENTRE A QUESTÃO INDÍGENA E O DESENVOLVIMENTO. Ao Poder Público de todas as dimensões federativas o que incumbe não é subestimar, e muito menos hostilizar comunidades indígenas brasileiras, mas tirar proveito delas para diversificar o potencial econômico-cultural dos seus territórios (dos entes federativos). O desenvolvimento que se fizer sem ou contra os índios, ali onde eles se encontrarem instalados por modo tradicional, à data da Constituição de 1988, desrespeita o objetivo fundamental do inciso II do art. 3º da Constituição Federal, assecuratório de um tipo de "desenvolvimento nacional" tão ecologicamente equilibrado quanto humanizado e culturalmente diversificado, de modo a incorporar a realidade indígena;

f) O CONTEÚDO POSITIVO DO ATO DE DEMARCAÇÃO DAS TERRAS INDÍGENAS. (f.1.) O marco temporal de ocupação. A Constituição Federal trabalhou com data certa – a data da promulgação dela própria (5 de outubro de 1988) – como insubstituível referencial para o dado da ocupação de um determinado espaço geográfico por essa ou aquela etnia aborígene; ou seja, para o reconhecimento, aos índios, dos direitos originários sobre as terras que tradicionalmente ocupam. (f.2). O marco da tradicionalidade da ocupação. É preciso que esse estar coletivamente situado em certo espaço fundiário também ostente o caráter da perdurabilidade, no sentido anímico e psíquico de continuidade etnográfica. A tradicionalidade da posse nativa, no entanto, não se perde onde, ao tempo da promulgação da Lei Maior de 1988, a reocupação apenas não ocorreu por efeito de renitente esbulho por parte de não índios. Caso das "fazendas" situadas na Terra Indígena Raposa Serra do Sol, cuja ocupação não arrefeceu nos índios sua capacidade de resistência e de afirmação da sua peculiar presença em todo o complexo geográfico da "Raposa Serra do Sol". (f.3) O marco da concreta abrangência fundiária e da finalidade prática da ocupação tradicional. Áreas indígenas são demarcadas para servir concretamente de habitação permanente dos índios de uma determinada etnia, de par com as terras utilizadas para suas atividades produtivas, mais as "imprescindíveis à preservação dos recursos ambientais necessários a seu bem-estar" e ainda aquelas que se revelarem "necessárias à reprodução física e cultural" de cada qual das comunidades étnico-indígenas, "segundo seus usos, costumes e tradições" (usos, costumes e tradições deles, indígenas, e não usos, costumes e tradições dos não índios). Terra indígena, no imaginário coletivo aborígine, não é um simples objeto de direito, mas ganha a dimensão de verdadeiro ente ou ser que resume em si toda ancestralidade, toda coetaneidade e toda posteridade de uma etnia. Donde a proibição constitucional de se remover os índios das terras por eles tradicionalmente ocupadas, assim como o reconhecimento do direito a uma posse permanente e usufruto exclusivo, de parelha com a regra de que todas essas terras "são inalienáveis e indisponíveis, e os direitos sobre elas, imprescritíveis" (§ 4º do art. 231 da Constituição Federal). O que termina por fazer desse tipo tradicional de posse um heterodoxo instituto de Direito Constitucional, e não uma ortodoxa figura de Direito Civil. Donde a clara intelecção de que OS ARTIGOS 231 E 232 DA CONSTITUIÇÃO FEDERAL CONSTITUEM UM COMPLETO ESTATUTO JURÍDICO DA CAUSA INDÍGENA. (f.4.) O marco do conceito fundiariamente extensivo do chamado "princípio da proporcionalidade". A Constituição de 1988 faz dos usos, costumes e tradições indígenas o engate lógico para a compreensão, entre outras, das semânticas da posse, da permanência, da habitação, da produção econômica e da reprodução física e cultural das etnias nativas. O próprio conceito do chamado "princípio da proporcionalidade", quando aplicado ao tema da demarcação das terras indígenas, ganha um conteúdo peculiarmente extensivo;

g) DIREITOS "ORIGINÁRIOS". Os direitos dos índios sobre as terras que tradicionalmente ocupam foram constitucionalmente "reconhecidos", e não simplesmente outorgados, com o que o ato de demarcação se orna de natureza declaratória, e não propriamente constitutiva. 13. O MODELO PECULIARMENTE CONTÍNUO DE DEMARCAÇÃO DAS TERRAS INDÍGENAS. O modelo de demarcação das terras indígenas é orientado pela ideia de continuidade. Demarcação por fronteiras vivas ou abertas em seu interior, para que se forme um perfil coletivo e se afirme a autossuficiência econômica de toda uma comunidade usufrutuária. Modelo bem mais serviente da ideia cultural e econômica de abertura de horizontes do que de fechamento em "bolsões", "ilhas", "blocos" ou "clusters", a evitar que se dizime o espírito pela eliminação progressiva dos elementos de uma dada cultura (etnocídio);

h) A DEMARCAÇÃO NECESSARIAMENTE ENDÓGENA OU INTRAÉTNICA. Cada etnia autóctone tem para si, com exclusividade, uma porção de terra compatível com sua peculiar forma de organização social.

A Corte e a Comissão Interamericana de Direitos Humanos também têm sido sensíveis ao tema. No caso do Povo Indígena Xucuru *vs.* Brasil, a Corte, em julgamento de fevereiro de 2018, determinou que o

Estado brasileiro, entre outras obrigações, deve: a) "garantir, de maneira imediata e efetiva, o direito de propriedade coletiva do Povo Indígena Xucuru sobre seu território, de modo que não sofram nenhuma invasão, interferência ou dano, por parte de terceiros ou agentes do Estado que possam depreciar a existência, o valor, o uso ou o gozo de seu território"; b) "concluir o processo de desintrusão do território indígena Xucuru, com extrema diligência, efetuar os pagamentos das indenizações por benfeitorias de boa-fé pendentes e remover qualquer tipo de obstáculo ou interferência sobre o território em questão, de modo a garantir o domínio pleno e efetivo do povo Xucuru sobre seu território, em prazo não superior a 18 meses"; c) pagar indenização por danos imateriais[15] (CORTE IDH, 2018). Reconheceu, portanto, o direito de os membros dessa comunidade viverem de maneira pacífica seu modo de vida tradicional, conforme sua identidade cultural, estrutura social, sistema econômico, costumes, crenças e tradições particulares.

Casos envolvendo outros países da região também chegaram à Corte, que têm decidido que os Estados devem respeitar e garantir a propriedade ancestral das comunidades indígenas, sua identidade cultural e seus costumes. Nessa direção podem ser citados os seguintes casos: Comunidade Indígena Yakye Axa *vs.* Paraguai (CORTE IDH, 2005); Comunidade Indígena Sawhoyamaxa *vs.* Paraguai (CORTE IDH, 2006); Comunidade Indígena Xákmok Kásek *vs.* Paraguai (CORTE IDH, 2010).

O reconhecimento pleno da identidade cultural dos povos indígenas ainda está longe de se consolidar nas práticas e políticas da burocracia estatal, e mesmo na leitura social dominante que se tem desses povos. Essa abertura compreensiva para a diversidade como valor republicano e constitucional das democracias, contudo, aos poucos poderá produzir novas epistemologias e racionalidades includentes, capazes de valorizar a potência criativa e autêntica das diferentes maneiras de o humano produzir a sua relação com o mundo.

3.3. As diferentes gerações na tutela Judicial

As diferenças geracionais, marcas distintivas de nós mesmos ao longo da vida, também acabaram merecendo reconhecimento e proteção específica pela legislação, políticas públicas e decisões judiciais. Ao compreendermos nossa historicidade nos damos conta, muito lentamente, de que temos necessidades diferentes nos distintos estágios de desenvolvimento de nossa biografia. Somos e estamos em mudança permanente-

[15] O processo de demarcação de terras do Povo Indígena Xucuru foi iniciado há mais de 20 anos e ainda não foi concluído.

mente. Nossa identidade é precária, e essa compreensão é muito recente no mundo todo. Até o século XX, por exemplo, as distinções geracionais, baseadas em idade, não foram consideradas pelas narrativas jurídicas de maneira muito especial. De acordo com o historiador francês Ariès (1981), o surgimento da noção de infância se dá apenas no século XVII, junto com as transformações que começaram a se processar na transição para a sociedade moderna. O itinerário da criança até este período era de discriminação, marginalização e exploração. Os conceitos de adolescente e de jovem, atualmente incorporados à legislação, também foram cunhados muito recentemente (século XX) como uma necessidade de nominar e dar ênfase a uma fase importante da vida que merece um olhar especial pelo mundo adulto; um momento de transição entre a infância e a vida adulta que merece cuidados e compreensões diferenciais. Praticamente todos os Estados nacionais e organismos internacionais reconhecem a diversidade existencial desse tempo da vida.

O mesmo pode-se declarar da ideia de idoso, que, apenas a partir da metade do século XX, passou a ser tratado com uma narrativa e estatutos próprios. O aumento da expectativa de vida da população e do número expressivo de idosos nas últimas décadas, impulsionou um debate sobre a qualidade de vida dessas pessoas que, para se manterem autônomas e dignamente participantes da vida social, necessitam de algumas medidas especiais de proteção. Nessa direção tem-se manifestado a ONU, e o aparecimento do Estatuto do Idoso no Brasil segue esta tendência protetiva que reconhece o momento diferente da vida na velhice.

Como não poderia ser diferente, as políticas públicas e as legislações protetivas das diferentes fases geracionais da vida acabaram por desaguar também nos Tribunais. São muitas as decisões judiciais que se baseiam numa lógica de proteção das vulnerabilidades geracionais. Como não poderia ser diferente, os Tribunais têm confirmado a necessidade de um sistema diferenciado de proteção para as crianças e adolescentes, na esteira do que prescreve a legislação constitucional e infraconstitucional. A aplicação do princípio do melhor interesse da criança é muito frequente nos julgados nacionais. A criança passa a ter uma legitimidade jurídica mesmo contra o seu grupo familiar biologicamente formado. No HC 142279/CE, julgado em 20/6/2017, o STF decidiu que a mãe com filhos menores tem direito à prisão domiciliar que decorre da garantia do princípio da proteção à maternidade e à infância e do melhor interesse do menor. Na mesma direção, nas decisões que reconhecem a possibilidade da pluripaternidade, este princípio é suscitado para destacar que os laços biológicos podem concorrer com os laços afetivos quando isso for mais benéfico à construção existencial da criança ou do adolescente (ver, nesse sentido: RE 898060/SC – Rel. Luiz Fux. Julgado em 21/9/2016).

Do mesmo modo, as decisões judiciais reconhecem expressamente o idoso como um sujeito jurídico diferenciado que merece atenção especial nas suas relações jurídicas. Nos planos de saúde, no direito de preferência de tramitação dos processos judiciais, na concessão de medicamentos, etc., o Judiciário enfatiza a vulnerabilidade do idoso e seu direito em condição especial. No RE 630852 RG, julgado em 7/4/2011, por exemplo, o STF barrou o aumento de contribuição a um plano de saúde que tinha como critério de majoração dos valores a mudança de faixa etária. Entendeu, na oportunidade, que o idoso é um sujeito de direitos diferenciados, e que o Estatuto que o protege se aplica aos contratos de planos de saúde que foram contratados antes do início de sua vigência. Da mesma forma, o alto grau de sinistralidade verificada nesses grupos de idade mais avançada também não pode ser motivo para aumentar o valor cobrado pelo plano de saúde (REsp 1106557/SP, Rel. Ministra Nancy Andrighi, Terceira Turma, julgado em 16/9/2010, DJe 21/10/2010).

Os tribunais, portanto, na esteira do direito como um todo, definem um lugar próprio para reconhecer que os diferentes tempos de nossas vidas não se sucedem do mesmo modo, e que precisamos, às vezes mais, outras menos, de um sistema de garantias que permita vivermos nossa diferença etária da forma mais digna possível.

3.4. Desejo, amor, corpos inquietos e sexualidades "desviantes". O que dizem os Tribunais?

Uma das temáticas que mais repercutiu nos Tribunais, nacionais e internacionais, sobretudo nas últimas duas décadas, decorre da marcha histórica concretizada pelos movimentos de defesa da igualdade e liberdade sexual e das "novas" formas de amar. A discrepância entre a experiência social dos homossexuais e suas expectativas institucionais, gerou um tensionamento entre a função reguladora e a função emancipatória de um modelo de Direito que tem suas bases ainda fixadas sobre o paradigma da Modernidade. Mediante seus movimentos sociais, os homossexuais, travestis, transexuais e outras diferentes maneiras de exercer a sexualidade e o desejo, passaram a manifestar publicamente a ideia de que não basta apenas uma sociedade regulada no presente, ou, com outras palavras, de que o Direito deve apenas objetivar uma sociedade em ordem, mas, além disso, o Direito deve garantir uma sociedade boa, em ordem e dirigida ao futuro, na qual seus integrantes, em suas singularidades, possam ser felizes no presente. Boaventura de Sousa Santos bem-esclarece essa exigência em relação às funções reguladora e emancipatória do Direito contemporâneo, ao afirma que "mientras que la regulación garantiza el ordem en la sociedade tal como existe en un momento y lugar, la emancipación es la aspiración a un orden bueno en una sociedad buena en el futuro" (2009, p. 31).

Nesse sentido, as lutas emancipatórias, baseadas nas disposições sexuais e amorosas, após séculos de opressão, começaram a colher seus êxitos com a constituição de novas relações políticas entre suas experiências e suas expectativas de boa vida para o futuro, e, consequentemente, uma estabilização das expectativas a um novo nível civilizatório, mais exigente e inclusivo. Nesse cenário, por exemplo, a pauta institucional de reinvindicações dos homossexuais foi reconhecida e modificou sensivelmente o seu estatuto jurídico de proteção de seus direitos.

Nesses processos de estabilização das expectativas dos direitos sexuais, pela sua institucionalização jurídica, é importante ressaltar que o Poder Judiciário, juntamente com o Executivo, tem sido, no Brasil, um destacado protagonista dessa institucionalização da diferença, materializando decisões de vanguarda com alta repercussão coletiva, fazendo com que a ordem institucional coincida com a boa ordem social e, dessa forma, as ações sociais passem a ter novos significados e orientações emancipatórias.

O Poder Legislativo tem tido uma atuação mais lenta em temas que exigem fortes rupturas paradigmáticas, como as relacionadas aos temas sexuais, notadamente em razão de sua composição ser bem mais conservadora. Veja-se, por exemplo, o peso da bancada religiosa, assumidamente tradicionalista em questões tão controversas, como a que ora estamos a abordar, nos processos legislativos e nas decisões do Parlamento brasileiro.

Uma sequência de decisões, pelos tribunais brasileiros e também por tribunais de outros países ou mesmo internacionais, criou um espaço de cidadania, sem precedentes em nossa história, para os indivíduos que amam e desejam pessoas do mesmo sexo ou que vivem de modo considerado não tradicional as suas experiências familiares. As novas formas de amar e as novas famílias adquirem, com essas decisões judiciais paradigmáticas, um lugar e um estatuto jurídico de proteção.

No Brasil, tais decisões que foram inicialmente tomadas em tribunais inferiores culminaram com a decisão prolatada na ADI 4277, decorrente da encampação dos argumentos da ADPF 132, que reinterpretou o artigo 1.723 do Código Civil, para reconhecer a união homoafetiva como instituto jurídico, aproximando o mundo artificial das instituições do mundo natural da vida em suas mais eróticas manifestações. O Supremo Tribunal Federal julgou conjuntamente, em maio de 2011, a ADI nº 4.277/DF (BRASIL, 2011a) – protocolada inicialmente como ADPF nº 178 – e a ADPF nº 132/RJ (BRASIL, 2011). A ADI foi ajuizada pela

Procuradoria-Geral da República e a ADPF pelo então governador do Rio de Janeiro Sérgio Cabral. Em ambas as demandas discutia-se o reconhecimento da união estável entre pessoas do mesmo sexo como entidade familiar. É que o § 3º do artigo 226 da Constituição Federal preceitua que, "para efeito da proteção do Estado, é reconhecida a união estável entre o homem e a mulher como entidade familiar". O relator das ações, ministro Ayres Britto, votou no sentido de dar interpretação conforme a Constituição Federal, excluindo do artigo 1.723 do Código Civil (que regula as uniões estáveis) qualquer significado que impedisse o reconhecimento da união entre pessoas do mesmo sexo como entidade familiar. No ponto central, o reconhecimento do direito de casais homossexuais foi unânime[16]. Com esse paradigmático julgamento, consolidou-se "uma nova perspectiva da família e da sua função na sociedade, que se volta para a plena realização dos direitos fundamentais, sobretudo a dignidade da pessoa humana" (ROESLER; SANTOS, 2014, p. 636).

Essa decisão veio na esteira de outras decisões referentes a casais homoafetivos que tratavam de outros tipos de demandas, tais como: a adoção de menores por casais homossexuais (Recurso Especial nº 889.852 – RS 2006, Ap. Cível n° 1.0470.08.047254-6/001/MG, Ap. Cível 582499-9/PR), o reconhecimento das uniões homoafetivas como sociedades de fato para fins de partilha de bens (Resp. 648.763/RS), o reconhecimento do direito à pensão por morte de um dos membros da união homoafetiva em razão da morte do titular do plano de previdência (Resp. 1.026.981/RJ, 238.715/RS), a geração do direito a um dos membros da união homoafetiva de ser incluso no plano de saúde do companheiro (Resp. 238.715/RS), o reconhecimento do direito à herança (Apelação Cível n. 0007309-38.2003.8.19.0204/RJ), o reconhecimento do direito a verbas rescisórias do *de cujus* a serem divididas igualitariamente entre sua filha e seu companheiro (Ap. Cível n. 0003873-96.2002.8.19.0207/ RJ).

Mais recentemente outro grande avanço foi galgado no que diz respeito às chamadas uniões estáveis, o que invariavelmente vai repercutir positivamente na vida de casais homossexuais, especialmente do ponto de vista econômico. Em julgamento de maio de 2017, o STF decidiu pela inconstitucionalidade do artigo 1.790 do Código Civil, que estabelece diferenças entre a participação do companheiro e do cônjuge na sucessão de bens. A decisão, com repercussão geral reconhecida, foi proferida no

[16] É de ser mencionada a constatação do então advogado no caso, Luis Roberto Barroso, atualmente ministro do STF, em sua sustentação oral em defesa da união homoafetiva. O jurista aduziu que a inclusão expressa do termo "mulher" na Constituição Federal de 1988 deveu-se à necessidade de pôr fim à discriminação de gênero relativamente a mulheres que não possuíam os mesmos direitos patrimoniais no casamento. "Esse dispositivo" – diz Barroso – "está aqui para incluir as mulheres e não para excluir os homossexuais e as relações homoafetiva, das quais o Constituinte não cuidou" (A DEFESA..., 00:13:00). Essa percepção evidencia aquilo que já foi mencionado na seção anterior, no sentido de que a lógica jurídica inclui invariavelmente excluindo.

RE 878.694 (BRASIL, 2017a), que trata da união de casal heteroafetivo, e no RE 646.721 (BRASIL, 2017), que aborda a sucessão em uma relação homoafetiva. Por conseguinte, firmou-se entendimento no sentido de que no sistema constitucional vigente é inconstitucional a diferenciação de regime sucessório entre cônjuges e companheiros, devendo ser aplicado, em ambos os casos, o regime estabelecido no artigo 1.829 do Código Civil, que regula a sucessão legítima.

Ainda no cenário latino-americano, a Corte Constitucional da Colômbia vem protagonizando um importante processo de legitimação de direitos de minorias sexuais. Em 2011, o país reconheceu a possibilidade de que casais homossexuais constituíssem família. Em 2013, tais casais foram contemplados com igualdade de direitos em relação aos direitos dos vínculos heterossexuais. Em abril de 2016, a Corte deliberou, em votação conjunta de seis expedientes acumulados de tutela, por seis votos a três, favoravelmente ao casamento entre pessoas do mesmo sexo. Por meio da sentença SU-214/16, a Corte concedeu aplicação analógica ao matrimônio civil, constante do artigo 113 do Código Civil Colombiano, garantindo o direito constitucional de formar uma família também a parceiros do mesmo sexo (CCC, 2016). Outras duas decisões a cargo da Corte Constitucional da Colômbia abordam a temática da sexualidade de modo paradigmático. Na sentença T-629/2010, o Tribunal decidiu dar a homens e mulheres que se prostituem os mesmos direitos estendidos para trabalhadores de qualquer outra profissão, inclusive no que se refere à licença-maternidade (CCC, 2010). Em 2013, na decisão T-372/2013, o Tribunal da Colômbia ordenou que o diretor de um estabelecimento prisional permitisse a visita íntima para pessoas LGBTI, garantindo a privacidade, a não discriminação e o desenvolvimento livre da personalidade, independentemente de orientação sexual[17] (CCC, 2013).

A liberdade de orientação sexual desaguou também no Tribunal do "sonho americano". Em junho de 2015, a Suprema Corte dos Estados Unidos, em uma decisão histórica, legalizou, por cinco votos a quatro, a união entre pessoas do mesmo sexo. Desde então, todas as áreas sujeitas à jurisdição da Constituição dos Estados Unidos não podem opor resistência injustificada ao reconhecimento do casamento homossexu-

[17] Ainda na República Colombiana, mas desta vez felizmente prescindindo da atuação dos tribunais, outro caso ganhou destaque dadas as suas particularidades. Em junho de 2017, três homens colombianos de Medellín Manuel, Victor Hugo e Alejandro constituíram um regime de "trieja" (ou trisal). Nesse caso, com a formalização da escritura pública, o casamento entre os três assume implicações perfeitamente jurídicas, tanto no que se refere à separação ou ao falecimento de qualquer dos cônjuges quanto no que diz respeito à eventual adoção de uma criança. Quando questionado pelo grupo de reportagem sobre ser possível amar mais de uma pessoa, Manuel limitou-se a afirmar que "lo raro es decir que uno sólo puede amar a una persona" (MARÍN, 2017). Vale lembrar que o Brasil, em 2016, já havia reconhecido uma união poliafetiva entre duas mulheres e um homem perante o 15º Ofício de Notas do Rio de Janeiro.

al. O caso Obergefell e Outros *vs.* Hodges trata da relação homossexual entre Obergefell e John Arthur, companheiros por mais de 20 anos. Em 2011, Arthur foi diagnosticado com esclerose lateral amiotrófica, motivo pelo qual o casal formalizou a união em Maryland, em outubro de 2013. Quando se mudaram para Ohio e postularam o reconhecimento da licença de casamento junto às autoridades, no entanto, o Estado negou a referida licença, de modo que o casal ajuizou uma ação em face do governador do distrito de Ohio. Em 2014, o Tribunal de Apelações do 6º Circuito decidiu, por dois votos a um, que a proibição do casamento entre homossexuais não violava a Constituição. Na Suprema Corte, entretanto, a decisão que prevaleceu foi aquela segundo a qual o casamento entre homossexuais não poderia ser proibido, tendo sido determinado seu reconhecimento e validade em toda a jurisdição americana (SCEU, 2014).

O mesmo ideal guiou a decisão da Corte Interamericana de Direitos Humanos (Corte IDH) no caso Atala Riffo e Filhas *vs.* Chile, de 2012. Nele, o Estado chileno foi condenado por violação dos direitos de igualdade, de respeito à honra e à dignidade, do direito de não discriminação, da vida privada e da garantia judicial de imparcialidade relativamente à Senhora Karen Atala Riffo. A discussão diz respeito à lesbianidade da vítima, a qual perdeu a guarda de suas três filhas para seu ex-companheiro em decisão da Suprema Corte Chilena, cujo motivo mencionado foi a sua orientação sexual (CORTE IDH, 2012). Ainda sob a jurisdição da Corte IDH, a República da Colômbia foi condenada no caso Ángel Alberto Duque *vs.* Colômbia pela falta de acesso do Senhor Alberto Duque à pensão por morte de seu companheiro falecido em 15 de setembro de 2001. As normas que à época regulavam o direito de seguridade social no país excluíam as uniões estabelecidas entre pessoas do mesmo sexo. Em 26 de fevereiro de 2016, a Corte IDH prolatou sentença por meio da qual declarou a responsabilidade internacional da Colômbia pela violação do direito de igualdade perante a lei e de não discriminação em prejuízo do senhor Duque (CORTE IDH, 2016).

Ainda no âmbito do Sistema Interamericano, vale apontar que, em 18 de maio de 2016, a República da Costa Rica solicitou, com fundamento nos artigos 64.1 e 64.2 da Convenção Americana de Direitos Humanos (CADH), uma opinião consultiva em torno das obrigações estatais relativamente à troca de nome, à identidade de gênero e aos direitos derivados do vínculo entre parceiros do mesmo sexo, o que implica elucidar o alcance e interpretação dos artigos 1.1, 3, 7, 11.2, 13, 17 e 24, em relação ao artigo 1º, todos da CADH.

A Corte Interamericana de Direitos Humanos, por meio da Opinião Consultiva OC/24-17, reiterou sua jurisprudência no sentido de que a orientação sexual e a identidade de gênero são categorias protegidas pela Convenção Americana. Ainda, estabeleceu que a falta de consenso no direito pátrio de alguns países relativamente à orientação sexual, identidade ou expressão de gênero, não autoriza a negação de direitos humanos, em clara proposta de flexibilização do conceito tradicional (e, é bom que se diga, superado) de soberania, típico da sociedade internacional clássica.

A identidade de gênero foi definida pela CDH como a vivência interna ou individual do gênero, tal como cada pessoa a sente, a qual pode corresponder ou não ao sexo designado quando do nascimento. A Opinião conservou especial atenção no tocante às pessoas trans, fazendo menção à necessidade patente de impedir todas as formas de violência, tortura e maus-tratos, bem como de garantir o direito à saúde, à educação, ao acesso ao mercado de trabalho, à seguridade social e de manifestação. (CDH, 2017).

No cenário europeu, merece destaque o Reino da Dinamarca, por ter sido o primeiro país do mundo a permitir, ainda em 1989, a união civil entre pessoas do mesmo sexo. Foi um dos pioneiros, também, na autorização do casamento de homossexuais, em 2012. Agora o debate volta à cena pública por meio do caso nº 159/2016, em que se discutiu se as regras do casamento entre pessoas do mesmo sexo seriam contrárias à Constituição dinamarquesa, essencialmente no que dizia respeito à autoridade dos sacerdotes na Igreja da Dinamarca para casá-las. A Suprema Corte do país, entretanto, concluiu que não havia fundamentos para afastar a autoridade do Poder Legislativo e a deliberação do governo em torno da possibilidade de que duas pessoas do mesmo sexo se casassem na Igreja Dinamarquesa em cerimônia presidida por um sacerdote. Isso porque a base confessionária do país é a Evangélica Luterana, e a autoridade máxima para regulamentar as questões da própria Igreja, reside no Poder Legislativo e no governo, os quais têm ampla margem de atuação no tocante à regulamentação da possibilidade dos casamentos entre pessoas do mesmo sexo. Por fim, o Tribunal asseverou que inexistem legislações destinadas a limitar o Poder Legislativo e o governo no que respeita aos assuntos da Igreja da Dinamarca. Ademais, afirmou que essa interferência não violava a Constituição e nem a Convenção Europeia de Direitos Humanos sobre Liberdade de Crença e Religião (SCD, 2017).

O caso Carvalho Pinto de Sousa Morais *vs.* Portugal, do Tribunal Europeu de Direitos Humanos (TEDH), evidencia que o desejo heterossexual também não passa ileso pelo crivo dos conservadores. A vítima da demanda foi submetida a procedimento cirúrgico, pois sofreu danos permanentes em sua vida íntima e sexual. O Supremo Tribunal Administrativo reduziu o valor da indenização anteriormente arbitrada por entender que, em razão de a vítima já contar com 50 anos de idade e ser mãe de dois filhos, o sexo não assumiria a mesma relevância de quando se é mais jovem. Os julgadores do Tribunal Europeu entenderam que houve uma injustificada diferença de tratamento da vítima com base em dois estereótipos bem-marcados: gênero e idade. A decisão do TEDH, de julho de 2017, foi no sentido de reconhecer que Portugal violou o direito de não discriminação constante da Convenção Europeia de Direitos Humanos, arbitrando indenização pelos danos morais resultantes dessa violação (TEDH, 2017).

Superadas algumas pautas, no entanto, outras persistem para aquelas sexualidades outrora (e ainda) enquadradas como "desviantes". As normas do Ministério da Saúde e da Agência Nacional de Vigilância Sanitária (ANVISA), no Brasil, proíbem a doação de sangue para homens homossexuais pelo período de 12 meses após a última relação sexual. O caso chegou ao STF por meio da ADI nº 5.543, ajuizada pelo Partido Socialista Brasileiro. Em outubro de 2017, entretanto, Edson Fachin, ministro-relator, votou pela inconstitucionalidade da normativa. Já em 2016, quando deliberou sobre pedido de medida cautelar na demanda, o julgador manifestou-se no sentido de que proibir a doação de sangue relativamente aos homossexuais é apequenar a ideia de empatia e de alteridade como elementos constitutivos da personalidade do sujeito (BRASIL, 2016).[18]

Em recente decisão, o STF reconheceu que "os transgêneros, que assim o desejarem, independentemente da cirurgia de transgenitalização, ou da realização de tratamentos hormonais ou patologizantes, possuem o direito à alteração do prenome e do gênero (sexo) diretamente no registro civil" (STF. Plenário. ADI 4275/DF, rel. orig. min. Marco Aurélio, red. p/ o acórdão min. Edson Fachin, julgado em 28/2 e 1º/3/2018). A Corte reconhece expressamente que: a) o direito à igualdade sem discriminação abrange a identidade e a expressão de gênero; (b) o respeito à identidade de gênero é uma decorrência do princípio da igualdade; (c) a identidade de gênero é manifestação da personalidade da pessoa humana, de modo que ao Estado cabe apenas reconhecê-la, nunca constituí-la; (d) a pessoa não deve "provar" o que é ou como se sente, e o Estado não deve condicionar a expressão da identidade a qualquer modelo pré-estabelecido. Assim, se cabe ao Estado apenas o reconhecimento dessa identidade, ele não pode exigir ou condicionar a livre-expressão da personalidade a um procedimento médico ou laudo psicológico; uma decisão paradigmática que amplia ainda mais o entendimento que a Corte e o próprio STJ vinham adotando desde 2009 sobre a identidade de gênero. A diversidade se instala definitivamente na Corte máxima do país.

A breve descrição dos casos selecionados permite perceber que há um movimento interessante, em âmbito global, tendente ao reconhe-

[18] Até a conclusão deste texto, em fevereiro de 2018, o julgamento da ADI não havia sido concluído.

cimento jurídico de outras possibilidades familiares e existenciais. Por certo, as últimas décadas demarcaram um período em que restou evidente a discrepância entre a experiência social das pessoas LGBTI e suas expectativas em termos de reconhecimento jurídico. Com isso, o Direito percebe-se constantemente desafiado no sentido de reinventar sua função reguladora e emancipatória, cujas bases se fizeram sob o paradigma da Modernidade. O fato é que decisões judiciais dessa natureza, que desafiam estruturas milenares a partir das quais a sociedade humana se consolidou, certamente significam um grande avanço para o Direito, impondo-lhe constantes remodelações que consigam concordar com as novas dinâmicas sociais.

Não se pode negar, contudo, que surgem novas angústias e complexidades que impõem uma reflexão em torno daquilo que Roudinesco (2003, p. 11) vai caracterizar como um "terror da abolição da diferença dos sexos, com a perspectiva de uma dissolução da família no fim do caminho". Para a psicanalista, entretanto, apesar do grande número de divórcios, separações e rearranjos conjugais, é inegável que a família segue sendo a mais sólida das instituições humanas. Essas desconstruções e reelaborações devem servir à ressignificação do lugar do sujeito no mundo. Isso quer dizer que esse interessante movimento de desestabilização de algumas categorias modernas deve recolocar o indivíduo em algum lugar, e não o deixar à deriva, desprovido de *locus*, acobertando-o sob o ilusório manto da abstração. Eis a importância da diferenciação: criar lugares de não segregação, de não impedimento, construindo e viabilizando novas possibilidades. Esse "fazer jurídico" é fundamental, pois permite que sejam abraçadas pelo universo normativo outras estéticas existenciais possíveis. Além disso, sugere que indivíduos possam colocar o seu afeto no seu objeto de desejo efetivo e, mais do que isso, vivenciar essa forma de desejar livre de qualquer opressão.

Com isso não estamos afirmando que o direito pode regular tudo, normatizar o amor e definir o estatuto dos próprios amantes. Definitivamente, amor e direito pertencem a idiomas distintos e muitos excessos tendem a ser praticados pela judicialização do campo afetivo. Com certa dose de libertação da moral e do direito, conforme Beck e Beck-Gernsheim (1998), o amor se converteu num assunto exclusivo dos indivíduos que se amam, num modelo de salvação individual que se prometem sujeitos isolados. É uma resposta contra a individualização, uma aposta na formação de um sentido de pertença a dois. Por isso a individualização da vida ter produzido o ideal de matrimônio por amor. O amor se justifica de modo individual e emocional, e não de modo tradicional. Só os amantes podem falar do seu amor. São titulares daquilo que sentem e os únicos que dispõem da verdade e do direito de seu amor. Por isso estabelecem papéis entre si, como atores que devem representar um personagem prefigurado. O direito externo não possui alcance sobre eles, os quais são os únicos a fazerem a justiça e justificarem-se. "El amor no se puede reclamar ante los tribunales, no hay posibilidad de revisión. El amor y la justicia son palabras que pertenecen a idiomas totalmente distintos" (BECK; BECK-GERNSHEIM, 1998, p. 340-341).

O amor se autofundamenta, apresentando-se como um local de segurança para os amantes. Numa sociedade líquida, transforma-se numa espécie de refúgio. Ele é, por outro lado, uma fórmula vazia que exige uma complementação geralmente alcançada pelo consenso daqueles que amam. Apresenta-se diverso, distinto, em se tratando dos conteúdos que lhe dão sentido. Por isso, o consenso é a única coisa que está aberta para a validação pública, não os conteúdos acordados. Nesse sentido, o direito estatal reduz a sua capacidade de intervenção substancial, limitando-se a garantir a legitimidade dos procedimentos de acordos. O direito é chamado apenas para reestabelecer as regras do jogo democrático a dois (BECK; BECK-GERNSHEIM, 1998).

Esse movimento de liberalização regulatória desempenhou um papel simbólico e institucional importante, especialmente no tocante ao reconhecimento de famílias até então desprezadas pelo direito. O casamento homossexual e outras formas de união ganharam sentido e proteção justamente por conta da proibição de se regular os corpos e o amor. A proteção jurídica, nesse caso, é o resultado de um evento paradoxal: justamente por não poder regular mais o amor, o sexo, é que a liberdade dos amantes se tornou condição para todo e qualquer tipo de proteção. A proteção dos homossexuais está mais centrada na impossibilidade de se regular, na liberdade dos sujeitos, do que na possibilidade de se regular. A proteção jurídica lhes dá garantias objetivas e um reconhecimento inegavelmente importante, mas é na condição de amor libertado do direito que as uniões se fundem e ganham vida.

Libertado do direito, os sujeitos, contudo, não libertaram o amor, no sentido de construir novas concepções sobre ele. É interessante notar que a liberdade sexual não fundou um amor livre. A busca pelo amor, pela pessoa certa, parece ser o objetivo de todas as relações afetivas. Como efeito de um eu narcísico-depressivo típico da sociedade ocidental, o outro é (ou deveria ser) mero prolongamento do eu, de modo que, nas relações afetivas, também as expectativas giram em torno de um amor, no mínimo, agradável, em meio ao que Han (2014, p. 11) denomina de um "inferno do igual".

Nessa utopia do amor sem limites, da possibilidade do amor como esperança pessoal, o direito, quando requisitado, continua avançando declaradamente o sinal. Parece que a liberdade do amor incomoda o direito, e um avanço estrutural e epistemológico é notório quando o tema é o amor, o afeto, pois o direito e os Tribunais, geralmente, têm dito mais do que poderiam dizer. Definitivamente, não se pode normatizar o desejo e o amor. O direito, ao menos nas suas facetas mais liberalizantes, pode dizer quase nada sobre licitudes e ilicitudes do amor, que se abre como possibilidade, como substância e existencialidade do sujeito enquanto tal e apenas isso. Justamente ao libertar-se do direito e de seus códigos castradores é que o amor se tornou livre e capaz de ser plenamente o que é. O amor não necessita de legitimação jurídica, mas, paradoxalmente, quer tornar-se direito para se realizar plenamente. O direito ao amor é um apelo à não intervenção, à não expropriação, à não castração, à possibilidade de libertação que encontra seu amparo no desejo que institui democrática e autonomamente cada sujeito. No lugar das subjetividades construídas pelo saber dominante, que destrói o sujeito, aposta-se na autenticidade de cada um como elemento emancipatório que plenifica a ideia de liberdade em condições de paridade entre os diversos sujeitos. Definitivamente, o "amor, como a democracia, demanda sempre a presença de um sentido inesperado" (WARAT, 2004, p. 318).

O amor como experiência plena é fundamental para a construção de espaços democráticos que dependem da autenticidade, da alteridade e do reconhecimento da diferença do outro. Tem um apelo ético, uma carga de sentido nunca completa que se alimenta da constante incerteza e insegurança que funda os desejos e os interesses de cada cidadão. Nessa direção, o amor, em seus diversos formatos e modos de representar, é importante para a justiça, para a formatação de uma sociedade de acontecimentos livres, autônomos e em igualdade de condições. Trata-se de uma função pública do amor, da possibilidade de ele conduzir todos os tipos de narrativas, de desejos, de gozos, de entendimentos compartilhados e abertamente vividos por todos os sujeitos como um direito de verdade. Se o amor é importante para a construção dos destinos e para a qualidade moral de cada ser individualmente, seguramente vai influenciar na reforma estrutural e na formação dos novos arranjos familiares. Cada pessoa individualmente considerada é a unidade da distribuição política, e os direitos em igualdade de condições são a condição de possibilidade para que cada sujeito se realize como um projeto independente (NUSSBAUM, 2002).

Por isso, entendemos que o STF decidiu adequadamente quando reconheceu o mesmo direito das uniões heterossexuais para as uniões entre pessoas do mesmo sexo, pois potencializou a vida, a liberdade, a autonomia, valores e direitos fundamentais importantes em qualquer democracia. Alguns destacados autores desse país, na direção contrária, sustentaram que, nesse caso, o STF teria decidido erroneamente em razão de que o texto da Constituição não reconhece expressamente a união entre pessoas do mesmo sexo. Para além de reproduzirem uma leitura fiel da escola da exegese, que não ultrapassa a literalidade da lei, esse entendimento nega a dinamicidade do próprio texto constitucional que reconhece, em vários artigos, a ideia de igualdade, de diversidade, de pluralidade e de dignidade, independentemente de sexo ou sexualidade. O texto constitucional, de fato, refere-se à união entre homem e mulher, mas a Constituição reconhece uma gama muito maior de direitos para as pessoas indistintamente do sexo, além de não se posicionar favoravelmente a uma divisão biológica e redutora dos gêneros. Nisso grandes juristas foram traídos, ao que parece, pelo próprio pré-conceito que encontrou lugar na redução literal que o texto constitucional anuncia ou, quem sabe, pela tradicional ideia de que o casamento heterossexual seja o único espaço do sexo, da família, e que merece tutela estatal.

Ora, seria muito estranho considerar políticas públicas (que de fato existem) nas escolas, no trabalho e na sociedade em geral que visam à eliminação dos pré-conceitos de gênero e, ao mesmo tempo, negar, pela Corte maior do Judiciário, o direito de as pessoas do mesmo sexo poderem se unir afetivamente e receberem proteção jurídica nesse caso. Imaginemos a bizarra situação: todos quantos o desejo constituir, podem ser gays, lésbicas, bissexuais, transgêneros, etc., e desenvolver atividades laborais de qualquer natureza (promotores, advogados e juízes), sem nenhuma restrição constitucional, não podem amar, não podem viver seu afeto, e nem gozar seu desejo de modo legítimo em termos jurídicos. Seria como se a Constituição e as decisões judiciais permitissem ao cidadão ser quase tudo na vida pública, mas ao mesmo tempo castrado na intimidade mais identitária que seu desejo lhe atribui. Seria a Constituição barrando o desejo e os laços amorosos. Por mais que tenha desagradado muitos juristas e cidadãos brasileiros, a decisão do STF nos pareceu adequada, pois (a) decorre de uma interpretação constitucional includente dos direitos individuais de liberdade e igualdade, (b) não afeta nenhum direito de terceiro, (c) não causa problemas de natureza orçamentária, e, sobretudo, (d) potencializa a um grupo de cidadãos invizibilizados as condições paritárias para viverem suas experiências existenciais de maneira plena.

As decisões que viabilizam a realização identitária de uma pessoa ou de um grupo, para além de não afetarem direito de terceiros, são indispensáveis para que todos os cidadãos possam viver em igualdade de condições com os demais membros da sociedade. A igualdade apregoada pela Constituição não é a igualdade abstrata, que desconsidera a historicidade de cada sujeito, mas é uma igualdade substancializada e confrontada permanentemente pelos conteúdos da diferença. O Poder Judiciário, ao proteger ativamente os direitos que garantem o reconhecimento e a pertença em igualdade de condições, está cumprindo uma função importante para a consolidação dos direitos individuais em sua acepção mais concreta possível (COPETTI SANTOS; LUCAS, 2017).

O direito pode impor o dever de cuidado, de zelo, respeito e proteção. Isso, além de desejável em qualquer relação, pode ser cobrado de quem quer que seja. É uma ação objetiva que se pode determinar, inclusive de modo financeiro. Não se pode, contudo, cobrar amor de quem não o tem para dar simplesmente, pois amar não é uma obrigação, amar não é um acontecimento objetivo que possa ser encapsulado e exigido de modo material. Do mesmo modo não se pode castrar o desejo e o amor de quem o possui. Assim como não se pode obrigar alguém a apaixonar-se, o direito é incapaz de impedir que alguém ame ou deixe de amar. Todos podem amar e podem amar a seu modo, sem regulamentos, sem etiquetamentos e sem restrições. Os novos nomes do amor se abrem como possibilidade e como liberdade. O amor é, definitivamente, um evento a dois, uma democracia a dois. As decisões judiciais, nesse campo, ajudaram o amor a encontrar a liberdade de ser o que é.

Há, portanto, um movimento ambivalente nesse processo de tutela jurídica: em termos jurídicos, a identidade – seja ela no que diz respeito à sexualidade, cor, gênero ou idade – não pode se constituir em um obstáculo à concretização de direitos fundamentais e, nesse sentido, é possível questionar a desnecessidade de demarcar estes rasgos de identificação dos sujeitos no campo normativo (uma vez que a inclusão de determinadas categorias, por meio do reconhecimento legal, significa a exclusão de outras). Por outro lado, no que se refere ao mundo da vida, dos fatos, esses traços são fundamentais porque comunicam expectativas e (im)possibilidades para os indivíduos. Desse modo, é possível supor, por exemplo, que uma mulher lésbica queira se identificar como tal em termos existenciais a fim de evitar as investidas arbitrárias de homens que, muito provavelmente, não são seu objeto de desejo.

Não se pode, no entanto, dar a pauta por superada. Em muitas regiões as pessoas LGBTI ainda não adentraram na arena dos sujeitos socialmente reconhecidos do ponto de vista de sua cidadania. "Manter relacionamentos amorosos, algo que nos faz intrinsecamente humanos, ainda é, em termos legais, uma prerrogativa heterocêntrica, marca da injustiça erótica e da opressão sexual que atinge gays e lésbicas no Brasil e na maior parte do planeta"[19] (MELLO, 2006, p. 506). Não há como negar que os desafios introduzidos pela diferença (e pela diferenciação) estão latentes e se colocam cada vez mais na ordem do dia, demandando um reconhecimento político cujas consequências se espraiam para outros campos, a exemplo do econômico. Isso significa que, superadas

---

[19] Exemplo disso é o fato de que não chega a 30 o número de países que aprovam o casamento entre pessoas do mesmo sexo (ILGA, 2017).

algumas pautas da agenda LGBTI, outras surgirão, reivindicando novas respostas, mais criativas, capazes de incluir tais grupos, outrora excluídos da vida pública, numa noção de sexualidade efetivamente cidadã, a fim de que os direitos sexuais sejam eles também percebidos como parte do exercício da cidadania.

3.5. A diferença dos deficientes nos Tribunais

A diferença instalada no corpo pode ecoar de diversas maneiras. Muitas vezes se constitui como uma ou mais dificuldades físicas e/ou cognitivas de interagir com o mundo. Limitações motoras, visuais, mentais não descaracterizam o humano, mas, com certeza, o impede de alguns acessos que, para serem superados, necessitam de um atendimento especial. Ao longo da história, os deficientes não tiveram vida fácil. Somente muito recentemente se pode destacar que está sendo firmado um estatuto jurídico e político para as pessoas que precisam um tipo de ajuda e auxílio diferente das demais. Uma sociedade completa é formada por toda uma gama de diferencialidade. O direito se deu conta disso, e as legislações e decisões judiciais indicam que a proteção das pessoas deficientes se sustenta numa nova gramática de reconhecimento.

Uma decisão paradigmática nessa direção se deu com o julgamento, em 9 de junho de 2016, da Ação Direta de Inconstitucionalidade nº 5.357, na qual o STF julgou constitucionais os dispositivos do Estatuto da Pessoa com Deficiência (Lei nº 13.146/2015), que determinam a obrigatoriedade de as escolas privadas promoverem a inserção de pessoas com deficiência no ensino regular, provendo as medidas de adaptação necessárias para tanto, sem que o ônus financeiro seja repassado às mensalidades, anuidades ou matrículas. A decisão reconheceu que: a) tanto a Constituição Brasileira quanto a Convenção Internacional sobre os Direitos da Pessoa com Deficiência (que no Brasil tem *status* de emenda constitucional) garantem a igualdade como um fundamento de uma sociedade democrática que respeita a dignidade da pessoa humana; b) o ensino inclusivo é uma garantia constitucional; c) a igualdade abstrata precisa ser substancializada com o ideário pluralista defendido constitucionalmente como condição de possibilidade para a igualdade material; d) que "é somente com o convívio com a diferença e com o seu necessário acolhimento que pode haver a construção de uma sociedade livre, justa e solidária, em que o bem de todos seja promovido sem preconceitos de origem, raça, sexo, cor, idade e quaisquer outras formas de discriminação (art. 3º, I e IV, CRFB)". Em seu voto, o ministro-relator Edson Fachin declara que o "enclausuramento em face do diferente furta o colorido da vivência cotidiana, privando-nos da estupefação diante do que se coloca como novo, como diferente".

A decisão sustenta que a diferença do deficiente não deve ser afastada, retirada de cena, escondida, como muito se fez outrora. Deve, numa direção propositiva, mostrar o humano diverso, conceder-lhe espaço, fomentar suas potencialidades e deixar a riqueza de sua diferença construir suas próprias possibilidades que a educação, em um sentido inclusivo, pode oferecer. Mais que isso, é uma oportunidade para todos, não apenas para os diferentes; é uma oportunidade para a maioria conviver com as minorias numa perspectiva de acolhimento e alteridade.

Muitas outras decisões nessa mesma direção protetiva podem ser vistas nos tribunais brasileiros e estrangeiros, e mesmo em cortes internacionais. A ideia de que a igualdade abstrata possa esconder a diferença e impedir acessos verdadeiros à igualdade material, tem confirmado o papel emancipatório da diversidade como elemento central das democracias e da legitimidade de seus modelos normativos.

XII

Direitos humanos e interculturalidade

A universalidade dos direitos humanos, numa sociedade multicultural, será sempre questionada pelas diferenças que constituem a humanidade presente em todas as experiências históricas. Ao perguntar pelo outro como "humano", a universalidade dos direitos humanos preocupa-se em atender ao que é comum na humanidade do indivíduo como tal. Entretanto, a particularidade de cada cultura sempre reivindicará, por meio das diferenças, aquilo que também constitui uma parte do homem representada em sua singularidade. Assim, toda a disputa entre universalidade e particularidade pode ser lida, também, como uma relação dialética entre igualdade e diferença que constitui, a um só tempo, a aventura humana em sua singularidade e universalidade (GREBLO, 2004).

Ao posicionar os sujeitos como pertencentes a uma mesma identidade, estabelecendo as bases de pertença para com o seu semelhante, a relação da cultura com o Direito tende a ser inevitavelmente uma relação que demanda reconhecimento por sua diferença em relação às outras culturas, na intenção de satisfazer suas necessidades internas e de reproduzir seu modelo de identidade e, portanto, de diferença em relação aos outros. Com isso, todo o reclamo por identidade é, nesse caso, um reclamo por constituir os limites jurídicos que resguardam essa mesma diferença da interferência dos outros não semelhantes, a qual requer uma proteção especial. Nessas circunstâncias, querer não participar de uma comunidade, ou querer participar dela na condição de diferente – na verdade, é sempre na condição de diferente – são interesses que poderão colidir e, consequentemente, produzir soluções inevitavelmente excludentes e discriminatórias, as quais são inconcebíveis pela universalidade dos direitos humanos (SEOANE, 1998).

A tarefa dos direitos humanos, nesse cenário, é a de estabelecer os exatos limites da igualdade e da diferença entre os indivíduos e entre as culturas, sem, contudo, negar os aspectos comuns que os identificam na qualidade de sujeitos particulares. Numa sociedade multicultural, esse desafio configura-se ainda maior, pois, enquanto as múltiplas identidades culturais existentes em um país postulam o direito de manifestarem sua especificidade nas mesmas condições, os direitos humanos como universais devem tutelar apenas as diferenças que não sufocam sua missão de garantir a todos os homens enquanto tais, e não como integrantes dessa ou daquela cultura, os direitos necessários ao exercício de sua liberdade e autonomia. Eis então a questão: É possível sustentar a legitimidade de toda e qualquer cultura sem esvaziar a virtude universalista dos direitos humanos? Ou, em outras palavras, é possível defender a universalidade dos direitos humanos sem atacar toda a espécie de relativismo que nega a possibilidade de fundamentar tais direitos na humanidade comum de cada homem? Enfim, até que ponto universalidade e particularismo não se opõem?

De fato, a cultura, assim como as demais condições materiais e ideológicas da vida, situa o homem no mundo e lhe conforma uma experiência histórica específica. Por meio de seus laços de pertença, adquire uma forma de ver o mundo, de se posicionar, de valorar e de reproduzir seus entendimentos. Na relação com os outros, o homem percebe-se diferente por muitas razões, mas a cultura (nacional, religiosa, étnica, etc.) é, sem dúvida, o elemento determinante para a definição de seu estranhamento com o outro não integrante da mesma comunidade cultural. Sua identidade é, nas palavras de Charles Taylor (1998), dialogicamente construída no seio da comunidade pelas relações intersubjetivas que o mantém com os outros. Isto é, a "natureza da cultura, sendo modo determinado de ser, que por origem compete a qualquer realidade, é determinada, define a dimensão humana em sua unicidade, na diversidade das culturas. (...) Essa é a natureza humana: um ser cultural e intercultural" (SIDEKUM, 2003. p. 244).

É claro, então, que uma sociedade que tiver em seu seio uma variedade significativa de culturas distintas produzirá, também, um maior número de representações, símbolos, imagens e discursos que demarcam as posições e os limites identitários entre si. Nesse contexto, é normal que, ao demandarem igual proteção para as suas diferenças, as culturas divirjam umas das outras e queiram tratamento específico e reconhecimento especial para o seu paradigma representacional.

Apesar de a cultura forjar socialmente uma identidade geradora de semelhanças com os de dentro e de diferenças com os de fora, condição indispensável para que a própria individualidade humana se manifeste, isso não significa que os laços culturais, religiosos, nacionais, possam conduzir uma moralidade e serem, por si sós, suficientes para orientarem ou avaliarem uma ação "boa" que proteja o homem enquanto tal, independentemente da condição temporal ou espacial. Para além das imagens, representações e símbolos que projetam a individualidade na história e posicionam o homem em um dado lugar, existe uma dimensão de humanidade que, independentemente de qualquer contexto, não poderá ser esquecida ou mesmo sonegada sem que o homem sonegue também a si mesmo. Dito de outra maneira, pode-se sustentar que igualdades e diferenças duelam dialeticamente na conformação do que seja o "humano". Somos, então, em razão mesmo de nossa humanidade, iguais e diferentes.

Ocorre que nenhuma cultura ou tradição específica pode colonizar o entendimento sobre o "bom", relativizando as outras realidades culturais e estabelecendo seu próprio império de valores. Assim, a cultura, enquanto objeto de tutela pelo Direito, merece proteção porque é elemento da rica e diversa manifestação da humanidade comum do homem. Ou seja, o potencial de avaliação dos direitos humanos não se põe contrário à cultura em si mesma – o que, além de ridículo, seria inócuo –, mas tem o dever de questionar todas as formas de exercício que, porventura, sejam denegatórias da própria condição humana enquanto tal. Nesses termos, colocar o problema da universalidade em contraposição ao particularismo não passa de uma falsa dicotomia. A diversidade cultural não é, necessariamente, contrária à ideia de universalidade dos direitos humanos, como tampouco o é a possibilidade particular de uma cultura reivindicar reconhecimento com base nesses mesmos direitos.[20] A questão, portanto, é estabelecer os limites da igualdade compartilhada por todas as culturas, bem como não chancelar as diferenças que contrariem um acordo comum de valores que atualmente conforma a base comum dos direitos humanos.

Acontece que as culturas não compartilham de uma historicidade única e, por isso, como não poderia ser de outro modo, elegem novos e diferentes valores aos pretendidos direitos humanos. Apresentam visões de mundo diferentes e manejam a individualidade de cada sujeito de modo bastante distinto do que fazem e aceitam outras culturas. Assim, para que a universalidade dos direitos humanos não seja homogeneizadora e, ao mesmo tempo, supere o relativismo absoluto sem cair na armadilha de negar a riqueza da diversidade, precisa identificar as particularidades de cada cultura e separá-las daquilo que pode ser tomado como universal, para que possa, desse modo, chegar aos direitos humanos em sua conformação realmente moral, aos direitos humanos como reciprocidade a ser reconhecida independentemente da cultura, mas decorrente da própria condição do homem como um fim em si mesmo; que possa, enfim, defender a sua universalidade em termos interculturais.

[20] Esse é, por exemplo, o posicionamento de Habermas (2002), Martínez-Pujalte (1998) e Fernández (2003).

Lembra Otfried Höffe (2000) que a tolerância recíproca das diferenças, antes de representar uma janela aberta para o relativismo de todas as ordens, tem seu fundamento na liberdade e na dignidade de cada pessoa. Uma vez que, sem reconhecimento recíproco, não é possível uma convivência com igualdade de direitos entre pessoas autorresponsáveis, "a tolerância constitui uma condição fundamental da justiça da convivência humana em liberdade; e enquanto condição de justiça, um Direito que não se pode negar a ninguém" (HÖFFE, 2000, p. 138). Ao lado da dimensão ético-política, a tolerância permite o diálogo entre as diferenças, capaz de alcançar mais facilmente a verdade desafiada pela intolerância e pelo saber dogmatizado. Não se trata, porém, de uma tolerância que relativiza tudo e transforma a diferença em uma forma de indiferença e de "in-comunicação" (RUIZ, 2003) que confunde diferenças com desigualdades, mas de uma tolerância que respeita mutuamente as diferenças e que funciona como uma espécie de encontro e de responsabilidade com o outro, capaz de produzir entendimentos compartilhados pela identificação de traços comuns nas diversas identidades. Afinal, o homem precisa do outro para perceber-se como igual e como diferente, pois sem alteridade não lhe é possível a consciência de si.

A universalidade defendida por Höffe é uma universalidade moderada, que refuta a universalidade uniforme ao reconhecer uma espécie de generalidade limitada pelas condições que permitem o não desaparecimento do particular. No contexto propriamente jurídico, esse processo, segundo o autor, se desenvolve pela formalização bastante aberta dos direitos humanos, que não impede que diferentes condições de vida e de projetos sociais se realizem. Uma vez que está assentada exclusivamente em fatores da natureza humana universal, a concepção intercultural de direitos humanos permite o reconhecimento material de aspectos de uma determinada época e cultura. Não que a cultura ou determinado momento histórico sejam os próprios fundamentos dos direitos, mas apenas as variantes que definem a materialidade dos princípios formais pelos quais se expressam os direitos humanos e que estão abertos a essa definição. Pode-se dizer ainda mais: "dado que sin su 'materialización' tampoco logran una definición concreta, llegan incluso a provocar ellos mismos esta 'materialización' la cual será entonces dependiente de la cultura y del contexto" (HÖFFE, 2000, p. 143).

Os direitos humanos não funcionam como fórmulas para definir modelos concretos de sociabilidade legítima. Pelo contrário, muitas formas sociais distintas são possíveis, cada qual com sua história, sem que nenhuma ofensa seja dirigida a tais direitos. Assim, como bem aponta Heiner Bielefeldt (2000, p. 207), não "podemos confundir a universalidade dos direitos humanos com a uniformidade de uma cultura única e universal, análise caricatural que ocasionalmente ocorreu". A experiência histórica de cada cultura é interpretada criticamente pelos direitos humanos, que agem reformadoramente "à luz da liberdade, da igualdade e da solidariedade".

É um equívoco, alerta Höffe, imaginar que se possam reduzir os direitos humanos à experiência cultural e política do Ocidente, à sua historicidade e, por conta disso, negar o seu fundamento intercultural. Inúmeros exemplos históricos de aproximação do Ocidente com outras culturas indicam que muitos valores que estão na base da universalidade dos direitos humanos já figuram presentes em outros tempos e em outras culturas. No entanto, pode-se dizer que, em relação a ele mesmo, em relação ao seu passado, o Ocidente evoluiu. Se as condições modernas ocidentais auxiliaram na formação da ideia de universalização dos direitos humanos, isso de modo algum reduz ou nega a importância de experiências culturais da Antiguidade e das realidades não ocidentais contemporâneas no que tange à defesa e ao cultivo dos direitos humanos.

Ao refutar as tradicionais críticas lançadas contra a universalidade de tais direitos, Amartya Sen (2000, p. 278) pondera que, "na verdade, é possível afirmar que há mais inter-relações e mais influências culturais mútuas no mundo do que normalmente reconhecem aqueles que se alarmam com a perspectiva da subversão cultural. Os que receiam pelas culturas diferentes frequentemente veem nelas grande fragilidade e tendem a subestimar nosso poder de aprender coisas de outros lugares sem sermos assoberbados pela experiência". Para o autor (p. 264), os direitos humanos devem ser compreendidos como "um sistema de raciocínio ético e como a base de reivindicações políticas", e não como uma virtude social de um determinado sistema político ou de uma cultura específica.

Inseridos em uma cultura, os homens particularizam suas compreensões, compartilham sentidos e valoram de uma forma específica. Como coletividade, uma comunidade cultural aproxima os de dentro e determina zonas de separação com os de fora. Tem razão Axel Honneth (2003) quando afirma que a consciência de identidade depende das experiências de reconhecimento que recebemos dos outros e que tais experiências dependem dos contextos culturais. Nesse sentido, não há como negar a importância da cultura na formação do sujeito. O problema, no entanto, se instala quando a cultura adquire um status sacrossanto, acima dos direitos da pessoa como tal, quando potencializa e protege as características da coletividade mesmo quando isso implica desrespeito à dignidade de alguns de seus integrantes. Devemos, nessas circunstâncias, proteger as culturas como "entidades morais" de valor incondicional, mesmo quando elas impedem a autonomia e agridem a existência física e psíquica de seus integrantes? Devemos tolerar uma cultura que os próprios membros da coletividade não toleram mais?

Apesar de os direitos humanos, no entender de Höffe, expressarem-se por meio de princípios abertos, a definição conceitual desses princípios, que se dá materialmente em razão de cada particularidade histórica, não pode ensejar interpretações contrárias aos princípios gerais de direitos humanos. Os direitos do homem como tal cobram o respeito recíproco entre as culturas, as quais não poderão negociar a validade e a abrangência de ditos direitos em favor de interesses comunitários. Assim como a razão de Estado não pode negar ao seu cidadão os direitos humanos, também as razões de ordem cultural, religiosa e étnica não poderão se sobrepor aos direitos devidos ao homem em função de sua humanidade. O direito de que cada cultura tenha legitimidade de construir suas definições e seus entendimentos a respeito de como conduzir sua identidade não está em desacordo com a ideia de universalidade que perpassa todas as culturas. O que não pode ser tolerado são as demandas de natureza cultural que conduzem a uma espécie de pertença compulsória do homem a uma determinada cultura, que tendem ao aniquilamento dos atributos universais de humanidade e à sua submissão quase que total ao ambiente da comunidade.[21] Isso vale tanto para as relações que ocorrem no interior de cada uma delas, como para os enfrentamentos entre culturas diferentes.

Entendidas como condição de exercício da própria individualidade humana, as demandas por identidade cultural certamente não são contrárias aos direitos humanos, até porque funcionam como mecanismo de oposição à homogeneização. Mas seria um exagero reconhecer, como o faz Charles Taylor (1998), a mesma dignidade para os grupos culturais que aquela atribuída às pessoas em razão de sua autonomia moral. Seria também descabido, pela leitura universal dos direitos humanos, sustentar uma cidadania diferenciada por grupos culturais, como reclama Will Kymlicka (1996), ou concordar com Michael Walzer (2003) quando ele defende que os assuntos internos de uma coletividade não podem sofrer nenhuma espécie de juízo por parte dos integrantes de outra coletividade,

[21] É claro que as comunidades tribais totalmente isoladas, como no caso das aldeias indígenas situadas na Amazônia, precisam se manter afastadas das outras culturas se quiserem manter a originalidade de seus traços culturais. Mas mesmo tais comunidades devem ser tratadas a partir dos direitos humanos. Não se trata de homogeneizá-las, mas de perceber que há homem atrás do índio e que ele, por sua condição universal de homem no mundo, tem o direito de exercer sua cultura nas mesmas condições que as outras culturas vêm fazendo durante séculos. Em outras palavras, a luta de Francisco de Vitória, por exemplo, era para reconhecer a igualdade dos indígenas perante Deus e, com isso, frear a colonização bárbara que afetava esses povos de maneira genocida. Isto é, são as condições de igualdade que colocam o problema da diferença em pauta. São os direitos iguais de os homens exercerem sua humanidade pela cultura que fazem do índio alguém que merece respeito mesmo em sua diferença.

devendo os de fora reconhecer sempre a legitimidade ética dos outros grupos.

Ora, por mais importantes que se configurem, não se pode equiparar as reivindicações das minorias culturais com aquelas que visam a proteger incondicionalmente as pessoas enquanto sujeitos morais. As culturas não apresentam uma moralidade a priori que lhes dê direito ao reconhecimento, mesmo porque a qualificação cultural não é uma condição de atribuição para os direitos humanos, para os quais não interessa a coloração cultural. No limite das reciprocidades individuais, podem aparecer todas as diferenças que nossa existência particular ou coletiva elaborar. Mas não pode ser a posição cultural um argumento favorável ou desfavorável para a definição do "humano" que os direitos humanos visam proteger. A identidade primária que identifica a todos como humanos é mais fundamental que qualquer outra identidade particular que porventura assumimos ao longo de nossas vidas (KERSTING, 2003). Assim, tem razão Heiner Bielefeldt (2000, p. 210) ao afirmar que, "no contexto do pensamento relativo aos direitos humanos, a identidade cultural de uma pessoa ou de um grupo somente pode tornar-se indiretamente objeto de garantias jurídicas".

O fato de a identidade cultural ser manifestada na necessária vinculação histórica do homem com um grupo, família, Estado ou outra agremiação, como humanidade que se revela na semelhança com o outro particular, não implica que possa ser aceita como moral toda e qualquer demanda por identidade cultural, como se uma dada tradição cultural pudesse construir sua validade e obrigatoriedade pela simples continuidade de seus ritos. Como bem destaca Garzón Valdés (2004), as culturas, desapegadas dos seres humanos que as efetivamente constituem, não passam de abstrações sem qualquer importância do ponto de vista moral. Adquirem interesse na medida em que são expressões de seres humanos individuais. Destarte, a prioridade é do indivíduo enquanto agente moral, de modo que a cultura não poderá sobrelevar demandas de reconhecimento que estejam em desacordo com a moralidade que caracteriza o homem independentemente de qualquer vínculo particular com uma dada cultura.

Nessa esteira de argumentos, Luis Núñez Ladevèze (2005) também defende que os direitos humanos universais fundamentam seu reconhecimento positivo na preponderância da identidade pessoal sobre todas as classes de identidades comunitárias, característica que não depende de nenhuma instituição ou valoração de um grupo específico. Em palavras distintas, pode-se afirmar, a partir de Ladevèze (2005, p. 109), que as comunidades não possuem supremacia sobre o reconhecimento devido aos indivíduos considerados fora ou dentro da coletividade, isto é, "las políticas de reconocimiento y las aspiraciones a la autodeterminación no forman parte de los derechos humanos universales aunque estén, directa o indirectamente, orgánicamente vinculados a ellos".

A universalidade dos direitos humanos não tolera toda nem qualquer forma de particularidade cultural (RUIZ-GALVEZ, 1999; 1997). Garantir o mesmo tratamento para as diferentes culturas e demandas identitárias, independentemente da substancialidade normativa e ética de cada uma delas, importa em defender de modo ilimitado a diferença e o particularismo, e mais, acabar com o papel crítico e propositivo dos direitos humanos. Se todo particularismo é considerado igualmente moral, se cada sociedade produz sua concepção válida de moral crítica, conceitos como violência, liberdade e solidariedade perdem toda a sua força referencial para uma análise universal desses temas. A universalidade dos direitos humanos, não custa lembrar, é de direito e não de fato e, portanto, suas exigências permanecem intactas mesmo quando na prática as comunidades particulares não os cumprem (CAMPOS, 1996).

Por isso, se os direitos humanos não puderem ser apresentados como um conjunto de exigências recíprocas que se devem os homens e os Estados, independentemente de sua posição geográfica, econômica, política e também cultural, discursos e práticas ditatoriais, preconceitos de todas as ordens, costumes ofensivos à dignidade humana e outras ações aviltantes serão sempre legitimados pelas moralidades dominantes, moralidades locais, reproduzindo-se as realidades que os direitos humanos visam enfrentar. Afinal, como destaca Encarnación Fernández (2003, p. 29), a renúncia da universalidade "en el terreno de los principios opera siempre en detrimento de los más débiles, de los peor situados que son los que más necesitan la protección y la legitimación para reivindicar la igualdad que proporciona la idea de derechos universales". Basta notar que são fartos os exemplos das culturas dominantes que, no Ocidente e fora dele, foram responsáveis pela extirpação de povos minoritários, pela imposição de costumes violentos às mulheres, pela extinção de ritos e de idiomas, pela utilização da força e de um discurso próprio de moralidade.

A questão não é, como se disse, reconhecer e aceitar as diferenças culturais que traduzem as formas particulares de se produzir pertença digna no mundo. Tomada nesses termos, a diversidade se constitui como fonte de inventividade e de renovadas riquezas autênticas que merece proteção. O problema reside em práticas culturais que aviltam, que impõem um comportamento indesejado para uma parcela dessa mesma cultura, funcionando como mecanismo de poder e de autoridade hierárquica. Aliás, é importante mencionar que a própria Declaração Universal da Unesco sobre a diversidade cultural procura limitar substancialmente as experiências de diversidade quando textualmente menciona que "ninguém pode invocar a diversidade cultural para fragilizar os direitos humanos garantidos pelo Direito internacional, nem para limitar seu alcance".[22]

As lutas em prol das diferenças não podem ocorrer isolando-as cada vez mais do encontro com as igualdades e peculiaridades que marcam o outro da mesma ou diferente cultura. Nesse diálogo, não são as marcas que afastam que deveriam importar, mas são os pontos que convergem para uma humanidade comum, centrada na reciprocidade de exigências, que deverão compor a agenda de responsabilidades de todos. Ao desistirem de procurar o indivíduo como sujeito moral, os comunitaristas aumentaram o abismo entre as diferenças que, ao exigirem reconhecimento específico, cumprem quase exclusivamente com o papel de construir a identidade do sujeito como membro de uma determinada coletividade. Não há, nas condições comunitaristas, espaço para a dignidade humana, mas apenas para uma dignidade da cultura, apresentada, então, como pré-condição da própria individualidade. Abusando da metáfora, é como se víssemos mais índio no homem que homem no índio; que judeu nos dissesse algo bem mais significativo que homem. Todos conhecemos o legado e os riscos das uniformizações que sufocaram a autonômica moral do sujeito em prol da cultura, religião, nacionalidade, raça, etc.

Mas o problema das diferenças também não foi plenamente respondido pelos liberais radicais ou mesmo pelo culturalismo liberal. Se no comunitarismo o perigo é caracterizado pelo potencial isolamento das culturas entre si, nas tendências liberais a falta de solidariedade entre os indivíduos e a universalidade abstrata são apontadas como fragilidades substanciais para a condução satisfatória dos projetos de vida coletivos e a proteção das minorias. Certamente que os direitos de um indivíduo necessitam de condições objetivas de efetivação, entre as quais o fator econômico se encontra em posição de destaque. Por isso, a dignidade e a liberdade dos indivíduos não serão automaticamente garantidas sem que exista um favorável cenário material para tanto, não bastando uma posição de neutralidade e de não intervenção por parte do Estado ou dos outros cidadãos. Ao retratarem o sujeito em uma condição de pura idealidade, as posições liberais correm o risco de reproduzir uma universalidade homogeneizadora, que desconsidera as diferenças importantes que constituem o homem em sua humanidade, seus vínculos sociais e sua existência material; que deixa de lado, segundo Juan Carlos Arroyo (2000), a dimensão supraindividual do ser humano, esquecendo-se de

---

[22] Artigo 4º da Declaração Universal da Unesco sobre a diversidade cultural. Da mesma forma, o art. 27 do Pacto Internacional de Direitos Civis e Políticos estabelece que, "nos Estados em que existam minorias étnicas, religiosas ou linguísticas, não se negará às pessoas que pertençam a ditas minorias o direito que lhes corresponde, em comum com os demais membros de seu grupo, a ter sua própria vida cultural, a professar e praticar sua própria religião e empregar seu próprio idioma".

que o próprio processo de individualização se perfaz por meio da socialização com outros sujeitos.

As diferenças interferem na tomada de decisão a respeito da forma de vida que pareça mais valiosa ao homem. Não que isso tenha de obrigá-lo a seguir uma direção cultural específica ou que o Estado tenha que estimular ou proibir determinadas diferenças culturais. Ao homem deve ser garantido o direito permanecer ou sair de um determinado ambiente cultural, ou de cultivá-lo. A cultura lhe importa na medida em que permite o exercício particular, identitário, de sua individualidade. Portanto, a diferença tem um valor de individualização que permite considerar o homem em sua relação histórica com a vida (DE LUCAS, 1994; DULCE, 2004). Mas essa característica não pode ser mais importante que o homem, a ponto de receber tratamento específico mesmo contra ele, como também não pode ser esquecida se não quiser alcançar a humanidade do homem de modo incompleto. Como se disse anteriormente, justamente pelo fato de o homem ser igual e diferente ao mesmo tempo, de ser sujeito social e de manter relações intersubjetivas, os direitos humanos precisam mediar o limite entre tal igualdade e diferença que comporta seu projeto de universalidade.

De fato, não é censurável que os particularismos se oponham à imposição uniformizadora de determinados critérios culturais e normativos (CAMPS, 2004). As culturas, como se disse, dão sentido à vida, facilitam as relações sociais e estabelecem os horizontes de nossas possibilidades. Nessa perspectiva, a multiculturalidade cumpre um papel importante na conformação da vida de sujeitos individuais e na definição concreta de seu bem-estar (PORRAS, 2005). Os indivíduos têm na cultura um horizonte de sentido para a condução de seus projetos de vida, os quais podem sofrer alterações e modificar o foco a partir do contato com outras culturas. Não há, então, uma ligação incondicional do indivíduo com uma cultura até a sua morte. Como uma forma não exclusiva de se estar no mundo, uma dada cultura não pode aprisionar seus integrantes, proibir que se retirem da comunidade nem obstruir a liberdade de poderem construir sua história particular a partir de novos conceitos culturais.

Mas as culturas são múltiplas e muitas vezes divergentes entre si e não será possível conduzir a vida a partir dos valores sugeridos por uma delas sem que, em certa medida, não se esteja contrariando os valores de uma outra. Não se trata, porém, de escolher dentre elas uma cultura que seja melhor do que a outra, ou ainda partir de uma posição de superioridade de minha cultura em relação às outras. Por outro lado, ainda que todas as culturas sejam importantes e devam ser igualmente respeitadas entre si, uma cultura de direitos humanos que pretenda ser universal não pode aceitar como adequadas aquelas culturas que, ao estabelecerem suas pautas identitárias, desconsiderarem a dignidade humana e a liberdade de seus integrantes. A reivindicação por identidade não pode chegar ao ponto de depreciar ou de negar o outro, de olvidar a moralidade dos direitos humanos tidos como essenciais e próprios da condição humana universal. O pluralismo cultural, por isso, insiste Demetrio Velasco (1997),[23] tem que ter alguns limites. As culturas devem ser respaldadas, como sugere Joseph Raz (2001), tão somente na medida em que é possível neutralizar suas características opressivas. As diferenças não podem ameaçar a universalidade, do mesmo modo que a universalidade não pode uniformizar e negar as diferenças que possibilitam pensar a substancialidade da igualdade presente na particularidade da experiência humana concreta.

As diferenças construídas socialmente não são capazes de produzir sentido comum, transcultural, em um ambiente caracterizado por um relativismo valorativo absoluto. Um multiculturalismo de justaposição tende a favorecer os guetos e os afastamentos, pois posiciona cada comunidade como uma realidade moral autossuficiente. Infladas de verdades ensimesmadas, as culturas se transformam em fortalezas sitiadas que reclamam lealdades diárias por parte dos habitantes de sua comunidade e um trato nada amistoso com os de fora (BETRAN, 2004). Assim considerado, anota Zygmunt Bauman (2003), o multiculturalismo se transforma em um "multicomunitarismo" que não permite encontros seguros com o diferente e alimenta rivalidades pela negação constante do que lhe é estranho. Se cada comunidade compartilhar um tipo de moral crítica válida, as diversas comunidades dificilmente encontrarão pontos de apoio para o diálogo. Tem razão Wolfgang Kersting (2003, p. 162) ao afirmar que, "se não há princípios morais de validade universal, que comprometam de igual maneira cada pessoa, independentemente de sua situação de vida, então é claro que também não se podem encontrar regras normativas para organizar a interação dessas diferentes esferas culturais". Dito com outras palavras, se o relativismo ético é uma verdade, fica impossibilitada a moral como uma forma de entendimento transcultural.

Apesar da efetivação dos direitos humanos e mesmo sua definição material estarem diretamente vinculadas à realidade histórica de uma comunidade, isso não quer dizer que o fundamento desses direitos possa ser encontrado na história dessa mesma comunidade. Os direitos

[23] Para Velasco (1997), "lo pluralismo cultural (...) tiene que tener entonces algunos límites, concebidos en relación a la necesidad con menos contradicciones lógicas, y sobre todo con mejores consecuencias prácticas que el relativismo cultural. Estos límites deberían ser el respeto al principio básico de la libertad de elección, de pertenecer a tu propio grupo o de abandonarlo, la práctica de la libertad de expresión y crítica de todos los miembros respecto a su grupo cultural, y una tolerancia especial con los 'outsiders' de cada grupo", p. 149.

humanos não podem ser explicados e fundamentados em si mesmos, mas na universalidade que constitui o homem como tal. Assim como não se pode fundamentar o Direito positivo em si mesmo, mas sim em interesses e valores de várias ordens, os direitos humanos pretendem retratar o que é universalmente indispensável ao homem, independentemente de sua identidade cultural. Antes de ter uma identidade cultural que lhe dá uma perspectiva de estar no mundo, uma identidade e uma pertença, o homem é refém de sua própria posição humana, que é universal, pressuposto para a afirmação de seus sentidos individuais e de grupo (FERNÁNDEZ, 2003).

Se a teoria dos direitos humanos cultivar e defender sectarismos e relativismos de quaisquer ordem, os problemas do mundo não passarão de problemas de Estado ou de uma cultura, problemas objetivados na percepção pura e simples das necessidades básicas e circunstanciais de cada grupo isolado. Numa sociedade multicultural, permeada por diferentes identidades, os direitos humanos devem ser o referencial comum para um diálogo intercultural, capaz de aproximar as diferenças e de reconhecê-las em sua perspectiva histórica. Como se disse, não se trata de uma universalização uniformizadora, mas sim de uma universalidade moderada, que poderá mediar as diferenças e servir de ponto de partida ético para uma cultura de tolerância e de emancipação que reconheça as identidades sem ofuscar e negar aquilo que é reclamado pela condição humana universal, por todos os povos e por todas as culturas.

Essa estratégia pelos direitos humanos é condição, inclusive, para a manutenção das próprias diferenças identitárias, pois caso contrário a relativização de tudo e de qualquer valor poderá permitir o avanço de uma cultura particular sobre a outra. A prática nazista de igualização ou de indiferenciação humana, proposta de modo uniforme nos campos de concentração, por exemplo, retrata o perigo que pode representar o domínio de uma percepção histórica, o perigo que está demarcado em um relativismo uniformizador. Negar a diferença pode ser tão desastroso para a democracia como negar a universalidade da condição humana. A universalidade dos direitos humanos, nesse caso, antes de ser obstáculo, é condição para o desenvolvimento, reconhecimento e tolerância das identidades e das culturas que respeitam as outras culturas e garantem para os seus integrantes o direito de exercerem sua individualidade autonomamente. O que se percebe, inclusive, é que a universalidade dos direitos humanos permite o reconhecimento de muitas culturas que seriam negadas se não existissem determinados direitos específicos a proteger certas diferenças. Assim, ao reconhecer a humanidade comum de todos os homens, as diferenças e os particularismos adquirem sentido pelo recurso aos direitos humanos, que identifica aquelas condições que não podem ser pluralizadas e tampouco legitimadas pelo argumento historicista (HÖFFE, 2000).

Na visão de Boaventura de Sousa Santos (2003), a universalidade dos direitos humanos precisa ser substituída por um fundamento universalista, sob pena de operar apenas em um localismo globalizado e viabilizar uma forma de globalização hegemônica. Segundo o pensador português, na esteira de Samuel Huntington, entendidos em sua universalidade abstrata, os direitos humanos podem servir como arma do Ocidente contra o restante do planeta. Para que se possa construir um projeto cosmopolita para os direitos humanos, o autor sugere, em primeiro lugar, que a oposição entre relativismo e universalismo cultural seja substituída pelo diálogo intercultural. Uma segunda premissa do projeto cosmopolita de direitos humanos, defendida pelo autor português, destaca que todas as "culturas possuem concepções de dignidade humana, mas nem todas elas a concebem em termos de direitos humanos. Por isso é importante identificar preocupações isomórficas entre diferentes culturas" (SANTOS, 2003, p. 440). A terceira premissa destaca que nenhuma cultura apresenta uma resposta completa e acabada sobre a concepção de dignidade humana, para o que o diálogo intercultural poderá auxiliar na percepção de tais precariedades. A quarta premissa, decorrente da anterior, afirma que as diferentes culturas possuem diferentes versões sobre a dignidade humana. A última premissa apresentada por Boaventura sustenta que todas as culturas distribuem os grupos sociais a partir de dois princípios competitivos designativos de hierarquia, quais sejam, o princípio da igualdade e o princípio da diferença. Segundo o autor, "estas são as premissas de um diálogo intercultural sobre a dignidade humana que pode levar, eventualmente, a uma concepção mestiça de direitos humanos, uma concepção que, em vez de recorrer a falsos universalismos, se organiza como uma constelação de sentidos locais, mutuamente inteligíveis, e que se constitui em rede de referências normativas capacitantes" (SANTOS, 2003, p. 443).

Jürgen Habermas, em resposta ao comunitarismo de Charles Taylor, preocupado em estabelecer as condições para a elaboração de novos consensos em uma sociedade multicultural, alerta para a necessidade de se afastar a concepção dos direitos do homem da ideia metafísica de indivíduo ou daquela que identifica o sujeito como portador de direitos inatos. Segundo o autor, para que uma sociedade multicultural sobreviva é necessário que seus cidadãos compartilhem de uma identidade política comum, fundada em princípios constitucionais de cunho político e não em orientações éticas decorrentes de uma determinada forma cultural de vida predominante em um país. O Estado não tem compromisso com a reprodução cultural de uma sociedade, mas tão somente com sua reprodução política. Assim, por carecer de uma finalidade cultural específica, o Estado deve garantir o máximo de liberdade e autonomia igual para todos os seus cidadãos, de modo que cada um deles conduza a sua vida em manifesto acordo com suas preferências culturais. A adoção de princípios e procedimentos que assegurem a convivência em igualdade de direitos para todas as pessoas e diferentes grupos culturais torna-se condição necessária para que sejam reconhecidas as diversas formas de manifestação cultural existentes em uma sociedade. Mas as formas culturais que afetam a ordem política liberal, impedindo as conversações democráticas e tencionando transformar hábitos culturais e códigos morais em obrigatórios para todos os cidadãos, não são toleradas, pois limitam seriamente a capacidade de opções dos indivíduos. Nesse sentido, o direito ao desenvolvimento da própria cultura não é, para Habermas (2005), um direito absoluto.[24]

Pode-se defender, então, na esteira de Habermas (1990, p. 237-238), que, se a concatenação entre Estado de Direito e democracia for tomada a sério, "ficará claro que o sistema dos direitos não fecha os olhos nem para as condições de vida sociais desiguais, nem muito menos para as diferenças culturais. (...) Pessoas, inclusive pessoas do Direito, só são individualizadas por meio da coletivização da sociedade. Sob essa premissa, uma teoria dos direitos entendida de maneira correta vem exigir exatamente a política de reconhecimento que preserva a identidade do indivíduo, inclusive nos contextos vitais que conforma a sua identidade". Com efeito, segundo o autor frankfurtiano, nem particularismo, nem universalismo podem dar conta de uma realidade na qual múltiplas culturas lutam por reconhecimento. De acordo com Habermas (1990, p. 236), "uma vez que também sujeitos de direitos só são individualizados pela via da coletivização – e nisso o autor concorda com Taylor –, a integração do indivíduo só pode ser simultaneamente garantida através do acesso livre àquelas relações interpessoais e àquelas tradições culturais em que lhe é facultado manter a sua identidade. Sem essa dose de comunitarismo, o individualismo, compreendido adequadamente, permanecerá incompleto". Sugere o autor, com isso, que não há escolha para as

[24] Para Habermas (2002, p. 250), são os indivíduos, e não as culturas, os titulares do direito a uma identidade. São eles que podem reclamar por condições iguais de acesso à identidade cultural. Nas palavras do autor: "o direito à igualdade de respeito que cada um pode reivindicar também nos contextos vitais formadores da própria identidade nada tem a ver com a suposta excelência de sua cultura de origem, ou seja, com um desempenho que ocasione um agrado generalizado. (...) Em tal medida, a coexistência equitativa de diferentes grupos étnicos e de suas formas de vida culturais não pode ser assegurada por um tipo de direitos coletivos que necessariamente estaria além dos limites de uma teoria do direito talhada para atender a pessoas individuais. Mesmo que se acatassem tais direitos coletivos no Estado democrático de direito, eles seriam não apenas desnecessários, mas também questionáveis do ponto de vista normativo. Pois a defesa de formas de vida e tradições geradoras de identidade deve servir, em última instância, ao reconhecimento de seus membros; ela não tem de forma alguma o sentido de uma preservação administrativa das espécies. O ponto de vista ecológico da conservação das espécies não pode ser transportado às culturas".

diversas culturas da sociedade global, senão pela construção do entendimento intercultural e a realização de novos consensos.

Segundo Raimundo Panikkar (2004), todas as culturas possuem o mesmo valor e nenhuma delas pode se arrogar o direito de falar em nome da humanidade e de resolver os seus problemas. O autor apresenta três razões, as quais, segundo ele, atestam que o conceito de direitos humanos não é universal: primeira, porque nenhum conceito é, em si mesmo, universal, valendo apenas no âmbito em que foi formulado; segunda, porque nem mesmo na cultura ocidental há um consenso sobre os pressupostos da dita universalidade; e, terceira, porque, da perspectiva intercultural, os problemas em questão parecem ser apenas ocidentais. Mas isso não significa que os direitos humanos tenham que ser renegados e deixados de ser colocados em prática. Para se chegar a essa etapa de universalização dos direitos, sem negar a peculiaridade de cada experiência cultural, Panikkar (1990) sugere o diálogo intercultural, um diálogo dialógico,[25] como uma forma de encontrar, nas diferentes culturas, os conceitos e categorias que cumprem uma necessidade funcional equivalente no que tange ao respeito à dignidade humana.[26] Uma crítica intercultural permite avaliar os problemas humanos a partir de diferentes leituras culturais, de diferentes compreensões elaboradas, cada uma delas, por sua vez, a partir de contextos sociais particulares. Assim, mesmo posicionando-se favoravelmente ao relativismo cultural, uma vez que defende incondicionalmente a validade de todas as manifestações, Panikkar (1990) acredita que, pelo diálogo intercultural, seja possível identificar um campo comum de coexistência entre as culturas.

A alternativa da interculturalidade também é proposta por Christoph Eberhard (2004). Esse autor menciona que a posição universalista sobre os direitos humanos tende a impedir os compartilhamentos

[25] Para Panikkar (1990, p. 51), "el modo de manejar un conflicto pluralista, no es a través de cada una de las partes en conflicto tratando de convencer a la otra, ni tampoco por medio del procedimiento dialéctico solo, sino a través del *diálogo dialógico*. Uno nos lleva a una apertura mutua al otro, compartiendo en un carisma común, la dificultad, la sospecha, la guía, la inspiración, la luz, el ideal, o cualquier valor superior, que las dos partes reconozcan y que ninguna controle. El diálogo dialógico es tanto arte, como conocimiento, supone *téchne* y praxis tanto como gnosis y theoría y la dificultad que conlleva es reactivarlo, especialmente cuando una de las partes rehúsa entrar en tal tipo de reacción".

[26] Panikkar (2004, p. 210) vale-se da seguinte alegoria para explicar a importância dos direitos humanos para a relação entre as diferentes culturas: "os direitos humanos são uma janela através da qual uma cultura determinada concebe uma ordem humana justa para os seus indivíduos, mas os que vivem naquela cultura não enxergam a janela; para isso precisam da ajuda de outra cultura, que, por sua vez, enxerga através de outra janela. Eu creio que a paisagem humana vista através de uma é, a um só tempo, semelhante e diferente da visão de outra. Se for este o caso, deveríamos estilhaçar a janela e transformar os diversos portais em uma única abertura, com o consequente risco de colapso estrutural, ou deveríamos antes ampliar os pontos de vista tanto quanto possível e, acima de tudo, tornar as pessoas cientes de que existe, e deve existir, uma pluralidade de janelas? A última opção favoreceria um pluralismo saudável".

necessários à produção de consensos em torno de um futuro comum, bem como dificulta o contato entre os diferentes povos do mundo, enfraquecendo a própria universalidade que pretendia construir. Da mesma forma, o relativismo cultural enfatiza demasiadamente as diferenças, impedindo qualquer compreensão e diálogo a partir do outro. Para contrapor o relativismo à universalidade abstrata, o autor sugere a adoção de um "pluralismo saudável", baseado em um "diálogo mútuo que permite que descubramos respectivamente aos outros e a nós mesmos, e que descubramos o passado e o presente de ambos, construindo juntos um futuro comum" (EBERHARD, 2004, p. 167). Um diálogo intercultural sobre os direitos humanos, portanto, não pode ser interpretado como uma postura totalmente relativista, ou como negativa da universalidade ou da importância dos direitos humanos. Segundo o autor, "a questão não é desconstruir a abordagem ocidental refutando sua universalidade, mas sim enriquecê-la por meio de perspectivas culturais diferentes, com vistas a avançar progressivamente rumo a uma práxis intercultural dos direitos humanos e abrir novos horizontes para uma boa vida para todas as pessoas" (2004, p. 161).

De um modo geral, as teses interculturalistas apresentam-se como uma terceira via ao debate entre liberalismo e comunitarismo, ambos acusados de não apresentarem respostas satisfatórias ao problema do multiculturalismo (SORIANO, 2004; ARPINI, 2007). Referem tais teses que a universalidade abstrata, tipicamente liberal, não dá conta de resolver os problemas culturais específicos, da identidade que se constrói localmente pelo diálogo entre os semelhantes, e que, por outro lado, os comunitaristas, ao fecharem-se para culturas diferentes, promovem um isolamento perigoso e a formação de fundamentalismos. No lugar da universalidade abstrata e das comunidades isoladas, a interculturalidade acena, segundo seus defensores, para um tipo de sociedade emergente, "em que as comunidades étnicas, os grupos e classes sociais se reconhecem em suas diferenças e buscam sua mútua compreensão e valorização". Nesse caso, o "prefixo 'inter' expressa, antes de tudo, uma interação positiva que concretamente se expressa numa busca de suprimir as barreiras entre os povos, as comunidades étnicas e os grupos humanos, quaisquer que sejam seus traços identitários. Supõe-se, assim, que a busca de instâncias dialogais esteja focada na aceitação mútua e na colaboração entre culturas que se entrecruzam" (ASTRAIN, 2003, p. 327-328).

Para Edgar Montiel (2003), o diálogo entre as culturas permite a formação de novos horizontes e predispõe o homem a olhar e a escutar os outros, alterando suas concepções sobre o mundo, o que é condição indispensável para a coexistência pacífica. Mas um diálogo desse tipo não impede, segundo o autor, que sejam mantidos os vínculos com a própria cultura, com sua tradição e seus valores. É preciso entender, de acordo com Montiel (2003, p. 43), que, da mesma forma que os antepassados "se adaptaram às circunstâncias do mundo que os rodeava, nós também deveremos abrir-nos às culturas de hoje. Somente através de um intercâmbio fluente teremos a possibilidade de encontrar novas soluções para nossas diferenças culturais". O encontro com as outras culturas tende a contribuir para a formação de projetos que se enriquecem mutuamente, bem como permite conhecer as virtudes presentes no outro e encontrar as semelhanças que permitem a definição de uma pauta comum de preocupações que será a base para as conversações (JULIANO, 1998).

Por isso, o diálogo intercultural é antes uma exigência ética do que geopolítica, pois sua agenda de preocupações está centrada na semelhança das demandas que perpassam todas as culturas, e não nas postulações setoriais de uma dada cultura em particular. Como uma reivindicação ética, o diálogo entre as culturas, anota acertadamente August Arazo (1992, p. 133), "comporta también la exclusión de todo fanatismo y autocomplacencia. (...) Se trata, en definitiva, de hacer posible una comunicación libre y sincera que conduzca a una acción solidaria y creativa. Solamente sobre tal base los derechos humanos pueden adquirir su sentido pleno". Assim, a interculturalidade deve ser entendida como uma alternativa para a coexistência das diferentes culturas, porque assegura o reconhecimento do direito à diferença sem corroborar as práticas políticas assimilacionistas e de segregação e sem promover a perda dos elementos constituidores de cada cultura, permitindo que a união das semelhanças surgidas do diálogo entre as culturas e a formação de novos consensos contribuam para o surgimento de um novo modelo (CORELLA, 1998).

O diálogo intercultural visa identificar, nas diferentes culturas, os traços de humanidade que dizem respeito à existência digna do homem, independentemente da cultura, nação, religião ou outro vínculo. Assim, por exemplo, são considerados valores universais a dignidade humana, a identidade, a liberdade de ser e de estar, a inviolabilidade do corpo, o bem-estar humano, entre outros. Isso, como já se disse, não implica a promoção de uma homogeneização das práticas culturais num universalismo abstrato que nega a diferença, mas a compreensão dos atributos humanos comuns que perpassam todas as existências individuais e devem ser reconhecidos reciprocamente como necessários à convivência pacífica. A humanidade comum do homem não quer dizer que todas as culturas e sujeitos particulares estejam fadados a uma história comum, com conceitos, práticas, hábitos e, mesmo, valores uniformes. Por óbvio que isso não teria sentido e a realidade bem o demonstra. É sabido que existem características morais que dão o tom da humanidade comum presente em cada ser humano, as quais se manifestam de diferentes maneiras nas comunidades culturais particulares, que produzem, cada uma a seu modo, suas regras e seus conceitos. O homem, para além dos traços da espécie, também apresenta elementos comuns no que tange à sua dependência formativa da cultura e no que se refere à sua individualidade reflexiva. É essa humanidade comum, então, presente em cada um de nós e em cada manifestação cultural específica, que deve fomentar o diálogo entre as culturas e promover o reconhecimento intercultural de um conjunto de obrigações recíprocas que se devem os homens para poderem coexistir dignamente (PAREKH, 2000).

Assim considerado, o diálogo entre culturas distintas funciona como um recurso de integração dos valores universais na diversidade cultural, como uma forma de complementaridade entre particularismo e fundamentação moral da justiça intercultural, pois apresenta razões bem objetivas para que seja respeitado mutuamente um conjunto de valores morais universais, indispensáveis para garantir a convivência da diferença sem atropelos à dignidade de cada sujeito. Somos universalmente humanos como somos universalmente situados em uma cultura particular. Não somos totalmente diferentes, mas somos diferentes na medida em que exercemos de forma específica nossa humanidade, nossa identidade, nossos laços de pertença com o outro culturalmente diferente e humanamente igual. Assim, se a humanidade compartilha valores comuns e convive com identidades particulares, devemos, segundo Bhikhu Parekh (2000, p. 192), reconhecer que temos obrigações "tanto hacia su humanidad compartida como hacia sus diferencias culturales".

Certamente que, para mediar a relação de complementaridade entre igualdade e diferença presente nas sociedades multiculturais e evitar os riscos do relativismo ou da universalidade homogeneizadora, a alternativa mais sensata para tratar dos direitos humanos é promover um encontro das divergentes culturas numa proposta de interculturalidade, capaz de estimular os diálogos necessários para detectar os elementos comuns e separá-los daqueles que provocam afastamento (HÖFFE, 2000). É claro que um debate desse tipo exige esforços múltiplos. Movimentos de aprendizagem e aproximação entre as culturas na área da política, do Direito, da filosofia, da literatura, da economia, etc., precisam ser realizados se pretendemos estabelecer uma base comum de conversação.

E quando a aceitação igual das diferenças gera conflito e divergências? O que fazer quando duas culturas, iguais que são em importância para os interculturalistas e multiculturalistas, forem ambas seguidas pelos seus integrantes e gerarem, uma contra a outra, desrespeito? Como realizar um diálogo quando, por exemplo, para participar da vida de outra comunidade, uma pessoa tenha que abandonar parcialmente os seus hábitos culturais ou, o que é pior, tenha que se submeter a procedimentos aviltantes à dignidade humana do ponto de vista de sua cultura? Será que o diálogo intercultural é possível sem alguns acordos comunicacionais prévios, sem a definição de uma agenda comum de preocupações?

Nesse diálogo entre culturas, não se pode deixar de lembrar que cada uma delas e que cada tradição têm sua relevância histórica no que tange aos direitos humanos. Interessa, entretanto, para se estabelecer as bases ideais do diálogo, que as culturas interpelem-se mutuamente e realizem uma autocrítica sincera de sua participação no processo de promoção dos direitos humanos. A saída pela interculturalidade não pode negar-se a fazer críticas às culturas violentas e tampouco pode deixar de sustentar projetos que, sem negar a diversidade, se assentem em valores morais universais, compartilhados pelas diferentes culturas. Nesse mosaico de diferenças culturais, o diálogo intercultural deve proteger e respeitar um padrão mínimo de moralidade jurídica que a sociedade contemporânea já conquistou e que está presente nos direitos humanos como necessidades reciprocamente exigíveis entre os homens (HÖFFE, 2000).

É preciso se estabelecer uma equalização das diferenças que decorrem do fato de o homem pertencer a uma comunidade e garantir, desse modo, a sua capacidade de estar no mundo como igual e diferente ao mesmo tempo. Se o diálogo intercultural, como pretende equivocadamente Panikkar (1990), considerar igualmente legitimadas todas as formas culturais, as próprias bases morais/universais do diálogo estarão inviabilizadas, haja vista que os encontros culturais não impedirão o relativismo de valores e, por conseguinte, a realização de diálogos válidos também entre aquelas culturas que não respeitam a dignidade humana de seus integrantes.

Karl-Otto Apel lembra com propriedade que, ao definir o que é correto para todos como uma síntese substancial de tradições de valor, o comunitarismo impede uma base neutra acerca da justiça intercultural, não lhe restando alternativa que não o relativismo cultural e axiológico. Por isso, ainda segundo Apel, o relativismo comunitarista não permite que sejam encontradas soluções justas a partir de uma atividade discursiva que pressuponha o consenso de todos os envolvidos, eis que inviabiliza os pontos de convergência necessários para se promover um diálogo para além de uma determinada cultura. Pode-se dizer, então, que a análise comunitarista é incompleta, uma vez que não contempla "as condições transcendentais de possibilidade da validade intersubjetiva do discurso filosófico sobre compreensões do mundo dependentes de uma cultura. Ela não reflete, por exemplo, sobre o fato de que a base dos direitos humanos, que são indiscutíveis e independentes de qualquer cultura, repousa sobre condições morais de possibilidade do discurso sobre essa questão" (2000, p. 32-33).

Segundo Apel (2000), a compreensão intercultural é possível a partir de processos ideais de comunicação entre as culturas diversas, pelos quais, em condições iguais de participação, todos os interessados podem sugerir temas e discutir livremente sobre os assuntos de seu interesse, procedimento que garante validade somente para aquelas normas que resultarem do consenso discursivo entre os envolvidos. É apenas uma norma para a ação, que reconhece a igualdade entre todos os cidadãos e protege o direito de todos participarem dos temas que lhes são afetos. Assim, pode-se dizer que um conjunto de valores seria reconhecido por todas as culturas, se, em condições ideais de discurso, todas elas pudessem participar da definição do que são direitos humanos válidos, independentemente de uma perspectiva cultural.

As culturas são dinâmicas. Nascem, se desenvolvem e, não raras vezes, desaparecem. Influenciam pessoas, definem uma estrutura de sociabilidade e constroem sentidos. Mas a cultura não existe em si mesma, refere Parekh (2000). Depende de seus vínculos com a economia, com a política, com a religião e de outras ligações. Por mais que as culturas exerçam fortes influxos nos indivíduos, nunca eliminam a autonomia de seus integrantes e a sua capacidade crítica, mesmo em relação à própria cultura, a ponto de, inclusive, superá-la, de afastar-se dela. Afinal, as culturas ganham voz pela fala de seus integrantes, considerados como livremente participantes de uma coletividade. Assim, se o diálogo é possível apenas pela inter-relação entre culturas diferentes; logo, é inevitável que pessoas de diferentes culturas se conheçam, critiquem-se mutuamente, aprendam umas com as outras e exponham suas considerações sobre si e sobre o que lhes é estranho. É isso que tem ocorrido na música, na arte, na literatura, na pesquisa, no meio acadêmico e em outros ambientes.

Logicamente que cada sujeito carrega consigo sua carga cultural, aquilo que lhe dá uma identidade e uma posição compreensiva do mundo. Mas são os indivíduos ou grupos de indivíduos que interagem e dialogam com outros indivíduos e grupos de indivíduos de diferentes culturas. As culturas em si mesmas, porém, não se deslocam sem os indivíduos ao pretenderem esse diálogo. As diferenças são percebidas e incitam o debate quando pessoas, em grupo ou individualmente, se relacionam, quando um imigrante entra em contato direto com a cultura alienígena, quando os ritos religiosos diferentes fazem parte de uma nova rotina, quando alguém é obrigado a vestir-se com trajes com marcas identitárias específicas, etc. Por isso, os direitos humanos, longe de negarem a importância do pluralismo cultural, permitem o encontro entre as diferenças ao garantirem que os indivíduos portadores dessas mesmas diferenças possam exercer sua liberdade e autonomia (GREBLO, 2004). Não haverá encontro algum e tampouco diálogo entre duas pessoas que, em razão de sua cultura, sejam mantidas isoladas uma da outra, sejam subordinadas ao silêncio dentro de sua própria cultura.

Se precisamos aceitar, como afirmam os comunitaristas e interculturalistas radicais, a igualdade absoluta entre todas as culturas, significa, então, que devemos, por exemplo, tolerar a cultura política ocidental que sustenta a divisão territorial, a cidadania nacional, a soberania nacional e outros atributos da sociedade política moderna que institucionalizaram a diferença (AZURMENDI, 2003) e o afastamento, que dificulta o diálogo. Nesse cenário, então, sustentar um diálogo intercultural sem que as culturas e os países se revisem, mediante uma crítica interna de sua importância na promoção dos direitos humanos, é a mesma coisa que deixar tudo como está. Dito de maneira diferente, se todas as culturas e nações devem ser avaliadas como igualmente legítimas, nenhuma força política ou jurídica, e tampouco o diálogo intercultural, poderão apresentar razões para convencer uma cultura a participar do diálogo com outras culturas, ou, em caso de participar, a promover alterações internas. Isto é, se minha posição é de legitimidade *a priori*, tenho motivos suficientes para permanecer da forma como me encontro.

Hannah Arendt (1989) pontuou com propriedade que retirar o direito de o homem pertencer a uma comunidade é o mesmo que expulsá-lo da humanidade, é torná-lo um igual sem sentido, um homem sem individualidade. Ou seja, o "paradoxo da perda dos direitos humanos é que essa perda coincide com o instante em que a pessoa se torna um ser humano em geral – sem uma profissão, sem uma cidadania, sem uma opinião, sem uma ação pela qual se identifique e se especifique – e diferente em geral, representando nada além de sua individualidade absoluta e singular, que, privada da expressão e da ação sobre um mundo comum, perde todo o seu significado" (ARENDT, 1989, p. 335-336). É preciso não esquecer, no entanto, que foi a possibilidade de discriminar a diferença, de institucionalizá-la, de marcá-la literalmente em seus corpos, que estabeleceu as bases da perseguição nazista contra o outro diferente. A diferença denunciada como vício, como maldade, é que retirou dos judeus e outros inimigos a sua qualidade de humanos. A desumanização, tanto pela diferença excludente quanto pela universalidade homogeneizadora, é o berço da proliferação de etnicismos, racismos e fundamentalismos de outras ordens, motivo pelo qual a sonegação das diferenças que colocam o homem no mundo em igualdade de condições com os demais poderá ser tão grave quanto o não reconhecimento da humanidade comum presente no homem, independentemente de seus vínculos identitários.

A capacidade de as culturas responderem sozinhas a seus problemas sociais e a suas pautas identitárias é cada vez mais precária no contexto de uma sociedade global, pois, como já destacamos, as demandas e os problemas de um país, de uma cultura, na maioria das vezes, não se limitam geograficamente ao seu território e às estratégias internas de suas políticas. Jogados no mundo globalizado, sem fronteiras, os Estados, as empresas, os indivíduos e os grupos, de um modo geral, redefinem sua potencialidade de gerar pertença na medida em que se reforça o sentimento de ser único, de ser distinto dos outros, na medida em que a sociedade global é, ao menos simbolicamente, uma sociedade sem local, sem identidade específica, situação que faz reacender essa carga de identidade e de particularidade que põe o homem em contato com o mundo. Assim, defender os direitos humanos como ponto de partida para o estabelecimento de diálogos interculturais é condição necessária para se apostar em sua capacidade emancipatória em uma sociedade cada vez mais diversificada e mais fragmentada no que tange à produção dos sentidos de pertença (CARRACEDO, 2003).

Os direitos humanos, segundo Höffe (2000), estão predestinados à interculturalidade, pois sua exigência não está condicionada a nenhum atributo de natureza religiosa, racial, linguística, de gênero, de nacionalidade, entre outras, mas sustenta-se exclusivamente em razões humanas universais que, independentemente da sociedade ou da época, garantem a qualquer pessoa certos direitos somente pelo fato de ser pessoa. Esses direitos, portanto, além de possuírem um potencial jurídico, na qualidade de direitos fundamentais, configuram-se como uma exigência moral que permite uma postura crítica em relação às culturas que não respeitam tais direitos, sem contar que indicam o reconhecimento de outros tipos de direitos fundamentais para a comunidade internacional.

O apelo à diversidade cultural não pode sufocar a universalidade dos direitos, baseada em interesses da humanidade como um todo. A diferença deve ser reconhecida quando a universalidade for homogeneizadora, quando gerar impactos mais negativos à identidade que o exercido pela própria diferença (CALDERA, 2003). A diferença deve ser posta contra uniformizações expropriadoras, bem como os direitos humanos devem ser tomados como recursos contra as diferenças excludentes. Assim, Javier de Lucas (2003, p. 59) acredita que "tomar los derechos humanos en serio exige reconocer que el primero deber que nos impone la universalidad de esos derechos es la inclusión del otro, cada vez más visible como tal otro y cada vez más próximo a nosotros, más presentes entre nosotros". Nesse sentido, a compreensão dos direitos humanos como direitos interculturais se apresenta como condição para o diálogo também intercultural e, mais especificamente, para uma prática intercultural efetiva dos direitos humanos.

Para que não sejam atropeladas as marcas identitárias da caminhada histórica de cada cultura, a atuação política de uma sociedade global deverá se pautar por preocupações universais que digam respeito à totalidade dos diferentes povos, independentemente de sua situação histórica. Apenas uma resposta intercultural que reconheça e lute pela afirmação dos elementos indispensáveis à vida do homem como homem será capaz de compreender como universais aqueles direitos que dizem respeito à própria coexistência moral do sujeito em comunidade, de modo que os direitos do homem possam ser tomados como condição para se fazer, ao mesmo tempo, uma defesa do pluralismo e da igualdade, sem correr o risco de se igualizar indistintamente e de ficar refém de um essencialismo particularista (FERNÁNDEZ, 2003).

O fundamento dos direitos humanos passa, necessariamente, por uma exigência moral mínima que atenda ao homem em sua dimensão universal, mas que reconheça, também, a peculiaridade de cada ser humano na recíproca exigência de sua existência singular. Deve constituir-se, pois, como horizonte de sentido para as decisões político-jurídicas preocupadas em proteger um mínimo de igualdade, bem como garantir que as virtudes da diferença possam cumprir o papel de construção de identidade na sociedade global, sem, entretanto, afrontar a reciprocidade moral mínima exigida dessas mesmas diferenças. É necessário que a gramática social, comprometida com os direitos humanos, resista aos encantados argumentos da diferença e da igualdade desprovidas de eticidade e tomadas de assalto por relativismos de toda ordem. Afinal, como aponta com propriedade Michael Ignatieff (2003, p. 93), "los derechos humanos no son universales por ser un mandato cultural, sino como un discurso de atribuición de poder moral. Su función no es la de definir el contenido de la cultura, sino la de liberar a todos los agentes para que puedan definir este contenido sin restricciones".

Independentemente de como as comunidades nacional e internacional encarem o problema do multiculturalismo, é imperioso reconhecer que as suas bases marcam substancialmente o debate sobre a definição identitária, construindo uma nova realidade teórica e prática que tem afetado a temática dos direitos humanos, especialmente em sua dimensão universal. Ao se tratar do multiculturalismo, portanto, está se tratando também da existência ou não de projetos éticos que possam conduzir a humanidade para uma cultura de paz e de respeito igualitário. Por isso, ciente de que a globalização impõe novas formas internas e externas de construir a sociabilidade (a economia, a técnica, a religiosidade, etc.), é importante que as diferenças e as identidades que produzem esse universo de aproximações e afastamentos, centralização e descentralização, fragmentação e concentração, sejam tratadas pela via dos direitos humanos, mediante um viés capaz de garantir um diálogo intercultural que aproxime as diferentes identidades num projeto recíproco de convivência (CAMPOS, 2004).

Apesar de a globalização sustentar uma radical evidência do processo de diferenciação entre as culturas, caracterizado, apesar de não unicamente, pela defesa peculiar das ordens culturais, econômicas e políticas internas de cada nação, ela também necessita reconhecer uma moral jurídica de abrangência igualmente global, importante que é para garantir minimamente os espaços de troca, de diálogo, de interação política e de incremento comercial entre os Estados e, especialmente, para servir como um contraponto capaz de denunciar e combater os efeitos negativos da globalização. Segundo Höffe (2000; 2005), a moral jurídica tem importância fundamental nas dimensões em que a globalização desenvolve a sua atuação. Adverte o autor que existe uma tendência global de que determinada forma de civilização se estenda rapidamente para todas as regiões do mundo. Essa tendência, entretanto, não se desenvolverá naqueles cenários nos quais se cultiva uma cultura única, uma religião única, uma ideologia política única, enfim, onde se vive um modelo de comunidade fechada em torno de dogmas sociais que dominam, de forma exclusiva, as dimensões da vida social em seus diferentes níveis (econômico, cultural, político, etc.).

Inobstante a globalização apontar para a identificação de um conjunto de elementos comuns, presentes em diferentes lugares, isso não significa a configuração de uma nova e plena civilização homogênea. Pelo contrário, o que se percebe é que perdura e se radicaliza uma diversa gama de costumes, religiões e línguas, ao lado das diferenças que existem no Direito positivo e na cultura política de cada país. Porém, apesar dessas diferenças, prossegue Höffe (2000, p. 62), é possível se notar que a sociedade global tem caminhado no sentido de considerar relevante no âmbito munidal um conjunto mínimo de cinco fatores: "o complexo das ciências naturais, medicina e técnica; a administração racional; a tríade formada por democracia, direitos humanos e divisão dos poderes; certos intentos em direção de um Estado Social; e sobretudo, também, uma rede global de meios e de cultura medial". Mais do que uma tendência, configura-se vantajoso para todos construir a sociabilidade por intermédio do Direito e da democracia. Höffe destaca que possui importância global a possibilidade de se exigir das sociedades, mesmo que distintas, o cumprimento de obrigações comuns; vale dizer, de sujeitá-las a um conjunto de obrigações jurídicas que dão uma nova dimensão à comunidade mundial, pois, ao lado das demais interações (política, econômica, ecológica, etc.), passa-se a privilegiar também, ao menos como propósito, uma coexistência jurídica, um universo jurídico transnacional em diversas matérias.

De fato, é preciso superar o multiculturalismo de justaposição que inevitavelmente leva à construção de isolamentos, de guetos étnicos que tendem a proliferar rivalidades. Numa sociedade em que as diferenças são cada vez mais aparentes e desafiadoras do consenso, não é de bom alvitre que as janelas de cada cultura se fechem e impeçam olhares de fora para dentro e de dentro para fora. Não devem ser tomadas como moralmente aceitáveis as alternativas comunitaristas que sufocam a autonomia e a liberdade do indivíduo na condução da vida segundo suas escolhas críticas, como também não são desejáveis as soluções liberais que aniquilam o indivíduo ao universalizá-lo abstratamente, ao retirá-lo do mundo real das influências e trocas culturais. Nesse sentido, o papel dos direitos humanos é permitir que todos os homens, em igualdade de condições, acessem o mundo com liberdade e dignidade, independentemente dos vínculos culturais que possuam. Sua missão, então, é promover um diálogo intercultural que fortaleça, em escala global, as demandas comuns do homem e as instituições democráticas para resolvê-las, facultando uma conversação na qual todos os interessados, culturas e indivíduos possam, em igualdade de condições, manifestar as suas preocupações e as suas diferenças, na busca de respostas para os problemas interculturais. (THIEBAUT, 1994).

Apesar da efetivação dos direitos humanos e da sua definição material estarem diretamente vinculadas à realidade histórica de uma comunidade, isso não quer dizer que o fundamento desses direitos possa ser encontrado na história dessa mesma comunidade. Os direitos humanos não podem ser explicados e fundamentados em si mesmos, mas na universalidade que constitui o homem como tal. Assim como não se pode fundamentar o Direito positivo em si mesmo, mas sim em interesses e valores de várias ordens, os direitos humanos pretendem retratar o que é universalmente indispensável ao homem, independentemente de sua identidade cultural. Antes de ter uma identidade cultural que lhe dá uma perspectiva de estar no mundo, uma identidade e uma pertença, o homem é refém/beneficiário de sua própria posição humana, que é universal, pressuposto para a afirmação de seus sentidos individuais e de grupo (FERNÁNDEZ, 2003).

Se a teoria dos direitos humanos cultivar e defender sectarismos e relativismos de qualquer ordem, os problemas do mundo não passarão de problemas de Estado ou de uma cultura, problemas objetivados na percepção pura e simples das necessidades básicas e circunstanciais de cada grupo isolado. O multiculturalismo, assim, não pode ser compreendido em uma dimensão estática, pois, sendo desta forma, deixa de ser potencialmente democrático e inclusivo para ser sectário e excludente.

Pensar a democracia numa sociedade multicultural, permeada por diferentes identidades, leva-nos, inexoravelmente, a compreender e instrumentalizar os direitos humanos como elementos valorativos e normativos referenciais para um diálogo intercultural, capaz de aproximar as diferenças e de reconhecê-las em sua perspectiva histórica. Não se trata de uma universalização uniformizadora, mas sim de uma "universalidade moderada", que poderá mediar/suavizar as diferenças e servir de ponto de partida ético para uma cultura de emancipação, de reconhecimento e de inclusão das identidades sem ofuscar e negar aquilo que é reclamado pela condição humana universal, por todos os povos e por todas as culturas.

Essa estratégia pelos direitos humanos é condição, inclusive, para a manutenção das próprias diferenças identitárias, pois caso contrário a relativização de tudo e de qualquer valor poderá permitir o avanço totalitário de uma cultura particular sobre a outra. A prática nazista de igualização ou de indiferenciação humana, proposta de modo uniforme nos campos de concentração, por exemplo, retrata o perigo que pode representar o domínio de uma percepção histórica, o perigo que está demarcado em um relativismo uniformizador. Negar a diferença pode ser tão desastroso para a democracia como negar a universalidade da condição humana. A universalidade dos direitos humanos, nesse caso, antes de ser obstáculo, é condição para o desenvolvimento e reconhecimento das identidades e das culturas que respeitam as outras culturas e garantem para os seus integrantes o direito de exercerem sua individualidade autonomamente. O que se percebe, inclusive, é que a universalidade dos direitos humanos permite que sejam reconhecidas muitas culturas que seriam negadas se não existissem determinados direitos específicos que protegem certas diferenças. Assim, ao reconhecer a humanidade comum de todos os homens, as diferenças e os particularismos adquirem sentido pelo recurso aos direitos humanos, que identifica aquelas condições que não podem ser pluralizadas e tampouco legitimidades pelo argumento historicista (HÖFFE, 2000).

Um diálogo intercultural, nesse contexto, poderá representar uma abertura para processos de conhecimento recíproco, e ainda que opere de modo tenso e conflituoso, trará consigo a potencialidade de produzir encontros de diferenças e de igualdades que tendem a se reconhecer ou se rejeitar. Esse choque de estranhamento é inevitável quando se está diante do novo e do inusitado, na leitura de culturas diferentes. Por outro lado, é preciso ter clareza de que a interculturalidade não pode ser entendida como sendo a condição de possibilidade da formação de um acordo semântico em torno de conceitos, numa espécie de consenso fundante do diálogo. A interculturalidade deve ser tomada como um momento de alteridade, no qual as diferentes culturas se percebam, se reconheçam e se diferenciem tomando por base elementos comuns e compartilhados entre elas.

Em outras palavras, a diferença de uma cultura somente é percebida internamente pelos seus "eus" semelhantes quando em contato com os "outros" de culturas diferentes. Assim, o diálogo intercultural é indispensável para que as diferenças sobrevivam, mas sobretudo para que o diálogo entre a igualdade e a diferença entre as culturas seja mediado por formas não arbitrárias e fundamentalistas de produzir a pertença e a identidade, como se os direitos humanos pudessem ser completamente subjugados pelo direito das culturas distintas a fazerem o que desejarem internamente contra os seus componentes.

É necessário ficar alerta para o risco, sempre presente, de a universalidade sem moderações converter-se em homogeneização ou de o direito à diferença propagar desigualdade. A interculturalidade dos direitos humanos tem substancialidade suficiente para desempenhar os limites mediadores entre a igualdade e a diferença e impedir a formação de novos fundamentalismos baseados na negação da igualdade e/ou na negação da diferença (LUCAS, 2013).

Cremos que um dos grandes desafios democráticos na contemporaneidade, num mundo em que as diferenças são cada vez mais rutilantes, resida no estabelecimento de um processo deliberativo profundamente polifônico, em que a sintonia e a harmonia das diversas vozes pelo contínuo contraste com o outro e no qual uma contínua interação entre diferentes cosmovisões e experiências históricas se constituam como uma nota tônica de resistência a qualquer tendência de absolutizar ou sacralizar o próprio.

Nesse sentido, precisamos olhar mais atentamente para todos os suportes que uma filosofia intercultural possa aportar de modo a estabelecermos saberes críticos e práticas de recusa a quaisquer centros culturais e de poder, em contínuas desterritorializações das unidimensionalidades e unidirecionalidades que reduziram nossas capacidades de invenção democrática.

Referências bibliográficas

ABELLÁN, M. G. *La técnica del precedente y la argumentación racional*. Madrid: Tecnos, 1993.

ALBA, Richard. Immigration and the American Realities of Assimilation and Multiculturalism. In: *Sociological Forum*, v. 14, 1999, pp. 3-25;

——. *Remaking the American Mainstream:* Assimilation and the New Immigration. Cambridge, MA: Harvard University Press, 2003;

——; NEE, Victor. Rethinking Assimilation Theory for a New Era of Immigration. In: *International Migration Review*, v. 31, n. 4, pp. 826-874, 1997

ALCALÁ, J. Alberto del Real. Problemas de gestión de la diversidad cultural en un mundo plural. In: RUIZ, Ruiz Ramón; et al. (Editores). *Derechos fundamentales, valores y multiculturalismo*. Madrid: Dykinson, 2005.

ALEXANDER, Jeffrey C. Ação coletiva, cultura e sociedade civil: secularização, atualização, inversão, revisão e deslocamento do modelo clássico dos movimentos sociais. *In: Revista Brasileira de Ciências Sociais*, v. 13, n. 37, p. 12, jun./1998.

ALTABLE, Maria Pilar González. *Liberalismo vs. Comunitarismo (John Rawls: una concepción política del bien)*. In: Doxa. *Cuadernos de Filosofía del Derecho*. Alicante: Universidad de Alicante; Biblioteca Digital Miguel Cervantes, n. 17-18, 1995, p.117-136.

ÁLVAREZ, Silvina. *La racionalidad de la moral*. Un análisis crítico de los presupuestos morales del comunitarismo. Madrid: Centro de Estudios Políticos y Constitucionales, 2002.

AN-NA'IM, Abdullahi A. A proteção legal dos direitos humanos na África: como fazer mais com menos. In: BALDI, César Augusto (Org.). *Direitos humanos na sociedade cosmopolita*. Rio de Janeiro: Renovar, 2004, p. 447.

APEL, Karl-Otto. O problema do multiculturalismo à luz da ética do discurso. *In: ETHICA-Cadernos Acadêmicos*. v. 7. Rio de Janeiro, 2000.

ARAZO, August Monzon I. *Derechos humanos y diálogo intercultural*. In: BALLLESTEROS, Jesús (Editor). *Derechos humanos. Concepto, fundamentos, sujetos*. Madrid: Editorial Tecnos, 1992.

ARENDT, Hannah. *Origens do totalitarismo*. Tradução de Roberto Raposo. São Paulo: Companhia das Letras, 1989.

ARIÈS, Philippe. *História Social da Criança e da Família*. Rio de Janeiro: Livros Técnicos e Científicos, 1981.

ARPINI, Adriana. Acerca de las condiciones de posibilidad para la integración y el diálogo entre culturas diversas. Un aporte al debate sobre la interculturalidad. In: SIDEKUM, Antônio; HAHN, Paulo (Orgs.). *Pontes interculturais*. São Leopoldo: Nova Harmonia, 2007.

ARROYO, Juan Carlos Velasco. Derechos de las minorías y democracia liberal: un debate abierto. In: *Revista de Estudios Políticos*. Madrid: Nueva Época. n. 109, Julio-Septiembre de 2000.

ASTRAIN, Ricardo Salas. Ética intercultural e pensamento latino-americano. Problemas e perspectivas de uma ética intercultural no marco da globalização cultural. In: SIDEKUM, Antônio (Org.). *Alteridade e multiculturalismo*. Ijuí: Unijuí, 2003, p. 327-328.

AZURMENDI, Mikel. *Todos somos nosotros*. Etnicidad y multiculturalismo. Madrid: Taurus, 2003.

BALDI, César Augusto (Org.). *Direitos humanos na sociedade cosmopolita*. Rio de Janeiro: Renovar, 2004.

BARKAN, Elliot. Introduction: Immigration, Incorporation, Assimilation and the Limits of Transnationalism. *In: Journal of American Ethnic History*, n. 25, 2006, pp. 7-32;

BARKAN, Elliot. Race, Religion and Nationality in American Society: *a Model of Ethnicity-From Contact to Assimilation. In: Journal of American Ethnic History*, n. 14, 1995, p. 38-101;

BARRETTO, Vicente de Paulo. Multiculturalismo e direitos humanos: um conflito insolúvel? In: BALDI, César Augusto (Org.). *Direitos humanos na sociedade cosmopolita*. Rio de Janeiro: Renovar, 2004.

BAUMAN, Zygmunt. *A sociedade individualizada*. Vidas contadas e histórias vividas. Tradução de José Gradel. Rio de Janeiro: Jorge Zahar, 2010.

——. *Postmodernity and its descontentes*. Now York: New York University Press, 1997.

——. *Modernidade líquida*. Tradução de Plínio Dentzein. Rio de Janeiro: Jorge Zahar, 2001.

——. *Comunidade*. A busca por segurança no mundo atual. Tradução de Plínio Dentzein. Rio de Janeiro: Jorge Zahar, 2003.

——. De Peregrino a turista, o uma breve historia de la indetidad. In: HALL, Stuart ; GAY, Paul du. (Comps.) *Cuestiones de identidad cultural*. Buenos Aires: Amorrortu, 2003.

——. *Identidade*. Entrevista a Benedetto Vecchi. Tradução de Carlos Alberto Medeiros. Rio de Janeiro: Jorge Zahar, 2005.

BAYARDO, Rubens; LACARRIEU, Mónica. Notas introductorias sobre la globalización, la cultura y la identidad. In: BAYARDO, Rubens; LACARRIEU, Mónica (Comps.). *Globalización e identidad cultural*. 2. ed. Buenos Aires: Ediciones Ciccus, 1998.

BAYART, Jean-François. *L'illusion identitaire*. Paris: Fayard, 1996.

BECK, Ulrich. *O que é globalização?* Equívocos do globalismo, respostas à globalização. Tradução de André Carone. São Paulo: Paz e Terra, 1999.

—— ; BECK-GERNSHEIM, Elisabeth. *El normal caos del amor*. Barcelona: El Roure Ed., 1998.

BENHABIB, Seyla. *Las reivindicaciones de la cultura*. Igualdad y diversidad en la era global. Buenos Aires: Katz, 2006.

——. *Los derechos de los otros*. Extranjeros, residentes y ciudadanos. Barcelona: Gedisa, 2005.

BEST, Steven; KELLNER, Douglas. *The Postmodern Turn*. New York: Guilford, 1997.

BETHENCOURT, Francisco. *História das Inquisições*. Portugal, Espanha e Itália. Séculos XV-XIX. São Paulo, Companhia das Letyras, 2000.

BETRÁN, Raúl Susín. Revisando tópicos. Diagnóstico y propuesta de tratamiento de las diferencias en las sociedades multiculturales. In: PISÓN, José Martínez de; ORAA, José Maria Aguirre (Coords.). *Pluralismo y tolerancia*. La sociedad liberal en la encrucijada. La Rioja: Perla, 2004.

BÍBLIA SAGRADA. 28. reimp. Rio de Janeiro: Imprensa Bíblica Brasileira, 1988.

BIBLIOTECA NACIONAL DO RIO DE JANEIRO. Para uma história do negro no Brasil. Rio de Janeiro: Biblioteca Nacional, 1988. Disponível em: <http://objdigital.bn.br/acervo_digital/div_iconografia/icon1104317/icon1104317.pdf>. Acesso em: 04 jan. 2017.

BICK, Mimi. *El debate entre liberales y comunitaristas*. Santiago de Chile: Universidad Nacional Andrés Bello, 1995.

BIELEFELDT, Heiner. *Filosofia dos direitos humanos*. Tradução de Dankwart Bernsmüller. São Leopoldo: Unisinos, 2000.

BRASIL. Supremo Tribunal Federal. Ação de Descumprimento de Preceito Fundamental nº 186. Rel. Min. Ricardo Lewandowski. 26 abr. 2012. Disponível em: <http://www.stf.jus.br/portal/processo/verProcessoAndamento.asp?numero=186&classe=ADPF&origem=AP&recurso=0&tipoJulgamento=M>. Acesso em: 06 fev. 2018.

——. Supremo Tribunal Federal. Ação Declaratória de Constitucionalidade nº 41. Relator: Min. Roberto Barroso. 08 jun. 2017. Disponível em: <http://www.stf.jus.br/portal/processo/verProcessoAndamento.asp?numero=41&classe=ADC&origem=AP&recurso=0&tipoJulgamento=M>. Acesso em: 28 jan. 2018.

——. Supremo Tribunal Federal. Ação Declaratória de Inconstitucionalidade nº 5.357. Relator: Min. Edson Fachin. 09 jun. 2016. Disponível em: <http://www.stf.jus.br/portal/processo/verProcessoAndamento.asp?incidente=4818214>. Acesso em: 29 jan. 2018.

——. Supremo Tribunal Federal. Ação Declaratória de Inconstitucionalidade nº 4275/DF. Rel. orig. Min. Marco Aurélio, red. p/ o acórdão Min. Edson Fachin, julgado em 28/2 e 1º/3/2018.

——. Supremo Tribunal Federal. Ação Direta de Inconstitucionalidade nº 3.239. Relator: Min. Presidente. Disponível em: <http://stf.jus.br/portal/processo/verProcessoAndamento.asp?incidente=2227157>. Acesso em: 29 jan. 2018.

——. Supremo Tribunal Federal. Ação Cível Originária nº 469. Relator: Min. Alexandre de Moraes. 18 dez. 2017. Disponível em: <http://stf.jus.br/portal/processo/verProcessoAndamento.asp?incidente=1591624>. Acesso em: 29 jan. 2018.

——. Supremo Tribunal Federal. Ação Cível Originária nº 362. Relator: Min. Marco Aurélio Mello. Disponível em: <http://stf.jus.br/portal/processo/verProcessoAndamento.asp?incidente=1467705>. Acesso em: 29 jan. 2018.

——. Supremo Tribunal Federal. Ação Cível Originária nº 366. Relator: Min. Marco Aurélio Mello. Disponível em: <http://stf.jus.br/portal/processo/verProcessoAndamento.asp?incidente=1468777>. Acesso em: 29 jan. 2018.

——. Supremo Tribunal Federal. Recurso Extraordinário nº 878.694/MG. Relator: Min. Roberto Barroso, Brasília, 10 maio 2017. Disponível em: <http://stf.jus.br/portal/processo/verProcessoAndamento.asp?incidente=4744004>. Acesso em: 10 dez. 2017.

——. Supremo Tribunal Federal. Recurso Extraordinário nº 646.721/RS. Relator: Min. Roberto Barroso, Brasília, 10 maio 2017. Disponível em: <http://stf.jus.br/portal/processo/verProcessoAndamento.asp?incidente=4100069>. Acesso em: 10 dez. 2017.

BRETTEL, Caroline B.; HOLLIFIELD, James F. (Eds.). *Migration Theories of International Migration:* A Review and Appraisal Theory. Talking Across Disciplines. 2. ed. New York/London: Routledge, 2008;

BREUILLY, John. *Nacionalismo y Estado.* Traducción de José Pomares. Barcelona: Pomares-Corredor, 1990.

BRONOWOSKI, Jacob. *L'identità dell'uomo.* Milano: Edizione di Comunità, 1968.

BRUBAKER, Roger. The Return of Assimilation? Changing Perspectives on Immigration and Its Sequels in France, Germany and United States. In: *Ethnic and Racial Studies*, n. 24, 2001, p. 531-548.

BUREAU OF CENSUS (U. S. DEPARTMENT OF COMMERCE). *Celebrating Our Nation's Diversity.* Washington D.C., s.d.;

BURKE, Peter. *Hibridismo cultural.* Tradução de Leila Souza Mendes. São Leopoldo: Unisinos, 2006.

CAMPS, Victoria. *La universalidad y sus enemigos.* In: GINER, S.; SCARTEZZINI, R. (Editores). *Universalidad y diferencia.* Madrid: Alianza Editorial, 1996.

CARRACEDO, José Rubio. *Pluralismo, multiculturalismo y ciudadanía compleja.* In: O'FARREL, Pablo Badillo (Coord.). *Pluralismo, tolerancia, multiculturalismo.* Reflexiones para un mundo plural. Madrid: Universidad Internacional de Andalucía/AKAL, 2003.

CASTLES, Stephen; HAAS, Hein de; MILLER, Mark J. *The Age of Migration: International Population Movements in the Modern World.* 15. ed. New York: The Guilford Press, 2013.

CLIFFORD, James. *Routes and Translation in the Late Twentieth Century.* Cambridge: Harvard University Press, 1997.

COLOZZI, Ivo. Ciudadanía y bien común en la sociedad multiétnica y multicultural. In: *Persona y Derecho.* Pamplona: Universidad de Navarra, n. 49, 2003.

CORELLLA, Ángeles Solanes. Una respuesta al rechazo racista de la inmigración: La interculturalidad. In: *Anuario de filosofía del derecho.* Madrid: Nueva Época. Tomo XV, 1998.

COPETTI SANTOS, André Leonardo. A reepressão das diásporas em tempos globais e os direitos humanos dos migrantes. In: BEDIN, Gilmar Antonio (Org.). *Cidadania, Direitos Humanos e Equidade.* Ijuí: UNIJUÍ, 2012.

——; LUCAS, Doglas Cesar. Itinerários teóricos da diferença e sua projeção nas narrativas jurídico-políticas. In: WOLKMER, Antonio Carlos; OLIVEIRA, Frederico Antônio Lima de; BACELAR, Jeferson Antonio Fernandes. (Orgs.). *Direito à diferença e constitucionalismo Latino-Americano.* Rio de Janeiro: Lumen Juris, 2017..

CORTE INTERAMERICANA DE DIREITOS HUMANOS (CDH). Opinión Consultiva OC/24-17, 24 nov. 2017. Disponível em: <http://www.corteidh.or.cr/docs/opiniones/seriea_24_esp.pdf>. Acesso em: 29 jan. 2018.

—— (CORTE IDH). Sentença. Povo Indígena Xucuru e seus membros vs. Brasil. 05 fev. 2018. Disponível em: <www.corteidh.or.cr/docs/casos/articulos/seriec_346_por.pdf>. Acesso em: 30 abr. 2018.

COMISSÃO INTERAMERICANA DE DIREITOS HUMANOS (CIDH). Relatório nº. 44/15, Caso nº 12.728. Mérito. Povo indígena Xucuru vs. Brasil. 28 jul. 2015. Disponível em: <http://www.oas.org/es/cidh/decisiones/corte/2016/12728FondoPt.pdf>. Acesso em: 29 jan. 2018.

COUNCIL OF EUROPE. *Intercultural Cities.* 2011. Disponível em: http://www.coe.int/intercultural-cities. Acesso em 25 nov. 2013.

CRIADO, Demetrio Velasco. *Pensamiento político contemporáneo.* Bilbao: Universidad de Deusto, 1997.

CRUL, Maurice; VERMEULEN, Hans. *The Second Generation in Europe. In: International Migration Review*, v. 37, n. 4, pp. 965-986, 2003.

DE LUCAS, Javier. ¿Elogio de Babel? Sobre las dificultades del derecho frente al proyecto intercultural. In: *Anales de la Cátedra Francisco Suárez.* Granada, n. 31, 1994.

——. *El desafío de las fronteras.* Derechos humanos y xenofobia frente a una sociedad plural. Madrid: Tamas de Hoy, 1994

DELLEUZE, Giles. *Conversaciones.* Rio de Janeiro: Editora 34, 1992.

——. *Nietzsche y la filosofia.* 8. ed. Barcelona: Anagrama, 2008.

DÍAZ, Francisco Javier de la Torre. El modelo de diálogo intercultural de Alasdair MacIntyre. El diálogo entre las diferentes tradiciones. Madrid: Dykinson, 2001.

DIETZ, Gunther. *Multiculturalismo, interculturalidad y educación.* Una aproximación antropológica. Granada, México: EUG y CIESAS, 2003.

——. *Multiculturalismo, interculturalidad y diversidad en educación.* Una aproximación antropológica. México D. F.: Fondo de Cultura Económica, 2012.

DOUZINAS, Costas. *O Fim dos Direitos Humanos.* São Leopoldo: Unisinos, 2009.

DREYFUS, Hubert. L.; RABINOW, Paul. *Michel Foucault – Beyond Structuralism and Hermeneutics.* Harvester Wheatsheaf: Nueva York, 1982.

DREIFUSS, R. A. *A época das perplexidades.* Petrópolis: Vozes, 1999.

DUBAR, Claude. *La Crise des identités.* 3e éd. corrigée, Paris : PUF, 2007.

DULCE, María José Fariñas. *Globalización, ciudadanía y derechos humanos.* Madrid: Dykinson, 2004.

——. Los derechos humanos: desde la perspectiva sociológico-jurídica a la "actitud postmoderna". Madrid: Dykinson, 1997.

DUSSEL, Enrique. *1942 – O encobrimento do outro.* Petrópolis: Vozes, 1993.

EBERHARD, Christoph. Direitos humanos e diálogo intercultural. Uma perspectiva antropológica. In: BALDI, César Augusto (Org.). *Direitos humanos na sociedade cosmopolita.* Rio de Janeiro: Renovar, 2004.

ECKESTEIN, Susan. Power and Popular Protests in Latin America. In: ECKESTEIN, Susan (ed.). *Power and Popular Protests: Latin American Social Movements.* Berkley: University California Press, p. 1-60, 1989.

ELIAS, Norbert. *A sociedade dos Indivíduos.* Tradução de Vera Ribeiro. Rio de Janeiro: Jorge Zahar, 1994.

ELÓSEGUI, María. La inclusión del otro. Habermas y Rawls ante las sociedades multiculturales. In: *Revista de Estudios Políticos.* Madrid: Nueva Época. n. 109, julio-septiembre de 2000.

ESCOBAR, Arturo. Culture, Economics and Politics in Latin American Social Movements Theory and Research. In: ESCOBAR, Arturo; ALVAREZ, Sonia. (eds.) *The making of Social Movements in Latin America: Identity, Strategy and Democracy.* Boulder, CO: Westview, p. 62-85, 1992.

ESQUIROL, Joseph M. *Uno mismo y los otros.* De las experiencias existenciales a la interculturalidad. Barcelona: Herder, 2005.

EUROPEAN COMISSION. *Integration Fund.* Disponível em: http://ec.europa.eu/homeaffairs/funding/integration/funding_integration_en.htm. s.d. Acesso em: 25 mai. 2014

FEATHERSTONE, Mike. Trasformazioni. Corpo, imagine ed affect nella cultura dei consumi. In: *Identità incorporate.* Segni, immagini, differenze. GUIZZARDI, Gustavo. Bologna: Mulino, 2009.

FERNANDES, Florestan. *O negro no mundo dos brancos.* São Paulo: Difusão europeia do livro, 1972.

FERNÁNDEZ, Ana Maria. *Instituciones estaladas.* Buenos Aires: Eudeba, 1999.

——. El orden moderno: ¿La diferencia desquiciada? In: FERNÁNDEZ, A. M.; PERES, W. S. (editores). *La diferencia desquiciada.* Géneros y diversidades sexuales. Buenos Aires: Biblos, 2013.

——. *Las lógicas sexuales. Amor, política y violências*. Buenos Aires: Nueva Visión, 2009.

FERNÁNDEZ, Encarnación. *Igualdad y derechos humanos*. Madrid: Editorial Tecnos, 2003.

FERRO, Marc. *História das Colonizações*. São Paulo: Companhia das Letras, 1996.

FERRY, Luc. *Famílias, amo vocês*. Política e vida privada na era da globalização. Tradução de Jorge Bastos. Rio de Janeiro: Objetiva, 2010.

FLUSSER, Vilém. *A História do Diabo*. São Paulo: Martins Editora, 2006.

FOUCAULT, Michel. *História da Sexualidade* I. Vontade de saber. 5. ed. Rio de Janeiro: Edições Graal, 1984.

——. *Microfísica do Poder*. 4. ed. Rio de Janeiro: Edições Graal, 1984.

——. *Em defesa da sociedade: Curso no Collège de France (1975-1976)*. São Paulo: Martins Fontes, 2000.

FRAILLE, Guillermo. *Historia de la filosofía I*. Editorial Catolica: Madrid, 1961.

FRANK, Manfred. *What's is Neostructuralism?* Minneapolis, MN: University of Minnesota Press, 1989.

FRASER, Nancy. A Justiça Social na Globalização: redistribuição, reconhecimento e participação. Trad. Teresa Tavares. In: *Revista Crítica de Ciências Sociais*, nº 63, out. 2002.

——. Da Redistribuição ao Reconhecimento? Dilemas da justiça na era pós-socialista. Trad. Márcia Prates. In: SOUZA, Jessé (org.). *Democracia Hoje*: novos desafios para a teoria democrática contemporânea. Brasília: Editora Universidade de Brasília, 2001.

——. Redistribuição, Reconhecimento e Participação: por uma concepção integrada da justiça. Trad. Bruno Ribeiro e Letícia de Campos Velho. In: IKAWA, Daniela; PIOVESAN, Flávia; SARMENTO, Daniel (coord.). *Igualdade, Diferença e Direitos Humanos*. *Lumen Juris*: Rio de Janeiro: 2008. p.168-169.

——. Repensando a questão do reconhecimento: superar a substituição e a reificação na política cultural. Trad. Roberto Cataldo Costa. In: BALDI, Cesar Augusto (org.). *Direitos Humanos na Sociedade Cosmopolita*. Rio de Janeiro: Renovar, 2004. p. 210.

——. *Escalas de justiça*. Barcelona: Herder, 2008.

——; HONNETH, Axel. *¿Redistribución o Reconocimiento?* Un debate político-filosófico. Trad. Pablo Manzano. Madrid: Ediciones Morata, 2006.

FREIRE, Paulo. Conscientização: teoria e prática da libertação: uma introdução ao pensamento de Paulo Freire. Trad. Kátia de Mello e Silva. 3. ed. São Paulo: Editora Moraes, 1980.

——. *Educação como prática da liberdade*. 7. ed. Rio de Janeiro: Paz e Terra, 1977.

——. *Pedagogia do oprimido*. 12. ed. Rio de Janeiro: Paz e Terra, 1983.

FREYRE, Gilberto. *Casa-grande e senzala*. Rio de Janeiro: Nova Aguilar, 2000.

——. *O escravo nos anúncios de jornais brasileiros do século XIX*. São Paulo: Global Ed., 2012.

FREUD, Sigmund. *Inhbición, sintoma y angustia*. *In*: *Obras Completas*. v. 20. Buenos Aires: Amorrurtu Ed., 1976.

FUNDAÇÃO GETÚLIO VARGAS. *A Imigração como Vetor Estratégico de Desenvolvimento Socioeconômico e Institucional do Brasil*. Estudos Estratégicos sobre Políticas Públicas. Rio de Janeiro: FGV, s.d., v. 1. Disponível em: www.fgv.br/fgvprojetos e/ou www.dapp.fgv.br. Acesso em: 15 mai. 2014.

GADAMER, Hans-Georg. *Verdad y Método*. Salamanca: Sigueme, 1977. v. I,

——. *Linguaggio*. Trad. Donatella di Cesare. Roma-Bari: Laterza, 2005.

GALEANO, Eduardo. Espelhos. *Uma história quase universal*. Tradução de Eric Nepobuceno. Porto Alegre: L&PM Editores, 2008.

GALIMBERTI, Umberto. *I miti del nostro tempo*. Milano: Feltrineli, 2009.

——. *Il corpo*. 20. ed. Milano: Feltrinelli, 2010.

GANS, Herbert J. The American Kaleidoscope: Then and Now. In: JACOBY, Tamar (ed.). *Reinventing the Melting Pot*. New York: Basic Books, 2004.

GARGARELLA, Roberto. *Las teorías de la justicia después de Rawls*. Barcelona: Paidós, 1999.

GELLNER, Ernest. *Naciones y nacionalismo*. Madrid: Alianza, 1988.

GIDDENS, Anthony. *As consequências da modernidade*. Tradução de Raul Fiker. São Paulo: Unesp, 1991.

——. *Modernidade e identidade*. Tradução de Plínio Dentzien. Rio de Janeiro: Jorge Zahar, 2002.

GREBLO, Edoardo. A misura del mondo. Globalizzazione, democracia, diritti. Bolonia: Il Mulino, 2004.

GREENE, Brian. *O Universo Elegante*. Supercordas, dimensões ocultas e a busca da teoria definitiva. São Paulo: Companhia das Letras, 2001.

GRIMBERG, León; GRIMBERG, Rebeca. *Migración y Exilio. Estudio psicoanalítico*. Madrid: Editorial Biblioteca Nueva, S. L., 1996

GRONDIN, Jean. *Introdução à hermenêutica filosófica*. Tradução e apresentação de Benno Dischinger. São Leopolodo: Unisinos, 1999.

GROSSBERG, Lawrence. Identidad y estudios culturales: ¿no hay nada más que eso? In: HALL, Stuart; GAY, Paul du (Comps.). *Cuestiones de identidad cultural*. Buenos Aires: Amorrortu Editores, 2003.

GROSFOGUEL, Ramón. Transmodernidade, pensamento de frontera e colonialidade global. *Revista Crítica de Ciências Sociais*, Coimbra, nº. 80, pp. 115-147, março de 2008.

GUALDA CABALLERO Estrella. (Dir.). *Hacia un "trabajo decente" para los extranjeros: Inserción sociolaboral de la población extranjera em Andalucia*. Dirección General de Coordinación de Políticas Migratorias, Sevilla, 2007.

——. Actitudes hacia las migraciones y capital social: la participación de los europeus en redes sociales y sus lazos con la mayor o menor aceptación de la población extranjera. In: *Redes. Revista Hispana para el Análisis de las Redes Sociales*, v. 7, n. 3, 2004. Disponível em: http://revista-redes.rediris.es. Acesso em 30 out. 2013.

——. Capital social, ciudadanía e integración social desde la perspectiva de las actitudes hacia la población exteanjera. In: ANDREU, J. (comp.). *Desde la Esquina de Europa. Análisis Comparado del capital social em Andalucía, España y Europa*. Biblioteca Nueva, Centro de Estudios Andaluces, 2007, p. 197-238.

——. *Las aportaciones positivas de la inmigración:* Mirada desde Andalucia. Valencia: Diálogos, 2011;

GUILLARME, Bertrand. Justiça e democracia. In: Renault, Alan. *História da Filosofia Política. As filosofias políticas contemporâneas*. Lisboa: Instituto Piaget, [s.d.]. v. 5.

GUIMARÃES, Antonio Sérgio Alfredo. *Classes, raça e democracia*. São Paulo: Ed. 34, 2002.

GUTMANN, Amy. Introdução. In: TAYLOR, Charles. *El multiculturalismo e la política Del reconocimiento*. México D.F: Fondo de Cultura Económica, 2001.

HABERMAS, Jürgen. *Pensamento Pós-Metafísico*. Rio de Janeiro: Tempo Brasileiro, 1990.

——. Eurocentrismo, Europa dos Mercados ou Europa dos Cidadãos. *Tempo Brasileiro*, n. 138, jul./set., 1999, p. 36-37.

——. *A inclusão do outro. Estudos de teoria política*. Tradução de George Sperber e Paulo Astor Soethe. São Paulo: Edições Loyola, 2002.

——. *Direito e democracia*. v. II. Rio de Janeiro: Tempo Brasileiro, 1997.

——. Inclusão: integrar ou incorporar? Sobre a relação entre nação, Estado de direito e democracia. In: *Revista Novos Estudos Cebrap*. n. 52. São Paulo, 1998, p. 102.

——. Sobre a legitimação pelos direitos humanos. In: MERLE, Jean-Christophe; MOREIRA, Luiz (Orgs.). *Direito e legitimidade*. São Paulo: Landy, 2003.

HAN, Byung-Chul. *A agonia de Eros*. Lisboa: Relógio D'Água Ed., 2014.

HALL, Stuart. *A identidade cultural na pós-modernidade*. Tradução de Tomaz Tadeu da Silva e Guacira Lopes Louro. 10. ed. Rio de Janeiro: DP&A, 2005.

——. Introducción? ¿Quién necesita de "identitad"? In: HALL, Stuart ; GAY, Paul du. (Comps.) *Cuestiones de identidad cultural*. Buenos Aires: Amorrortu, 2003.

HALLER, Willian J.; PORTES, Alejandro.; LYNCH, Scott. M. Dreams Fullfilled, Dreams Shatered: Determinants of Segmented Assimililation in the Second Generation. In: *Social Forces*, v. 89, n. 3, 2011, p. 733-762.

HARTNEY, M. Some Confunsions Concerning Colletive Rights. In: HARVEY, David. *Sociologia*. 6. ed. Porto Alegre: Penso, 2012, p. 459.

HARVEY, David. *Sociologia*. 6. ed. Porto Alegre: Penso, 2012

HEGEL, Friedrich G. W. *Enciclopédia das ciências filosóficas em epítome*. Tradução de Paulo Meneses. v. I. Lisboa: Edições 70, 1999.

HEIDEGGER, Martin. *Identidad y diferencia/Identität und differenzi*. Edición bilíngüe. Barcelona: Anthropos, 1996.

——. *Ser e tempo*. V. I. 12. ed. Vozes; Universidade São Francisco: Petrópolis, 1990.

HETHERINGTON, Kevin. *Expressions of Identity*. London: Sage, 1998.

HIRSCHBERGER, Johannes. *Historia de la filosofía I*. Barcelona: Herder, 1954.

HOBSBAWN, Eric. *Nations and Nationalism since 1870*. 2. ed. Cambridge: Cambridge University Press, 2013.

——. *The Age of Extremes*. London: Michael Joseph, 1994.

HÖFFE, Otfried. *Aristóteles*. Porto Alegre: Artemd, 2008.

——. *Derecho intercultural*. Traducción de Rafael Sevilla. Barcelona: Gedisa, 2000.

HONNETH, Axel. *Luta por reconhecimento*. A gramática moral dos conflitos sociais. Tradução de Luiz Repa. São Paulo: Editora 34, 2003.

HUMBOLDT, Wilhelm von. *Escritos Políticos*. México: Fondo de Cultura Econômica, 1943.

HUME, David. *Tratado da Natureza Humana*. Tradução de Débora Danowski. São Paulo: Editora da UNESP, 2002.

HUNTINGTON, Samuel P. *Who Are We? The Challenges to America's National Identity*. New York: Simon and Schuster, 2004.

IGNATIEFF, Michael. *Los Derechos Humanos como Política e Idolatría*. Barcelona: Paidós, 2003.

ILGA. *Sexual orientation laws in the world* – Overview. Maio 2017. Disponível em: <http://ilga.org/downloads/2017/ILGA_WorldMap_ENGLISH_Overview_2017.pdf>. Acesso em: 28 jan. 2018.

JACOBY, Tamar. Defining Assimilations for the 21th Century. In: JACOBY, Tamar (ed.). *Reinventing the Melting Pot*. New York: Basic Books, 2004;

JULIANO, Dolores. Universal/particular. *Un falso dilema*. In: BAYARDO, Rubens; LACARRIEU, Mónica (Comp.). *Globalización e identidad cultural*. 2. ed. Buenos Aires: Ediciones Ciccus, 1998.

KANT, Immanuel. *Crítica da Razão Prática*. Lisboa: Edições 70, 1994.

——. *Crítica da Razão Pura*. 4. ed. Traduzido por Manuela Pinto dos Santos e Alexandre Fradique Morujão. Lisboa: Fundação Calouste Gilbenkian, 1997.

KASINITZ, Philip; HOLLENKOPF, John; WATERS, Mary. C. Becoming American/Becoming New Yorkers: Immigrant Incorporation in a Majority Minority City. In: *International Migration Review*, v. 36, n. 4, 2002, pp. 1020-1036;

KEELEY, Brian. *The Migration Debate. International Migration: The Human Face of Globalization*, OECD Publishing, 2009. Disponível em: http://www.oecd-ilibrary.org/social-issues-migration-health/ international-migration_9789264055780-em. Acessado em: 29 nov. 2013.

KERSTING, Wolfgang. *Universalismo e direitos humanos*. Porto Alegre: EdiPucrs, 2003, p. 162.

KOLM, Serge-Cristophe. *Teorias Modernas da Justiça*. São Paulo: Martins Fontes, 2000.

KUKATHAS, Chandran; PETIT, Philip. *Rawls: uma teoria da justiça e seus críticos*. Lisboa: Gradiva, 1995.

KUREKOVA, Lucia. *Theories of migration:* Conceptual review and empirical testing in the context of the EU East-West flows. London: University College London, 2011;

KYMLICKA, Will (comp.). *The Right of Minority Cultures*. Oxford: Oxford University Press, 1995.

——. *Filosofia política contemporânea*. Tradução de Luís Carlos Borges. São Paulo: Martins Fontes, 2006.

——. *Liberalism, Community, and culture*. Oxford: Oxford University Press, 1989.

——. Multiculturalismo Liberal e direitos Humanos. In: SARMENTO, Daniel; IKAVA, Daniela; PIOVESAN, Flávia. *Igualdade, diferença e Direitos Humanos*. Rio de janeiro: Lúmen júris, 2008.

——. *Ciudadanía multicultural. Una teoría liberal de los derechos de las minorias*. Traducción de Carme Castells Auleda. Barcelona: Paidós, 1996.

——. *Estados, naciones y culturas*. Traducido y adaptado por Juan Jesús Mora. Córdoba: Editorial Almuzara, 2004.

——. *La política vernácula. Nacionalismo, multiculturalismo y ciudadanía*. Traducción de Tomás Fernandéz Aúz y Beatriz Eguibar. Barcelona: Paidós, 2003.

——. *Multicultural Citizenship*. A liberal theory of minority rights. Oxford: Oxford University Press, 1995.

——. Multiculturalismo Liberal e direitos Humanos. *In*: SARMENTO, Daniel; IKAVA, Daniela; PIOVESAN, Flávia. *Igualdade, diferença e Direitos Humanos*. Rio de janeiro: Lúmen júris, 2008

——; STRAEHLE, Cristiane. *Cosmopolitismo, Estado-nación y nacionalismo de las minorías.* Un análisis crítico de la literatura reciente. México: Universidad Autónoma de México, 2001.

LA FUENTE, Oscar Pérez de. La polémica liberal comunitarista. Paisajes después de la batalla. *Cuadernos "Bartolomé de las Casas"* 35. Madrid: Dykinson, 2005.

——. Pluralismo cultural y derechos de las minorías. Una aproximación iusfilosófica. Madrid: Dykinson, 2005.

LACLAU, Ernest. New Social Movements and the Plurality of the Social. In: SLATER, D. (ed.). *New Social Movements and the State in Latin America.* Amsterdan: CEDLA, p. 27-42, 1985.

LADEVÉZE, Luis Núñez. *Identidades humanas:* conflictos morales en la postmodernidad. *Cuadernos y Debates 164.* Madrid: Centro de Estudios Políticos y Constitucionales, 2005.

LAGO, Emanuele. *Identità e differenza. Heidegger, Hegel e l'altro inizio del pensiero.* Scuola di dottorato di ricerca in Filosofia. Università degli Studi di Padova.

LAMO DE ESPINOZA, Emilio. *Cultura, Estados, Ciudadanos: una aproximación al multiculturalismo en Europa.* Madrid: Alianza Editorial: Fundación José Ortega y Gasset: Fundación "la Caixa", 1995.

LAPORTA, Francisco J. *El principio de igualdad*: introducción a su análisis. Sistema, n. 67, 1987.

——. *Comunitarismo e nacionalismo. In: Doxa. Cuadernos de Filosofía del Derecho.* Alicante: Universidad de Alicante; Biblioteca Digital Miguel Cervantes, n. 17-18, 1995, p. 53-68.

LAZZARATTO, M. *Política del acontecimento.* Buenos Aires: Tinta Limón, 2006.

LEBOVICI, Serge; SOLIS-PONTON, Leticia. *In*: SOLIS-PONTON, Leticia; SILVA, M. C. P. *Ser pai, ser mãe*: um desafio para o terceiro milênio. São Paulo: Casa do Psicólogo, 2004.

LEFORD, Claude. A invenção democrática. Os limites da dominação totalitária. 2. ed. São Paulo: Brasiliense, 1987.

LIPOVETSKY, Gilles. *A sociedade pós-moralista.* O crepúsculo do dever e a ética indolor dos novos tempos democráticos. Tradução de Armando Braio Ara. Barueri: Manole, 2005.

——. *L'ère du vide. Essais sur l'individualisme contemporain.* Éditions Gallirmard, 1993.

LOCKE, John. *Ensaios acerca do entendimento humano.* Tradução de Anoar Aiex. São Paulo: Nova Cultural, 2000.

LÓPEZ, Eduardo Riveira. *Las paradojas del comunitarismo. In: Doxa. Cuadernos de Filosofía del Derecho.* Alicante: Universidad de Alicante; Biblioteca Digital Miguel Cervantes, n. 17-18, 1995. p. 95-115.

LUCAS, Doglas Cesar. *Direitos humanos e interculturalidade. Um diálogo entre a igualdade e a diferença.* 2.ed. Ijui: Unijui, 2013.

——; COPETTI SANTOS, André Leonardo; JULIOS-CAMPUZANO, Alfonso de. *Direitos Humanos, imigração e diversidade.* Dilemas da vida em movimento na sociedade contemporânea. Ijui: Unijui, 2016.

——; COPETTI SANTOS, André Leonardo. Crítica do protagonismo do poder judiciário. O ativismo judicial entre reconhecimento e redistribuição. In: *Revista Direito e Justiça* – Reflexões Sociojurídicas – Ano XVIII – Nº 29 p 197-230 – novembro, 2017.

LUHMANN, Niklas. *El derecho de la sociedad.* Madri: Iberoamericana, 2000.

——. *Complejidad y Modernidad.* De unidad a la diferencia. Madrid: Trotta, 1998.

——. *Sociedad y Sistema.* La ambición de una teoría. Barcelona: Paidós, 1997.

LYOTARD, Jean-François. *La condición postmoderna. Informe sobre el saber.* Traducción de Mariano Antolín Rato. 8. ed. Cátedra: Madrid, 2004.

——. *La diferencia.* Barcelona: Gedisa, 1996.

——. *The Differend. Phrases in dispute*Minneapolis: University of Minnesota Press, 1988.

——. *The postmodern condition. A report on knowledge.* MN: University os Minnesota Press, 1979.

MACINTYRE, Alasdair. *Depois da virtude. Um ensaio em teoria moral.* Tradução de Jussara Simões. Bauru, SP: EDUSC, 2001.

——. *Justiça de quem? Qual racionalidade?* Tradução de Marcelo Pimenta Marques. 2. ed. São Paulo: Loyola, 2001.

MACKINNON, Catherine. *Feminism Unmodified.* Cambridge: Harvard University Press, 1987.

MAFFESOLI, Michel. Identidad e identifición en las sociedades contemporáneas. In: ARDITI, Benjamin. *El reverso da diferença.* Identidad y política. Caracas: Nueva Sociedad, 2000.

MALDONADO, Daniel Bonilla. *La constitución multicultural.* Bogotá: Siglo del Hombre; Pontificia Universidad Javeriana; Universidad de los Andes, 2006.

MÁRMORA, Lelio. *Modelos de Gobernabilidad Migratoria. La Perspectiva Política em América del Sur. In: Revista Internacional de Mobilidade Humana.* Ano XVIII, n. 35, pp. 71-92, jul./dez. 2010.

MARRAMAO, Giacomo. Il mondo e l'occidente oggi. Il problema di una sfera globale. Mimeo. 2007.

——. *Passagio a Ocidente.* Filosofia e globalizzazione. Torino: Bollati Boringhieri, 2003.

MARTÍNEZ-PUJALTE, Antonio-Luis. Derechos humanos e identidad cultural. Una posible conciliación entre interculturalidad y universalidad. In: *Persona y Derecho.* Pamplona: Universidad de Navarra, n. 38, 1998

MASSEY, Douglas S.; ARANGO, Joaquin *et alli.* Theories of International Migration: A Review and Appraisal. In: *Population and Development Review,* v. 19, n. 3, Sep., 1993, p. 431-466.

MASSINI CORREAS, Carlos Ignácio. Liberalismo, comunitarismo, realismo: en busca de la tercera via. In: *Sapientia.* Buenos Aires. v. 56. n. 210, p. 549-564.

MELLO, Luiz. Familismo (anti)homossexual e regulação da cidadania no Brasil. *Estudos Feministas,* Florianópolis, v. 14, n. 2, p. 497-508, jan. 2006. Disponível em: <https://periodicos.ufsc.br/index.php/ref/article/view/S0104-026X2006000200010/7761>. Acesso em: 28 jan. 2018.

MENDÉZ, Manuel Toscano. Nacionalismo y pluralismo cultural. Algunas consideraciones. In: CARRACEDO, José Rubio; *et al. Ciudadanía, nacionalismo y derechos humanos.* Madrid: Trotta, 2000.

MIGNOLO, Walter. *História locais/projetos globais: colonilidade, pensamentos subalternos e pensamento liminar.* Belo Horizonte: Ed. UFMG, 2003.

MIGUEL, Alfonso Ruiz. *Derechos humanos y comunitarismo. Aproximación a un debate. In: Doxa. Cuadernos de Filosofía del Derecho.* Alicante: Universidad de Alicante; Biblioteca Digital Miguel Cervantes, n. 12, 1992, p. 95-114.

MILL, John Stuart. *Sobre a Liberdade.* Petrópolis: Vozes, 1991.

MODOOD, Tariq. *Multiculturalism: a civic idea.* Cambridge: Polity, 2007.

MONTIEL, Edgar. A nova ordem simbólica: a diversidade cultural na era da globalização. In: SIDEKUM, Antônio (Org.). *Alteridade e multiculturalismo.* Ijuí: Unijuí, 2003.

MORIN, Edgar. *Introdução ao Pensamento Complexo.* 4. ed. Lisboa: Instituto Piaget, 2003.

MURO, Víctor Gabriel; CANTO CHAC, Manuel. *Introducción. In:* MURO, Víctor Gabriel; CANTO CHAC, Manuel (coord.) *El estúdio de los movimentos sociales: teoria y método.* Zamora, Mich.: El Colegio de Michoacán, pp. 9-18, 1991.

NAGEL, Thomas. Igualdad y Parcialidad. Bases éticas de la teoria política. Barcelona: Paidós, 1996.

NAY, Olivier. *História das ideias políticas.* Petrópolis: Vozes, 2004.

NIETZSCHE, Friedrich. *Ecce Homo.* Trad. Marcelo Backes. Porto Alegre: LPM, 2003.

——. *Além do Bem e do Mal.* Prelúdio de uma filosofia do futuro. Trad. Mário Ferreira dos Santos. Petrópolis: Vozes, 2009.

——. *Assim Falava Zaratustra.* 5. ed. Petrópolis: Vozes, 2010.

——. *Genealogia da Moral.* Trad. Paulo César de Souza. São Paulo: Brasiliense, 1987.

——. *Crepúsculo dos Ídolos.* São Paulo: Commpanhia das Letras, 2006.

NIVÓN BOLÁN, Eduardo. *El Consumo cultural y os Movimientos Sociales.* In: GARCIA CANCLINI, N. (COORD.). *El Consumo Cultural em México.* México: CNCA, p.123-162, 1993.

NOZICK, Robert. *Anarquia, Estado e Utopia.* Rio de Janeiro: Jorge Zahar, 1994.

NYE JR. Joseph S. *O paradoxo do poder americano. Por que a única superpotência do mundo não pode seguir isolada.* Tradução de Luiz Antônio oliveira de Araújo. São Paulo: Editora UNESP, 2002.

NUSSBAUM, Martha. *Emociones políticas.* Por que el amor es importante para la justicia? Barcelona: Paidós, 2014.

OBSERVATORIO PERMANENTE ANDALUZ DE LAS MIGRACIONES. *Informe Anual Andalucia e Inmigración 2010.* Dirección General de Coordinación de Políticas Migratorias, Sevilla, 2010. Disponível em: http://www.juntadeandalucia.es/empleo/OPAM. Acesso em: 23 nov. 2013.

OLIVÉ, León. *Multiculturalismo y pluralismo.* Paidós: México, 1999.

OLSEN, Teresa Cristina Tschepokaitis. Uma introdução ao debate acerca da fundamentação dos direitos humanos: liberalismo versus comunitarismo. *Revista Direito, Estado e Sociedade*. v. 9, n. 24, jan./jun. 2004, p. 112-136.

PANIKKAR, Raimundo. Seria a noção de direitos humanos um conceito ocidental? In: BALDI, César Augusto (Org.). *Direitos humanos na sociedade cosmopolita*. Rio de Janeiro: Renovar, 2004.

——. *Sobre el dialogo intercultural*. Traducción y presentación de J. R. Lopes de La Osa. Salamanca: Editorial San Esteban, 1990.

PAREKH, Bhikhu. Repensando el multiculturalismo. Diversidad cultural y teoría política. Traducción de Sandra Chaparro. Madrid: Istmo, 2000.

PEDREIRA, Elena Beltrán. Diversidad y deberes cívicos: liberalismo, ciudadanía y multiculturalismo. In: DÍAZ, Elías; COLOMER, José Luis. *Estado, justicia, derechos*. Madrid: Alianza Editorial, 2002.

PERES, W. S. *Seminario "Estudios queer y subjetividade*. Reformulaciones clínicas, conceptuales y éticas. Facultad de Psicología, UBA, 2010.

PETEAN, Antonio Carlos Lopes. *O racismo universalista no Brasil*: eugenia e higienização moral da sociedade. Disponível em: <http://www.ichs2.ufop.br/cadernosdehistoria/ojs/index.php/cadernosdehistoria/article/view/296>. Acesso em: 03 jan. 2017.

PICOTTI, Dina. *Diversidad Cultural y interculturalidad*. In: AMEIGEIRAS, Aldo, JURE, Elisa (Compiladores). *Diversidad Cultural y interculturalidad*. Buenos Aires: Prometeo Libros; Los Polvorines: Univ. Nacional de General Sarmiento, 2006

PINILLA, Julio Seoane. Comunitarismo. *Multiculturalismo. Un comentario. In: Doxa. Cuadernos de Filosofía del Derecho*. Alicante: Universidad de Alicante; Biblioteca Digital Miguel Cervantes, n. 20, 1997, p. 377-390.

PIOVESAN, Flávia. *Direitos Humanos e o Direito Constitucional Internacional*. 13. ed., rev. e atual. São Paulo: Saraiva, 2012.

PORRAS, Javier Dorado. Los derechos como garantía y como límite al multiculturalismo. In: RUIZ, Ruiz Ramón, *et al.* (Editores.) *Derechos fundamentales, valores y multiculturalismo*. Madrid: Dykinson, 2005.

PORTES, Alejandro; RUMBAUT, Ruben. G. *Ethnicities, Children of Immigrantes in America*. Nova Iorque: University of California Press- Russel Sage Foundation, 2001.

——; RIVAS, Alejandro. *The Adptation of Migrant Children. In: The Future of Children*, v. 21, n. 1, 2011, p. 219-246.

——; ZHOU, Min. The New Second Generation: Segmented Assimilation and its Variantes. In: *Annals of American Academy of Political and Social Science*, 530, 1993, p. 74-96.

PRATT, Jeff. *Class, Nation and Identity*.

QUIJANO, Aníbal. Colonialidade do poder, eurocentrismo e América Latina. In: LANDER, Edgardo (Org.). A colonialidade do saber. Eurocentrismo e Ciências Sociais. *Perspectivas Latino-americanas*. Buenos Aires: CLACSO, 2005.

RASCHKE, J. Sobre el concepto de movimiento social. *Zona Abierta*, n. 69, p. 121-134.

RATTANSI, Afshin. Racism, "Postmodernism", and Reflexive Multiculturalism. In: MAY Stephen. (ed.). *Critical Multiculturalism: Rethinking Muilticultural and Antiracist Education*. Londres: Falmer, p. 77-112, 1999.

RAWLS, John. *Uma Teoria da Justiça*. Traduzido por Vamireh Chacon. Brasília: UnB, 1981.

——. *O liberalismo político*. Tradução de Dinah de Abreu Azevedo. 2. ed. São Paulo: Ática, 2000.

RAZ, Joseph. *La ética en el ámbito público*. Traducción de Maria Luz Melon. Barcelona: Gedisa, 2001.

——. *The Morality of Freedom*. Oxford: Oxford University Press, 1986.

REMOTTI, Francesco. *Contro l'identità*. 4. ed. Roma-Bari: Laterza, 2007.

——. *L'ossessione identitaria*. Roma-Bari: Laterza, 2010.

RESTA, Eligio. *Diritto Fraterno*. Roma-Bari: Laterza, 2008.

——. *Diritto Vivente*. Roma-Bari: Laterza, 2008.

——. L'identità nel corpo. In: RODOTÀ, Stefano; ZATTI Paolo. *Il governo del corpo*. Giuffrè Editore, 2011.

——. *Le stelle e le masserizie*. Paradigmi dell'osservatore. Roma-Bari, 1997.

——. Derechos humanos: ¿Yuxtaposición o integración? In: *Anuario de Filosofía del Derecho*. Madrid: Nueva Época, n. IX, 1997.

——. *Percursos da Identidade*. Uma abordagem Jusfilosófica. Tradução e apresentação de Doglas Cesar Lucas. Ijui: Unijui, 2014.

RIBEIRO, Darcy. *O Povo Brasileiro*. A formação e o sentido do Brasil. 3. ed. São Paulo: Companhia das Letras, 1995.

RISÉRIO, Antônio. *A utopia brasileira e os movimentos negros*. São Paulo: Ed. 34, 2012.

RICH, Adrienne. *Heterosexualid obligatoria y existência lesbiana. In: Sangre, pan y poesia: prosa escogida*: 1979-1985. Barcelona: Icaria, 1986.

RICOEUR, Paul. *Percurso do reconhecimento*. Tradução de Nicolás Nyimi Campanário. São Paulo: Edições Loyola, 2006.

ROCCO, R. Reformulando las construcciones postmodernas de diferencia: espacios subalternos, poder y ciudadanía. In: SELGAS, F. García; MONLEÓN (eds.). *Retos de la postmodernidad, ciencias sociales y humanidades*. Madrid: Trotta, 1999, p. 271-291.

RODOTÀ, Stefano. *Diritto d'amore*. Bari: Laterza, 2015.

RODRIGUES, Raimundo Nina. *As raças humanas e a responsabilidade penal no Brasil*. Salvador: Livraria Progresso. 1957.

——. *As raças humanas e a responsabilidade penal no Brasil* [online]. Rio de Janeiro: Centro Edelstein de Pesquisa Social, 2011, 95p. ISBN 978-85-7982-075-5. Available from SciELO Books <http://books.scielo.org>.

ROESLER, Claudia Rosane; SANTOS, Paulo Alves. Argumentação jurídica utilizada pelos tribunais brasileiros ao tratar das uniões homoafetivas. *Revista Direito GV*, São Paulo, v. 10, n. 2, p. 615-638, dez. 2014. Disponível em: <http://www.scielo.br/scielo.php?script=sci_arttext&pid=S1808-24322014000200615&lng=en&nrm=iso>. Acesso em: 29 out. 2017.

ROLNIK, Sueli; Guattari, Félix. *Micropolítica. Cartografias del deseo*. Buenos Aires: Tinta Limón, 2006;

RUIZ, Castor M. M. Bartolomé. O (ab)uso da tolerância na produção de subjetividades flexíveis. In: SIDEKUM, Antônio (Org.). *Alteridade e multiculturalismo*. Ijuí: Unijuí, 2003.

RUIZ, Ramón. Liberalismo y comunitarismo: dos perspectivas antagónicas del fenómeno multicultural. In: RUIZ, Ruiz Ramón; et al. (Editores). *Derechos fundamentales, valores y multiculturalismo*. Madrid: Dykinson, 2005.

RUIZ-GALVEZ, Maria Encarnación Fernández. *Del universalismo abstracto a la universalidad concreta. In: Persona y Derecho*. Pamplona: Universidad de Navarra, n. 41, 1999.

SAID, Edward W. *Culture and Imperialism*. Londres: Vintage, 1994.

SANCHÉS-CÁMARA, Ignácio. El comunitarismo y la universalidad de los derechos humanos. In: *Persona y Derecho*. Pamplona: Universidad de Navarra, n. 38, 1998.

——. Estado laico y sociedad multicultural. In: *Sociedad multicultural y derechos fundamentales*. Madrid: Consejo General de Poder Judicial, 2007.

SANDEL, Michael. *Liberalism and the Limits of Justice*. Cambridge: Cambridge University Press, 1982.

——. *O liberalismo y los limites da justicia*. Lisboa: Calouste Gulbenkian, 2005.

SANTOS, Boaventura de Sousa. Introdução: para ampliar o cânone do reconhecimento, da diferença e da igualdade. *In*: SANTOS, B. S. (org.). *Reconhecer para libertar*. Os caminhos do cosmopolitismo multicultural. Rio de Janeiro: Civilização Brasileira, 2003.

——. Por uma concepção multicultural dos direitos humanos. In: SANTOS, Boaventura de Sousa (Org.). *Reconhecer para libertar: os caminhos do cosmopolitismo multicultural*. Rio de Janeiro: Civilização Brasileira, 2003.

——. *Sociología Jurídica Crítica*. Para un nuevo sentido común en el derecho. Madrid: Trotta, 2009.

——; NUNES, João Arriscado. Introdução: para ampliar o cânone do reconhecimento, da diferença e da igualdade. In: SANTOS, Boaventura de Sousa (org.). *Reconhecer para libertar. Os caminhos do cosmopolitismo multicultural*. Rio de Janeiro: Civilização Brasileira, 2003.

SCHWARCZ. Lilia Moritz. *Nem preto nem branco, muito pelo contrário*: cor e raça na sociabilidade brasileira. São Paulo: Claro Enigma, 2012.

SEMPRINI, Andrea. *Multiculturalismo*. Tradução de Laureano Pelegrin. Bauru: EDUSC, 1999.

SEN, Amartya Kumar. *Desenvolvimento como liberdade.* Tradução de Laura Teixeira Motta. São Paulo: Companhia das Letras, 2000.

SEOANE, José Antonio. La universalidad de los derechos humanos y sus desafíos. (Los "derechos especiales" de las minorías). In: *Persona y Derecho.* Pamplona: Universidad de Navarra, n. 38, 1998.

SIDEKUM, Antônio. Alteridade e interculturalidade. In: SIDEKUM, Antônio (Org.). *Alteridade e multiculturalismo.* Ijuí: Unijuí, 2003, p. 244.

SLATER, David. Power and Social Movements in the Other Occident: Latin America in an International Context. In: *Latin America Perspectives 21*, n. 2 (edicción 81), p. 11-37, 1994.

SODRÉ, M. *Claros e escuros: identidade, povo e mídia no Brasil.* Petrópolis: Vozes, 1999.

SOLÉ, Carlota; IZQUIERDO, Antonio. (Coords.). *Integraciones Diferenciadas. Migraciones em Cataluña, Galicia y Andalucía.* Barcelona: Antropos, 2005.

SOLIMANO, Andrés. *International Migrations in the Age of Crisis and Globalizations.* Historical and Recent Experiences. Cambridge: Cambridge University Press, 2010.

SORIANO, Ramón. Interculturalismo. Entre liberalismo y comunitarismo. Córdoba: Almuzara, 2004.

SORIANO, Ramón; MORA, José Jesús. Will Kimlicka: uma apuesta para um liberalismo abierto. In: KIMLICKA, Will. *Estados, Naciones y Culturas.* Córdoba: Editorial Almuzara, 2004.

SUPREMA CORTE DOS ESTADOS UNIDOS (SCEU). *Case Obergefell vs. Hodges*, 26 jun. 2015. Disponível em: <https://www.supremecourt.gov/opinions/14pdf/14-556_3204.pdf>. Acesso em: 09 dez. 2017.

TAJER, Débora. Diversidad y clínica psicoanalítica: apuntes para um debate. In: FERNÁNDEZ, Ana Maria; PERES, Willian Siqueira. (editores). *La diferencia desquiciada.* Géneros y diversidades sexuales. Buenos Aires: Biblos, 2013.

TAYLOR, Charles. A política de reconhecimento. In: TAYLOR, Charles; *et al. Multiculturalismo – examinando a política de reconhecimento.* Lisboa: Piaget, 1998.

——. *Argumentos filosóficos.* Tradução de Adail Ubirajara Sobral. São Paulo: Edições Loyola, 2000.

——. *As fontes do self. A construção da identidade moderna.* Tradução de Adail Ubirajara Sobral e Dinah de Abreu Azevedo. São Paulo: Edições Loyola, 1997.

——. *Atomism. In: Philosophical Papers.* Cambridge: Cambridge University Press, 1985. v. 02.

THE COUNCIL OF THE EUROPEAN UNION AND THE REPRESENTATIVES OF THE GOVERNMENTS OF THE MEMBERS STATES, *Common Basic Principles for Immigrant Integration Policy in the European Union.* Bruxelas. 2004. Disponível em:

THIEBAUT, Carlos. Democracia y diferencia: un aspecto del debate sobre el multiculturalismo. In: *Anales de la Cátedra Francisco Suárez.* Granada, n. 31, 1994.

TIVEY, Leonard. *El Estado nación.* Tradução de Marco-Aurelio Galmarini. Barcelona: Península, 1987.

TORRE, Giuseppe Dalla. La multiculturalità come dato di fatto e come programma etico-politico. In: TORRE, Giuseppe Dalla; D'AGOSTINO, Francesco (Orgs.). *La cittadinanza. Problemi e dinamiche in una società pluralística.* Torino: G. Giappichelli Editore, 2000.

——. La multiculturalità come dato di fatto e come programma etico-politico. In: TORRE, Giuseppe Dalla; D'AGOSTINO, Francesco (Orgs.). *La cittadinanza. Problemi e dinamiche in una società pluralística.* Torino: G. Giappichelli Editore, 2000.

TOURAINE, Alain. *Poderemos viver juntos? Iguais e diferentes.* Tradução de Jaime A. Clasen e Ephairaim F. Alves. Petrópolis: Vozes, 1999.

TRIBUNAL EUROPEU DE DIREITOS HUMANOS (TEDH). Sentença, Petição nº 17484/15. Carvalho Pinto de Sousa Morais vs. Portugal. 25 jul. 2017. Disponível em: <http://hudoc.echr.coe.int/eng?i=001-175659>. Acesso em: 31 jul. 2017.

VALDÉS, Ernesto Garzón. El problema ético de las minorías étnicas. In: OLIVÉ, León (Compilador). *Ética y diversidad cultural.* 2. ed. México: FEC; UNAM, 2004.

VATTIMO, Gianni. *La sociedad transparente.* Barcelona: Paidós, 1990.

——. Posmoderno. ¿Una sociedad transparente? In: ARDITI, Benjamin. *El reverso da diferença. Identidad y política.* Caracas: Nueva Sociedad, 2000.

VERDÚ, Pablo Lucas. La lucha por el Estado de Derecho. In: Studia Albornotiana, XX, *Publicaciones del Real Colegio de España.* Madrid: Tecnos, 1975.

VERTOVEC, Steven. "Superdiversity' and its implications". In: *Ethnic and racial studies*. v. 30, n. 6, 2007, pp. 1024-1054.

——. Multiculturalisms. In: MARTINIELLO, M. (ed.). *Multicultural Policies and the State: a comparision of Two European Societies*. Utrecht: Utrecht University, p. 25-38, 1998.

VITALE, Ermano. Liberalismo e multiculturalismo. Una sfida per il pensiero democratico. Roma-Bari: Laterza, 2000.

WALZER, Michael. Comentário ao ensaio de Taylor. In: TAYLOR, Charles; et al. *Multiculturalismo* – examinando a política de reconhecimento. Lisboa: Piaget, 1998.

——. *Esferas de justiça. Uma defesa do pluralismo e da igualdade*. Tradução de Jussara Simões. São Paulo: Martins Fontes, 2003.

WARAT, Luis Alberto. *A Ciência Jurídica e seus Dois Maridos*. 2. ed. Santa Cruz: EDUNISC, 2000.

——. *Introdução Geral ao Direito*. O Direito não estudado pela teoria jurídica moderna. V. III. Porto Alegre: SAFe, 1997.

——. *Territórios Desconhecidos*. A procura surrealista pelos lugares do abandono do sentido e da reconstrução da subjetividade. v. 1. Florianópolis: Fundação Boiteux, 2004.

WATANABE, Lygia Araújo. *Platão por mitos e hipótesis*. São Paulo: Moderna, 1995.

WATERS, Mary C.; TRAN, Van; KASINITZ, Philip; MOLENKOPF, John H. Segmented Assimilation Revisited: types of acculturation and socioeconomic mobility in young adulthood. In: *Ethnic and Racial Studies*, v. 33, n. 7, p. 1168-1193, 2010.

WOLKMER, Antonio Carlos. *Pluralismo Jurídico. Fundamentos de uma Nova Cultura no Direito*. 4. ed. São Paulo: Saraiva, 2015a.

——; LIXA, Ivone Fernandes (Orgs.) *Constitucionalismo, descolonización y pluralismo jurídico en América Latina*. Aguascalientes: CENEJUS, 2015.

——; OLIVEIRA, Frederico Antônio Lima de; BACELAR, Jeferson Antonio Fernandes. (Org.). *Direito à diferença e constitucionalismo Latino-Americano*. Rio de Janeiro: Lumen Juris, 2017.

YOUNG, Jock. *A sociedade excludente*. Exclusão social, criminalidade e diferença na modernidade recente. Rio de Janeiro: Revan, 2002.

ŽIŽEK, Slavoj. *Violência*. São Paulo: Boitempo, 2014.

Impressão:

Evangraf

Rua Waldomiro Schapke, 77 - POA/RS

Fone: (51) 3336.2466 - (51) 3336.0422

E-mail: evangraf.adm@terra.com.br